고려도경

국립중앙도서관 출판시도서목록(CIP)

고려도경 / 徐兢 지음 ; 조동원...[등]역. -- 서울 : 황소
자리, 2005
　　　p. ;　　cm

표지관제: 중국 송나라 사신의 눈에 비친 고려 풍경
원서명: 宣和奉使高麗圖經
ISBN 89-91508-02-2 03910

911.04-KDC4
951.901-DDC21　　　　　　　　　　CIP2005000480

중국 송나라 사신의 눈에 비친 **고려 풍경**

고려도경

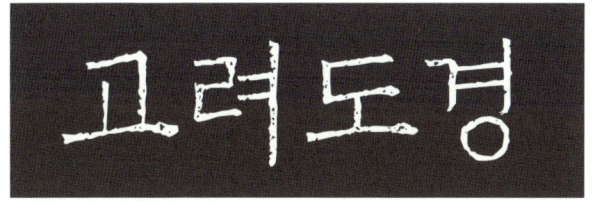

譯註宣和奉使高麗圖經

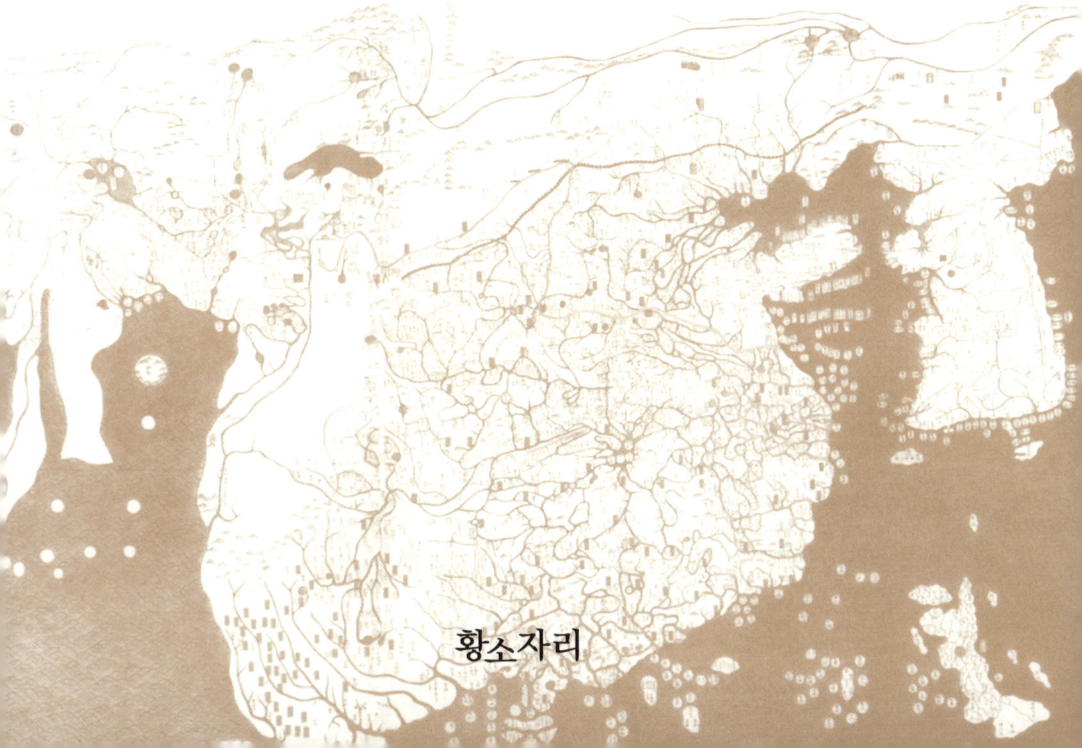

황소자리

| 책머리에 |

 우리나라 역사를 이해하는 데 가장 큰 어려움은 사료의 부족이다. 상대적으로 사료가 많이 남아있는 조선시대는 그나마 나은 형편이지만, 고려시대 이전의 사료로 현재 남아있는 것은 손에 꼽을 정도이다. 그것도 당대에 씌어진 것이 아니어서 새로운 사료의 발굴이 절실하게 요청된다. 역자가 20여 년 동안 전국의 금석문 소재지를 답사, 실제로 탁본(拓本)하여 축소영인(縮小影印)한 『韓國金石文大系』 1~7권(원광대 출판국)을 내게 된 것은 당대에 씌어진 1차 사료의 발굴이라는 측면에서 학계에 조그만 보탬이 되고자 함이었다.
 고려시대를 공부하면서 느끼는 어려움은 사료의 부족뿐만이 아니다. 『고려사』나 『고려사절요』 같은 한정된 사료에서 전하는 정보가 어느 정도 역사적 사실에 가까운 것인가를 끊임없이 검토해야 한다. 역사적 실체에 접근하기 위해서는 외국인의 시선으로 관찰한 고려시대 기록이 도움이 된다. 이런 관점에서 송대 사신의 고려견문록인 『선화

봉사고려도경』은 주목하지 않을 수 없다.

『고려도경』에는 현존하는 사료들에서 볼 수 없는 귀중한 사실들이 나타난다. 고려인의 차를 마시는 광경, 밥을 먹는 장면, 고려청자에 대한 상세한 소개, 멀리서 보면 사다리 같은 밭, 인민의 생활 풍속 등. 그 어느 사료에서 이러한 정보를 접할 수 있겠는가. 그렇지만 『고려도경』에서 나타나는 모든 내용을 그대로 믿을 수는 없는 노릇이다. 아무래도 외국인이 바라본 고려 풍경은 한계가 있을 수밖에 없다. 그렇다고 『고려도경』의 높은 사료적 가치가 반감되는 것은 아니다. 『고려도경』의 내용을 현존하는 사료와 비교하여 살펴본다면, 객관적인 고려시대 상(像)에 접근할 수 있다.

『고려도경』의 사료적 가치를 깊이 인식하고 있던 역자는 2000년 1학기 성균관대학교 대학원 수업에서 이 책을 강독했다. 수업은 현존하는 사료들과 『고려도경』을 일일이 대조하는 방식으로 진행되었다. 또한 『고려도경』을 읽어나가면서 기존의 번역서도 참고하였다. 그 과정에서 번역이 잘됐다고 생각했던 책에서도 잘못된 번역이 상당수 발견되었고, 번역된 문장이 원문보다 더 어려운 경우도 있었다. 심지어 동일한 부분이 번역서마다 전혀 다르게 번역된 경우까지 발견되었다.

강의를 마치면서 다양한 판본 비교를 통한 번역의 필요성을 절감하였다. 금석문 자료를 발굴하면서 한 글자 한 글자가 갖는 소중함과 의미를 잘 알고 있는 역자이기에 『고려도경』의 다양한 판본을 비교하면 더 정확한 번역을 할 수 있으리라 생각했기 때문이다.

역주 작업에는 필자의 지도로 고려시대를 전공하는 김대식 박사, 이경록 한독의약박물관장, 이상국 박사, 홍기표 강사 등이 참여하였다. 우리는 징강본(澂江本) 『고려도경』을 선본(善本)으로 선정하고, 다른 두 판본의 교감 작업을 진행하는 동시에 번역 작업에 몰두하였다. 징강본 『고려도경』에서 납득할 수 없었던 한자가 다른 판본에서는 다른 글자로 되어있어 정확한 번역에 도움이 되었다. 번역할 때는 되도록이면 현대문으로 옮기고자 하였으며, 설명이 필요한 부분에는 주석을 달아 도움이 되도록 하였다.

판본 비교를 통한 역주 작업을 진행하면서 『고려도경』의 가치를 새삼 깨닫게 되었다. 그것은 비단 당대에 기록된 1차 사료라는 학술적 차원뿐만이 아니다. 이 책 속에는 12세기 당시 한국의 풍경이 파노라마처럼 펼쳐져 있다. 현재 우리는 조선시대에만 익숙한 상태이다. 하지만 우리의 깊숙한 곳에 잠겨있는 '또 하나의 전통'인 고려가 900년의 시간을 초월해 그 모습을 드러내고 있는 것은 아닐지. 이 책을 통해 먼 시대로만 느껴졌던 고려가 보다 구체적인 모습으로 다가오기를 바란다.

이제 그동안의 노력을 책의 형태로 엮으면서 작업에 도움을 준 여러 사람을 떠올리지 않을 수 없다. 대학원에 재학 중인 윤인숙, 윤은미, 강성봉 군 등은 최종 교감 작업에 참여하였다. 그리고 김종복 박사, 권기중 박사, 서윤희 선생 등은 교열을 맡아주었으며, 일본에 유학중인 정동준 군은 번역에 필요한 책을 구해주었다. 또한 어려운 여건에서도 이 책의 출판에 적극적이었던 황소자리의 지평님 사장과 윤동희 편집부원도 잊을 수 없다. 이 모든 사람에게 감사드린다.

2005년 2월
역자들을 대표하여 조동원 씀

| 차례 |

- 책머리에 5
- 『선화봉사고려도경』 해제(解題) 16
- 『선화봉사고려도경』 서문(序文) 37

『선화봉사고려도경』권1 건국(建國) ____ 46
책봉의 연원〔始封〕 48

『선화봉사고려도경』권2 세차(世次) ____ 56
왕의 계보〔王氏〕 57 세계(世系) 66 고려국왕 인종〔高麗國王 王楷〕 67

『선화봉사고려도경』권3 성읍(城邑) ____ 69
영토〔封境〕 71 지형〔形勢〕 74 국성(國城) 76 누각〔樓觀〕 80 민가〔民居〕 82 시장〔坊市〕 82 교역〔貿易〕 83 군읍(郡邑) 85

『선화봉사고려도경』권4 궁궐문〔門闕〕 ____ 87
선의문(宣義門) 88 외문(外門) 90 광화문(廣化門) 91 승평문(昇平門) 92 동덕문(同德門) 94 전문(殿門) 95

『선화봉사고려도경』권5 궁전(宮殿) 1 ____ 96
왕부(王府) 99 회경전(會慶殿) 101 건덕전(乾德殿) 103 장화전(長和殿) 103 원덕전(元德殿) 104 만령전(萬齡殿) 105

『선화봉사고려도경』권6 궁전(宮殿) 2 ____ 106
장령전(長齡殿) 106 장경전(長慶殿) 107 연영전각(延英殿閣) 108 임천각(臨川閣) 116 장경궁(長慶宮) 116 좌춘궁(左春宮) 117 별궁(別宮) 118

『선화봉사고려도경』권7 관복(冠服) ____ 120
왕의 복식〔王服〕 122 영관의 복식〔令官服〕 123 재상의 복식〔國相服〕 126 근시의 복식〔近侍服〕 126 종관의 복식〔從官服〕 127 경과 감의 복식〔卿監服〕 128 조관의 복식〔朝官服〕 128 서관의 복식〔庶官服〕 129

__ 『선화봉사고려도경』권8 인물(人物) _____ 130
이자겸〔守太師 尙書令 李資謙〕135 윤언식〔接伴 正奉大夫 刑部尙書 柱國 賜紫金魚袋 尹彦植〕137 김부식〔同接伴 通奉大夫 尙書禮部侍郞 上護軍 賜紫金魚袋 金富軾〕138 김인규〔館伴 金紫光祿大夫 守司空 同知樞密院事 上柱國 金仁揆〕140 이지미〔同館伴 正議大夫 守尙書兵部侍郞 上護軍 賜紫金魚袋 李之美〕141

__ 『선화봉사고려도경』권9 의례용품〔儀物〕1 _____ 145
반리선(盤螭扇) 147 쌍리선(雙螭扇) 147 수화선(繡花扇) 148 우선(羽扇) 149 곡개(曲蓋) 150 청개(靑蓋) 151

__ 『선화봉사고려도경』권10 의례용품〔儀物〕2 _____ 152
화개(華蓋) 152 황번(黃幡) 153 표미(豹尾) 154 금월(金鉞) 154 구장(毬杖) 155 기패(旂旆) 156

__ 『선화봉사고려도경』권11 의장대〔仗衛〕1 _____ 157
용호좌우친위 기두(龍虎左右親衛 旗頭) 160 용호좌우친위 군장(龍虎左右親衛軍將) 161 신호좌우친위군(神虎左右親衛軍) 161 흥위좌우친위군(興威左右親衛軍) 162 상육군좌우위 장군(上六軍左右衛 將軍) 163 상육군위 중검랑장(上六軍衛 中檢郞將) 164 용호중맹군(龍虎中猛軍) 165 금오장위군(金吾仗衛軍) 166 공학군(控鶴軍) 166

__ 『선화봉사고려도경』권12 의장대〔仗衛〕2 _____ 168
천우좌우장위군(千牛左右仗衛軍) 168 신기군(神旗軍) 169 용호상초군(龍虎上超軍) 170 용호하해군(龍虎下海軍) 171 관부 문위 교위(官府 門衛 校尉) 172 육군 산원 기두(六軍 散員 旗頭) 173 좌우위 견룡군(左右衛 牽攏軍) 173 영군 낭장 기병(領軍 郞將 騎兵) 174 영병상기장군(領兵上騎將軍) 175

__ 『선화봉사고려도경』권13 병기(兵器) _____ 177
행고(行鼓) 178 활과 화살〔弓矢〕179 과녁(貫革) 180 등장(鐙杖) 180 의극(儀戟) 181 호가(胡笳) 181 수패(獸牌) 182 패검(佩劍) 182

__ 『선화봉사고려도경』권14 기치(旗幟) _____ 184
상기(象旗) 185 응준기(鷹隼旗) 188 해마기(海馬旗) 189 봉기(鳳旗) 190 태백기(太白旗) 191 오방기(五方旗) 192 소기(小旗) 194

__ 『선화봉사고려도경』권15 수레와 말〔車馬〕_____ 196
채색 가마〔采輿〕 197 어깨로 메는 가마〔肩輿〕 198 소가 끄는 수레〔牛車〕 199
왕이 타는 말〔王馬〕 200 사절이 타는 말〔使節馬〕 201 기병이 타는 말〔騎兵馬〕
202 잡재(雜載) 203

__ 『선화봉사고려도경』권16 관부(官府)_____ 204
주요 관부〔臺省〕 205 국자감(國子監) 210 곡식창고〔倉廩〕 211 부고(府庫) 213
약국(藥局) 214 감옥〔囹圄〕 216

__ 『선화봉사고려도경』권17 사우(祠宇)_____ 218
복원관(福源觀) 221 정국안화사(靖國安和寺) 222 광통보제사(廣通普濟寺) 225
흥국사(興國寺) 226 국청사(國淸寺) 227 왕성 안팎의 여러 사찰〔王城內外諸寺〕
228 숭산묘(崧山廟) 232 동신사(東神祠) 233 합굴룡사(蛤窟龍祠) 234 오룡묘
(五龍廟) 235

__ 『선화봉사고려도경』권18 도교(道敎)_____ 236
도사(道士) 239 불교〔釋氏〕 239 국사(國師) 243 삼중화상대사(三重和尙大師)
245 아사리대덕(阿闍梨大德) 246 사미비구(沙彌比丘) 247 재가화상(在家和
尙) 247

__ 『선화봉사고려도경』권19 백성〔民庶〕_____ 249
진사(進士) 250 농민과 상인〔農商〕 252 장인〔工技〕 252 민장(民長) 253 주인
(舟人) 254

__ 『선화봉사고려도경』권20 부인(婦人)_____ 256
귀부인〔貴婦〕 257 비첩(婢妾) 259 천사(賤使) 259 귀녀(貴女) 261 여자(女子)
262 지는 것〔負〕 262 이는 것〔戴〕 263

__ 『선화봉사고려도경』권21 하급 관리〔皂隸〕_____ 265
이직(吏職) 267 산원(散員) 268 인리(人吏) 269 정리(丁吏) 269 방자(房子) 270
소친시(小親侍) 272 구사(驅使) 272

__ 『선화봉사고려도경』권22 풍속〔雜俗〕 1_____ 274
궁정의 화톳불〔庭燎〕 277 초롱을 잡는 관리〔秉燭〕 278 시간을 알려주는 관리

〔挈壺〕278 고려의 연회〔鄉飮〕279 공무 수행〔治事〕281 답례(荅禮) 282 급사(給使) 283 말을 타는 부인〔女騎〕284

__ 『선화봉사고려도경』권23 풍속〔雜俗〕2_____ 286
목욕과 세탁〔澣濯〕286 농업〔種蓺〕287 고기잡이〔漁〕289 땔감〔樵〕290 기록〔刻記〕291 도축〔屠宰〕291 무료 급식〔施水〕292 특산물〔土産〕293

__ 『선화봉사고려도경』권24 사절의 행렬〔節仗〕_____ 298
맨앞 신기대〔初神旗隊〕300 그 다음 기병〔次騎兵〕301 그 다음 요고군〔次鐃鼓〕302 그 다음 천우위〔次千牛衛〕302 그 다음 금오위〔次金吾衛〕303 그 다음 백희소아대〔次百戱〕303 그 다음 악부〔次樂部〕303 그 다음 예물〔次禮物〕304 그 다음 조여〔次詔輿〕305 그 다음 보충된 하절〔次充代下節〕305 그 다음 무위(武威)를 드러내는 하절〔次宣武下節〕307 그 다음 정사와 부사〔次使副〕308 그 다음 상절〔次上節〕309 마지막 중절〔終中節〕311

__ 『선화봉사고려도경』권25 조서를 받는 절차〔受詔〕_____ 313
조서의 영접〔迎詔〕315 조서의 인도〔導詔〕316 조서 받을 때의 의례〔拜詔〕317 사절의 영접〔起居〕319 예종 제례〔祭奠〕320 조문〔弔慰〕323

__ 『선화봉사고려도경』권26 연회 의례〔燕禮〕_____ 325
사신단 접견〔私覿〕326 주연〔燕儀〕328 주연의 절차〔獻酬〕330 상절의 좌석〔上節席〕331 중절의 좌석〔中節席〕332 하절의 좌석〔下節席〕333 객관의 모임〔館會〕333 표문을 올리는 의례〔拜表〕335 환송연〔門餞〕336 서교에서의 환송〔西郊送行〕337

__ 『선화봉사고려도경』권27 관사(館舍)_____ 339
순천관(順天館) 341 순천관 건물〔館廳〕343 조서를 봉안하는 곳〔詔位〕344 청풍각(淸風閣) 345 향림정(香林亭) 346 정사와 부사의 거처〔使副位〕347 도할관과 제할관의 거처〔都轄提轄位〕348 서장관의 거처〔書狀官位〕349 서교정(西郊亭) 350 벽란정(碧瀾亭) 350 객관(客館) 351

__ 『선화봉사고려도경』권28 장막류〔供張〕1_____ 353
염색비단 천막〔纈幕〕355 수놓은 천막〔繡幕〕356 수놓은 그림〔繡圖〕356 의자〔坐榻〕357 연회상〔燕臺〕358 광명대(光明臺) 358 붉은 칠 소반〔丹漆俎〕

359 검은 칠 소반〔黑漆俎〕 360 침상〔臥榻〕 360 무늬 있는 돗자리〔文席〕 361 문 위에 씌우는 휘장〔門帷〕 361

___ 『선화봉사고려도경』권29 장막류〔供張〕 2_____ 363
수놓은 베개〔繡枕〕 363 잠옷〔寢衣〕 364 모시치마〔紵裳〕 364 모시상의〔紵衣〕 364 화탑선(畫榻扇) 365 삼선(杉扇) 365 백접선(白摺扇) 366 송선(松扇) 366 짚신(草履) 367

___ 『선화봉사고려도경』권30 생활용기〔器皿〕 1_____ 368
짐승 모양의 향로〔獸爐〕 369 물병〔水瓶〕 370 반잔(盤琖) 371 박산로(博山爐) 371 술통〔酒榼〕 372 검은 꽃 장식 물동이〔烏花洗〕 373 면약호(面藥壺) 374 부용준(芙蓉尊) 374 휴대용 병〔提瓶〕 375

___ 『선화봉사고려도경』권31 생활용기〔器皿〕 2_____ 376
기름 동이〔油盎〕 376 정병(淨瓶) 377 꽃병(花壺) 378 물솥〔水釜〕 378 물항아리〔水甖〕 379 보온병〔湯壺〕 379 백동 물동이〔白銅洗〕 380 정로(鼎爐) 380 화로〔溫爐〕 381 거종(巨鐘) 381

___ 『선화봉사고려도경』권32 생활용기〔器皿〕 3_____ 383
찻상〔茶俎〕 383 질그릇 술독〔瓦尊〕 385 등나무 술독〔藤尊〕 386 도기 술병〔陶尊〕 386 도기 향로〔陶爐〕 387 식탁보〔食罩〕 388 등나무 광주리〔藤篚〕 388 죽솥〔鬻釜〕 389 물항아리〔水瓮〕 390 가마니〔草苫〕 390 필기구〔刀筆〕 390

___ 『선화봉사고려도경』권33 배〔舟楫〕_____ 392
순라선〔巡船〕 393 관선(官船) 397 송방(松舫) 398 막선(幕船) 398 식사 접대〔饋食〕 399 식수 제공〔供水〕 400

___ 『선화봉사고려도경』권34 바닷길〔海道〕 1_____ 401
신주(神舟) 409 객주(客舟) 411 초보산(招寶山) 415 호두산(虎頭山) 417 심가문(沈家門) 418 매잠(梅岑) 419 해려초(海驢焦) 421 봉래산(蓬萊山) 422 반양초(半洋焦) 423 백수양(白水洋) 425 황수양(黃水洋) 425 흑수양(黑水洋) 426

__ 『선화봉사고려도경』권35 바닷길〔海道〕2 _____ 428

협계산(夾界山) 428 오서(五嶼) 430 배도(排島) 430 백산(白山) 431 흑산(黑山) 431 월서(月嶼) 432 난산도(闌山島) 433 백의도(白衣島) 433 궤섬(跪苫) 433

__ 『선화봉사고려도경』권36 바닷길〔海道〕3 _____ 435

춘초섬(春草苫) 435 빈랑초(檳榔焦) 436 보살섬(菩薩苫) 437 죽도(竹島) 437 고섬섬(苦苫苫) 438 군산도(群山島) 439 횡서(橫嶼) 442

__ 『선화봉사고려도경』권37 바닷길〔海道〕4 _____ 443

자운섬(紫雲苫) 443 부용산(富用山) 444 홍주산(洪州山) 445 아자섬(鴉子苫) 445 마도(馬島) 446 구두산(九頭山) 447

__ 『선화봉사고려도경』권38 바닷길〔海道〕5 _____ 449

당인도(唐人島) 449 쌍녀초(雙女焦) 449 대청서(大靑嶼) 450 화상도(和尙島) 451 우심서(牛心嶼) 451 섭공서(聶公嶼) 452

__ 『선화봉사고려도경』권39 바닷길〔海道〕6 _____ 453

소청서(小靑嶼) 453 자연도(紫燕島) 454 급수문(急水門) 455 합굴(蛤窟) 456 분수령(分水嶺) 456 예성항(禮成港) 457

__ 『선화봉사고려도경』권40 동일한 문물〔同文〕_____ 464

역법제도〔正朔〕 466 유학(儒學) 471 음악(樂律) 478 도량형〔權量〕 483

■ 『선화봉사고려도경』 행장(行狀) 489
■ 『선화봉사고려도경』 발문(跋文) 510
■ 찾아보기 513

【일러두기】

1. 이 책은 '징강본(澂江本)' 『선화봉사고려도경(宣和奉使高麗圖經)』을 교감(校勘)·역주(譯註)한 것이다. 교감에 이용한 판본은 『사고전서(四庫全書)』와 『지부족재총서(知不足齋叢書)』에 각각 수록된 '사고전서본(四庫全書本)'과 '지부족재본(知不足齋本)'이다.
2. 원문 교감 및 입력 원칙은 다음과 같다.
   1) 발음과 뜻과 형태가 같은 이체자(異體字)의 경우에는 모두 정자로 통일하였다.
      예) '俻' → '備', '槩' → '概'
   2) 발음과 뜻이 같은데다 형태 역시 같다고 판단되는 와자(譌字), 속자(俗子), 피휘(避諱) 등을 위해 결획(缺劃)한 글자 역시 정자로 바로잡았다.
      예) '纒' → '纏', '両' → '兩', '卑' → '卑'
   3) 고자(古字)나 본자(本字)로서 형태가 다른 경우, 통자(通字)이지만 글자 뜻이 완전히 일치하지 않는 경우, 가차자(假借字)인 경우에는 원문대로 충실히 입력하였다.
      예) '囘'는 '回'의 고자이지만 구분해서 입력하였으며, 비슷한 뜻으로 사용되는 '唯'와 '惟'도 구분하였다.
   4) 문맥상 분명한 경우에는 원문을 부득이하게 바꿔서 입력하였다.
      예) 권27 '순천관 건물〔館廳〕'의 마지막 부분은 '시좌이사(侍坐而巳)'로 되어있지만, '시좌이이(侍坐而已)'가 분명하기 때문에 '시좌이이(侍坐而已)'라고 입력하였다.
   5) 원문 세주(細註)는 글씨 크기를 약간 작게 하여 입력하였다.
   6) 송의 천자 및 조정을 높이기 위해 이루어진 원문의 개행(改行)은 무시하고 입력하였다.

3. 역주(譯註) 원칙은 다음과 같다.
   1) 번역은 한글 표기를 원칙으로 하였다. 서긍이 자신을 '신(臣)'이라고 지칭한 부분도 평서문으로 처리하였다. 번역문은 이해하기 쉽도록 그 내용에 따라 문단을 나누었다.
   2) 보다 분명한 의미 전달이 필요한 경우에는 괄호 '( )'를 이용하여 한자를 병기하였다. 원문과 번역의 차이를 명확하게 보여줄 필요가 있을 경우에는 꺾쇠 '[ ]'를 사용하여 원문을 표기하였다.
   3) 간단한 역주는 번역문에서 괄호를 이용하여 처리하였지만, 상세한 설명이 필요한 경우에는 각주 형식으로 역주를 집어넣었다. 역주에서는 한자를 노출시켰다.
   4) 원문과 관련되는 그림, 지도, 표를 활용하여 이해를 도왔다. 서긍은 중국의 문물과 다를 경우에 그림을 그린다고 하였지만, 현재로서는 그 모습을 추측할 근거들이 미약하므로 중국측의 그림 자료라도 참고할 만한 자료는 찾아서 넣었다. 그림은 『삼재도회(三才圖會)』 같은 고도서, 박상득(朴尙得) 역(譯) 『宣和奉使高麗圖經』(1995), 김창현 『고려 개경의 구조와 이념』(2002) 등을 인용하였다.
   5) 『선화봉사고려도경』은 민족문화추진회에서 1977년에 이미 번역된 적이 있으며, 그 이후에도 몇몇 번역서가 나왔다. 여기에서는 번역 작업이 완료된 후 민족문화추진회의 번역본과 비교하여 그 정확성을 기하였다.

『선화봉사고려도경』 '해제(解題)'

1. 서긍(徐兢)과 『선화봉사고려도경(宣和奉使高麗圖經)』

고려 인종(仁宗) 원년(1123) 6월, 송(宋)의 국신사(國信使) 일행이 고려에 도착했다. 송의 국신사는 두 가지 임무를 부여받았다. 송 휘종(徽宗)의 조서(詔書)를 고려 국왕에게 전하는 것이 첫 번째 임무였고, 나머지 하나는 1년 전에 훙거(薨去)한 예종(睿宗) 영전에 제전(祭奠)하고 조위(弔慰)의 뜻을 보이는 것이었다.

송 휘종이 국신사 파견을 결정한 시점은 1122년 3월이었다. 이에 따라 송 조정에서는 급사중(給事中) 노윤적(路允迪)과 중서사인(中書舍人) 부묵경(傅墨卿)을 국신사의 정·부사로 삼고, 사절단의 실무를 관장하고 처리하는 도제할관(都提轄官)을 임명하는 등 사신 파견을 위한 준비에 들어갔다. 이런 와중에 고려의 예종이 4월에 훙거했다는 소식이 송 조정에 전해졌다. 국신사에게 제전·조위의 임무가 겸임된 것은 이 때문이었다.

막중한 임무를 띤 사절단은 정사와 부사, 도제할관, 그리고 뱃사람까지 총 1,000명이 넘는 대규모로 구성되었다. 국신사 일행은 육로를 이용하지 못하고 바닷길을 이용해야만 하였다. 금(金)이 고려와 송의 중간에 자리잡고 있어 육로가 막혔기 때문이었다. 바닷길도 산동반도 방면의 항구에서 떠나는 짧고 안전한 항로가 아니라, 지금의 절강성 연안의 항구에서 떠나 황해를 건너 전라남도 근해에 와서 다시 예성강까지 북상하는 노선을 택할 수밖에 없었다. 바닷길로 정한 이들은 신주(神舟)로 이름지어진 관선(官船) 2척과 객주(客舟)로 불린 민간 소유 선박 6척 등 8척을 마련하였다. 송 휘종이 국신사 파견을 결정한 지 15개월 만인 1123년 5월 28일, 송 휘종이 하사한 "전례에 없는 제문과 조위 물품"을 8척의 배에 나누어 싣고, 마침내 고려를 향해 출발하였다.

━ 서긍의 글씨: 장문통(張文通)의 산수화 논찬(論贊)

국신사 일행은 한 달 남짓 고려에 머물면서 공식일정을 수행하였다. 고려 국왕인 인종을 알현하고, 수조(受詔)·배표(拜表) 의례를 거행하고, 예종에 대한 제전과 인종에게 조위하는 의례를 차질없이 수행했으며, 인종과 관료들이 국신사 일행을 위로하는 뜻에서 베푼 연회(宴會)에도 참석하였다. 이러한 공식적인 일정 외에 비공식적인 일정도 있었다. 국신사 일행에게는 5~6차례 외유(外遊)의 기회가 주어졌다.

공식·비공식적인 일정을 마친 국신사 일행은 7월 13일에 순천관(順天館)을 떠나 귀국길에 올랐다. 귀국길은 험난하였다. 15일 신주(神舟)에 오른 후 24일에는 군산도(群山島)에 정박했다가 8월 8일까지 14일 동안은 바람에 막히기도 했으며 다시 동남풍을 만나 항해에 어려움을 겪기도 했다. 귀국길에 오른 지 42일 만인 8월 27일, 드디어 중국의 정해현(定海縣)에 도착하였다. 3개월 간의 대장정이 막을 내리는 순간이었다.

국신사 일행은 3개월 간의 고려 방문 일정을 소상히 기록하였다. 특히 한 달 남짓한 체류 기간에 보고 들은 고려의 역사·정치·경제·문화·종교 등 거의 모든 부분을 글과 그림으로 빠짐없이 정리하였다. 이 일의 실무를 맡은 사람이 제할인선예물관(提轄人船禮物官)으로 충원되어 사절단의 인원·선박·예물 등을 관리하는 일을 맡았던 서긍(徐兢)이었다.

서긍(1091~1153년)의 자(字)는 명숙(明叔)으로 천성이 효성스럽고 우애가 있었으며 베풀어주기를 좋아하여 남의 어려움을 잘 돌봐주었다고 한다. 공부에 있어서는 고금의 전적을 섭렵하여 불가(佛家), 노자(老子), 손무(孫武), 오기(吳起), 노편(盧扁)의 책들과 산경(山經), 지지(地誌), 방언(方言), 소설(小說)에 이르기까지 통달하지 않은 것이 없었다. 또한 해서(楷書)와 행서(行書) 및 전서(篆書)에 두루 능하였으며, 특히 그림에서 뛰어난 재능을 발휘하였다. 서긍의 행장을 작성한 장효백(張孝伯)은 그의 재능에 대해 다음과 같이 쓰고 있다.

> 공은 태어난 지 몇 달 만에 글씨와 그림을 보면 좋아하면서 펄쩍 뛰었다.…시가(詩歌)에는 더욱 뛰어났다. 항우(項羽)의 묘를 지나면서 28자를 남긴 적이 있었는데, 중서사인(中書舍人) 한구(韓駒)가 보더니 "뒷

사람은 더 이상 붓을 댈 수가 없다"고 하였다. 그림은 신품(神品)의 경지에 들었는데, 산수화(山水畵)와 인물화(人物畵) 두 가지 모두 탁월하였다. 한 번은 장난삼아 평원(平遠)을 그리고 칠언고시를 그 옆에 화제(畵題)로 적어 한구에게 준 적이 있었다. 한구는 그림들을 꺼내어 사람들에게 보여줄 때마다 "서긍[明叔]은 시로 그림을 그리는 것인가, 그림으로 시를 짓는 것인가."라고 하였다. 비록 붓에 먹을 적시기만 하면 금방 완성하였지만 흰 비단을 펼친 채 일년이 지나도록 돌아보지 않는 경우도 있었다.

장효백은 서긍이 시가(詩歌)와 그림에 능통한 일화를 소개하면서, 산수화와 인물화에서 신품(神品)의 경지에 들어갔다고 극찬하였다. 글을 짓고 그리는 것뿐만 아니라 서화를 보는 재능도 탁월하였다. 서긍은 수석산수(樹石山水)를 잘 그렸던 장문통(張文通)의 산수화를 보고, 그림을 보지 않아도 알 수 있을 정도로 유려한 문장으로 논찬하였다. 논찬의 말미에 "우연히 화권(畵卷)을 펼쳐보니 신선(神仙)이 산다는 면면창주(面面滄洲)를 대하는 것 같다."라고 그림 전체의 평을 내리고 있다. 산수화에 대한 서긍의 식견이 어느 정도였는지가 짐작된다.

서화에 대한 서긍의 천부적인 재능은 그의 조상으로부터 물려받은 것으로 보이는데, 그의 조상인 서현(徐鉉, 916~991)은 송대 초기 전자(篆字)를 잘 써서 이름을 떨쳤으며 그림에서도 뛰어난 솜씨를 보인 사람이었다.

그렇지만 서긍은 장구학(章句學)을 하찮게 여긴 탓인지 18세에 태학(太學)에서 공부하였지만 과거에는 번번히 낙방하였다. 결국 아버지인 서굉중(徐閎中)의 음보(蔭補)로 그의 나이 24세 되는 정화(政和) 4년(1114)

에 통주(通州)의 형조사(刑曹事)로 제수되어 관직을 시작하였다. 선화(宣和, 宋 徽宗의 年號, 1119~1125) 연간에 이르러 고려 국신사의 일원으로 뽑히게 되었는데, 정사 노윤적이 서화에서 보인 서긍의 재능을 귀하게 여겨 추천한 것이다.

 서긍은 중국에서 외국으로 파견된 사신들의 필수적인 임무가 견문보고서의 작성이라고 인식하고 있었다. 이러한 사신들의 임무 수행 덕분에 황제는 정월 초하루에 큰 조회를 마친 후, 뜰에다 사해(四海)의 도적(圖籍)을 다 늘어놓아 왕공후백(王公候伯)이 만국에서 모여들어도 그들을 다 헤아려 알 수 있었다는 것이다. 이 같은 인식에 따라 서긍은 자신의 서문에서 인용한 『시경(詩經)』의 구절처럼 고려의 역사와 제도, 문물과 풍습 등을 '말을 달리면서도 두루 묻고 생각' 했다. 3개월 간의 사행기간 동안 실제로 눈과 귀가 닿는 대로 여러 이야기를 널리 수집하여 도적(圖籍)을 제작했던 것이다. 이러한 내용을 그림으로 그리고〔圖〕글로 지어〔經〕선화 6년(1124) 8월 6일 송 휘종에게 『선화봉사고려도경』(이하 『고려도경』이라 약칭) 40권을 바쳤다. 고려를 다녀간 지 1년 만이었다. 『고려도경』을 본 휘종은 크게 기뻐하고, 서긍을 지대종정승사(知大宗正丞事)로 발탁하였으며 장서학(掌書學)까지 겸임하도록 하였다가 상서형부 원외랑(尙書刑部 員外郎)으로 옮겼다. 『고려도경』의 글과 그림이 당대에 어떻게 평가받았는지 충분히 알 수 있는 대목이다. 그렇지만 안타깝게도 현재 『고려도경』의 그림〔圖〕은 없어지고 글〔經〕만 전해지고 있다.

2. 『고려도경(高麗圖經)』의 판본(板本) 비교(比較)

　송 휘종에게 『고려도경』 한 부를 바친 서긍은 다른 한 부를 작성하여 집에 보관하였다. 그러므로 서긍의 『고려도경』은 두 부의 원본이 존재하는 셈이다. 그럼 이 두 부의 원본은 어떻게 되었을까. 집에 보관한 한 부는 1127년 봄에 동네 사람 서주빈(徐周賓)이 빌려다 보았는데, 미처 반납하기도 전에 '정강(靖康)의 변(變)'을 당하여 그 행방을 잃어버리게 되었다. 송 휘종에게 바친 책도 세상에 간행되기 전에 전란의 회오리를 맞아 소재가 불분명하게 되었다. 『고려도경』 원본의 행방을 가른 '정강의 변'은 정강(靖康, 宋 欽宗의 年號, 1126~1127) 연간에 수도 개봉(開封)이 금(金)의 공격을 받아 함락되어 송 흠종과 상제(上帝)인 휘종(徽宗)이 금의 포로가 된 사건을 말한다. 이 사건으로 북송은 멸망하였고, 금은 당시 동아시아의 패자가 되었다.

　전란의 와중에 소재가 불분명했던 『고려도경』은 1137년(南宋 高宗 7년 ; 高麗 仁宗 15년) 강서성(江西省) 남창현(南昌縣) 홍주(洪州)에서 발견되었다. 그렇지만 온전한 것은 바닷길[海道] 2권뿐이었다고 한다. 아마도 이 책은 서긍이 집에 보관했던 판본으로 보인다. 이 소식을 들은 서긍은 "세상에 전해지는 내 책은 왕왕 그림은 없어지고 문장[經]만이 남아있는데, 내가 추가로 그리는 것은 어렵지 않다."라고 했다. 그렇지만 장효백의 행장에서 본 것처럼 '붓에 먹을 적시기만 하면 금방 완성' 할 수 있었던 서긍은 어찌된 이유인지 끝내 그림을 다시 그리지는 않았다.

　서긍이 세상을 떠난 지 14년 후인 건도(乾道, 南宋 孝宗의 年號, 1165~1173) 3년(1167), 그의 큰 조카인 서천(徐蕆)은 1137년 강서성(江西省) 남창현(南昌縣)에서 발견된 『고려도경』을 운남성(雲南省) 징강현(澄江縣)의 인

화조씨소산당(仁和趙氏小山堂)에서 판각하였다. 이 판각본에는 서긍이 쓴 서문과 소실된 그림 이외의 경문(經文) 40권, 그리고 장효백의 서긍 행장과 서천의 발문 등이 포함되었다. 이것이 『고려도경』의 송본(宋本)인데, 연호를 따라 '건도본(乾道本)'이라 부르기도 하고 판각한 지명을 따라 '징강본(澂江本)'이라 부르기도 한다.

징강본은 청(淸) 건륭(乾隆, 淸 高宗의 年號, 1735~1795) 연간 궁중 장서처인 천록림랑전(天祿琳瑯殿)에 보존되어 내려왔다. 이곳에는 송(宋)·원(元)·명대(明代)의 선본(善本)들이 소장되었는데, 징강본도 그 중의 하나였다. 하지만 징강본 『고려도경』의 존재가 세상에 널리 알려진 것은 20세기에 들어서였다. 후에 청 왕실의 서화골동과 고완진보(古玩珍寶)를 인계·관리하게 된 고궁박물원(古宮博物院)에서 천록림랑총서(天祿琳瑯叢書)의 하나로 1931년에 이 징강본 『고려도경』을 영인 출간하였는데, 이것도 희귀해져 1974년에 다시 원본에서 새로 찍은 영인본을 발간하였던 것이다. 이 징강본 『고려도경』은 3책으로 구성되었는데, 각 책마다 '건륭어람지보(乾隆御覽之寶)'를 비롯한 7종의 장서인이 찍혀 있다. 매장 반 페이지마다 9행이고, 행마다 17자씩 씌어져 있다. 이 중 징강본 1931년 판이 하버드대학 연경도서관에 소장되어 있다가 이화여자대학교 이화사학연구소에서 1970년에 다시 영인하면서 국내에 알려지게 되었다. 이 판본은 1977년 민족문화추진위원회에서 번역하여 『국역 고려도경(高麗圖經)』을 출간하면서 뒤에 표점을 붙여 축소 영인되기도 하였다.

지부족재본은 청대(淸代) 대장서가였던 포정박(鮑廷博, 1728~1814)이 자신의 지부족재총서(知不足齋叢書)의 하나로 건륭 58년(1793)에 『고려도경』을 간행하였다. 포정박의 지부족재본 『고려도경』은 당시 세상에 전해지던 명말(明末) 정휴중(鄭休中)의 중간본(重刊本〔鄭刻本〕)과 포정박의 집에서 소장하고 있던 사본(寫本)을 비교한 것이다. 포정박은 서문에서 정휴중의 중간본은 초록송본(鈔錄宋本)과 대조한 것으로 탈루한 글자가 수천 곳이며 27권은 착간(錯簡)이어서 읽을 수 없을 정도이므로, 정교하지는 않으나 비교적 완선(完善)으로 보이는 자신의 소장본과 비교하여 간행한다고 하였다. 당연히 정각본(鄭刻本)과 다른 글자가 있으며 약간 탈루한 곳이 있을 수밖에 없었는데, 이러한 문제는 송각본(宋刻本)을 기다려 해결하기를 바란다고 덧붙였다. 그가 그토록 보고자 했던 송각본, 즉 징강본이 청 왕실의 천록림랑전(天祿琳瑯殿)에 있으리라고는 꿈에도 생각하지 못했을 것이다.

　이후 지부족재본 『고려도경』은 1910년에 조선고서간행회(朝鮮古書刊行會)에서 활인(活印)되었는데 곧 희소해졌다. 이에 1932년 일본인 학자 이마니시 류우(今西龍)는 지부족재본 『고려도경』을 토대로 다시 활인하였다. 이마니시가 교정(校訂)하여 조선학총서(朝鮮學叢書) 1권으로 삼아 1932년에 근택서점(近澤書店)에서 발행한 책이 그것이다. 후기(後記)에서 이마니시는 앞서 말한 징강본 『고려도경』이 1931년에 간행된 사실은 알았으나 끝내 보지 못했으며, 청나라 채광후(蔣光煦)의 각보우록(斠補偶錄)에 실린 징강본과 지부족재본 간의 대조표에 의거하여 교감기를 작성한다고 하였다. 이 책은 아세아문화사에서 1972년에 영인되어 널리 이용되게 되었다.

　최근에 징강본도 지부족재본도 아니라고 주장하는 판본이 소개되었다. 김종윤(金種潤)이 발굴하여 1997년에 해제를 달아 출판한 6책으로 된 『고려도경』인데, 늦어도 명대 이전에 인쇄된 판본으로 보이며 중국 어느 대학의 학자가 소장하였던 자료라고 한다. 하지만 이 판본은 『지부족재총서』에 실린 지부족재본과 대조한 결과 그 형식과 글씨체가 완전히 같다. 그러므로 김종윤이 발굴 소개한 판본은 지부족재본임에 틀림없다.

그 외에도 중국판 『고려도경』으로는 문연각사고전서(文淵閣四庫全書) 제593책에 실린 것이 있으며, 대만(臺灣) 상무인서관(商務印書館)에서 1971년에 인인문고(人人文庫) 시리즈의 하나로 조판 발행한 『선화봉사고려도경(宣和奉使高麗圖經)』도 있다.

한편 『고려도경』의 고려본(高麗本)도 존재했다는 기록이 있어 주목된다. 이 같은 사실은 지부족재본 『고려도경』을 펴낸 포정박의 발문에서 확인된다. 포정박은 "고려본이 있는데, 언제 판각되었는지 모른다."고 하였다. 현재 고려본은 발견되지 않고 있다.

이처럼 『고려도경』은 그 역사가 말해주듯 다양한 판본이 존재하고 있다. 그렇지만 현재 전해지는 가장 권위있는 판본은 역시 징강본이라 할 수 있다. 징강본 『고려도경』은 역대 송 황제의 이름인 완(完)·경(敬)·경(驚) 등의 글자가 나오면 마지막 획을 쓰지 않거나, '정관(貞觀)'의 경우 '정관(正觀)'으로 고쳐 쓰기도 했으며, 송 고종(高宗)의 이름인 '구(構)'자의 경우에는 '태상어명(太上御名)'으로 썼고, 효종(孝宗)의 이름인 '신(愼)'자는 '금상어명(今上御名)'으로 썼다. 또한 송의 천자 및 조정과 관련된 부분에서는 중간에 행을 바꾸는(改行) 등 1167년 간행 당시의 상황이 그대로 서술되었다. 형식적인 측면뿐만 아니라 내용적인 측면에서도 그 권위를 인정받고 있다. 서지학자 창피득(昌彼得)은 고궁박물관에서 1974년 간행한 징강본의 발문에서 '지금 세상에 나도는 판본은 오자(誤字)와 탈자(奪字)가 많아서' 이 판본을 토대로 여러 판본의 잘못을 바로 잡아야 할 것이라고 했다. 징강본은 여러 판본 중에서 선본(善本)이라 할 만하다.

그렇지만 징강본도 완벽하다고 말하기 어려운 점이 있다. 서천의 발문에서 보이는 것처럼 1137년 강서성 남창현에서 발견된 책은 온전한 상태가 아니었다. 전란의 와중에서 많은 부분이 훼손되었을 것이며, 간행을 맡은 서천이 임의로 내용을 추가했을 수도 있기 때문이다. 이 점은 다음의 사례를 통해 살펴볼 수 있다. 권23 풍속〔雜俗〕2 토산(土山)에서 고려의 토양에 알맞은 것을 나열하는 부분을 '麻枲之利 牛羊蓄産之宜 海物惟錯之美'이라고 기술하고 있다. 이는 '길쌈이 이롭고 소나 양을 기르는데 알맞으며 다양한 해산물이 좋다'라고 해석된다. 그런데, 징강본에 따를 경우 '海物惟錯之美' 부분이 애매하다. 문장의 흐름상 해산물이 좋다는 서술로 보이는데 '굽는다'는 뜻의 '美'자로 되어있어 정확한 해석이 어렵다. 이는 서긍의 오기(誤記)일 가능성도 있다. 징강본에서 찾아지는 서긍의 오기는 권1 건국(建國)과 권2 세차(世次)에서 특히 많다. 고려 왕계를 잘못 이해한다거나, 고려 예종의 이름을 '우(俁)'가 아닌 '오(俣)'로 표기한 것 등이 그것이다. 그러므로 징강본 이외의 판본도 비교해볼 필요가 있다.

사고전서본과 지부족재본은 징강본의 이러한 단점을 보완해준다. 사고전서본과 지부족재본에는 앞서 소개한 징강본의 권23 잡속2 토산조의 '海物惟錯之美' 부분이 '海物惟錯之美'로 되어있다. '좋다'라는 뜻의 '美'로 되어있어 매끄럽다. 또한 지부족재본에는 고려 예종의 이름이 '우(俁)'라고 올바르게 표기되어있다. 그러므로 『고려도경』을 정확하게 이해하기 위해서는 판본 간의 상호 비교가 필요하다.

판본 비교는 다양한 해석을 가능하게 한다는 점에 더 큰 장점이 있다. 권5 궁전(宮殿)1 원덕전(元德殿)의 다음 내용을 살펴보자. 징강본에는 '若刑殺樞要之士 則與近臣親密者一二人 議決于此'라고 되어있다. 민족문화추진위원회 간행 국역본 등 대부분의 번역서에는 해당 부분을 징강본대로 '만약 중요한 인사(人士)를 형벌하여 죽이려면 근신(近臣) 1~2인과 여기에서 의결한다'라고 해석하였다. 그렇지만 사고전서본과 지부족재본에는 '若刑殺樞要之士' 중 '사(士)'를 '사(事)'로 적고 있어 다른 해석을 가능하게 한다. 이 경우 해석은 '사형을 선고하거나[刑殺] 극비인[樞要] 사안[事]이 있을 경우에도'가 된다. 판본 비교를 통한 다양한 해석은 『고려도경』의 내용을 더욱 풍부하게 할 수 있다.

그러므로 이 책에서는 징강본을 저본으로 하고, 사고전서본과 지부족재본을 일일이 교감하여 판본 비교를 하였다. 판본의 정확성을 높이기 위해 사고전서총서에 실려있는 책과 교감하였으며, 지부족재본은 가장 일반적으로 알려진 이마니시본(今西龍本)이 아닌 지부족재총서를 이용하였다. 사고전서총서는 궐자(闕字)와 결락되어 있는 부분이 많은데, 특히 권22 풍속(雜俗)1에서는 징강본과 지부족재본에 있는 향음(鄕飮), 치사(治事), 답례(答禮), 급사(給使) 등이 통째로 빠져있다. 사고전서총서보다는 양호한 편이었지만 지부족재총서의 내용도 포정박이 우려한 것처럼 오자(誤字)와 탈자(奪字)가 많이 확인되었다. 이제야 포정박의 우려를 씻어내게 되었으니, 그가 제시한 판본 비교라는 방법을 통해 가능한 것이었다.

3. 『고려도경』의 내용과 사료적 가치

이 책에서 저본으로 한 징강본 『고려도경』은 서긍의 서문, 총 40권의 본문, 장효백의 행장, 그리고 서천의 발문 등으로 구성되어있다. 서문에서는 서긍이 『고려도경』을 쓰게 된 동기가 서술되어 있고, 행장에서는 서긍의 출생에서 죽을 때까지의 일들이 기록되어 있으며, 발문에서는 『고려도경』의 간행 내력이 소개되어 있다. 이 부분은 앞서 언급했으므로 여기서는 본문 위주로 설명한다.

본문의 내용은 다음과 같다. 고려 건국 이전과 이후의 역사와 왕계를 권1 건국(建國)과 권2 세차(世次)에 실었다. 고려의 도읍인 개성의 시가와 왕성 내의 문궐과 궁전, 그리고 관부(官府) · 사우(祠宇) · 관사(館舍) 등을 권3 성읍(城邑), 권4 궁궐문(門闕), 권5 · 6 궁전(宮殿), 권16 관부(官府), 권17 사우(祠宇), 권27 관사(館舍) 등 7권에 걸쳐 서술했다. 관복과 의례에 관련된 내용을 각각 권7 관복(冠服)과 권9 · 10 의례용품(儀物), 권14 기치(旗幟) 등에 나누어 기재했다. 또한 당시 고려의 인물들을 권8 인물(人物) 1권을 할애해 소개했다. 고려의 군사와 병기 등 병제와 관련된 소개에 권11 · 12 의장대(仗衛), 권13 병기(兵器), 권15 수레와 말(車馬), 권24 사절의 행렬(節仗) 등 5권을 할당했다. 고려의 도교와 불교를 권18, 그리고 고려의 사회적 신분과 풍속, 생활 용품의 설명에는 권19 백성(民庶), 권20 부인(婦人), 권21 하급 관리(皂隷), 권22 · 23 풍속(雜俗), 권30 · 31 · 32 생활용기(器皿) 등 8권이 필요하였다. 권25 조서를 받는 절차(受詔), 권26 연회의례(燕禮), 권28 · 29 장막류(供張) 등 4권에서는 조서를 바치는 수조(受詔) 의식과 연회, 그리고 행사에 필요한 각종 물건들을 설명했다. 고려의 배를 권33 배(舟楫)에, 그리고 자신들의 입국로와 귀국로를 권34 · 35 · 36 · 37 · 38 · 39 바닷길(海道) 6권에 보였다. 마지막으로 권40 동일한 문물(同文) 1권을 작성했다. 이렇게 보고들은 29문(門) 301항(項)의 내용을 총 40권으로 묶었다. 29문에는 각각 서문에 해당하는 설명이 있어 그 내용을 이해하는데 도움이 된다.

이제『고려도경』에 대한 학계의 연구를 중심으로 그 사료적 가치를 살펴본다.『고려도경』자체에 대한 본격적인 연구는 거의 없는 실정이다. 그나마 영인본이나 번역서에 붙은 해제가 대부분이고, 사용자들 또한 참고 인용서로 인식하고 있는 실정이다.

그렇지만『고려도경』은『고려사』나『고려사절요』등 한정된 고려시대 사료에서 찾아 볼 수 없는 귀중한 사실들을 전하고 있다.『고려도경』은 미술사 연구에 더없이 중요한 자료이다.『고려도경』의 도자기 기록은 고려시대 도자기 연구에서 빼놓지 않고 인용된다. 의상학에서는 권7에 실린 관복(冠服)을 통해 고려시대 복식을 복원하려고 노력한다. 권33의 배[舟楫]는 얼마 안 되는 고려시대 선박 연구에 없어서는 안 될 자료로서 평가받는다. 6권에 걸친 바닷길[海道]은 당시 항해술을 짐작하게 하는 중요한 자료이다.

『고려도경』을 가장 많이 인용하여 연구를 진행하는 분야는 역사학 분야이다. 정치, 사회, 문화, 경제, 병제 등 모든 주제에서 참고하고 있다. 정치사 분야에서는 권16 관부(官府) 대성(臺省)의 내용이 중요하게 언급된다. 여기서 고려의 최고 정무기관이었던 중서성(中書省), 문하성(門下省), 상서성(尙書省) 등 3성이 독립된 건물을 가진 것으로 묘사되어 있다. 그런데『고려사』『고려사절요』에서는 중서성과 문하성이 각각 독립된 관부가 아닌 중서문하성이라는 하나의 관부로 설명했다. 고려의 중앙 정치기구는 전자를 따를 경우 3성 6부가 되고, 후자를 따를 경우 2성 6부가 된다. 현재 학계에서는 후자를 받아들여 고려의 중앙 정치기구를 2성 6부로 파악하고 있다. 그렇지만 왜 하나의 관부로 보이는 중서성과 문하성이 독립된 건물을 가진 것인가에 대한 명쾌한 설명이 없는 실정이다.

사회사 분야에서는 권19 백성〔民庶〕, 권20 부인(婦人), 권21 하급 관리〔皂隷〕 등을 많이 인용한다. 특히 고려시대의 신분제를 사농공상(士農工商)의 틀에서 이해하는 논자들은 이 부분의 사료를 적극 활용하고 있다. 그 외에도 『고려도경』에는 이들 사농공상의 경제활동이 구체적으로 드러날 뿐만 아니라 농민과 공장(工匠)의 경제적 지위에 대한 언급이 있어 주목된다. 농민들은 경제적 부에 있어서 복두소(幞頭所)·장작감(將作監) 같은 국가기구에 예속되어 활동하는 공장을 따라가지 못한다는 것이다(권19 백성〔民庶〕). 상업과 관련해서는 하루 거리의 지역을 단위로 하는 국지적 시장의 존재가 확인되는데 교역이 물물교환의 형태를 주로 하면서 부분적으로 전(錢)을 사용하는 것이 주목된다(권16 관부(官府)).

그리고 조운제도나 운송 수단에 대한 귀중한 정보도 얻을 수 있다. 고려초기부터 발달한 조운제도나 선상(船商)의 존재에서 보이듯이 고려에서는 주로 해상로를 이용하여 공물의 수취와 교역이 이루어졌다. 교통로로서 해상로가 발달하게 된 이유는 고려의 도로사정이 열악했던 것에 일차적인 원인이 있다. 도로사정과 관련해서도 『고려도경』에서는 흥미 있는 사실을 전해주고 있다. "산이 많은 고려에서는 도로가 험하다. 수레 이용은 불편한데다 무거운 짐을 끌 수 있는 낙타〔橐駝〕도 없다. 하지만 사람이 질 수 있는 무게는 얼마 안되기 때문에 잡재(雜載)가 많이 사용된다(권15 수레와 말(車馬))." 하지만 수레마다 10여 인이 탄다고 하는 기록으로 보아(권24 사절의 행렬〔節仗〕) 간선도로는 어느 정도 확장 정비되고 있었음이 분명하다. 이와 함께 "쌀·면·땔나무·숯 같은 것들은 모두 멱서리〔草苫〕에 담는다. 산길에서는 수레를 이용하기 힘들어 대부분 노새나 말에 싣고 가는 것이다."는 기록으로 보면(권32 생활용기〔器皿〕3) 운송 수단으로서 수레와 노새가 일상적으로 활용되고 있었음을 짐작할 수 있다.

경제사 분야에서는 경제 활동과 조운제도 등에 관한 연구뿐만 아니라 토지제도사에서도 중요한 사료로 인용되고 있다. 고려시대 토지제도와 관련하여 1결의 면적이 어느 정도인가 하는 것은 오랫동안 논란이 되어왔다. 『고려도경』은 이에 대한 실마리도 제공하고 있다. 즉 "국모(國母)·왕비(王妃)·세자(世子)·왕녀(王女) 이하는 모두 탕목전(湯沐田)이 있다. 150보(步)를 1결(結)이라 한다."는 기록이 그것이다(권23 풍속〔雜俗〕2). 그리고 "(고려인들은) 중국을 기준으로 삼아 그 도량형(度量衡)을 표적(標的)으로 삼고자 하였다. (중략) 뱃사람들이 시장에 가서 매매하는 물건을 팔아보았다. 속으로 고려의 길이에 대한 법식, 숫자의 다과(多寡), 무게의 경중(輕重)을 몰래 살피고 중국의 그것과 비교했더니 터럭만한 차이도 없었다."는 기록에 주목하면(권40 동일한 문물〔同文〕) 고려의 도량형제도가 중국과 대동소이함을 알 수 있다. 『고려도경』에 실린 결수(結數) 규정이 중국의 주척(周尺, 약 20Cm)에 근거한 것으로 보고 1결의 면적을 6,806평으로 계산한 연구자도 있다. 고려시대 토지면적에 대한 기록은 더욱 세밀한 검토가 요구되는 것이기는 하지만 고려의 토지면적 추정과 관련하여 시사점을 던져준다고 할 수 있다.

권16 관부의 다음 내용을 통하여 고려시대 관료의 등급에 따라 지급된 전시과(田柴科)가 외주(外州)에 설치되었음이 확인되었다. "개경과 지방에서 녹(祿)을 받는 현직관리는 3,000여 명이며 녹은 없고 토지만을 받는 산관동정(散官同正)이 또 14,000여 명이다. 그 토지는 모두 지방(外州)에 있는데 전군(佃軍)이 경작하여 수확 때가 되면 옮겨와 균등하게 지급한다"는 구절이 그것이다. 이를 통해 보면 전시과의 경작인은 '전군(佃軍)'이었다. 이 전군의 성격에 대해서는 소작인(小作人)이었다는 견해가 지배적인 가운데 국가 수취체제에 포함된 공민(公民)이었다는 견해도 제기되었다. 이외에도『고려도경』에는 고려시대 토지제도와 관련된 사료들이 산견되어 있어 이 분야에서 중요한 사료로 활용되고 있다.

또한 권11과 권12의 의장대〔仗衛〕, 권13 병기〔兵器〕, 권14 기치〔旗幟〕, 권15 수레와 말〔車馬〕, 그리고 권24 사절의 행렬〔節仗〕 등에 실린 고려 병제와 관련된 사료는 고려시대 병제사 연구를 촉발시켰다. 고려시대 군인의 성격과 관련된 부병제설(府兵制說)과 군반제설(軍班制說)의 논쟁은 위의 기사를 통해 심화되었다고 해도 과언이 아니다. 또한 최근에는 해당 기사를 통해 금군(禁軍) 등 고려시대의 다양한 군인의 성격이 밝혀지고 있다.

현재 활발히 연구가 진행되는 도시사(都市史) 분야에서도『고려도경』은 더없이 중요한 사료이다.『고려도경』에 실린 개성의 시가, 그리고 왕성의 문궐과 관부 등에 대한 설명을 토대로 고려시대 개경의 모습을 복원하고 있다. 권22와 권23의 풍속〔雜俗〕 등에 실린 민들의 생활상은 고려시대 생활사를 연구하는 귀중한 사료로 평가받고 있다.

이렇듯『고려도경』의 사료적 가치는 아주 높다고 할 수 있다. 그런데 여기서 한 가지 지적할 것은『고려도경』을 인용하는 연구자들의 태도이다. 개개의 연구자들은 자신들의 입맛에 따라 해당 부분을 인용하고, 자신의 견해와 다른 기록은 짧은 기간에 외국인의 시각에서 본 것이기 때문에 믿을 수 없다는 태도를 보이고 있다. 그렇지만 서긍이『고려도경』을 1년 동안 집필했다는 점을 잊어서는 안 된다. 그 기간동안 서긍이 기록한 하나하나의 사실들은 고려 체류기간 동안 그가 보고 들은 것뿐만 아니라 송(宋)에 알려진 고려에 대한 정보가 총망라된 것이었다. 당시 송에는 고려에 대한 기록으로 오식(吳栻)의 『계림기(鷄林記)』, 손목(孫穆)의 『계림유사(鷄林類事)』 그리고 왕운(王雲)의 『계림지(鷄林志)』 등이 있었다고 전해진다. 따라서 『고려도경』은 서긍 개인의 기록이라고 하기보다는 12세기 초 송의 고려에 대한 인식이 반영된 것이다. 『고려도경』을 인용하는데 주의해야 하는 이유이다.

4. 『고려도경』과 12세기 고려 사회

『고려사』에는 송 휘종의 국신사 일행이 도착했다는 사실, 이들에게서 조서 받은 일과 그 내용, 그리고 돌아간 사실 등이 기록되어 있다. 사절단의 규모와 짧지 않은 1개월 간의 체류 일정에 비해 너무 소략하게 소개되었다 싶을 정도이다. 또한 송 휘종의 조서 내용과 그것을 받는 고려 인종의 태도가 다른 때와 달라 보인다. 당시 국신사였던 노윤적이 인종에게 말한 『고려사』 권15 세가 인종 원년(1123)의 기록을 살펴보자.

> 원풍(元豊, 宋 神宗의 年號, 1078~1085) 연간 문종왕 상사 때에 보낸 제문과 조위 물품은 보통 전례에 불과하였는데, 금번은 아주 특수한 예전이었습니다. 대관(大觀, 宋 徽宗의 年號, 1107~1110)에 보낸 조서에 특별히 '권(權)' 자를 없애어 정식 왕으로 대우하는 예를 표시하였거니와 금번 우리 황제의 조서에도 역시 특수한 정의를 표시하였습니다. 그런데 선대 임금(睿宗)께서는 당시에 벌써 요(遼)의 책봉을 받았기 때

문에 말썽이 시끄러워 따로 책봉하는 의식을 짐짓 피하였거니와 지금은 요가 멸망했으니 우리 송에 책봉을 청할 수 있습니다.

송 휘종이 국신사를 통해 예종의 문상으로 보낸 조위 물품은 문종 당시의 그것과는 비교할 수 없을 정도로 많은 것이다. 또한 예종이 비록 요의 책봉을 받았으나, 송은 예종을 정식 왕으로 대우하기 위해 조서에 특별히 '권(權)'자를 없앴다. 하물며 지금 요가 멸망했으니 송에 정식으로 책봉을 신청해도 좋다는 요지의 내용이다. 송의 고려에 대한 대우가 매우 극진했음이 나타난다. 이에 대해 인종은 자신에게도 '권(權)'자를 없앤 것에 대해 감사를 표한 후 상기(喪期)를 마치지 않았다는 이유로 송의 책봉 요청을 거절하였다.

여기서 송에서 고려에 요구하였던 책봉관계는 어떠한 의미가 있었는지 살펴볼 필요가 있다. 책봉은 전근대시대 동아시아의 질서를 규정하는 제도적 양식의 하나로, 대륙을 장악한 패권자가 주변 국가의 지배자에게 관직(官職)과 작위(爵位) 그리고 이에 상응하는 물품(物品)을 하사함으로써 그의 자격과 지위를 부여하고 공인하는 제도였다. 달리 말해 송의 고려에 대한 책봉 시도는 송 제국의 질서 내로 편입하라는 요구에 다름 아니었다.

송 제국의 질서 내로 편입을 의미하는 책봉 요구를 거절하는 고려 국왕의 태도가 그 어느 때보다 당당하다. 왜일까. 그 해답은 당시의 동아시아의 국제정세에서 찾을 수 있다. 12세기 전반기 고려의 대중국관계는 송(宋), 요(遼), 금(金)의 세 나라에 걸친 복잡한 것이었다. 중국대륙에서 송, 요, 금은 정립(鼎立)하여 국운을 걸고 다투고 있었다. 이러한 급변하는 국제정세 속에서 고려와 송 사이의 외교관계 역시 순탄하지만은 않았다.

960년 송이 건국한 이래 고려는 송과 우호적인 관계를 맺으면서 선진문물을 수입하는 한편 요를 견제하려는 송의 정치적·군사적 목적에 부응하였다. 10세기 후반 현종대 요의 침입을 겪으면서 고려가 요로 부터 책봉(冊封)을 받게되자 고려와 송의 공식적인 대외관계는 단절되었다. 그 후 송과의 국교가 재개되는 것은 문종 25년(1071)에 이르러서였다.

한편 여진이 점차 강성해지면서 1115년에 금을 건국하였다. 이때가 예종 10년에 해당하는데, 예종대에도 고려와 송은 빈번하게 사신이 왕래하면서 양국간의 관계 개선을 꾀하였다. 송의 입장에서는 '고려와 금과 연합하여 요를 제압한다'는 이른바 연려금제요(聯麗金制遼)라는 외교적 목표를 추구하기 위해서 고려와의 유대가 중요했다. 반면에 고려는 송과의 관계 개선을 통해 예종 후반기의 안정적인 국정 운영을 꾀하고, 앞선 송의 문물을 수용하여 유교이념에 입각한 예제 정비를 추진하고자 했다. 송으로서는 고려의 지원이 필요하였지만, 고려에서는 기세가 뻗쳐오르는 금과 연합하는 것이 바람직하지 않다는 입장을 견지하였다. 이 때문에 고려는 송의 책봉 요구를 그대로 들어줄 수 없었다. 고려가 송과 금, 요 사이에서 실리적인 등거리외교를 펼친 것은 이 때문이었다.

하지만 송으로서는 고려의 협력이 절대적으로 필요하였다. 이 때문에 전례에 없는 극진한 예물을 고려에 보낸 것이다. 위에 소개한 국신사 노윤적의 언급은 이러한 송의 입장을 대변한 것으로 볼 수 있다.

이러한 전후 사정을 잘 알고 있었던 서긍은 고려에 대해 다음과 같이 평가하고 있다. 고려는 기자(箕子)가 봉해진 이후 덕을 실천하여 현재에 이르렀고(권1 건국(建國)), 사이(四夷)와 달리 중화(中華)의 풍속을 모방하여 종묘(宗廟)와 사직(社稷)을 세웠으며(권3 성읍(城邑)), 문궐(門闕)도 졸렬하기는 하나 옛 제후의 예를 따라 지었고(권4 문궐(門闕)), 관복도 송의 제도를 따라 입어 의복제도가 크게 갖추어졌으며(권7 관복(冠服)), 이적(夷狄)들 중에서 인재가 가장 많았다고 하였다(권8 인물(人物)). 이외에도 『고려도경』곳곳에서 "고려는 사이(四夷)와 다르다"고 강조하고 있다. 이러한 인식이 극명하게 드러나는 것은 권40 동일한 문물[同文]이다. 천하의 다스림을 통할하기 위한 정삭(正朔), 천하의 교화를 아름답게 하는 유학(儒學), 천하의 화합을 이끌기 위한 음악(音樂), 천하의 공정함을 과시하는 도량형(度量衡) 등은 송의 것과 그 제도가 똑같다고 했다. 정삭과 유학, 음악과 도량형이 송과 똑같다는 것은 송의 지배 영역 내에 고려가 포섭되었다는 것을 의미한다. 이러한 인식하에 고려의 문물을 자세히 기록했던 것이다. 이는 12세기 당시의 고려가 책봉관계를 맺어야 하는 나라는 송이라는 것을 은유적으로 표현한 것에 다름 아니다. 이것이 『고려도경』의 저변에 깔려있는 서긍과 송의 바람이었다고 할 수 있다.

그러나 서긍과 송의 바람은 이루어지지 않았다. 『고려도경』이 완성된 지 2년 후인 1126년에 북송(北宋)이 금에 의해 개봉(開封)이 점령당하자 고려는 금의 지배체제하에 들어갔다. 금과 군신관계를 맺은 1126년은 『고려도경』권8 인물(人物)에서 사치와 비리로 얼룩진 애석한 인물로 묘사한 이자겸이 실권을 쥐고 왕이 되고자 난을 일으킨 해이기도 했다. 고려사회는 이자겸의 난 이후 급격한 혼란에 휩싸인다. 1135년에는 묘청의 난이 일어나고, 이어 무신의 난, 몽고의 침입 등이 연이어 몰아닥쳤다.

이러한 고려 사회의 변화를 들었다면 서긍은 어떤 생각을 했을까. 서긍이 '붓에 먹을 적시기만 하면 금방 완성'할 손실된 그림을 '흰 비단을 펼친 채 해가 바뀌어도' 그리지 않은 이유를 여기서 찾는다면 지나친 억측일까. 현재 남아있는 『고려도경』에서 그림[圖]이 없는 아쉬움을 이렇게라도 달래본다.

조동원(趙東元)

『선화봉사고려도경』 서문(序文)[1]

奉議郎充奉使高麗國信所提轄人船禮物賜緋魚袋[臣]徐兢撰[2]

[臣]聞 天子元正大朝會畢 列四海圖籍于[3]庭 而王公侯伯萬國輻湊[4] 此皆有以揆之 故有司所藏嚴毖特甚 而使者之職 尤以是爲急 在昔 成周 職方氏掌天下之圖 以掌天下之地 辨其邦國都鄙 四夷八蠻七 貉九貊五戎六狄之人民 周知其利害 而行人之官 駱驛[5]道路 若賀 慶槁檜[6]之類 凡五物之故 莫不有治 若康樂厄貧之類 凡五物之辨 莫不有書 用以復命于[7]王 俾得以周知天下之故 外史書之 以爲四

---

1) 宣和奉使高麗圖經序 : 사고전서본에는 '宣和奉使高麗圖經原序'라고 되어있다.
2) 奉議郎充奉使高麗國信所提轄人船禮物 賜緋魚袋 臣徐兢撰 : 사고전서본과 지부족재 본에는 결락되어있다.
3) 지부족재본에는 '於'라고 되어있다.
4) 지부족재본에는 '輳'라고 되어있다.
5) 駱驛 : 사고전서본에는 '絡繹'이라고 되어있고, 지부족재본에는 '絡驛'이라고 되어있다.
6) 賀慶槁檜 : 사고전서본에는 '賀慶犒禬'라고 되어있고, 지부족재본에는 '慶賀犒禬'라고

方之志 司徒集之 以爲土地之圖 誦訓道之 以詔觀事 土訓道之 以
詔地事 此所以一人之尊 深居高拱於九重 而察四方萬里之遠 如指
諸掌 當沛公初入關 蕭何獨收秦圖書 及天下已定 而漢盡得知其阨[8]
塞戶口者 繄何之功[9] 隋長孫晟之至突厥 每游[10]獵 輒記其國土委曲
歸表聞於文帝 口陳形埶[11] 手畫山川 卒以展異日之效 然則乘輶軒
而使邦國者 其於圖籍 固所先務 矧惟高麗在遼東 非若侯甸近服 可
以朝下令而夕來上 故圖籍之作 尤爲難也 皇帝天德地業 畢朝萬國
乃眷高麗 被遇神考 益加懷徠 遴擇在廷 將命撫賜 恩隆禮厚 前未
之有 時給事中臣允迪 以通經之才 超世之文 取甲科 著宿望 中書
舍人臣墨卿 學問高明 見於踐履 恪守忠孝 臨事不回 竝命而行 非
獨其執節專對 不減古人之膚使 而風采聞望 自足以壯朝廷之威靈
聳外夷之觀聽 拜命未行 會聞王俁[12]薨 遂以奠慰之禮兼往 臣愚猥
承人乏 獲聯使屬之末 事之大者 固從其長 而區區得以專達者 又不
足以補報朝廷器使之萬一 退而自訟曰 周爰咨詢 歌於皇華之詩 則
徧問以事 正使者之職 謹因耳目所及 博采衆說 簡[13]去[14]其同於中
國者 而取其異焉 凡三百餘條 釐爲四十卷 物圖其形 事爲之說 名
曰宣和奉使高麗圖經 臣嘗觀崇寧中 王雲所撰雞[15]林志 始疏其說

되어있다.
7) 지부족재본에는 '於'라고 되어있다.
8) 사고전서본과 지부족재본에는 '陁'이라고 되어있다.
9) 사고전서본에는 '明'이라고 되어있다.
10) 사고전서본에는 '遊'라고 되어있다.
11) 사고전서본과 지부족재본에는 '勢'라고 되어있다.
12) 지부족재본에는 '俁'라고 되어있다.
13) 지부족재본에는 '簡'이라고 되어있다.
14) 사고전서본과 지부족재본에는 '汰'라고 되어있다.

而未圖其形 比者使行 取以稽考 爲補已多 今臣所著圖經 手披目覽 而遐陬異域 舉萃於前 蓋倣古^(16)聚米之遺制也 雖然昔漢張騫出使 月氏^(17) 十有三年而後歸 僅能言其所歷之國地形物産而已 臣愚雖才 不逮前人 然在高麗 纔及月餘 授館之後 則守以兵衛 凡出館不過 五六 而驅馳車馬之間^(18) 獻訓^(19)尊俎之上 耳目所及 非若十三歲之 久 亦粗能得其建國立政之體 風俗事物之宜 使不逃乎^(20)繪畫紀次 之列 非敢矜博 洽飾浮誇 以塵冕旒之聽 蓋撫其事實 以復于^(21)朝 庶少逭將命之責也 有詔 上之御府 謹掇其大槩 爲之序云 宣和六 年八月日^(22) 奉議郎 充奉使高麗國信所 提轄人船禮物 賜緋魚袋 臣 徐兢 謹序

봉의랑 충봉사고려국신소 제할인선예물 사비어대 신 서긍(奉議郎 充奉使高麗國信所 提轄人船禮物 賜緋魚袋 臣 徐兢) 지음

신(臣)이 듣기에 천자(天子)는 정월 초하루에 큰 조회(朝會)가 끝난 후 천하(四海)의 도적(圖籍)을^(23) 뜰에 펼쳐놓는다. 이를 통해 만국(萬國)에서

---

15) 지부족재본에는 '鷄'라고 되어있다.
16) 倣古 : 사고전서본과 지부족재본에는 '倣'이라고 되어있다.
17) 사고전서본에는 '氐'라고 되어있다.
18) 지부족재본에는 '閒'이라고 되어있다.
19) 사고전서본과 지부족재본에는 '酬'라고 되어있다.
20) 사고전서본에는 '于'라고 되어있다.
21) 지부족재본에는 '於'라고 되어있다.
22) 지부족재본에는 '六日'이라고 되어있다.
23) 圖籍은 지형을 그린 지도와 호구 수를 표시한 서적이다. 따라서 원문의 四海圖籍이란 戶數가 표시된 천하 지도이다.

모여든 왕공후백(王公侯伯)을 모두 살피게 된다. 그러므로 담당 관리〔有司〕가 보관하는 것은 유별나게 엄격하며 사신의 직분은 이것(도적의 수집 : 역자)을 급선무로 여긴다.

옛 주대〔成周〕에[24] 직방씨(職方氏)는[25] 천하의 도서(圖書)를 관장함으로써 천하를 담당하고 방국(邦國)의 도비(都鄙)를[26] 구별하였으며 사이(四夷),[27] 팔만(八蠻),[28] 칠민(七閩),[29] 구맥(九貉),[30] 오융(五戎),[31] 육적(六狄)[32] 등의 인민(人民)에 대한 이해를 넓힐 수 있었다. 소행인〔行人之官〕은[33]

---

24) 成周는 西周의 東都였던 洛邑이다. 본문에서는 周代를 가리킨다.
25) 『周禮』에 나오는 표현이다. "職方氏는 천하의 圖書를 관장함으로써 천하를 담당하고 邦國의 都鄙를 구별한다. 四夷, 八蠻, 七閩, 九貉, 五戎, 六狄의 인민과 그 재용 및 九穀, 六畜의 數要에 대해서도 그 이해 관계를 널리 알았다(職方氏 掌天下之圖 以掌天下之地 辨其邦國都鄙 四夷八蠻七閩九貉五戎六狄之人民與其財用 九穀六畜之數要 周知其利害:『周禮』夏官 職方氏)."
26) 都鄙란 사람이 많이 몰려있는 도시와 그렇지 않은 시골을 가리킨다. 인구밀도의 煩疏함을 뜻한다.
27) 四夷란 東夷, 西戎, 南蠻, 北狄을 가리킨다.
28) 八蠻이란 南方의 오랑캐 나라로서 天竺, 咳首, 僬僥, 跋踵, 穿胸, 儋耳, 狗軹, 旁春을 가리킨다.
29) 七閩이란 지금의 복건성과 절강성 남부에 살았던 야만인을 가리킨다. 7개 종족으로 구성되어 있어서 七閩이라고 불렀다.
30) 九貉이란 北方의 아홉 오랑캐를 가리킨다.
31) 五戎이란 西方의 다섯 오랑캐를 가리킨다.
32) 六狄이란 北方의 여섯 오랑캐를 가리킨다.
33) 『周禮』에 나오는 표현이다. "小行人은 邦國의 賓客에 대한 禮籍을 담당하고 四方의 使者를 접대한다. …… 만약 그 나라에 札喪이 있으면 賻補하고, 凶荒이 있으면 賙委하며, 師役이 있으면 槁禬하고, 福事가 있으면 慶賀하며, 禍災가 있으면 哀弔한다. 이 다섯 가지 관례로 그 일들을 처리한다. 또한 萬民의 利害를 책 한 권에 담고, 그 禮俗·政事·教治·刑禁의 逆順을 책 한 권에 담고, 悖逆·暴亂·作慝·犯令한 자들을 책 한 권에 담고, 그 札喪·凶荒·厄貧을 책 한 권에 담고, 그 康樂·和親·安平한 것을 책 한 권에 담으니 이 다섯 가지를 나라마다 분별하여 왕에게 보고함으로써, 왕이 천하의 정세를 두루 파악하도록 한다(小行人 掌邦國賓客之禮籍 以待四方之使者 …… 若國札喪則令賻補之 若國凶荒則令賙委之 若國師役則令槁禬之 若國有福事則令慶賀之

도로에서 연락하는 일을 담당하였다. 축하하고 군대를 위로하거나 굿하는 것[賀慶犒禬] 따위의 일에는 다섯 가지 관례[五物之故]를 시행하지 않는 경우가 없었고, 태평하거나 곤궁한[康樂厄貧] 따위의 일에는 다섯 가지 분별[五物之辨]을 기록하지 않는 경우가 없었다. 그는 이것을 왕에게 보고하여 (왕이) 천하의 정세를 충분히 알 수 있도록 하였다. 외사(外史)는[34] 기록을 통해 여러나라 실정[四方之志]을 관장했고 대사도[司徒]는[35] 수집을 통해 국토 지도[土地之圖]를 만들었다. 송훈(誦訓)은[36] (옛일을) 말함으로써 관찰하는 일[觀事]을 알렸고[詔] 토훈(土訓)은[37] (사방의 지도를) 말함으로써 땅에 관한 일[地事]을 알렸다. 이것을 통해 구중궁궐 깊은 곳에서 고고히 팔짱을 끼고 지내는 존귀한 천자[一人]가 멀리 만리 밖 사방을 손바닥 위에서 가리키듯이 환히 살피는 것이다.

한 고조[漢 高祖, 沛公]가[38] 처음으로 함곡관(函谷關)에 들어갔을 때 소하(蕭何)만이[39] 진(秦)의 도서(圖書)를 챙겼다. 천하가 평정된 후 한(漢)에

若國有禍災則令哀弔之 凡此五物者 治其事故 及其萬民之利害爲一書 其禮俗政事教治刑禁之逆順爲一書 其悖逆暴亂作慝猶犯令者爲一書 其札喪凶荒厄貧爲一書 其康樂和親安平爲一書 凡此物者 每國辨異之 以反命于王 以周知天下之故 : 『周禮』秋官 小行人)."

34) 『周禮』에 나오는 표현이다. "外史는 外令 기록을 담당함으로써 여러 나라의 기록을 관장한다(外史 掌書外令 掌四方之志 : 『周禮』 春官 外史)."
35) 『周禮』에 나오는 표현이다. "大司徒의 직분은 국토의 지도와 그 인민의 숫자를 관장함으로써 왕을 도와 나라를 안정시키는 것이다(大司徒之職 掌建邦之土地之圖與其人民之數 以佐王安擾邦國 : 『周禮』 地官 大司徒)."
36) 『周禮』에 나오는 표현이다. "誦訓은 사방의 옛 기록[方志]을 말하는 것을 관장함으로써 觀事를 알린다(誦訓 掌道方志 以詔觀事 : 『周禮』 地官 誦訓)."
37) 『周禮』에 나오는 표현이다. "土訓은 (사방의) 地圖를 말하는 것을 관장함으로써 地事를 알린다(土訓 掌道地圖 以詔地事 : 『周禮』 地官 土訓)."
38) 漢 高祖인 劉邦이 沛에서 擧兵하였으므로 당시에 沛公이라고 불렸다.
39) 蕭何(?~BC 193)는 江蘇省 沛郡 출신으로 韓信 張良 등과 함께 漢의 개국공신이었다. 秦의 하급관리로 있다가 漢 高祖 劉邦이 군사를 일으키자 종족 수십 명을 거느리고 합

서 천하의 요지[阨塞]와 호구(戶口)의 상태를 모두 알 수 있었던 것은 바로 소하의 공(功)이었다. 돌궐(突厥)에 갔던 수(隋) 장손성(長孫晟)은⁴⁰⁾ 사냥할 때마다 돌궐의 세밀한 지형[委曲]까지 기록하였다가 귀국하여 문제(文帝)에게 보고하였다. 입으로는 돌궐의 형세를 말하고 손으로는 그 산천을 그렸으므로 전례 없는 공적[異日之效]을 펼칠 수 있었다. 그러므로 유헌(輶軒)을⁴¹⁾ 타고 외국에 사신으로 가는 자는 도적(圖籍) 작성을 급선무로 삼아야 한다.

하물며 고려는 요동(遼東)에 자리잡고 있어 아침에 명령을 내리면 저녁에 불러올 수 있는 가까운 제후국[侯甸近服]도⁴²⁾ 아니어서 도적(圖籍) 작성은 매우 곤란하다. 황제(皇帝)는 천지와 같은 덕업(德業)을 베풀어 만국(萬國)을 모두 내조(來朝)하게 하였다. 고려를 돌보면서 신성한 은혜를 입게 했을 뿐만 아니라 중국으로 불러들이기도 하고, 조정에서 인재를 엄격히 선발하여[遴擇在廷] 천자의 명령으로 (고려를) 어루만졌으니 그 융숭한 은혜와 두터운 예의는 전에 없던 일이다.

  류하여 참모로써 활약하였다. 유방이 항우보다 먼저 函谷關을 거쳐 진의 수도인 咸陽에 입성하자 소하는 丞相府의 圖籍文書를 입수하였다. 천하의 要地, 戶口의 多少, 强弱한 곳, 백성들이 힘들어하는 것 등에 대해 기록한 이러한 문서들은 漢이 천하를 다스리는데 긴요하게 이용되었다. 한이 천하를 통일하자 일등공신에 봉해졌고 한신 등의 반란을 평정한 뒤에는 相國이 되었다.
40) 長孫晟은 隋 洛陽 사람으로 字는 季晟이며 諡號는 獻이다. 천성이 通敏하였고 활을 잘 쏘았으며, 사신이 되어 돌궐에 파견되었다. 長孫晟은 멀리 있는 이와 우정을 나누고 가까이 있는 자를 억누르며 강한 자를 배척하고 약한 자는 끌어들이면서 突厥을 쇠약하게 만들었다.
41) 輶軒은 가벼운 수레[輕車]로서, 사신이 타는 수레를 가리킨다.
42) 侯甸은 侯服과 甸服을 가리킨다. 周에서는 天子가 직접 다스리던 王畿를 제외하고 영토를 거리에 따라 9개 즉 九服으로 편제하였는데, 侯服·甸服·男服·采服·衛服·蠻服·夷服·鎭服·蕃服이 그것이다. 따라서 본문의 侯甸近服이란 王畿에서 가까운 제후국이란 뜻이다.

이때 급사중(給事中) 신(臣) 노윤적(路允迪)은 경학(經學)에 밝고 문장은 탁월한 사람으로 과거[甲科]에 합격함으로써 오랜 기대[宿望]에 부응하였다. 중서사인(中書舍人) 신(臣) 부묵경(傅墨卿)은 고명(高明)한 학문에다 실천을 겸비하는 사람으로 충효(忠孝)를 힘써 지키고 맡은 일에서는 물러서지 않았다. 이들이 함께 명을 받들어 (고려에) 가게 되었으니, 그 직무 수행은[43] 옛 훌륭한 사신[膚使]에[44] 뒤지지 않을 뿐만 아니라 그 풍채(風采)와 평판[聞望]은 스스로 조정의 위령(威靈)을 드높이고 외이(外夷)의 이목[觀聽]을 집중시키기에 충분했다. (하지만) 명을 받들어 미처 떠나기도 전에 예종[王俁]이 훙거(薨去)했다는 소식을 들었으므로, 조문 사절의 임무도 겸하도록 하였다.

신(臣)은 어리석은 몸으로 외람되게도 빈 벼슬자리를 채워 사신의 말석에 끼게 되었다. 큰 일이야 정사[其長]의 지시를 따르지만, 재량껏 처리하는 자질구레한 일은 조정에서 부여한 임무의 만분의 일도 보답[補報]할 수 없었다. (신은) 물러나와 "두루 묻고 생각하네[周爰咨詢]"라는[45] 싯귀로 스스로 경계[自訟]하였으니, 이 황화시(皇華詩)를 노래해보면[46] 널리 일을 탐문하는 것이 사신[正使]의 직분이었다. 삼가 이목(耳目)이 닿는 대로 여러 이야기를 널리 수집하여 중국과 같은 것들은 빼버리고 다른 부분만 취하는 것이다. (이에 따라) 300여조를 40권으로 정리하여, 물건이라면 그 모습을 그리고 일이라면 그 이야기를 적어, 『선화봉사

---

43) 執節은 사신임을 나타내기 위해 신분증에 해당하는 符節을 지니는 것을 말하고, 專對는 사신으로 회답하는 동안 외교문제를 재량껏 처리하는 것을 말한다.
44) 膚는 훌륭하다[美]는 뜻으로, 膚使란 외교문제를 능숙하게 처리하는 사신을 가리킨다.
45) 『詩經』에 보이는 표현이다. "말을 달리면서도 두루 묻고 생각하네(載馳載驅 周爰咨詢 : 『詩經』小雅 皇皇者華)."
46) 앞서 나온 『詩經』의 皇皇者華를 말한다. 이 시는 외국에 파견된 사신의 행동거지를 읊은 것이다.

고려도경(宣和奉使高麗圖經)』이라 이름지었다.

　신은 숭녕(崇寧, 宋 徽宗의 年號, 1102~1106) 연간에 왕운(王雲)이 편찬한 『계림지(雞林志)』를 본 적이 있다. 원래 그 내용은 치밀하지 못하고 모습을 그린 책도 아니었지만, 최근에 사신으로 가면서 참고로 도움 받은 바가 상당히 많았다. 이제 신이 쓴 『고려도경〔圖經〕』을 손으로 펼치고 눈으로 훑으면 먼 이역(異域)의 일이 모두 눈앞에 모여 있으니 옛 취미(聚米)의 유제(遺制)를[47] 본받은 것이다.

　그렇지만 한(漢) 장건(張騫)은[48] 대월지〔月氏〕에 사신으로 파견되었다가 13년 뒤에야 귀국해서 자신이 지나친 나라들의 지형과 물산에 대해 겨우 이야기할 수 있었다. 우둔한 신(臣)은 재주가 옛사람에 미치지 못하는데다 고려(高麗)에 머문 기간은 겨우 한 달 남짓이었고 (고려에서) 객관을 제공한 다음에는 군사가 지키므로 객관을 나선 게 대여섯 번에 불과하였다. 수레가 달리는 동안이나 연회〔獻詶尊俎〕하는[49] 도중에 이목(耳目)이 미친 부분에서는, 13년이나 오래 머문 것과 같지는 않지만, 고려의 건국 및 정치〔立政〕체제와 풍속(風俗) 및 사물(事物) 중 그럴듯한

---

47) 聚米란 軍事의 形勢를 뜻한다. 後漢의 馬援이 황제 앞에서 쌀을 모아〔聚米〕山谷의 지형을 만든 다음, 군대의 형세와 도로 상황 등을 일목요연하게 설명했다는 고사에서 유래한 것이다.
48) 張騫(?~BC 114)은 漢 武帝의 명을 받고 흉노 협공을 위해 大月氏와 동맹하고자 파견되었다. 가는 도중에 흉노에게 붙잡혔다가 탈출한 그는 大宛과 康居를 거쳐 출발한지 10년 만에 대월지에 도착하였다. 그러나 흉노를 칠 의사가 없는 대월지와의 동맹에는 실패하였다. 귀국하던 그는 다시 흉노의 포로가 되었다가 13년 만인 BC 126년에 귀국하였다.
49) 獻詶〔獻酬〕란 主客이 술잔을 주고받음을 가리킨다. 먼저 주인이 손님에게 술잔을 돌리는 것을 獻이라고 하고, 손님이 주인에게서 받은 술잔을 되돌리는 것을 酌이라고 하며, 주인이 손님에게 또다시 술잔을 돌리는 것을 酬라고 한다. 한편 尊은 술을 담는 그릇이며 俎는 고기를 담는 용기이다. 술잔을 돌리거나 음식을 준비하는 것은 모두 연회자리를 뜻한다.

것을 대강이나마 알 수 있었으므로 그림과 목차의 배열에서 빠지지 않도록 하였다. 감히 박학을 자랑하여 과장이나 경박〔治飾浮剽〕으로 황제의 귀를 더럽히려는 것은 아니며, 고려의 실정〔事實〕을 수집하여 조정에 보고함으로써 사신〔將命〕의 임무를 조금이라도 면해보고자 했던 것이다. 조서를 내려 어부(御府)에 들이라고 하셨으므로, (저술 과정의) 대강을 삼가 엮어서 서문으로 삼는다.

선화(宣和) 6년(1124) 8월 일 봉의랑 충봉사고려국신소 제할인선예물사비어대 신 서긍은 삼가 서문을 쓴다.

『선화봉사고려도경』권1

建國

臣聞 夷狄[1]君長 類以詐力自尊 殊名詭號 單于可汗 無足稱者 獨高麗 自箕子之封 以德取侯[2] 後世稱[3]衰 他姓亦用漢爵 代居其位 上有常尊 下有等衰[4] 故襲國傳世 頗可紀錄 今謹稽諸史 敍敍其歷代之王 作建國記云

---

1) 夷狄 : 지부족재본에는 '蠻夷'라고 되어있다.
2) 사고전서본에는 '使'라고 되어있다.
3) 사고전서본과 지부족재본에는 '稍'라고 되어있다.
4) 사고전서본에는 '殺'라고 되어있다.

건국(建國)

신(臣)이 듣기에 오랑캐의 왕들은 대개 속임수와 힘으로 자신을 높인다. 그래서 이름이나 호(號)를 별나고 괴이하게 하여 선우(單于)·가한(可汗)[5]이라 하나, 부를 만한 것은 없다.

고려(高麗)는 기자(箕子)가 들어오면서부터 덕(德)을 베풀어 제후(諸侯)에 책봉되었는데, 후세에는 점점 쇠퇴해졌다.[6] 기자 이후의 다른 왕조 또한 한(漢) 작위(爵位)를 써서 대대로 그 자리를 차지하였는데,[7] 위로는 떳떳한 높임이 있고 아래로는 차등이 있었다. 그 때문에 나라를 후세에 전할수록 자못 기록할 만한 것이 있다. 이제 모든 역사를 살펴보고 역대의 왕을 차례대로 기록하여 건국기(建國記)를 짓는다.

---

[5] 單于는 흉노의 왕, 可汗은 흉노·돌궐 등의 군주 칭호로써 모두 중국에서 오랑캐의 군주를 일컫는 말이었다. 『唐書』에는 單于와 可汗이 같은 뜻으로 쓰였다(『新唐書』 卷215上 突厥上).

[6] 殷紂王의 숙부로 이름이 胥餘인 箕子가 箕國에 봉해져 그렇게 불려졌다. 箕子는 주왕의 실정을 諫하다가 감옥에 갇혔으나 周의 武王이 은을 멸망시키고 석방시켰다고 한다(『竹書紀年』; 『尚書』). 武王은 箕子에게 세상을 다스리는 법인 洪範을 배웠다고 한다(『尚書』 洪範). 혹은 기자가 무왕에 의해 감옥에서 풀려나지만 은나라가 망하자 조선으로 망명하여 나라를 세웠고, 무왕이 그 소식을 듣고 그를 조선에 봉하였다고 한다(『尚書大傳』 殷傳; 『史記』 宋微子世家).

[7] 漢武帝는 BC 109년 수륙군으로 衛滿朝鮮을 침략하여 1년여 간의 전쟁을 벌인 뒤 BC 108년 衛滿朝鮮을 점령하고 樂浪郡, 眞番郡, 臨屯郡을 설치했으며 이듬해인 BC 107년에 예맥의 땅에 玄菟郡을 설치하였다. 한무제는 4군을 幽州 관할 아래 둠으로써 오랜 야욕이던 동방경략을 완성했다. 한은 4군의 산하에 많은 縣을 두고 중앙정부에서 郡太守·縣令·屬官을 직접 파견해 다스렸다. 그러나 시간이 흐를수록 토착세력은 한군현에 대해 격렬하게 저항했다. 이에 한은 BC 82년에 4군 가운데 진번과 임둔의 2군을 폐하고 진번의 속현들은 낙랑군에, 임둔의 속현들은 현도군에 속하여 관할받도록 했다.

始封

高麗之先 蓋周武王封箕子胥餘於[8]朝鮮 寔[9]子姓也 歷周秦 至漢高祖十二年 燕人衛滿亡命 聚黨椎結 服役蠻夷 浸[10]有朝鮮之地而王之 自子姓有國八百餘年 而爲衛氏 衛氏有國八十餘年 先是 夫餘王得河神之女 爲日所照[11] 感孕而夘生 旣長善射 俗稱善射爲朱蒙 因以名之 夫餘人 以其生異 謂之不祥 請除之 朱蒙懼逃焉 遇大水無梁 勢不能渡 因持弓擊水而呪[12]之 魚鼈竝浮 因乘以濟 至紇升骨城而居 自號曰高句驪 因以高爲氏 而以高麗[13]爲國 凡有五部 曰消奴部[14] 曰[15]絕奴部 曰[16]順奴部 曰[17]灌奴部 曰[18]桂婁部 漢武帝滅朝鮮 以高麗爲縣 屬元[19]菟郡 其君長賜之鼓吹伎人 常從郡受朝服衣幘 縣令主其名籍 後稍驕 不復詣郡 於東界築小城 歲時受之 因名幘溝漊 溝漊者 高麗名城也 於是始稱[20]王[21]焉 王莽發其兵 以誅匈奴 不至 降王爲侯 而麗人益寇邊 光武中興 罷[22]遣邊吏 建武[23]八年 遣使

---

8) 사고전서본에는 '于'라고 되어있다.
9) 지부족재본에는 '實'이라고 되어있다.
10) 사고전서본에는 '寖'이라고 되어있다.
11) 사고전서본에는 '炤'라고 되어있다.
12) 지부족재본에는 '咒'라고 되어있다.
13) 지부족재본에는 '驪鄭刻麗'라고 되어있다.
14) 지부족재본에는 '曰消奴部鄭刻下四部各有曰字'라고 되어있다.
15) 지부족재본에는 '曰'이 결락되어있다.
16) 지부족재본에는 '曰'이 결락되어있다.
17) 지부족재본에는 '曰'이 결락되어있다.
18) 지부족재본에는 '曰'이 결락되어있다.
19) 사고전서본에는 '玄'이라고 되어있다.
20) 지부족재본에는 '稱爲鄭刻無爲字'라고 되어있다.
21) 사고전서본에는 '主'라고 되어있다.
22) 사고전서본에는 '麗'라고 되어있다.
23) 지부족재본에는 '始'라고 되어있다.

來朝 因復王號 列爲外藩 安帝以後 部衆滋熾 雖少鈔暴 旋卽賓服
初消奴爲王 旣衰 而桂婁伐[24]之 至王宮 生而開目能視 國人惡之
及長壯勇 和帝時 頻掠遼東 傳至王伯固 伯固死 有二子 長曰拔奇
者[25] 不肖 次曰伊夷模 國人立焉 漢末 公孫康擊破伊夷模於其國九
都山下 國人共立其子位宮 位宮亦有勇力 好鞍馬 以其祖宮 生而能
視 今王亦然 句驪謂相似爲位 故名曰[26]位宮 魏將毌丘儉屠之 追至
肅今上御名[27] 刻石紀功而還 位宮五世孫劉 晉永嘉中 與遼西鮮卑慕
容廆鄰 廆不能制 康帝建元初 廆子皝 帥師伐之大敗 後爲百濟所滅
其後慕容寶 以其王高安爲平州牧 安孫璉 義熙中 遣長史孫翼 獻赭
白馬 以爲榮[28]州牧高麗王樂浪郡公 璉七世孫元 隋文帝時 率靺鞨
寇遼東 唐太宗時 其東部大人蓋蘇文 賊虐不道 帝親征之 威震遼海
高宗又命李勣 往[29]平之俘 其王高藏 裂地而爲郡縣 建安東都護府
於平壤城 以兵鎭守 後武后遣將 擊殺其王[30]乞昆羽 而立其王[31]乞
仲象 亦病死 仲象子祚榮立 因有其衆四十萬 據于[32]挹婁[33] 臣于[34]
唐中宗時 乃置忽汗州 以祚榮爲都督渤海郡王 其後 遂號渤海 初藏
之俘也 其酋長有劍牟岑者 立藏外孫舜爲王 又命高偘討平之 都護

24) 사고전서본과 지부족재본에는 '代'라고 되어있다.
25) 拔奇者: 지부족재본에는 '拔奇鄭刻有者字'라고 되어있다.
26) 지부족재본에는 '曰'이 결락되어있고, 그 자리에 '鄭刻有曰字'라고 되어있다.
27) 사고전서본에는 '今上御名' 대신에 '愼'이라고 되어있고, 지부족재본에는 '今上御名孝宗諱昚'라고 細註로 되어있다.
28) 사고전서본과 지부족재본에는 '營'이라고 되어있다.
29) 사고전서본과 지부족재본에는 '討'라고 되어있다.
30) 사고전서본과 지부족재본에는 '主'라고 되어있다.
31) 사고전서본과 지부족재본에는 '主'라고 되어있다.
32) 지부족재본에는 '於'라고 되어있다.
33) 挹婁: 사고전서본과 지부족재본에는 '桂婁'라고 되어있다.
34) 지부족재본에는 '於'라고 되어있다.

府旣屢遷 舊城頗入新羅 遺民散奔突厥靺鞨 高氏旣絶 久而稍復 至
唐 末遂王其國 後唐同光元年 遣使來朝 國王姓氏 史失不載 長興
二年 王建權知國事 遣使入貢 遂受爵以有國云

책봉의 연원 [始封]

고려의 선조는 주 무왕(周 武王)이 조선(朝鮮) 제후에 책봉한 기자(箕子)인데, (이름은) 서여(胥餘)이고, 성은 자(子)이다. 주(周)·진(秦)을 거쳐 한 고조(漢高祖) 12년(BC 195)에 이르러서 연(燕) 사람 위만(衛滿)이 망명해 왔다. 위만은 무리를 모아 상투[椎結]를 틀고 와서 주변 오랑캐를 복속시키며 차차 조선 땅을 차지하여 왕이 되었다. 기자가 나라를 이끈 지 8백여 년만에 위씨(衛氏)의 나라가 되었고, 위씨가 나라를 다스린 것이 80여 년이었다.[35]

이에 앞서 부여(夫餘) 왕이 하신(河神)의 딸과 혼인하였는데, 햇빛에 쬐임을 받아 감응하여 임신하고는 알[卵]을 낳았다. 아이는 자라면서 활을 잘 쏘았다. 당시 사람들이 활 잘 쏘는 것을 '주몽(朱蒙)'이라 하였기 때문에 주몽이라 이름 붙였다. 그의 탄생이 특이했기 때문에 부여 사람들은 불길하다고 생각하여 그를 제거할 것을 청하였다. 주몽은 두

---

35) BC 3세기말에서 2세기초에 燕에서 고조선으로 망명한 위만은 準王의 신임을 얻어 서쪽 변경을 수비하는 임무를 맡았고, 博士에 임명되면서 100리의 땅을 받았다. 그러나 유이민을 모아 자신의 세력을 기른 뒤 준왕을 내쫓고 정권을 차지했다. 이를 계기로 기자 이래의 고조선이 衛氏에 의해 교체된 것으로 보고 이때부터 위만조선 혹은 위씨조선이라 했다. 그러나 최근에는 위만의 집권을 고조선 내에서의 단순한 정권교체로 보는 견해가 일반적이다. 위만조선은 발달된 철기문화를 바탕으로 주변 세력들을 누르고 漢과의 사이에서 중계무역으로 이익을 독점하였다. 위만의 손자인 右渠王 때 漢武帝의 대규모 공격을 받아 王儉城을 근거로 수개월간 치열한 접전을 벌이다가 마침내 BC 108년에 멸망했다.

려워서 도망가다가 큰물을 만났는데 다리가 없어 건너지 못하게 되었다. 그는 활로 물을 치며 주문(呪文)을 외웠다. 그러자 물고기와 자라가 모두 떠올라 그것들을 타고 건널 수가 있었다. 흘승골성(紇升骨城)에[36] 이르러 살면서 스스로 그곳을 '고구려(高句驪)'라 불렀다. 그 때문에 '고(高)'로 성씨를 삼았으며 나라 이름을 고려(高麗)라 하였다. 모두 5부족(部族)이 있었는데, 소노부(消奴部)·절노부(絕奴部)·순노부(順奴部)·관노부(灌奴部)·계루부(桂婁部)라고 불렀다.[37]

한 무제(漢武帝)가 조선을 멸망시키고 고구려를 현(縣)으로 삼아 현도군(玄菟郡)에 소속시켜, 그 군장(君長)에게 고취(鼓吹)와 기인(伎人)을 내려주었다. 고구려는 늘 현도군에 가서 조복(朝服), 옷과 모자〔衣幘〕를 받아왔고, 현령(縣令)이 명적(名籍)을 맡아보았다. 뒤에는 점점 교만해져서 다시는 군(郡)에 나아가지 않으니, (군에서) 동쪽 경계에 조그만 성을 쌓고 해마다 고구려에게 받아가게 하면서 그 성을 '책구루(幘溝漊)'라고 불렀다. '구루(溝漊)'는 고구려에서 성을 일컫는 말이었다. 고구려는 이때부터 비로소 '왕'을 호칭하였다. 왕망(王莽)은 고구려 군사를 출동시켜 흉노(匈奴)를 토벌하려 했다. 그러나 고구려가 출병하지 않자 왕을 낮추어 후(侯)로 삼았다. 이 때문에 고구려 사람들은 더욱 변경 지역을

---

36) 『三國遺事』에 解慕漱가 天帝로서 직접 五龍車를 타고 訖升骨城에 내려와 도읍을 정하고 왕으로 칭하며 나라 이름을 북부여라 했다고 한다(天帝降于訖升骨城 乘五龍車 立都稱王 國號北扶餘 自稱名解慕漱:『三國遺事』卷1 紀異2).
37) 高句麗의 5部는 그 성격상 전기의 5那部와 후기의 5部로 나누어볼 수 있다. 전기의 5那部 명칭은 『三國志』에 의하면 桂婁部·消奴部·絕奴部·灌奴部·順奴部인데, 『三國史記』에는 沸流部·椽那部·貫那部·桓那部 등 4부의 이름이 전하고 있다. 『三國志』와 『三國史記』에 서로 다르게 기록한 고구려 5부는 왕실을 구성한 桂婁部를 제외하면, 消奴部와 沸流部, 絕奴部와 椽那部, 灌奴部와 貫那部, 順奴部와 桓那部 등으로 대응하는 관부이다.

침범하였고, 광무제(光武帝)가 중흥하자 고구려[罷]는[38] 변방 관원을 파견하였다. 건무(建武, 後漢 光武帝의 年號, 25~56) 8년(32)에는 사신을 보내어 조회(朝會)하러 왔다. 따라서 왕의 호칭이 복구되고 외번(外藩)의 반열(班列)이 되었다. 안제(安帝, 後漢, 107~125) 이후에는 5부(部)가 번성하고 비록 약탈도 조금 있었으나, 곧 다시 되돌아와서 신하의 예를 갖췄다. 처음에는 소노부(消奴部) 출신이 왕이 되었다가 쇠퇴해지자, 계루부(桂婁部)가 대신하여 왕을 내고 궁왕(宮, 太祖王, 53~146)에 이르렀다. 궁은 태어나자마자 눈뜨고 볼 수 있었으므로 나라 사람들이 그를 미워했다. 그는 자라면서 매우 건장하고 용맹스러워, 화제(和帝, 後漢, 89~104) 때에는 자주 요동(遼東)을 침략했다. 왕위가 백고왕(伯固, 新大王, 165~179)까지 이르렀는데 백고가 죽자 두 아들이 있었다. 형은 발기(拔奇)라고 했는데 어리석었다. 따라서 동생인 이이모(伊夷模, 故國川王, 179~197)를 나라 사람들이 왕으로 세웠다. 한(漢) 말기에 공손강(公孫康)이 이이모를 그 나라 환도산(丸都山)[39] 아래에서 격파하니, 나라 사람들[國人]이 그 아들 위궁(位宮, 山上王, 197~227)을 세웠다. 위궁 또한 용맹과 힘이 있고 말타기를 좋아했다. 그의 선조(先祖) 궁(宮)이 출생하면서 곧바로 볼 수 있었는데, 이제 왕도 역시 그러했다. 고구려에서는 서로 유사한 것을 일러 '위(位)'라고 부르므로 이름을 '위궁'이라고 한 것이다.

뒤에 위(魏) 장수 관구검(毌丘儉)이[40] 쳐들어가 무찌르고 숙신(肅愼)까지 추격하여 공로를 돌에 새겨 기록하고 돌아갔다. 위궁의 5대손 유

---

38) 사고전서본에는 '罷'가 '麗'라고 되어있다. 문맥상 사고전서본의 '麗'가 맞다.
39) 『三國史記』에는 "公孫康의 침입 때 故國川王이 國內城 丸都山 아래에서 패배하였다."라고 기록되어있다. 따라서 '九'가 아니라 '丸'이 옳다.
40) 三國時代 魏의 장군으로 고구려 東川王 18년(244)에 침입하여 丸都城을 일시 함락시켰다(『三國志』 卷30 魏書30 沃沮).

(劉, 故國原王, 331~371)가 진(晉) 영가(永嘉, 懷帝의 年號, 307~312) 연간에 요서(遼西)의 선비족(鮮卑族)인 모용외(慕容廆)와 이웃하였는데, 모용외도 억제하지 못하였다. 강제(康帝) 건원(建元, 東晉 康帝의 年號, 343~344) 초에 모용외의 아들 모용황(慕容煌)이 군사를 거느리고 쳐들어가 부여를 크게 격파했으나, 뒤를 이은 부여왕에게 패배당했다.[41] 그 뒤에 모용보(慕容寶)가 고구려 왕 고안(高安, 廣開土王, 391~412)으로 평주목(平州牧)을 삼았다. 안의 손자 연(璉, 長壽王, 413~491)이[42] 의희(義熙, 東晉 安帝의 年號, 405~418) 연간에 장사(長史) 손익(孫翼)을 보내어 자백마(赭白馬)를 바치니 영주목 고려왕 낙랑군공(榮州牧 高麗王 樂浪郡公)으로 삼았다. 연(璉)의 7대손 원(元, 嬰陽王, 590~618)은 수문제(隋文帝) 때에 말갈(靺鞨)을 거느리고 요동(遼東)을 침범했다.

당 태종(唐 太宗) 때에는 동부(東部)의 대인(大人) 개소문(蓋蘇文)이 잔학무도하므로, 태종이 친히 정벌하여 위엄을 요동에 떨쳤다. 당 고종(唐高宗)이 또 다시 이적(李勣)에게 명하여 고구려를 토벌하도록 하였다.[43] 그리하여 고구려왕 고장(高藏, 寶藏王, 642~668)을 사로잡고 그 땅을 나누어 군현(郡縣)을 삼았으며, 안동도호부(安東都護府)를 평양성(平壤城)에 설치하고 군사를 두어 지켰다.

뒤에 무후(武后)가 장수를 보내어 그 왕 걸곤우(乞昆羽)를 죽이고 걸중

---

41) 大康〔西晉 武帝의 年號〕 6년(285)에 慕容廆의 夫餘 침입에 대한 내용이다(『晉書』 卷97 夫餘國).

42) 長壽王은 廣開土王의 아들이므로 원문의 '孫'은 '子'의 誤記이다.

43) 唐太宗 貞觀 18年(644) 12월 庚子條의 내용으로 唐太宗의 2차 高句麗征伐에 관한 내용이다(『舊唐書』 卷3 本紀3 太宗下). 李勣은 고구려를 멸망시킨 唐太宗의 名臣 가운데 한 사람이다. 遼東道行軍大總官으로 고구려 寶藏王 4년(645)에 안시성을 침공하였으나 함락시키지 못했다가, 寶藏王 25년(666)에 재차 고구려를 쳐서 평양성을 함락시키고 고구려를 멸망(668)시켰다(『舊唐書』 卷67 列傳17 ; 『新唐書』 卷93 列傳18 李勣傳).

상(乞仲象)을 왕으로 세웠다. 그런데 걸중상 또한 병으로 죽으니, 그의 아들 대조영(祚榮)이 즉위하였다.[44] 대조영은 그 백성 40만을 이끌고 계루(桂婁)에[45] 터를 잡고 당의 신하가 되었다. 당 중종(中宗) 때에는 홀한주(忽汗州)를 설치하고 대조영을 도독발해군왕(都督渤海郡王)으로 삼으니, 그 뒤부터 드디어 발해라고 하였다.

고장(高藏)이 사로잡혔을 때 그 추장(酋長) 중 검모잠(劍牟岑)이라는[46] 자가 있었다. 그가 고장의 외손자 순(舜)을[47] 왕으로 세우니, 다시 고간(高侃)을 시켜 토벌하였다. 도호부(都護府)가 이미 누차 옮겨져 옛 성은 신라(新羅)로 들어간 것이 많게 되었고 유민들은 돌궐(突厥)·말갈(靺鞨)에 분산되었다.

고씨(高氏)는 이미 멸망했지만 오랜 뒤에는 점차 회복되어, 당 말기에 이르러서는 드디어 그 나라에서 왕이 되었다. 후당(後唐) 동광(同光, 莊宗의 年號, 923~926) 원년(923)에는 사신을 보내어 조회하러 왔는데, 국왕(國王)의 성씨(姓氏)를 사관이 빠뜨리고 기재하지 않았다.[48] 장흥(長興, 後唐

---

44) 武后 萬歲通天 연간(696~697) 武后가 乞四比羽를 許國公으로 책봉했으나 乞四比羽가 책봉을 받지 않았다. 武后는 玉鈐衛大將軍 李楷固 등을 시켜 그를 죽이게 했다. 이후 그 아들 大祚榮이 남은 무리를 이끌고 발해를 세웠다(『舊唐書』卷199下 渤海靺鞨 ; 『新唐書』卷219 渤海).

45) 원문의 '桂婁'는 『舊唐書』를 따랐고, 『新唐書』에는 '挹婁'라고 되어있다.

46) 고구려의 遺民으로 관위는 大兄이었다. 寶藏王 27년(668)에 나라가 망하자 보장왕의 외손자 安勝을 왕으로 세웠는데, 뒤에 알력이 생겨 安勝에게 피살되었다(『三國史記』卷6 新羅本紀6 文武王上).

47) 고구려 부흥운동 때 왕으로 추대되었던 安勝이다. 文武王 10년(670) 고구려 유민을 규합하여 부흥운동을 일으킨 劍牟岑이 安勝을 왕으로 추대하여 재령(載寧: 漢城)을 근거로 당에 항쟁하며 고구려 재건을 꾀했다. 당시 당 세력을 배척하던 신라는 그를 고구려 왕에 책봉하였고, 이때 唐의 高侃이 침입하자 검모잠을 죽이고 신라로 망명하였다. 674년 신라는 그를 報德王에 봉했고, 680년 文武王의 누이를 妃로 맞았다. 신문왕 3년(683) 신라의 蘇判이 되어 金氏 姓을 하사 받고 신라의 귀족이 되었다.

明宗의 年號, 930~933) 2년(931)에 왕건(王建)이 나라 일을 맡아보며 사신을 보내어 공물(貢物)을 바치고, 드디어 작위(爵位)를 받아 나라를 차지했다.[49]

---

48) 『新五代史』에는 廣評侍郎 韓申一과 春部少卿 朴巖이 파견되었다고 기록되어있다(『新五代史』 卷74 四夷附錄 高麗). 하지만 고려에서는 後梁에게 파견한 것으로 되어있다(『高麗史』 卷1 世家1 太祖 6年 6月). 당시는 後梁 後唐의 교체기였기 때문에 後梁에 파견된 고려의 사신이 後唐에 조공을 하게 되어 이러한 기록이 남았을 것으로 보인다.
49) 同光 元年(923) 이후 長興 3년(931) 이전에 張彬·林彦 등의 使臣을 파견한 기록이 고려측의 『高麗史』·『高麗史節要』나 중국측의 『舊五代史』·『新五代史』·『五代會要』 등에 보인다.

『선화봉사고려도경』권2

世次

臣聞 史家之法 傳遠者略[1] 而近者詳 高麗歷世之王 臣槩已[2] 槩紋 之于[3]前矣 若乃王氏 建國累世 尊事本朝 至王俁[4]與今王楷 又享 禮加厚 不可不條著之 謹因其世次宗系 而嗣以楷之行事云

세차(世次)

　신(臣)이 듣기에 사가(史家)의 법도는 시대가 먼 것은 간략히 서술하고 가까운 것은 자세하게 기록한다고 한다. 고려의 역대 임금은 이미

---

1) 사고전서본에는 '畧'이라고 되어있다.
2) 사고전서본과 지부족재본에는 '以'라고 되어있다.
3) 지부족재본에는 '於'라고 되어있다.
4) 지부족재본에는 '偀'라고 되어있다.

앞에서 대략 서술하였다. 지금 왕씨(王氏)가 나라를 세워 여러 세대 동안 송[本朝]을 존대하여 섬겼다. 예종[王俁]과[5] 지금 인종[王楷]에 이르러서도 대접하는 예[享禮]를 더욱 두텁게 하였으니 조목조목 드러내지 않을 수 없다. 이에 그 세차(世次)와 종계(宗系)를 적은 다음에 인종[王楷]의 행적을 기록한다.

王氏

王氏之先 蓋高麗大族也 當高氏政衰 國人以建賢 遂共立爲君長 後唐長興三年 遂自稱權知國事 請命于[6]明宗 乃拜建元[7] 州都督 充大義軍使 封高麗王 晉開運二年 建卒 子武立 漢乾祐末 武卒 子昭立 至皇朝建隆三年 太祖皇帝御極 奄有萬國 昭遣使來朝 賜以功臣之號 仍加食邑 開寶九年 昭卒 子伷立 遣使請命 封高麗國王 太宗皇帝卽位 改封大順軍使 太平興國七年 伷卒 弟治 上章乞襲封 詔從之 淳化六年 契丹攻之 治畏懦無守 臣事北虜[8] 遂闕朝貢 治卒 弟誦立 咸平三年 其臣朱仁紹 入朝具言 國人思慕皇化 逼於强虜[9] 未能如願 朝廷嘉之 賜詔裦諭 大中祥符七年 誦卒 弟詢權知國事 大破契丹 復謹修[10]貢 且乞降尊號 班[11]正朔 又求封冊 眞宗皇帝 初欲

---

5) 징강본·사고전서본에는 16대 睿宗의 이름이 대부분 '俁'로 되어 있으나 지부족재본·『高麗史』에는 '偯'로 되어있다. 睿宗을 지칭하는 '俁'는 모두 '偯'의 誤記이다. 그러므로 이하 번역문에서는 '偯'로 고쳐쓴다.
6) 지부족재본에는 '於'라고 되어있다.
7) 사고전서본에는 '玄'이라고 되어있다.
8) 사고전서본에는 '敵'이라고 되어있고, 지부족재본에는 '境'이라고 되어있다.
9) 사고전서본에는 '契丹'이라고 되어있고, 지부족재본에는 '强鄰'이라고 되어있다.
10) 지부족재본에는 '脩'라고 되어있다.
11) 사고전서본과 지부족재본에는 '頒'이라고 되어있다.

俯從 議者難之 遂寢止 從班詔而已 天聖中 使人屢與女眞偕來 貢
方物 天子加恩 報禮優異 後詢卒 子隆立 優柔不斷 政荒力屈 憚於
北虜[12] 遂復臣事之 而貢使又絕 隆卒 私謚[13]曰正 子德王欽 欽弟穆
王亨 皆朝貢不通 而朝廷亦罷遣使 亨弟徽 熙寧四年 以權知國事
復修[14]方貢 七年九年 使人荐至 神宗皇帝 嘉其忠藎 元豐元年 命
左諫議大夫安燾爲國信使 起居舍人陳睦副之 自明州定海 絕洋而
往 時徽病風痺 僅能拜命 且乞毉[15]藥 上覽其奏從之 三年四年 連[16]
使來朝 六年徽卒 立凡三十八年 謚[17]曰文 世子勳立 百日卒 弟國
原公運立 命左諫議大夫楊景略[18]爲祭奠使 禮賓使王舜封副之 右諫
議大夫錢勰爲弔慰使 西上閤[19]門副使朱球副之 七年七月 自密之板
橋 航海而往 八年 哲宗皇帝 踐祚 使來奉慰 又遣使來賀 運立四年
卒 謚[20]曰宣 子堯立 未閱歲而以病廢 國人乃請其叔熙攝政 未幾而
堯卒 謚[21]曰懷 熙乃襲位 自元祐五年 至元符元年 貢使再至 三年
遣使綏撫 遵元豐故事也 皇帝嗣位 遹追來孝 丕承先烈 薄海內外
無不臣妾 德被藩服 恩行海隅 迺[22]者 崇寧元年 命戶部侍郎劉逵 給
事中吳栻[23]持節往使 禮物豐腆 恩綸昭囘[24] 所以加惠麗國 而褒[25]寵

---

12) 사고전서본에는 '敵'이라고 되어있고, 지부족재본에는 '境'이라고 되어있다.
13) 사고전서본에는 '謚'라고 되어있다.
14) 사고전서본과 지부족재본에는 '脩'라고 되어있다.
15) 사고전서본과 지부족재본에는 '醫'라고 되어있다.
16) 사고전서본과 지부족재본에는 '遣'이라고 되어있다.
17) 사고전서본에는 '謚'라고 되어있다.
18) 사고전서본에는 '畧'이라고 되어있다.
19) 지부족재본에는 '閣'이라고 되어있다.
20) 사고전서본에는 '謚'라고 되어있다.
21) 사고전서본에는 '謚'라고 되어있다.
22) 사고전서본에는 '迺'라고 되어있다.
23) 사고전서본과 지부족재본에는 '拭'이라고 되어있다.

鎭撫之 以繼神考之志 益大而隆 二年五月 由明州道梅岑 絶洋而往 時熙避契丹嫌名 改熙曰顒 然自神考有作 務來遠人 天相睿謨 王徽 襲爵 以承其旨 殆非偶然 徽忠順循理 知尊中國 舘待使華 禮意勤厚 至遇賈人 亦有體貌 治尙仁恕 享國久長宜矣 崇寧二年 顒卒 年五十 世子俁[26]立 自長興三年壬辰 迨今宣和六年甲辰 王氏有國九世 凡十七人 合一百九十三年云

왕의 계보〔王氏〕

왕씨의 선조는 대개 고구려〔高麗〕의 큰 씨족〔大族〕이다. 고씨(高氏)의 정치가 쇠퇴하게 되자 나라 사람들이 왕건을 어질게 여겨 드디어 왕으로 세웠다.

후당(後唐) 장흥(長興, 明宗의 年號, 930~933) 3년(932)에 마침내 스스로 '권지국사(權知國事)'라 하고 (후당) 명종(明宗)에게 봉작(封爵)하여 주기를 청했다. 이에 왕건에게 현도주도독(玄菟州都督)을[27] 제수(除授)하고 대의군사(大義軍使)에 충임(充任)하여 고려의 왕으로 봉하였다.[28]

진(晉) 개운(開運, 後晉 出帝의 年號, 944~946) 2년(945)에 왕건이 죽고 아들 왕무(王武, 惠宗)가 즉위하였다.[29] 후한(後漢) 건우(乾祐, 後漢 隱帝의 年

---

24) 사고전서본에는 '囘'라고 되어있다.
25) 사고전서본과 지부족재본에는 '褒'라고 되어있다.
26) 지부족재본에는 '俁'라고 되어있다.
27) 사고전서본의 '玄'이 옳아 '玄菟州都督'이라고 하였다.
28) 太祖 15년(932)에 고려가 後唐에 大相 王仲儒를 파견하였고, 다음해(933) 봄 3월에 後唐에서는 太僕卿 王瓊과 大府少卿兼通事舍人 楊昭業 등을 보내와 太祖를 高麗王으로 책봉하였다(『高麗史』卷2 世家2, 太祖 15·16年條).
29) 高麗 太祖 王建의 사망연도는 943년이며, 945년은 2대 惠宗의 사망연도이다. 따라서 본문의 開運 2년은 誤記이다.

號, 948~950) 말년에 혜종[王武]이 죽고 아들 광종[王昭]이 즉위하였다.[30] 송 건륭(建隆, 宋 太祖의 年號, 960~963) 3년(962)에 태조황제(太祖皇帝)가 등극(登極)하여 만국(萬國)을 차지했을 때 광종[昭]이 사신을 보내 조회했으므로, 공신(功臣)의 호(號)를 내리고 식읍(食邑)을 주었다.[31]

개보(開寶, 宋 太祖의 年號, 968~976) 9년(975)에 광종[王昭]이 죽고 아들 경종[王伷]이 즉위하여 사신을 보내어 봉작(封爵)을 청하므로 고려국왕으로 봉하였고, 태종황제(太宗皇帝, 宋, 976~997)가 즉위하자 대순군사(大順軍使)로 고쳐 봉하였다.[32]

태평흥국(太平興國, 宋 太宗의 年號, 976~983) 7년(982)에 경종이 죽으니, 아우 성종[王治]이 글을 올려 봉작(封爵) 계승을 원하므로 조칙(詔勅)으로 허락하였다.[33] 순화(淳化, 宋 太宗의 年號, 990~995) 6년(995) (고려 성종 14년) 거란(契丹)의 공격을 받자 겁 많고 나약한 성종은 지키지 못하고 신

---

30) 2대 惠宗의 사망은 945년이며, 3대 定宗의 재위기간은 4년(946~949)이다. 또한 4대 光宗은 惠宗의 아들이 아니라 아우이다. 본문에서 光宗의 즉위 시점에 대한 서술은 옳다. 그러나 3대 定宗 및 그의 재위기간이 빠져 있고, 또한 光宗이 惠宗의 아들이라는 사실 등은 명백한 오류이다. 하지만 이러한 오기는 『新五代史』 등 중국의 기록 모두에서 나타난다.

31) 송의 건국 다음 해인 光宗 12년(961)에 송은 광종에게 衣帶鞍馬와 함께 開府儀同三司 檢校太師 玄菟州都督 充大義軍使 高麗國王이라는 칭호를 준 것으로 보인다(『玉海』 卷154 ; 『宋史』 卷487 高麗). 光宗 13년에 고려는 廣評侍郎 李興祐 등을 사신으로 보냈다(『高麗史』 卷2 ; 『高麗史節要』 卷2). 光宗 14년에 송은 광종에게 推誠順化保義功臣을 추가하였다(『宋史』 卷487 高麗).

32) 景宗 元年(976) 겨울 11월에 송나라에서 左司禦副率 于延超와 司農寺丞 徐召文을 보내 景宗을 光祿大夫 檢校太傅 使持節 玄菟州諸軍事 玄菟州都督 大順軍使로 책봉했다(『高麗史』 卷2 世家2 景宗 元年).

33) 景宗이 사망한 것은 成宗 卽位年(981) 7월이었다. 고려는 成宗 元年(982)에 송에 사신을 보냈는데, 고려의 사신이 도착한 것은 9월이다. 송은 11월에 책봉사를 고려에 보냈고, 이들이 고려에 도착한 것은 성종 2년(983) 3월이다(『高麗史』 卷3 成宗 卽位年·2年 ; 『宋史』 卷487 列傳246 高麗 ; 『續資治通鑑長編』 卷23 太宗 太平興國 7年).

하의 예로 거란[北敵]을 섬기면서 드디어 조공(朝貢)하지 않았다.³⁴⁾ 성종이 죽고 아우³⁵⁾ 목종[王誦]이 즉위하였다. 함평(咸平, 宋 眞宗의 年號, 998~1003) 3년(1000)에 고려 사신 주인소(朱仁紹)가 조회하러 들어와 "고려사람들이 황제의 덕화(德化)를 사모하나, 거란에게 핍박받아 소원대로 하지 못한다."고 하였다. 이를 가상히 여겨 조정에서는 조서(詔書)를 내리고 격려[褒諭]하였다.³⁶⁾ 대중상부(大中祥符, 宋 眞宗의 年號, 1008~1016) 7년(1014)에 목종이 죽고 아우³⁷⁾ 현종[王詢]이 '권지국사(權知國事)'로서 거란을 크게 무찌르고 다시 조공(朝貢)을 바쳤다.³⁸⁾ 또 존호(尊號)의 하사와 정삭(正朔)의 반포, 더 나아가 책봉[封冊]을 요청하였다. 진종황제(眞宗皇帝, 宋, 997~1022)가 처음에는 그대로 따르려 하다가 의논하는 사람들이 난색을 표하므로 드디어 중지하고 조서만을 내렸다. 천성(天聖, 宋 仁宗의 年號, 1023~1031) 연간에 고려 사신이 여러번 여진(女眞)과 함께 와서 토산물[方物]을 조공하므로, 천자가 은혜를 내려 답례[報禮]를 특별히 두텁게 하였다. 그 후 현종[王詢]이 죽고 아들 왕융(王隆)이 즉위했

---

34) 契丹의 침입은 成宗 12년(993) 8월이며, 윤10월 徐熙의 화친으로 거란은 돌아갔다. 다음해(994) 6월 고려는 송나라에 元郁을 파견하여 구원군 파견을 요청하였다. 그러나 송에서 "북방 국경이 겨우 편안해졌으니 경솔하게 군대를 동원할 수 없다."는 통보를 해옴에 따라 이 때부터 고려는 송과의 관계를 끊었다(『高麗史』 卷3 世家3 成宗 12·13年).

35) 7대 穆宗은 5대 景宗의 장자이므로 6대 成宗에게는 조카에 해당한다. 따라서 본문의 '弟'는 착오이다.

36) 高麗는 穆宗 2년(999)에 吏部侍郞 朱仁紹를 宋에 사신으로 보냈다(『高麗史』 卷3 世家3 穆宗 2年). 朱仁紹가 송에 도착한 것은 咸平 3년(1000)이었다(『宋史』 卷487 列傳246 高麗 ;『續資治通鑑長編』 卷47 眞宗 咸平 3年).

37) 8대 顯宗은 7대 穆宗의 叔父이다. 따라서 본문의 '弟'는 '叔'의 착오이다.

38) 顯宗이 즉위한 때는 1009년이다. 고려가 宋에 사신을 파견하기 시작한 것은 현종 5년(1014)이다(『高麗史』 卷4 世家4 顯宗 5年). 현종 7년(1016)에 송에 청병을 요청했다가 거절당했으나 송과의 교류는 계속했다. 이후 고려는 현종 10년(1019) 거란의 침입을 물리친 다음 송에 사신을 파견했다(『高麗史』 卷4 世家4 顯宗 7·10年). 이 기사는 송과의 교류시작과 고려가 거란의 침입을 물리친 것을 함께 표현한 것이다.

는데 유약하고 결단성이 없어서 정사가 어지러워지고 힘이 모자라 거
란을 두려워했다. 드디어 다시 거란을 섬기면서부터 조공하는 사신이
끊어졌다.[39] 왕융이 죽으니, 정종(正宗)이라고 사시(私諡)하였다.[40] 아들
덕종[德王 欽]과 왕흠의 아우 정종(靖宗, 穆王 亨) 때에는 조공이 끊기니
송(宋) 조정에서도 사신 파견을 폐지했다.[41] 정종(靖宗)의 아우 문종[王
徽]은 희령(熙寧, 宋 神宗의 年號, 1068~1077) 4년(1071)에 '권지국사(權知國
事)'로서 조공을 회복했다.[42] 희령 7년(1074)과 9년(1076)에도 사신이 연
이어 왔다.[43] 신종황제(神宗皇帝, 宋, 1067~1085)가 그 충성을 가상히 여

---

39) 8대 顯宗의 아들로 즉위한 9대 德宗은 이름이 '欽'이다. 본문의 '隆'은 고려 태조 왕건의 부친인 龍建의 이름으로 서긍의 착오로 보인다. 이와같은 착오는 여타 중국 문헌에서도 동일하게 나타나는데, 앞서 定宗이 世次에서 빠져 착오가 발생하여 이를 맞추기 위해 가상으로 삽입한 것으로 보인다. 이는 현종 21년(1030) 御事民官侍郎 元穎을 파견한 이후 송과의 외교관계가 단절되었기 때문으로 보인다(『續資治通鑑長編』卷109 仁宗 天聖 8年).

40) 私諡는 친지나 제자들이 지어 주는 시호를 말한다. 지위가 낮아 임금에게 시호를 받지 못한 덕망 높은 선비들에게 주위의 사람들이 주는 시호이다. 여기서는 宋과의 국교 단절 이후 고려왕이 송의 시호를 받지 않았기에 송 입장에서 '私諡'라고 표현하였다. 여기에 나타난 '正宗'이라는 시호는 『高麗史』에는 없다. 중국의 기록에 3대 定宗의 世次가 빠져있어 世次가 맞지 않자, '正宗'을 顯宗과 德宗 사이에 포함하여 世次를 맞춘 것으로 보인다.

41) 穆王은 靖王의 誤記이다. 穆王을 穆宗으로 본다면 이는 고려 7대 임금으로 이름은 誦이다. 하지만 앞서 목종 誦이 언급되어있다. 여기서 말하는 '穆王'은 靖宗 '亨'이므로 바르게 고치면 '靖王'이라 해야 한다. 宋은 靖宗 때 고려에서 사신을 파견하지 않은 것으로 알고 있다. 하지만 고려는 靖宗 2년(1036)에 進奉 兼告奏使 尙書右丞 金元冲을 송으로 보내려 했으나 도중에 배가 파손되어 결국 사신을 보내지 못했다(『高麗史』卷6 世家6 靖宗 2年).

42) 文宗 25년(1071) 3월에 民官侍郎 金悌 등을 宋에 파견했다(『高麗史』卷8 世家8 文宗 25年). 宋은 고려의 사신에 대해 매우 환대했는데, 사신이 海門縣에 도착하자마자 集賢殿校理 陸經을 假知制誥館伴으로 삼아 맞이했다. 사신의 대우를 당시 契丹과 함께 중국을 압박한 西夏와 동급으로 했고, 고려에 보낼 답서의 기초를 작성할 때 知制誥 王益柔의 문장이 정교하지 않다는 이유로 파직할 정도였다(『續資治通鑑長編』卷223·226·227 神宗 熙寧 4年).

겨, 원풍(元豊, 宋 神宗의 年號, 1078~1085) 원년(1078)에 좌간의대부(左諫議大夫) 안도(安燾)를 국신사(國信使)로 삼고 기거사인(起居舍人) 진목(陳睦)을 부사(副使)로 임명하여 명주(明州) 정해(定海)에서 먼 바다[絶洋]를 건너 고려로 보냈다. 이때 문종은 중풍[風痺]을 앓아 겨우 예식[拜命]을 치를 정도였다. 이에 의약(醫藥)을 청하므로 폐하께서는 그의 요청을 들어주었다. 원풍 3년(1080)과 4년(1081)에도 계속 사신을 보내와 조회했다. 원풍 6년(1083)에 왕휘[王徽, 文宗]가 죽으니, 왕위에 있은 지 무릇 38년이었고 시호를 문종[文]이라 했다. 세자(世子) 왕훈(王勳, 順宗)은 즉위한 지 백일만에 죽고 아우 국원공(國原公) 왕운(王運, 宣宗)이 즉위했다. 이때에 좌간의대부(左諫議大夫) 양경략(楊景略)을 제전사(祭奠使)로, 예빈사(禮賓使) 왕순봉(王舜封)을 부사(副使)로 임명하고, 우간의대부(右諫議大夫) 전협(錢勰)을 조위사(弔慰使)로, 서상합문부사(西上閤門副使) 송구[朱球]를 부사로 임명하여, 7년(1084) 7월에 밀수(密水) 판교(板橋)에

---

43) 文宗 27년(1073) 8월에 太僕卿 金良鑑과 中書舍人 盧旦을 사신으로 보냈다(『高麗史』 卷9 世家9 文宗 27年). 이들은 10월에 중국에 도착했는데 登州가 아니라 明州를 통해 입국했다. 使臣의 입국지가 바뀌면 客舍 · 使行路 등이 바뀌어야 했기 때문에 金良鑑 등은 다음해 正月에야 표를 올릴 수 있었다. 이 때문에 본문과 같이 熙寧 7년(1074)으로 기록된 것이다(『續資治通鑑長編』 卷247 神宗 熙寧 6年 10月). 문종 30년(1076)의 사행은 8월에 工部侍郎 崔思諒이 출발했고, 10월에 도착하여 표를 올릴 수 있었다(『高麗史』 卷9 世家9 文宗 30年; 『續資治通鑑長編』 卷278 神宗 熙寧 9年 10月).

44) 國信이란 兩國의 通使 사이에 證憑의 文書符節이나 國家 간에 보내는 禮物을 뜻한다. 이러한 임무를 띤 사신을 國信使라 한다.

45) 宋이 고려와의 국교회복에 이처럼 신경을 쓴 까닭은 1004년에 거란과 맺은 '澶淵의 盟' 때문이었다. 송은 王安石이 물러난 元豊 年間에 들어서면서 고려와의 본격적인 외교관계를 위해 2척의 '神舟'까지 건조하는 등 고려에 지대한 관심을 가졌다(『宋史』 卷487 列傳246 高麗).

46) 高麗는 文宗 34년(1080)에 戶部尙書 柳洪과 禮部侍郎 朴寅亮을, 35년(1081)에 禮部尙書 崔思齊와 吏部侍郎 李子威를 보냈다(『高麗史』 卷9 世家9 文宗 34 · 35年).

47) 관청명을 고려할 때 지부족재본의 '閤'이 옳아 역주문에도 '西上閤門副使'로 풀이하였다.

서 배를 타고 건너가게 했다.[49] 원풍 8년(1085)에 철종황제(哲宗皇帝, 宋, 1085~1100)가 즉위하니 사신을 보내와 조의를 바치고 또한 즉위를 축하하는 사신도 보내왔다.[50] 왕운(王運, 宣宗)이 즉위한지 4년 만에 죽으니, 시호를 선종(宣)이라고 했다.[51] 아들 헌종(堯)은[52] 즉위한 지 1년도 못되어 병으로 폐위(廢位)되니, 고려 사람(國人)들이 그의 숙부(叔父) 숙종(王熙)에게 섭정(攝政)하기를 청했다. 얼마 되지 않아 요가 죽으니, 시호를 헌종(懷)이라고 했다.[53] 숙종(王熙)이 곧 왕위를 계승하여, 원우(元祐, 宋 哲宗의 年號, 1086~1094) 5년(1090)에서 원부(元符, 宋 哲宗의 年號, 1098~1100) 원년(1098)까지 조공 사절이 두 번이나 왔다.[54] 그래서 3년

---

48) 본문의 朱球는 宋球이다(『高麗史』 卷10 世家10 宣宗 元年 8月 ; 『宋史』 卷487 列傳 246 高麗).
49) 宋은 文宗의 訃告를 통보받은 즉시 弔慰使를 파견하려 했으나, 使臣의 편성에 문제가 생겨 지체되었고 季節風·潮流 때문에 출발 항구를 明州에서 密州로 바꾸는 등의 문제가 발생하여 출발이 지체되었다(『續資治通鑑長編』 卷339 元豐 6年 9月 ; 『續資治通鑑長編』 卷341 元豐 6年 11月).
50) 高麗는 宣宗 2년(1085) 3월에 宋 神宗의 부고를 전달받았고, 8월에 弔慰使로 戶部尙書 金上琦와 禮部侍郞 崔思文을 賀登寶位使로 工部尙書 林槩와 兵部侍郞 李資仁을 보냈다(『高麗史』 卷10 世家10 宣宗 2年).
51) 13대 宣宗의 재위기간은 1083년 10월부터 1094년 5월까지 10년 7개월이다. 따라서 본문의 재위 4년은 서긍의 착오이다.
52) 宣宗의 장자로 즉위한 14대 獻宗의 이름은 '昱'이다. 본문의 堯는 3대 定宗의 이름으로 서긍의 착오이다.
53) 14대 獻宗의 시호는 '懷'가 아니라 '獻'이 맞다. 이상과 같은 착오는 『宋史』에도 보인다. "왕 運이 즉위한 지 4년 만에 죽고 아들 懷王 堯가 뒤를 이었다(運立四年卒 子懷王 堯嗣 : 『宋史』 卷487 列傳246 高麗)".
54) 宣宗 7년(1090)에 戶部尙書 李資義와 禮部侍郞 魏繼廷을 보냈다는 내용(『高麗史』 卷10 世家10 宣宗 7年 ; 『宋史』 卷487 列傳246 高麗 元祐 5年)과 兵部尙書 黃宗慤과 工部侍郞 柳伸을 보냈다는 내용(『高麗史』 卷10 世家10 宣宗 10年 ; 『宋史』 卷487 列傳 246 高麗 元祐 7年)을 말한다. 당시 宋은 고려와의 교류에 비판적인 蘇轍·蘇軾 등 舊法黨이 정권을 장악하고 元祐令을 내려 사신의 왕래를 제한했다. 元符 元年(1098)에 高麗朝貢에 관한 元豐條例를 복원하면서 교류가 다시 활성화되었다(『宋會要輯稿』 199冊

(1100)에 보답하고 위무하는 사신을 보냈는데, 이것은 원풍조례[元豊故事]에 따른 것이다.[55] 황제(皇帝)가 왕위를 이어받아 선대를 추모하여 효성을 이루고 선조들의 훌륭한 업적을 계승하였다. 이로써 사해[海隅]의 안팎에서 그의 신하가 되지 않는 사람이 없었으며 덕이 천하[藩服]에 덮이고 은혜가 사해[海隅]에까지 퍼졌다. 그리하여 숭녕 원년(1102)에 호부시랑(戶部侍郞) 유규(劉逵)와 급사중(給事中) 오식(吳栻)에게[56] 부절(符節)을 가지고 사신으로 가게 명하여, 예물(禮物)을 풍성하게 하고 은덕[恩綸]을 환히 비추게 하였다.[57] 이는 고려에 은혜를 더 베풀어 포상하고 위무[鎭撫]함으로써 신종[神考]의[58] 뜻을 계승하여 더욱 크고 융성하게 하기 위함이었다. 숭녕 2년(1103) 5월에 명주도(明州道) 매잠(梅岑)에서[59] 바다를 건너갔는데, 이때 고려왕 희(熙)가 거란(契丹) 왕의 이름을 피하여 희(熙)를 고쳐 옹(顒)이라고 했다. 그러나 신종[神考] 때부터 힘써 먼 나라 사람들을 오도록 하고, 하늘이 슬기로운 계책을 도와주므로 인해, 고려 문종[王徽]이 봉작(封爵)을 계승하고 그 뜻을 이어 받드니, 아마도 우연한 일은 아니다. 문종[王徽]은 충순(忠順)하여 사리를 따르며 중국을 높일 줄 알고 사신을 대접하는 예와 뜻이 두터웠고 상인

蕃夷7).

55) 高麗는 肅宗 5년(1100)에 弔慰使로 尙書 任懿와 侍郞 白可臣을, 賀登極使로 尙書 王嘏와 侍郞 吳延寵을 보냈다(『高麗史』 卷11 世家11 肅宗 5年). 이는 元符 원년의 元豊條例에 따른 것이다.

56) 『高麗史』 卷12 肅宗 8年 6月에도 '拭'이라고 되어있다.

57) 宋의 國信使 戶部侍郞 劉逵와 給事中 吳拭은 肅宗 8년(1103)에 고려에 도착한다(『高麗史』 卷12 世家12 肅宗 8年).

58) 거란 때문에 중단된 고려와 송의 교류는 고려 文宗과 송 神宗 때 비로소 재개되었다. 고려가 사절을 파견하였고(1071, 1074, 1076) 이에 송나라 신종이 元豊 원년(1078) 때 사절을 고려에 파견하였다. 서긍은 이 때의 상황을 염두에 두고 서술하고 있다.

59) 梅岑은 梅岑을 가리키는 것으로 보인다. 이에 대해서는 본서 권34 梅岑에 설명이 있다.

들을 만날 때도 후대(厚待)하였다. 정치에서도 인자함(仁恕)을 숭상하였으니 나라를 오랫동안 다스린 것이 마땅하다. 숭녕(崇寧, 宋 徽宗의 年號, 1102~1106) 2년(1103)에 숙종(王顒)이 죽으니 나이 50세였다.(60) (이어) 세자였던 예종(王俁)이 즉위했다. 장흥(長興, 後唐 明宗의 年號, 930~933) 3년 (932) 임진(壬辰)으로부터 현재 선화(宣和, 宋 徽宗의 年號, 1119~1125) 6년 (1124) 갑진(甲辰)에 이르기까지 왕씨가 나라를 차지한 지 9대이다. (그 사이에) 모두 17명의 왕이 도합 193년을 다스렸다.(61)

世系

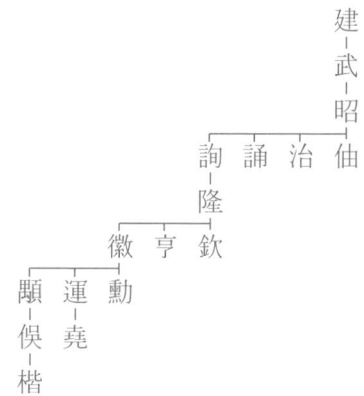

---

60) 肅宗은 文宗 8년(1054)에 태어나 1105년에 죽었다. 숙종의 사망연도는 崇寧 4년에 해당된다. 따라서 52세이다. 본문의 崇寧 2년과 50세는 서긍의 착오이다. 『宋史』 역시 崇寧 2년에 사망한 것으로 나온다(『宋史』 卷487 列傳246 高麗 崇寧 2年).
61) 17대는 王建의 父인 龍建(隆)을 포함한 숫자이다. 서긍은 용건과 定宗을 결락했다. 대신 龍建의 이름인 隆을 顯宗과 德宗 사이에 넣고 正宗이라 했고, 定宗의 이름인 堯를 獻宗으로 대치했다.

세계(世系)

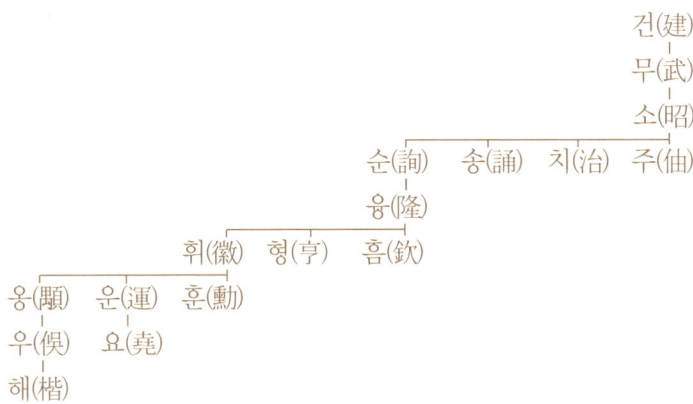

高麗國王 王楷[62]

楷 王俣[63]之世子也 壬寅春三月 俣[64]病革 召李資謙 入議嗣事 夏四月 俣[65]薨 資謙等 乃立楷爲王 楷眉宇踈秀 形短而貌豊 肉勝於骨 性慧多學 亦甚嚴明 在春宮時 官屬有過 必遭譴辱 旣立 雖幼沖 國官 頗畏憚之 迺者 信使至彼 受詔拜表 行燕饗禮 升降進退 綽有成人之風 亦當爲東夷之賢王也

고려국왕 인종〔高麗國王 王楷〕

인종〔王楷〕은 예종〔王俣〕의 세자이다. 임인년(1122) 봄 3월에 예종은 병이 위독하니 이자겸(李資謙)을 불러들여 후사(後嗣) 일을 의논하였다.

---

62) 사고전서본에는 '高麗國王 王楷'가 결락되어있다.
63) 지부족재본에는 '俁'라고 되어있다.
64) 지부족재본에는 '俁'라고 되어있다.
65) 지부족재본에는 '俁'라고 되어있다.

고려 전기 왕명표

왕대(王代)	묘호(廟號)	재위기간	이름[名]	자(字)	비고(備考)
*	세조(世祖)	*	용건(龍建), 융(隆)	文明	
1	태조(太祖)	918~943	건(建)	若天	
2	혜종(惠宗)	943~945	무(武)	承乾	太祖의 長子
3	정종(定宗)	945~949	요(堯)	天義	太祖의 二子
4	광종(光宗)	949~975	소(昭)	日華	太祖의 三子(定宗 母弟)
5	경종(景宗)	975~981	주(伷)	長民	光宗의 長子
6	성종(成宗)	981~997	치(治)	溫故	戴宗(太祖의 子)의 二子
7	목종(穆宗)	997~1009	송(誦)	孝伸	景宗의 長子
8	현종(顯宗)	1009~1031	순(詢)	安世	安宗(太祖의 子)의 子
9	덕종(德宗)	1031~1034	흠(欽)	元良	顯宗의 長子
10	정종(靖宗)	1034~1046	형(亨)	申照	顯宗의 二子(德宗 母弟)
11	문종(文宗)	1046~1083	서(緖), 휘(徽)	燭幽	顯宗의 三子
12	순종(順宗)	1083~1083	휴(休), 훈(勳)	義恭	文宗의 長子
13	선종(宣宗)	1083~1094	증(蒸), 기(祈), 운(運)	繼天	文宗의 二子(順宗 母弟)
14	헌종(獻宗)	1094~1095	욱(昱)	?	宣宗의 長子
15	숙종(肅宗)	1095~1105	희(熙), 옹(顒)	天常	文宗의 三子(順宗 母弟)
16	예종(睿宗)	1105~1122	우(俁)	世民	肅宗의 長子
17	인종(仁宗)	1123~1146	구(構), 해(楷)	仁表	睿宗의 長子
18	의종(毅宗)	1146~1170	철(徹), 현(晛)	日升	仁宗의 長子

4월에 예종이 죽은 뒤 이자겸 등이 곧 인종을 세워 왕으로 삼았다. 인종은 용모가 준수하고 몸집은 작았지만 자태가 넉넉한 비만형〔肉勝於骨〕이었다. 천성이 지혜롭고 배운 것이 많으며 또한 매우 엄격하며 사리분별에 밝았다. 세자〔東宮〕로 있을 때 관속(官屬)들이 과오를 범하면 반드시 꾸짖었다. 즉위하자 비록 나이가 어렸지만 나라 관원들이 자못 두려워하고 꺼렸다. 사절단이 왔을 때 그는 조서(詔書)와 표문(表文)을 받고 연향(燕饗)하는 예를 거행했는데, 단(壇)에 오르내림과 나아가고 물러남에 성인(成人)처럼 여유가 있으니 역시 동이(東夷)의 어진 왕이 될 만했다.

『선화봉사고려도경』권3

城邑

臣聞 四夷之君類 多依山谷 就水草 隨時遷徙 以爲便適 固未嘗知有國邑之制 西域車師鄯善 僅能築墻垣作居城 史家卽指爲城郭諸國 蓋誌其異也 若高麗則不然 立宗廟社稷 治邑屋州閭 高堞周屛 模範中華 抑箕子舊封 而中華遺風餘習 尙有存者 朝廷間[1]遣使 存撫其國 入其境 城郭歸然 實未易鄙夷之也 今盡得其建國之形勢而圖之云

---

1) 지부족재본에는 '閒'이라고 되어있다.

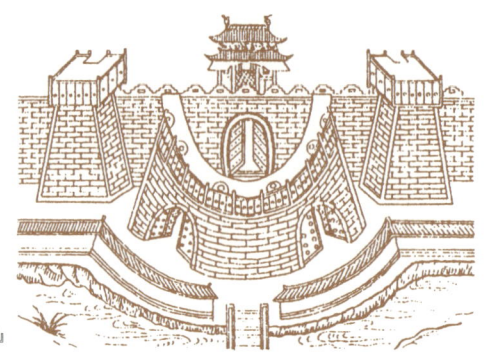

▬ 성(城) : 『삼재도회(三才圖會)』

성읍(城邑)

　신(臣)이 듣기에 사이(四夷)의 군장들은 산곡(山谷)에 의지하다가 수초(水草)로 나아가는 경우가 많으며 수시로 옮겨다니는 것을 편리하며 적절하다고 여긴다. 따라서 애초부터 국읍(國邑) 제도가 있다는 것을 알지 못했다. 서역(西域)의 차사(車師)와[2] 선선(鄯善)[3] 정도가 겨우 담장(墻垣)을 쌓아 겨우 성읍을 지을 수 있었다. (그것을) 사가(史家)들이 성곽제국(城郭諸國)이라고 가리킨 것은 대체로 그 특이함을 기록한 것이다.

　하지만 고려의 경우는 그렇지 않아서 종묘 사직(宗廟社稷)을 세우고 읍주(邑州)에는 집과 거리를 만들었으며 높은 성첩으로 주위를 둘러 중화(中華)를 본받았다. 이야말로 옛날 기자(箕子)가 봉해졌던 땅이어서 중화의 유풍(遺風)과 여습(餘習)이 아직까지 남아있는 것이라 할 수 있다.

---

2) 車師는 漢代 西域 36國의 하나로 실크로드 天山南路의 중심이었던 나라를 말한다. 투르판(吐魯蕃)의 交河城을 중심으로 한 지역에 자리잡았다.
3) 鄯善은 漢代 西域 36國의 하나로 실크로드 西域南路 타클라마칸(塔克拉瑪干) 사막 남쪽에 있었던 나라를 말한다. 원래의 이름은 樓蘭으로 초기 실크로드의 중심이었다.

우리 송(宋) 조정에서 간혹 사신을 파견하여 고려를 보살피는데, 그 국경에 들어가다보면 성곽이 우뚝하여 사실 업신여길 수 없다. 이제부터 고려의 형세를 아는 대로 모두 그린다.

封境

高麗南隔遼海 西距遼水 北接契丹舊地 東距大金 又與日本流求[4] 聃羅黑水毛人等國 犬牙相制 唯[5]新羅百濟 不能自固其圍 爲麗人所并 今羅州廣州道是也 其國 在京師之東北 自燕山道 陸走渡遼 而東之其境 凡三千七百九十里 若海道則河北京東淮南兩浙廣南福建 皆可往 今所建國 正與登萊濱[6] 棣[7]相望 自元豐以後 每朝廷遣使 皆由明州定海 放洋絕海而北 舟行皆乘夏至後南風 風便不過五日 卽抵岸焉 舊封境 東西二千餘里 南北一千五百餘里 今旣并新羅百濟 東北稍廣 其西北與契丹接連[8] 昔以大遼爲界 後爲所侵迫 乃築來遠城 以爲阻固 然亦恃鴨綠 以爲險也 鴨綠之水 原[9]出靺鞨 其色如鴨頭 故以名之 去遼東五百里 經國內城 又西與一水合 卽鹽難水也 二水合流 西南至安平城入海 高麗之中 此水最大 波瀾清澈[10] 所經津濟 皆艤巨艦 其國恃此 以爲天塹 水闊三百步 在平壤城西北四百五十里 遼水東南[11]四百八十里[12] 自遼已東 卽舊屬契丹 今虜衆[13]

---

4) 流求：사고전서본과 지부족재본에는 '琉球' 라고 되어있다.
5) 사고전서본과 지부족재본에는 '惟' 라고 되어있다.
6) 사고전서본에는 '濱' 이라고 되어있다.
7) 지부족재본에는 '隷鄭刻作演棣' 라고 되어있다.
8) 지부족재본에는 '相接鄭刻云與契丹接連' 이라고 되어있다.
9) 사고전서본과 지부족재본에는 '源' 이라고 되어있다.
10) 사고전서본에는 '徹' 이라고 되어있다.
11) 사고전서본에는 '西' 라고 되어있다.

已亡 大金以其地不毛 不復城守 徒爲往來之道而已 鴨綠之西 又有 白浪黃嵓二水 自頗利城行數里 合流而南 是爲遼水 唐正[14]觀間[15] 李勣大[16]破高麗於南蘇 旣渡 怪其水淺狹問之 云是遼源 以此知前 古未嘗恃此水以爲固 此高麗所以退保鴨綠之東歟

영토[封境]

고려는 남쪽으로는 요해(遼海)와, 서쪽으로는 요수(遼水)와, 북쪽으로는 옛 거란 지역과, 동쪽으로는 금(大金)과 접해있다. 그리고 일본(日本)·유구(流求)·담라(聃羅)·흑수(黑水)·모인(毛人) 등의 나라와 개의 어금니[犬牙]처럼 서로 맞물려있다. 저 신라와 백제가 자신들의 영토[圉]를 제대로 지키지 못하여 고려 사람들에게 병합이 되었으니 현재의 나주(羅州)와 광주도(廣州道)가 여기에 해당된다.

고려는 우리 송(宋) 수도의 동북쪽에 위치하고 있으며 연산도(燕山道)에서 육로를 거친 다음 요수(遼水)를 건너[陸走渡遼] 동쪽으로 고려 국경까지 가는데 모두 3,790리(里)이다. 해도(海道)로는 하북(河北)·경동(京東)·회남(淮南)·양절(兩浙)·광남(廣南)·복건(福建) 등이 있는데 모두 왕래가 가능하다. 지금 세워진 나라는[今所建國] 등주(登州)·내주(萊州)·빈주(濱州)·체주(棣州)와 정확하게 마주보는 위치에 있다. 원풍(元豐, 宋 神宗의 年號, 1078~1085) 연간 이래 우리 조정에서 사신을 파견할 때는 항상 명주(明州)의 정해(定海)에서 먼 바다[絶海]로

---

12) 지부족재본에는 '鄭刻有遼水東西四百八十里句 此句宋本不作注東西作東南'이라고 되어있다.
13) 虜衆 : 사고전서본에는 '契丹'이라고 되어있다.
14) 사고전서본과 지부족재본에는 '貞'이라고 되어있다.
15) 지부족재본에는 '間'이라고 되어있다.
16) 사고전서본에는 '來'라고 되어있다.

길을 잡아 북쪽으로 나아갔다. 배를 탈 때는 언제나 하지(夏至) 다음의 남풍(南風)을 탔으니 바람이 순조로우면 닷새도 안 돼 해안에 도착할 수 있다.

옛날에는 그 영토가 동서(東西)로는 2,000여리, 남북(南北)으로는 1,500여리였는데 현재는 신라와 백제를 병합하여 동쪽과 북쪽이 약간 넓어졌고 서북쪽은 거란과 접해 있다. 전에는 요〔大遼〕와 경계를 이루었는데 나중에 침범을 당하게 되자 내원성(來遠城)을 쌓아 견고하게 (방어토록) 하였다. 아울러 압록강을 의지하여 요새로 삼으려 하였다.

말갈에서 발원하는 압록강〔鴨綠水〕은 그 물빛이 오리 머릿빛〔鴨頭〕과 같아서 그렇게 이름을 붙였다. 요동(遼東)과는 500리 떨어져 있는데 국내성(國內城)을[17] 거치면서 다시 서쪽으로는 염난수(鹽難水)라는 강물과 합류한다.[18] 이 두 강물은 서남쪽으로 흐르다가 안평성(安平城)에서 바다로 들어간다.[19] 고려에서는 이것이 가장 큰 강이다. 물결은 맑고〔淸澈〕 지나치는 나루터〔津濟〕에는 큰 배를 댈 수 있다. 고려에서는 이 곳을 천혜의 요충지〔天塹〕로 여기는데 폭이 300보에 이를 정도로 넓다. 평양성(平壤城)에서는 서북쪽으로 450리이며 요수(遼水)의 동남쪽으로는 480리에 있다. 요(遼)의 동쪽은 곧 옛날 거란에 속했던 지역인데 현재는 사람들〔虜衆〕이 흩어진 상태이다. 금〔大金〕에서는 그 땅이 불모지여서 다시 성을 세워 수비하지 않고 다만 오가는 길목으로 삼았을 뿐

---

17) 國內城은 현재 中國 吉林省 集安縣에 있으며, 通溝城이라고도 한다. 고구려가 卒本에서 이곳으로 천도한 것은 琉璃王 22년(3)이며, 長壽王 15년(427) 평양천도 이전까지 약 400년 동안 고구려의 도성이었다.
18) 鹽難水는 鴨綠江의 다른 이름으로 『新唐書』에만 보이는 표현이다(『新唐書』 卷220 列傳145 高麗).
19) 서긍이 『新唐書』의 安市를 安平城으로 잘못 轉寫한 것으로 보인다(『新唐書』 卷220 列傳145 高麗).

이다. 압록의 서쪽으로는 백랑수(白浪水)와 황암수(黃嵓水)라는 두 강이 있는데 파리성(頗利城)에서 몇 리(里)를 흐른 곳에서 합류하여 남쪽으로 흐르니 이것이 바로 요수(遼水)이다.[20]

당 정관(貞觀, 唐 太宗의 年號, 627~649) 연간에 이적(李勣)이 남소(南蘇)에서 고려를 크게 격파하고 물을 건널 때 그 물이 얕고 좁은 것이 괴이하여 물으니 이곳이 요수의 시원이라고 대답하였다고 한다.[21] 이로써 옛날에는 요수를 견고하다고 믿지 못했음을 알 수 있다. 이것이 바로 고려가 압록강의 동쪽으로 물러나 국경을 지키고 있는 이유이다.

形勢

高麗素知書 明道理 拘忌陰陽之說 故其建國 必相其形勢 可爲長久計者 然後宅之 自漢末[22] 徙九都山下 後魏至唐 皆居平壤 至李勣平其地 建都護府 則嘗遁寄稍東 不詳其所 唐末復國 當是今所都地 蓋嘗爲開州 今向置開成[23]府 其城北據崧山 其勢自乾亥 來至山之脊 稍分爲兩岐 更相環抱 陰陽家 謂之龍虎臂 以五音論之 王氏商姓也 西位欲高則興 乾西北之卦也 來崗亥落 其右一山屈折 自西而北 轉至正南 一峯特起狀如覆盂[24] 因以爲案 外復有一案 其山高倍

---

20) 遼河의 지류 가운데 白浪水를 艾河, 黃嵓水를 土河에 비정할 수도 있으나 頗利城에 비정할 수 있는 지역과는 너무 달라 遼水의 원류와는 별로 관계없는 것으로 보인다고 한다 (『滿洲源流考』卷15 遼河).
21) 이는 唐太宗 22년(648) 李勣이 南蘇에서 高句麗軍을 대파할 때, 頗利城에 이르러 白浪水와 黃嵓水를 지났다는 『通典』의 내용을 인용한 것이다(『通典』卷186 邊防2 東夷下 高句麗).
22) 사고전서본에는 '來'라고 되어있다.
23) 사고전서본에는 '城'이라고 되어있고, 지부족재본에는 '成鄭刻城'이라고 되어있다.
24) 사고전서본에는 '盂'이라고 되어있다.

坐向相應 賓²⁵⁾主丙壬 其水發源 自崧山之後 北直子位 轉至艮方 委蛇²⁶⁾入城 由廣化門 稍折向北 復從丙²⁷⁾地流出已上 蓋乾爲金 金長生在已 是爲吉卜 自崧山之半 下瞰城中 左溪右山 後²⁸⁾崗²⁹⁾嶺³⁰⁾林木叢茂 形勢若飮澗蒼虯 宜其保有東土 歷年之久 而常爲聖朝臣屬之國也

지형〔形勢〕

고려에서는 원래 글을 알고 도리에 밝지만 음양설(陰陽說)에 구애받았다. 그러므로 나라를 세울 때에는 장구한 계책으로 삼을 만한지를 반드시 살핀 다음에야 자리잡았다.

한말(漢末) 이래 환도성〔九都山〕아래로 옮겼으며³¹⁾ 후위(後魏)에서 당(唐)에 이르는 동안은 모두 평양에서 살았다. 이적(李勣)이 그 땅을 평정하여 도호부(都護府)를 세우자 도망하여 동쪽으로 조금씩 옮겨가 살았는데, 정확하게 어디인지는 잘 모른다. 당말(唐末)에 국가를 수복하였을 때 현재의 도읍지를 개주(開州)라고 하였으며 현재도 여전히 개성부(開成府)를 두고 있다.

그 성(城)의 북쪽에는 숭산(崧山)이 자리잡고 있으며 그 형세는 서북쪽〔乾亥〕에서 시작되어 산등성이〔山之脊〕을 따라 내려오다가 점점 두 갈

---

25) 지부족재본에는 '實鄭刻賓'이라고 되어있다.
26) 사고전서본에는 '曲'이라고 되어있고, 지부족재본에는 '蛇鄭刻曲'이라고 되어있다.
27) 사고전서본에는 '甫'이라고 되어있고, 지부족재본에는 '丙鄭刻南'이라고 되어있다.
28) 사고전서본에는 '前'이라고 되어있다.
29) 사고전서본에는 '後'라고 되어있다.
30) 지부족재본에는 '嶺鄭刻前崗後嶺'이라고 되어있다.
31) 서긍은 '丸都의 아래에 수도를 삼았다'라는 것을 이렇게 서술하였다(都於丸都之下 ; 『三國志』卷30 魏書30 高句麗).

래로 나뉘어져, 다시 둥글게 모이니, 음양가(陰陽家)들은 이를 (좌우에서) 용과 호랑이가 뻗어내린 것[龍虎臂]이라고 한다. 오음(五音)으로 말한다면 (고려의) 왕씨(王氏)는 상(商)에 해당하는 성(姓)이어서 서쪽을 높이면 흥하는데 이는 건(乾)이 서북(西北) 방향의 괘(卦)이기 때문이다. 내려오는 등성이는 서북방향으로 떨어지는데[來崗亥落] 그 오른쪽에 산 하나가 꺾어져 서쪽에서부터 북쪽으로 돌아나가다가 정남(正南)에 이르렀는데, 거기에도 봉우리 하나가 엎어놓은 사발처럼 우뚝 솟아 있다. 이 때문에 이를 안산(案山)이라고 부른다.

그 바깥에 또 안산이 하나 더 있는데, 이 산은 높이가 두 배이면서도 좌향(坐向)이 서로 짝을 이루니 객산(客山)은 남방[丙]에 있고 주산(主山)은 북방[壬]에 있다. 그 물의 발원은 숭산의 뒤쪽에서 북쪽으로 정북[子位]을 향하다가 동북쪽[艮方]으로 돌아나간다. 그리고 뱀처럼 휘어져 성에 들어가서 광화문(廣化門)에서 북쪽을 향해 조금 꺾어진 후 다시 남쪽[丙地]으로 유출된다. 대개 건(乾)은 금(金)이 되는데 금이란 동남쪽[巳]에서 장생(長生)하므로 이는 길복(吉卜)에 해당한다. 숭산 중턱에서 성중을 내려다보면 왼쪽은 시내, 오른쪽은 산, 뒤는 산등성이, 앞은 고개인데 수풀이 무성하다. 그 형세는 '시냇물을 마시는 푸른 용[飮澗蒼虯]'과 같으니 고려 땅[東土]을 보유(保有)하면서 오래도록 항상 중국의 속국[臣屬之國]이 된 것도 마땅하다.

國城

高麗自唐以[32]前 蓋居平壤 本漢武帝所置樂浪郡 而唐高宗所建都護

---

32) 사고전서본에는 '之'라고 되어있다.

府也 以唐志考之 平壤城乃在鴨綠水東南 唐末 高麗君長 懲累世兵革之難 稍徙而東 今王城在鴨綠水之東南千餘里 非平壤之舊矣 其城周圍六十里 山形繚繞 雜以沙礫 隨其地形而築之 外[33]無濠[34]塹 不施女墻[35] 列太上御名[36]延屋如廊廡 狀頗類敵樓 雖施兵仗以備不虞 而因山之勢 非盡堅高 至其低處 則不能受敵 萬一有警信知其不足守也 外門十二[37] 各有標[38]名 舊誌[39] 纔知其七 今盡得之 正東曰宣仁 舊不見名 止曰東大門 曰崇仁 舊曰東[40]門[41] 曰安定 舊曰須恤[42] 乃麗人方言也[43] 東南曰長霸[44] 正南曰宣華 舊不見門 曰會賓 曰泰安 舊名[45]貞[46]觀 今易此名 西南曰光德 舊曰正州 亦通其路耳 州郡非門名所宜 正西曰宣義 曰狻猊 正北曰北昌 舊[47]崧山 特登山之路 非本名也 東北曰宣祺 舊名[48]金郊 今易此[49] 西南隅 王府宮室居之 其東北隅 卽順天館 極加完葺 西門亦壯麗 蓋爲中朝人使設也 自京市司 至興國寺橋 由廣

---

33) 사고전서본에는 '無濠塹'이라고 되어 있어 '外'가 결각되어있다.
34) 지부족재본에는 '壕'라고 되어있다.
35) 사고전서본과 지부족재본에는 '牆'이라고 되어있다.
36) 사고전서본에는 '構'라고 되어있고, 지부족재본에는 '太上御名 高宗諱構'라고 細註로 되어있다.
37) 사고전서본에는 '一'이라고 되어있고, 지부족재본에는 '二鄭刻誤十一'이라고 되어있다.
38) 사고전서본과 지부족재본에는 '標'라고 되어있다.
39) 사고전서본과 지부족재본에는 '志'라고 되어있다.
40) 사고전서본에는 '求'라고 되어있다.
41) 지부족재본에는 '舊曰東門 鄭刻求門'이라고 細註로 되어있다.
42) 사고전서본에는 '知'라고 되어있다.
43) 지부족재본에는 '乃麗人方言也 鄭刻須恤作須知'라고 細註로 되어있다.
44) 사고전서본에는 '朔'이라고 되어있고, 지부족재본에는 '霸鄭刻誤長朔'이라고 되어있다.
45) 지부족재본에는 '曰'이라고 細註로 되어있다.
46) 사고전서본과 지부족재본에는 '眞'이라고 되어있다.
47) 지부족재본에는 '曰'이라고 細註로 되어있다.
48) 지부족재본에는 '曰'이라고 細註로 되어있다.
49) 지부족재본에는 '今易此名'이라고 細註로 되어있다.

化門 以迄奉先庫 爲長廊數百間[50] 以其民居隘陋 參差不齊 用以
遮蔽 不欲使人洞見其醜 東南之門 蓋溪流至巳方 衆水所會之地
其餘諸門 官府宮祠道觀僧寺別宮客館 皆因地勢 星布諸處 民居十
數家 共一聚落 井邑街市 無足取者 總其建國大槩而圖之 其餘則
互見於別篇

국성(國城)

고려는 당(唐) 이전부터 대체로 평양에 도읍을 세웠다. 평양은 본래 한 무제(漢 武帝)가 세운 낙랑군(樂浪郡)과 당 고종(唐 高宗)이 세운 도호부(都護府)가 있던 곳이다. 당의 기록[唐志]을 살펴보면 평양성은 압록수(鴨綠水)의 동남쪽에 있는데 당말(唐末)에 고려의 군장(君長)이 누세에 걸친 험한 전쟁을 걱정하여[懲] 점차 동쪽으로 옮겨갔다.

지금의 왕성(王城)은 압록수의 동남쪽 1,000여리에 위치하는데 옛 평양 지역은 아니다. 그 성의 주위는 60리이며 산에 둘러싸여 있고 모래자갈[沙礫]이 섞여있는데 그 지형을 따라 쌓아올렸다. 바깥쪽은 해자나 참호[濠塹]가 없고 여장(女墻)도[51] 설치되어 있지 않으며, 낭무(廊廡)처럼 나란히 집들을 두었는데 그 모습은 고만고만한 누각들[敵樓]과 비슷하다. 비록 병장기를 두어 비상시에 대비하고 있고 산의 형세에 의지하였지만 완벽하게 견고하거나 높지는 않으며 낮은 곳에서는 적을 감당할 수 없으니 경계해야 할 일이 있을 경우에는 지킬 수 없음을 분명히 알 수 있다.

외문(外門)은 12곳이며 각 문마다 이름을 걸어두고 있다. 옛 기록에

---

50) 지부족재본에는 '閒'이라고 되어있다.
51) 女墻(女牆)은 城 위에 세우는 垣를 말한다.

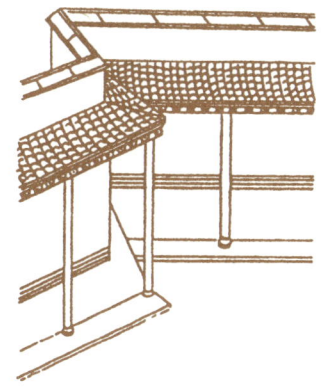

■ 랑(廊) : 『삼재도회(三才圖會)』

서 겨우 7곳을 알 수 있었는데 이제 (그 이름을) 모두 알았다. 정동(正東)에 있는 문은 선인(宣仁)이라 하고 옛 기록에는 이름이 보이지 않으며 동대문(東大門)이라 했을 뿐이다. 숭인(崇仁)이라 하고 옛 기록에는 동문(東門)이라 했다. 정안(安定)이라 부른다. 옛 기록에는 수훌(須恤)이라 하였는데 고려인들의 방언(方言)이다. 동남(東南)에 있는 문은 장패(長覇)라 하고 정남에 있는 문은 선화(宣華)라 하고 옛 기록에는 이 문이 보이지 않는다. 회빈(會賓)이라 하고 태안(泰安)이라 한다. 옛날에는 정관(貞觀)이라고 하였는데 지금은 이 이름으로 바꾸었다. 서남(西南)에 있는 문은 광덕(光德)이라 한다. 옛날에는 정주(正州)라고 불렀는데 정주로 통하는 길〔亦通其路耳〕을 말한다. 주군은 문의 이름으로 삼을 만한 것이 아니다. 정서(正西)에 있는 문은 선의(宣義)라고 하고 산예(狻猊)라고[52] 한다. 정북(正北)에 있는 문은 북창(北昌)이라고 한다. 옛 이름은 숭산인데 산에 오르는 길을 말하는 것이지 본명은 아니다. 동북(東北)에 있는 문은 선기(宣祺)라고 한다. 옛 이름은 금교(金郊)인데 현재는 이 이름으로 바꾸었다.

---

52) 狻猊는 보통 獅子를 말한다.

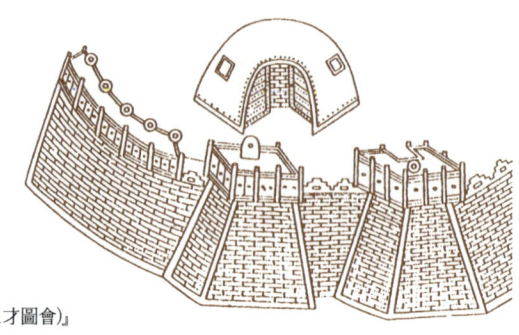

■ 누각(樓閣) : 『삼재도회(三才圖會)』

 (국성의) 서남쪽에 왕부(王府)의 궁실이 자리잡고 있으며 동북쪽에는 순천관(順天館)이 있는데 완전하게 수리되어있다. 서문(西門) 역시 장려한데 대체로 중국의 사신을 위해 설치한 것이다. 경시사(京市司)에서 흥국사 다리에 이르는 길과 광화문에서부터 봉선고(奉先庫)까지 장랑(長廊) 수백 칸을 만들었다. 그 이유는 비좁고 가지런하지 못한 백성들의 집을 가려서 사신들에게 그 추레함을 보이지 않기 위해서이다. 동남쪽의 문은 시내가 동남쪽(巳方)에 이르러 여러 물줄기가 모여드는 땅이기 때문에 만든 것이며 다른 문들과 관부(官府)·궁사(宮祠)·도관(道觀)·승사(僧寺)·별궁(別宮)·객관(客館)은 모두 지세(地勢)를 좇아 여러 곳에 별처럼 흩어져 있다. 백성들은 10여 가(家) 단위로 하나의 취락을 형성하고 있으며 그 정읍(井邑)과 가시(街市)에는 취할 만한 점이 없다. 고려의 개괄을 잡아서 그림으로 그렸으며 나머지 부분들은 별도 편(篇)에서 드러내도록 한다.

樓觀

　　王城 昔無樓觀 自通使以來 觀光上國 得其規模 稍能 太上御名[53]治

53) 사고전서본에는 '構'라고 되어있고, 지부족재본에는 '太上御名 構'라고 細註로 되어있다.

初惟王城宮寺有之 今官道兩旁 與國相富人 稍稍僭侈 入宣義門 每數十家 則建一樓 俯近興國寺 二樓相望 左曰博[54]濟 右曰益平 王府之東 二樓臨衢 不見標[55]牓 簾幙[56]華煥 聞皆王族游[57]觀之所 人使經由 則有婦女 窺覘於其間[58] 衣服之飾 不異民庶 或云王每出游[59] 則其族始易錦繡也

누각〔樓觀〕

옛날에는 왕성에 누각이 없었는데 (중국과) 사신이 왕래한 이후부터 중국〔上國〕을 살펴보면서 그 규모를 알게 되어 조금씩 만들게 되었다. 처음에는 왕성(王城)의 궁궐과 사찰〔宮寺〕에만 있었는데 지금은 관도(官道)의 양쪽과 국상(國相) 및 부자〔富人〕들도 (두게 되어) 점점 멋대로 사치로워졌다. 선의문에서 들어가다 보면 수십 집에 하나 꼴로 누각이 세워져 있다. 흥국사 부근에는 두 개의 누각이 마주보고 있는데, 왼쪽의 것을 박제루〔博濟〕라고 부르고 오른쪽의 것을 익평루〔益平〕라 부른다. 궁궐 동쪽에 누각 두 개가 도로에 접해 있는데 누각 이름은 보이지 않는다. 주렴이 화려한데〔簾幙華煥〕 두 곳 모두 왕족이 노니는 곳〔游觀〕이라고 한다. 우리 사신이 그곳을 지나갈 때면 부녀자들이 누각 틈으로 훔쳐보는데 그 의복의 꾸밈은 민서(民庶)와 다르지 않았다. 왕이 외출〔出游〕할 때마다 왕족들이 비로소 금수(錦繡) 옷으로 바꿔 입는다고도 한다.

---

54) 사고전서본에는 '溥'라고 되어있고, 지부족재본에는 '博鄭刻溥'라고 되어있다.
55) 사고전서본과 지부족재본에는 '標'라고 되어있다.
56) 사고전서본에는 '幙'라고 되어있다.
57) 사고전서본과 지부족재본에는 '遊'라고 되어있다.
58) 지부족재본에는 '聞'이라고 되어있다.
59) 사고전서본과 지부족재본에는 '遊'라고 되어있다.

民居

王城雖大 磽确山壟 地不平曠 故其民居形勢高下 如蜂房蟻穴 誅茅
爲蓋 僅庇風雨 其大不過兩椽 比富家稍置瓦屋 然十纔一二耳 舊傳
唯⁽⁶⁰⁾倡⁽⁶¹⁾優所居 揭長竿 以別良家 今聞不然 蓋其俗淫祠鬼神 亦厭
勝⁽⁶²⁾祈禳⁽⁶³⁾之具耳

민가〔民居〕

왕성이 크다고는 하나 땅은 메마르고 산은 가파른데다 평평하거나 넓지 않다. 이 때문에 백성들 거처의 형세와 높낮이는 벌집이나 개미구멍 같으며 띠를 베어 지붕을 엮어 겨우 비바람을 피할 정도이다. 집 크기는 서까래 두 개를 세워놓은 정도에 불과하다. 비교적 부유한 집에서는 기와집을 세운 경우도 조금 있지만 열에 한둘 정도에 지나지 않는다. 광대의 집에만 장대〔長竿〕를 세워 양인의 집〔良家〕과 구별한다고 예로부터 전해졌지만 이제 들어보니 그렇지는 않다. 대체로 고려의 풍속이 귀신에게 음사(淫祠)하므로 (장대는) 주문을 외우거나 귀신에게 빌기 위한 도구일 뿐이다.

坊市

王城本無坊市 惟自廣化門 至府及館 皆爲長廊 以蔽民居 時於廊
間⁽⁶⁴⁾ 榜其坊門 曰永通 曰廣德 曰興善 曰通商 曰存信 曰資養 曰孝

---

(60) 사고전서본과 지부족재본에는 '惟'라고 되어있다.
(61) 지부족재본에는 '娼'이라고 되어있다.
(62) 亦厭勝 : 사고전서본에는 '厭勝'이라고 되어있다.
(63) 사고전서본에는 '禱'라고 되어있고, 지부족재본에는 '禳鄭刻禱'라고 되어있다.
(64) 지부족재본에는 '間'이라고 되어있다.

義 日行遜 其中實無街衢市井 至有斷崖絕壁 蓁莽繁蕪 荒墟不治之地 特外示觀美⁽⁶⁵⁾耳

시장〔坊市〕

왕성에는 원래 시장이 없다. 다만 광화문에서 부(府) 및 관(館)에 이르는 길에 장랑(長廊)을 만들어 민가〔民居〕를 가렸을 따름이다. 마침 장랑 사이에 방문(坊門)을 내걸었는데 영통(永通), 광덕(廣德), 흥선(興善), 통상(通商), 존신(存信), 자양(資養), 효의(孝義), 행손(行遜)이라고 하였다. (하지만) 그 안에는 실제로 거리나 시장이 없으며 깎아지른 절벽이거나 잡초가 우거지거나 이용하지 않는 거친 땅인 경우까지 있으니 겉으로만 번지르르하게 보일 뿐이다.

貿易

高麗故事 每人使至 則聚爲大市 羅列百貨 丹漆繒帛 皆務華好 而金銀器用 悉王府之物 及時鋪陳 蓋非其俗然也 崇寧大觀 使者猶及見之 今則不然 蓋其俗無居肆 惟以日中爲虛⁽⁶⁶⁾ 男女老幼 官吏工技⁽⁶⁷⁾ 各以其所有 用以交易 無泉貨之法 惟紵布銀鉼⁽⁶⁸⁾ 以准⁽⁶⁹⁾其直 至日用微物 不及疋⁽⁷⁰⁾兩者 則⁽⁷¹⁾以米計錙銖而償之 然民久安其俗

---

65) 지부족재본에는 '美云'이라고 되어있다.
66) 사고전서본과 지부족재본에는 '墟'라고 되어있다.
67) 사고전서본과 지부족재본에는 '伎'라고 되어있다.
68) 사고전서본과 지부족재본에는 '瓶'이라고 되어있다.
69) 지부족재본에는 '準'이라고 되어있다.
70) 지부족재본에는 '匹'이라고 되어있다.
71) 사고전서본에는 '闕'이라고 細註로 되어있다.

自以爲便⁷²⁾也 中間⁷³⁾朝廷賜予錢寶⁷⁴⁾ 今皆藏⁷⁵⁾之府庫⁷⁶⁾ 時出以示官屬傳玩焉

교역〔貿易〕

고려의 전통〔故事〕에 따르면 외국 사신이 올 때마다 큰 시장을 벌이고 수많은 물건을 나열한다. 붉고 검은 비단〔丹漆繪帛〕은 모두 호화롭도록 힘쓰며, 금은(金銀) 물품〔器用〕은 모두 왕부(王府) 물건이어서 그때 그때 펼친 것이지 대체로 그 풍습이 그러한 것은 아니다. 숭녕(崇寧, 徽宗의 年號, 1102~1106)과 대관(大觀, 徽宗의 年號, 1107~1110) 연간에는 사신들이 여전히 그러한 광경을 볼 수 있었지만 현재는 그렇지 않다.

대체로 고려의 풍속은 가게〔居肆〕가 없다. 다만 해가 떠있는 동안 허시(虛市)를 개설할 뿐이어서 남녀노소나 관리(官吏)와 공기(工技)가 모두 자신들이 가지고 있는 것을 교역한다. 화폐〔泉貨〕 제도는 없으며 저포(紵布)나 은병(銀鉼)만으로 값을 계산하고 1필(疋)이나 1냥(兩)에 미치지 못하는 자그마한 일용품은 쌀을 이용하여 치수(錙銖)를 헤아려 지불할 뿐이다. 그런데 백성들은 그러한 풍속에 오랫동안 익숙하여 자기들은 편리하다고 여긴다. 그 동안 (우리) 조정에서 화폐〔錢寶〕를 하사하였지만 현재는 모두 창고에 넣어두고 가끔 내어 관속(官屬)들에게 보여주어 가지고 놀게 할 뿐이다.

---

72) 사고전서본에는 '闕' 이라고 細註로 되어있다.
73) 사고전서본에는 '間闕六字' 라고 되어있고, 지부족재본에는 '開' 이라고 되어있다.
74) 錢寶 : 지부족재본에는 '錢寶中間下 鄭刻注云闕六字 案文義似無闕文' 이라고 되어있다.
75) 사고전서본에는 '闕二字' 라고 細註로 되어있다.
76) 사고전서본에는 '闕二字' 라고 細註로 되어있다.

郡邑

州縣之建 實不副名[77] 特[78]聚落[79]之繁處 自國之西北 與契丹大金接境 粗有壘壍 其東南濱海 亦有建於島嶼者 惟西京最盛 城市略[80]如王城 又有三京四府八牧 又爲防禦郡一百一十八 爲縣鎭三百九十 爲洲島三千七百 皆設守令監官治民 惟牧守都護公廨數楹 令長則隨所在 舍於居民 夷[81]政租賦之外 無健訟 在官者 公田不足以資用 則亦仰給於富民云

군읍(郡邑)

주현(州縣)은 그 실제가 이름과 부합하지 않는다. 다만 번화한 취락을 주현으로 삼았을 뿐이다. 고려의 서북쪽은 거란(契丹)·금(大金)과 접경하여 그럭저럭 성채와 해자(壘壍)가 있으며, 동남의 빈해(濱海)쪽으로도 도서 지역에 주현을 세운 경우가 있다. 가장 번성한 서경(西京)은 성시(城市)가 왕성과 거의 비슷하다. 그리고 삼경(三京)·사부(四府)·팔목(八牧)이 있고,[82] 방어군(防禦郡)으로 되어 있는 곳이 118개, 현진(縣鎭)으로 되어 있는 곳이 390개, 주도(洲島)로 되어 있는 곳이 3,700개인데 모두 수령(守令)이나 감관(監官)을 두어 백성을 다스리게 한다. 목수(牧守)나 도호(都護)라면 관청이 여러 칸(公廨數楹)이지만 영장(令長) 정도라면 지방

---

77) 사고전서본에는 '之'라고 되어있다.
78) 사고전서본에는 '闕'이라고 細註로 되어있다.
79) 사고전서본에는 '闕'이라고 細註로 되어있다.
80) 사고전서본에는 '畧'이라고 되어있다.
81) 사고전서본에는 '國'이라고 되어있다.
82) 三京은 開京·西京·東京, 四部는 開城府·安北大都護府·安邊大都護府·安西大都護府, 八牧은 廣州·忠州·淸州·公州·晉州·尙州·海州·黃州였던 것으로 보인다.

의 상황에 따라 민가[居民]에서 생활하기도 한다. 고려[夷政]에서는 조부(租賦)를 제외하면 소송은 일어나지 않는다. 관리들은 공전(公田)이 충분하지 않을 때는 부민(富民)에게 공급[仰給]받기도 한다고 한다.

『선화봉사고려도경』 권4

門闕

臣聞 黃帝堯舜 尙象於豫 乃設重門擊柝以待暴客 後世聖人 又差尊卑而爲之等 故天子之門 曰皐 曰庫 曰雉 曰應 曰路 凡五 諸侯則去其二焉 曰庫 曰雉 曰路而已 魯爲周公後 而新作雉門兩觀 且不逃春秋之譏 況其他侯乎 高麗門闕之制 亦頗遵古侯禮 雖其屢聘上國 亦頗効顰學步 然材乏[1]工拙 終以朴陋云

궁궐문〔門闕〕

신(臣)이 듣기에 황제(黃帝)와 요순(堯舜)은 반드시 예방하기 적당한 장

---

1) 사고전서본과 지부족재본에는 '之'라고 되어있다.

소에 문궐을 세우니[尙象於豫],[2] 곧 겹문을 설치하여 딱딱이를 침으로
써[擊柝] 사나운 도적[暴客]에 대비했으며, 후세의 성인들은 또한 존비
(尊卑)에 따라 (문궐의 수에) 차등을 두었다고 한다. 때문에 천자의 문은
고(皐)·고(庫)·치(雉)·응(應)·노(路) 등 무릇 다섯 문이 있고, 제후(諸
侯)는 그 중 두 문을 없애 고(庫)·치·노 뿐이었다. 노(魯)는 스스로를
주공(周公)의 후손이라 하여 치문(雉門)에 두 누관(樓觀)을 새로이 지었다
가 『춘추(春秋)』의[3] 나무람을 면하지 못하였는데, 하물며 그 이외 다른
제후들은 말할 필요가 있겠는가?

고려의 문궐(門闕) 제도 역시 옛 제후의 예(禮)를 따르기는 하였으나,
여러 차례 상국(上國)을 방문하여 무턱대고 모방하였기 때문에,[4] 자질
이 부족하고 기술이 졸렬하여 결국 투박하고 누추하다고 한다.

宣義門

宣義門 卽王城之正西門也 西爲金方 於五常[5] 屬義 故以名之 其正

---

2) 豫는 주역 64卦의 하나로서 만물이 생기를 얻어 기쁨을 누리는 상을 의미하고, 이로써 예
방이라는 뜻을 갖는다. 象은 궐문 밖 양쪽에 세운 樓臺로, 敎令을 게시하던 門闕을 의미
한다. 따라서 '尙象於豫'는 반드시 예방하기 알맞은 자리에 문궐을 세운다는 뜻이다.
3) 중국 魯에 전해오는 사관의 기록을 바탕으로 孔子가 隱公 元年(BC 722)에서 哀公 14년
(BC 481)에 이르는 사이의 중요한 일들을 編年體로 엮어 놓은 史書이다. 중국 최초의 編
年史이며 간략한 서술을 특징으로 하고 있다. 六經의 하나로서 『春秋』는 전국시대에 등
장하는 역사서의 전신이 되었다.
4) 效顰은 중국 越의 西施 고사에서 유래한 말이다. 서시는 가슴앓이로 눈살을 찌푸리고 다
녔는데, 그것을 아름답게 여긴 이웃의 醜女가 흉내를 내며 다니자, 그 모습이 하도 흉하여
이웃 사람들이 문을 닫고 나오지 않거나 다른 곳으로 떠났다는 것이다. 이로 말미암아 무
턱대고 남을 모방하는 것은 좋지 않다는 것을 비유할 때 쓰는 말이다. 學步는 學步邯鄲의
줄임말로 燕의 한 소년이 趙의 수도인 邯鄲의 보행법을 배우려다가 자기 고유의 보행법
도 잃어버렸다는 고사에서 연유한 말이다. 남의 행위를 맹목적으로 모방하려다가 도리어
자기 고유의 기능마저 잃게 됨을 비유한 것이다. 그러므로 效顰學步는 문궐을 세우는 데
上國의 제도를 무조건 모방하여 고려 나름의 것마저 잃게 됨을 비유한 것이다.

■ 궐(闕) : 『삼재도회(三才圖會)』

門二重 上有樓觀 合爲甕城 南北兩偏 別⁶⁾開門相對 各有武夫守衛 其中門不常開 唯⁷⁾王與使者出入 餘悉由⁸⁾偏門也 自碧瀾亭 以至西郊 乃過此門而後入館 王城之門 唯此最大且華 蓋爲國朝人使設也

선의문(宣義門)

선의문은 곧 왕성의 정서쪽 문이다. 서쪽은 금방(金方)이 되며 오상(五常)에선 의(義)에 속하기 때문에 선의문이라 명명한 것이다.⁹⁾ 그 정문은 겹문이고 위에는 누관이 있는데, 이를 합쳐 옹성(甕城)으로 삼았다.¹⁰⁾ 남·북 양편에 따로 문을 내어 서로 마주보게 했는데, 각각 군인〔武夫〕이 지키고 있다. 중문(中門)은 항상 열어놓지 않았는데, 오직 왕이

---

5) 사고전서본과 지부족재본에는 '帝' 라고 되어있다.
6) 사고전서본에는 '列' 이라고 되어있다.
7) 사고전서본과 지부족재본에는 '惟' 라고 되어있다.
8) 사고전서본에는 '繇' 라고 되어있다.
9) 『周易』 八卦에서 서쪽은 金을 의미하며, 五常(仁·義·禮·智·信) 중 義에 해당한다. 이에 고려의 왕성에서 서쪽문을 '의를 베푸는 문' 이라는 뜻의 '宣義門' 이라 하였다.
10) 甕城은 적의 공격에 가장 약한 성문을 이중으로 보호하기 위한 것이다. 우리나라에선 고창읍성의 옹성이 대표적이다.

나 사자(使者)만 출입하고 나머지 사람들은 편문(偏門)으로 다닌다. 벽란정(碧瀾亭)에서 서교(西郊)에 이르러 이 문을 지나야 관(館)에 들어갈 수 있다. 왕성의 문 중 이 문[宣義門]의 치(雉)가[11] 가장 크고 화려하다. 그런데 이 문은 송[國朝]의 사신을 위해 설치한 것이다.

外門

王城諸門 大率草創 唯[12]宣義門以使者出入之所 北昌門爲使者回[13]
程祠廟之路 故極加嚴飾 他不逮也 自會賓長覇等門 其制略[14]同 唯[15]
當其中爲兩戶 無尊卑 皆得出入 其城皆無夾柱 護以鐵箇 上爲小廊
隨山形高下而築之 自下而望崧山之脊 城垣繚繞 若蛇虺蜿蜒之形
長覇門通安東府 光德門通正州 宣仁門通楊[16]全羅三州 崇仁門通日
本 安定門通慶廣淸三州 宣祺門通大金國 北昌門通三角山 薪炭松
子布帛所出之道也

외문(外門)

왕성의 여러 문은 대체로 보잘 것 없다. 다만 선의문(宣義門)은 사자(使者)가 출입하는 곳이고, 북창문(北昌門)은 사자가 회정(回程)하거나 사묘(祠廟)하러 가는 길이기 때문에 매우 엄숙하게 꾸며졌는데, 다른 문은 이에 미치지 못한다. 회빈문(會賓門)·장패문(長覇門) 등의 문부터는

---

11) 雉는 성벽에 바짝 달라붙어 기어오르는 적군을 옆에서 공격하기 위한 시설로, 망루를 겸하기도 한다.
12) 사고전서본에는 '惟'라고 되어있다.
13) 지부족재본에는 '囘'라고 되어있다.
14) 사고전서본에는 '畧'이라고 되어있다.
15) 사고전서본과 지부족재본에는 '惟'라고 되어있다.
16) 사고전서본과 지부족재본에는 '揚'이라고 되어있다.

그 형식이 대략 같다. 그 한가운데에 문을 두 개〔兩戶〕만들었으며 존비(尊卑)의 구분없이 모두 출입할 수 있다. 그 나성은 모두 기둥을 박지않고 철통(鐵筒)으로 감쌌고, 위에는 작은 행랑을 지었는데 산〔山〕지형의 높고 낮음에 따라 쌓았다. 아래에서 숭산(崧山)의 등성이를 바라보면, 빙 두른 성의 담장이 마치 뱀이 꿈틀거리는 형상이다. 장패문은 안동부(安東府)로 통하고, 광덕문(光德門)은 정주(正州)로 통하고, 선인문(宣仁門)은 양주(楊州)·전주(全州)·나주(羅州) 등 3주로 통하고 숭인문(崇仁門)은 일본으로 통하고, 안정문(安定門)은 경주(慶州)·광주(廣州)·청주(淸州) 등 3주로 통하고, 선기문(宣祺門)은 금〔大金國〕으로 통하고, 북창문은 삼각산(三角山)으로 통하는데, (이들은) 신탄(薪炭)·송자(松子)·포백(布帛)이 나는 지방이다.

廣化門

廣化門 王府之偏門也 其方面東 而形制略[17]如宣義 獨無甕城 藻飾之工過之 亦開三門 南偏門 榜[18]儀制令四事[19] 北門榜[20]周易軋[21]卦繇辭五字 仍有春貼[22]子云 雪痕尙在三雲陛 日脚初升五鳳棲 百辟稱觴千萬壽 袞龍衣上瑞光浮

---

17) 사고전서본에는 '畧' 이라고 되어있다.
18) 지부족재본에는 '牓' 이라고 되어있다.
19) 지부족재본에는 '字' 라고 되어있다.
20) 지부족재본에는 '牓' 이라고 되어있다.
21) 사고전서본과 지부족재본에는 '乾' 이라고 되어있다.
22) 지부족재본에는 '帖' 이라고 되어있다.

광화문(廣化門)

광화문은 왕부(王府)의 편문(偏門)인데 동쪽을 향해 세웠다. 모양과 제도는 대략 선의문과 같으나, 유독 옹성(甕城)이 없고, 화려하게 꾸민 외양은 (선의문보다) 낫다. 또한 세 개의 문을 냈는데, 남쪽 편문에는 의제령(儀制令)의 네 가지 일을 게시했고, 북쪽 문에는 『주역(周易)』 건괘(乾卦)의[23) 괘사(繇辭)]24) 다섯 글자[乾·元·亨·利·貞]가 게시되어 있다.25) 또한 춘첩자(春帖字)가 있었는데,26) "눈 자취는 아직도 삼운궁27) 돌계단에 있는데[雪痕尚在三雲陛], 햇살이 이제 막 오봉루에 오르네[日脚初升五鳳棲]. 모든 제후들 잔 들어 축수하니[百辟稱觴千萬壽], 곤룡포에 서광이 어리네[袞龍衣上瑞光浮]"라고 했다.

昇平門

昇平門 卽王宮之正南門也 上爲重樓 旁起兩觀 三門竝列 制益宏大

四阿各有銅火珠爲飾 自門之內 左右分爲兩亭 皆曰同樂 矮牆幾百

---

23) 軋卦는 乾卦를 말한다.
24) 繇辭[爻辭]는 『周易』에서 각 爻에 붙인 풀이를 말한다. 爻로 이루어진 卦 전체를 풀이한 것을 卦辭라고 하며, 爻의 뜻을 풀이한 것을 爻辭라 한다. 하나의 卦에는 6개의 爻辭가 있고, 『周易』 전체에는 384개의 爻辭가 있다. 각 爻마다 그 爻의 陰·陽의 성질과 순서를 뜻하는 두 글자로 된 爻題가 있고 吉凶禍福을 나타내는 爻辭가 있다.
25) 『周易』에서 乾·元·亨·利·貞을 "乾元者 始而亨者也 利貞者 性情"으로 풀이하고 있다(『周易』 卷1 乾卦1).
26) 春帖子[立春榜]는 입춘에 내거는 문구로 대문이나 대들보·천장 등에 좋은 뜻의 글귀를 써서 붙이는데 이를 春祝이라고 한다. 널리 쓰여지는 입춘방으로는 대개 入春大吉·國泰民安·開門萬福來·春滿乾坤萬福家 등이 있다. 궁궐에서는 元旦에 내전의 기둥과 난간에다 문신들이 지은 延祥詩 중에서 좋은 것을 뽑아 써붙였는데 이를 특별히 春帖子라고 불렀다.
27) 三雲은 漢代 宮殿의 이름이다. 漢 成帝(BC 33~BC 7) 때 설치한 雲帳·雲㡈·雲幕의 甘泉紫殿을 三雲殿이라 불렀다(『西京雜記』 卷1).

堵相屬 以至神鳳門 而門之制 又壯大於昇平矣 東曰春德 通世子宮 西曰太初 通王居備坐 又十餘步 卽閶闔門 乃王奉迎詔書之所也 左右兩挾[28]有承天門 自是而上 山勢稍逼 中庭隘狹 去會慶殿門[29] 不過數丈耳 昇平神鳳閶闔三門 制度文采 大抵相類 而[30]神鳳爲冠 題牓之字 金書朱地 有歐率更之體 大抵麗人多法古 不敢以臆說已[31] 見而妄爲俗體也

승평문(昇平門)

승평문은 왕궁(王宮)의 정남문이다. 위에는 층층이 누각을 만들고 옆에 두 누관을 세웠다. 세 문이 죽 늘어세워져 규모가 더욱 굉장하고 웅대하다. (문의) 네 모서리는 각각 동화주(銅火珠)로 장식하였다. 문 안쪽에서부터 좌우로 나누어 두 개의 정자를 만들고 모두 '동락정(同樂亭)'이라 했다. 작은 담장 몇 백개가 연이어 신봉문(神鳳門)까지 이르렀는데, 문의 규모는 승평문보다 장대했다. 동쪽문은 '춘덕문〔春德〕'이라 했는데 세자궁(世子宮)으로 통하고, 서쪽문은 '태초문〔太初〕'이라 했는데 왕이 거처하는 곳과 통한다. 또 10여 보(步)쯤 가면 창합문(閶闔門)이 있는데, 이는 왕이 조서(詔書)를 받드는 곳이다. 좌우 양쪽에 승천문(承天門)이 있고, 여기서부터 위쪽으로 산세가 점차 급하여 뜰이 협소하니, 회경전 문과의 거리가 몇 길〔丈〕에 불과하다. 승평·신봉·창합 3문의 법식과 문채(文采)는 대개 서로 비슷하지만, 그 중 신봉문이

---

28) 사고전서본과 지부족재본에는 '祧'이라고 되어있다.
29) 사고전서본에는 '門外'라고 되어있고, 지부족재본에는 '門鄭刻有外字'라고 되어있다.
30) 사고전서본에는 '焉'라고 되어있다.
31) 사고전서본에는 '己'라고 되어있다.

으뜸이다. 제방(題牓)의 글씨는 붉은색 바탕에 금니(金泥)로 씌여 있는데, 구양순(歐率更)의[32] 서체이다. 대개 옛 서체를 많이 본받는 고려 사람들은 감히 억설(臆說)이나 자기 소견으로 함부로 속체(俗體)를 쓰지 않는다.

同德門

同德左右二門相對 其中卽昇平門也 形制略[33]似殿門而極高 唯[34]無臺觀 昌德會賓春宮承休 其制與同德不異 特閤[35]門與承天二門差褊爾

동덕문(同德門)

동덕문은 좌우로 두 문이 서로 마주하고 있으며, 그 가운데 문이 곧 승평문(昇平門)이다. 모양과 규모는 대략 전문(殿門)과 같아 매우 높으나, 유독 대관(臺觀)이 없다. 창덕(昌德)·회빈(會賓)·춘궁(春宮)·승휴(承休) 등은 그 규모가 동덕문과 차이가 없는데, 특히 합문(閤門)과 승천(承天) 두 문이 조금 좁을 뿐이다.

---

[32] 歐陽詢은 潭州 臨湘 출신으로 唐 高宗에 의해 給事中으로 발탁되었고, 太子率更令 弘文館學士를 거쳐 渤海男에 봉해졌고, 『藝文類聚』를 편집했다. 서법은 王羲之를 계승하여 힘차고 빠른 필치를 융합시켜 거칠면서도 순수하고 소박한 품격을 이루었다. 『九成宮醴泉銘』『化度寺碑文』이 대표작이다. 歐陽詢三十六法은 후세 사람들이 그의 서법을 분석하여 지은 것으로 한국과 일본에서도 유행했다.
[33] 사고전서본에는 '畧'이라고 되어있다.
[34] 사고전서본과 지부족재본에는 '惟'라고 되어있다.
[35] 사고전서본에는 '閣'이라고 되어있다.

殿門

會慶殿門 在山之半 石梯隥³⁶⁾道 高可五丈
蓋正殿之門也 竝列三門 中開³⁷⁾唯³⁸⁾詔書得入
王與人使 分左右而行 門外列戟二十四枝 甲
冑之士 執其儀衛 守衛甚衆 特嚴於他它門爾

전문(殿門)

▬ 창(戟) : 『예기도(禮器圖)』

회경전(會慶殿)의 문은 산 중턱에 있고, 돌계단으로 된 비탈길의 높이가 5길(丈) 가량인데 이것이 정전(正殿)의 문이다. 나란히 세 문을 세웠는데, 중간 문은 조서를 가진 사람만 들어갈 수 있고, 왕과 사신은 좌우로 나뉘어 통행한다. 문 밖에 창 24자루를 늘어 세웠고, 갑주(甲冑)를 입은 군사가 의장과 호위를 담당한다. 수위병이 매우 많으며 다른 문보다도 특히 엄중하다.

---

36) 사고전서본과 지부족재본에는 '磴' 라고 되어있다.
37) 사고전서본과 지부족재본에는 '門' 이라고 되어있다.
38) 사고전서본과 지부족재본에는 '惟' 라고 되어있다.

『선화봉사고려도경』권5

宮殿 一

臣仰惟 神宗皇帝 誕敷文教 覃被遐方 貢琛面內者 梯航沓¹⁾至 惟高麗尤²⁾加禮遇 因遣近侍 銜命綏撫 嘗頒睿旨 凡相見處 殿名鴟吻 更不回³⁾避 以是知聖謨宏遠 不責蠻夷以小節 而嘉其忠順之大義也 夏童北虜⁴⁾氈⁵⁾城穹廬 四時隨水草溫涼⁶⁾以⁷⁾徙 初無定都 若高麗 自前史已載 其依山谷而居 少田業力作 不足以自資 其俗節於飲食 而

---

1) 사고전서본과 지부족재본에는 '沓'이라고 되어있다.
2) 지부족재본에는 '尤'라고 되어있다.
3) 사고전서본과 지부족재본에는 '回'라고 되어있다.
4) 사고전서본에는 '虜'이라고 되어있다.
5) 지부족재본에는 '氈'이라고 되어있다.
6) 사고전서본에는 '涼'이라고 되어있다.
7) 지부족재본에는 '遷'이라고 되어있다.

好修⁸⁾宮室 故至今王之所居堂太上御名⁹⁾ 仍在¹⁰⁾圓櫨方頂 飛翬連甍 丹碧藻飾 望之潭潭然 依崧山之脊 蹭道突兀 古木交蔭¹¹⁾ 殆若嶽祠山寺而已 今繪其形制 仍不廢其名也

궁전(宮殿) 1

신(臣)이 우러러 생각하기에 신종황제(神宗皇帝 : 1067~1085)는 중국의 문물제도를 크게 베풀어(誕敷文敎) 먼 나라까지 감싸 안았다. 그래서 보배를 공물로 바치며 중국(內)으로 향하는 자들이 배를 타고 계속 이르렀다.¹²⁾ 그런데 고려에 대해서는 특별히 예우하였으므로, 근시(近侍)를 파견하여 천자의 명대로 그들을 위무하면서 천자의 뜻(睿旨)을 베풀었던 것이다.

신이 방문한 곳에서는 건물 이름이나 치문(鴟吻)¹³⁾ 같은 지붕 장식물을 멋대로 하였다. 이로부터 천자의 계략이 크고 원대해 조그만 이유(小節) 때문에 오랑캐(蠻夷)를 비난하는 것이 아니라 그들의 충순(忠順)한 대의(大義)를 기꺼이 여긴다는 것을 알겠다. 거처가 구차한(氈城穹廬)¹⁴⁾ 서하(夏童)와 거란(北虜)은¹⁵⁾ 항상 수초(水草)를 좇아서 또는 기온

---

8) 사고전서본과 지부족재본에는 '脩' 라고 되어있다.
9) 사고전서본에는 '構' 라고 되어있다.
10) 지부족재본에는 '太上御名 構 鄭刻下有仍在二字' 라고 細註로 되어있다.
11) 사고전서본과 지부족재본에는 '陰' 이라고 되어있다.
12) 梯航은 배를 타고 바다를 건너 멀리 나아가는 것을, 沓至는 지속적으로 오는 것을 말한다.
13) 鴟吻은 궁전 건물 지붕의 모서리를 장식하는 鬼瓦를 말하는데 鴟尾라고도 부른다.
14) 氈城은 西北 오랑캐의 취락을 말하고, 穹廬는 야외에 펼친 천막으로 유목생활을 하는 것을 말한다.
15) 夏童과 北虜는 西夏(大夏)와 契丹(遼)을 말한다. 西夏는 중국 북서부의 甘肅省 陝西

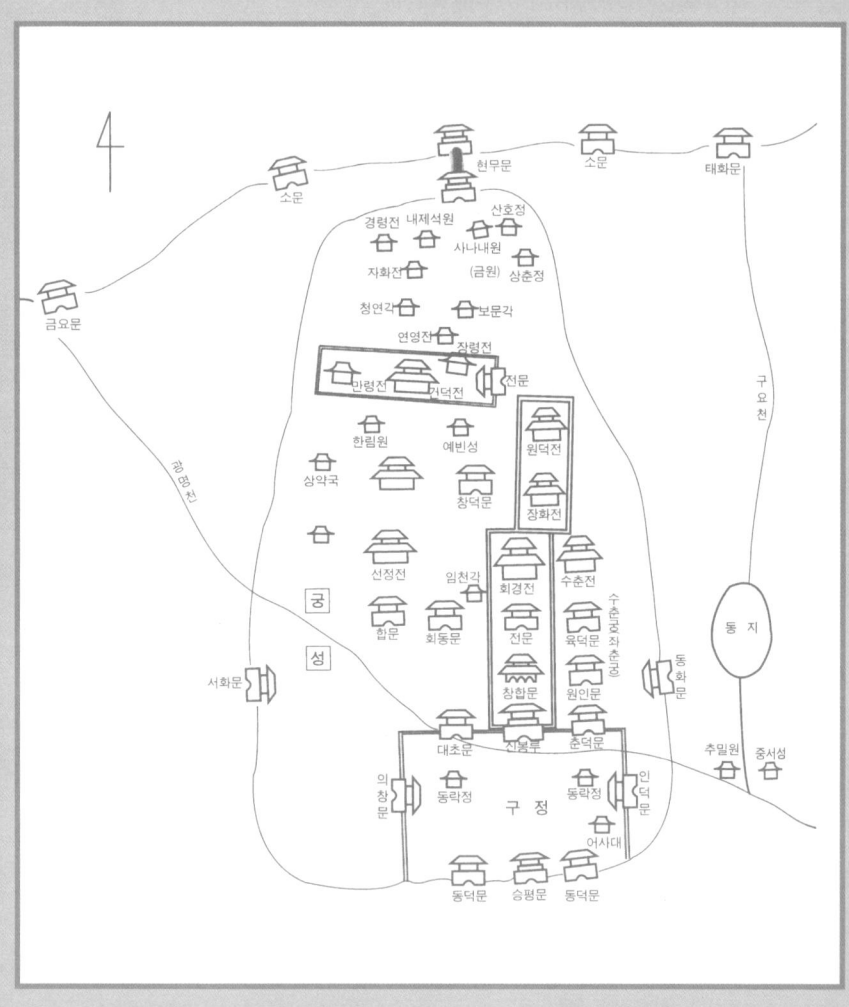

— 고려 개경 궁전 : 김창현, 『고려 개경의 구조와 그 이념』

〔溫凉〕의 변화에 따라서 옮겨 다니므로 도읍을 애당초 정하지 않았다.

하지만 고려에서는 옛 기록에 실린 바와 같이 산곡(山谷)에 의지하여 살고 있다. 모자라나마 농업〔田業〕에 힘을 쏟지만 자급자족하기에는 부족한 실정인데, 그들의 풍습은 음식을 아끼되 거처〔宮室〕를 꾸미는 것은 좋아한다. 그러므로 지금 왕이 머무는 건물에 있어서도 그 구조〔堂構〕는 둥근 두공에 각진 정수리〔圓櫨方頂〕를 그대로 사용하면서, 꿩이 나는 듯한 화려함에 용마루는 잇달아 있고 붉고 푸른 빛으로 장식하였다. 멀리서 보면 깊은 맛이 있으며 숭산(崧山) 등성이에 의지하고 있다. 꾸불꾸불한 길은 울퉁불퉁한데다 고목(古木) 그늘은 서로 겹쳐 있는 것이 마치 높은 산의 사사(祠寺)와 흡사하다. 이제부터 그 모습과 규모〔形制〕를 그리고 이름도 생략하지는 않겠다.

王府

王府內城環列 十三門各揭名額 隨方見義 唯[16]廣化門正東 通長衢 殿門十五 唯[17]神鳳爲冣[18] 華 內府十六 尙書省爲冠 九殿參差 會慶 爲正寢 三閣[19] 鼎峙 淸燕爲壯麗 復有小殿 以爲燕居之所 日[20]視事

省에 위치했던 나라이다. 1038년까지 宋의 조공국이었다. 1038년 새로운 지도자인 李元昊가 스스로 황제임을 선포하고 국호를 大夏로 정했다. 이후 契丹과 宋에 대한 적극적인 공세를 벌였다. 1044년 契丹이 西夏와 宋에 대한 대규모의 공세를 벌이자, 서하는 송에 대해 臣禮를 하는 대신 歲幣를 받는다는 조건으로 강화를 맺었다. 서하는 송의 관제를 수용한 관료조직을 갖추는 독자적인 문자를 제정하고, 불교를 국교로 삼았다. 1227년 칭기즈칸의 몽고군에게 멸망당했다.

16) 사고전서본과 지부족재본에는 '惟'라고 되어있다.
17) 사고전서본과 지부족재본에는 '惟'라고 되어있다.
18) 사고전서본과 지부족재본에는 '最'라고 되어있다.
19) 사고전서본에는 '閣'이라고 되어있고, 지부족재본에는 '閣鄭刻閣'이라고 되어있다.
20) 사고전서본과 지부족재본에는 '曰'이라고 되어있다.

於便座 唯²¹⁾施茵褥於榻上 國官親侍 跪列其側 聽²²⁾受王旨 次弟²³⁾
傳出 大臣五日一見 別有議政之堂²⁴⁾ 餘官則朔望之外 四見於王 聽
旨受事²⁵⁾ 則立於門外 惟執²⁶⁾奏官當門授之 升堦²⁷⁾復位 皆脫履膝行
而進退往來 廷趨必面王磬折 其謹如此 至餘屋宇 則皆草創 名浮於
實 不足詳紀 析而圖之 或互見於諸篇也

왕부(王府)

왕부는 내성(內城)으로 둘러쌓여 있다. 13개의 문마다 이름을 편액으로 걸었는데 그 방향에 따라 뜻을 드러내고 있다. 특히 광화문(廣化門)은 정동(正東)에 있으며 긴 거리〔長衢〕와 통해 있다. 15개의 전문(殿門)에서는 신봉문(神鳳門)이 가장 화려하고 16개의 내부(內府)에서는 상서성(尙書省)이 으뜸이다.²⁸⁾ 제각각 다른 9개의 전(殿) 중에는 회경전(會慶殿)이 정침(正寢)이며 정립(鼎立)한 삼각〔三閣〕 가운데에서는 청연각(淸燕閣)이 가장 훌륭하다. 그 외에 자그마한 전각〔小殿〕이 있어서 쉬는 곳으로 이용한다.

(국왕은) 매일 편좌(便座)에서 정사를 처리하는데 걸상에는 자리〔茵褥

---

21) 사고전서본과 지부족재본에는 '惟'라고 되어있다.
22) 사고전서본에는 '聽'이라고 되어있다.
23) 사고전서본에는 '第'라고 되어있다.
24) 지부족재본에는 '每見直至大堂案鄭刻 無每見直至大堂句 有別有議政之堂句'라고 되어있다.
25) 지부족재본에는 '令鄭刻事'라고 되어있다.
26) 則立於門外惟執 : 지부족재본에는 '凡有事當上案鄭刻 無凡有事當上五字 有則立於門外惟執七字'이라고 되어있다.
27) 사고전서본에는 '階'라고 되어있다.
28) 內府의 16官府 가운데 본서 권16 官府에는 尙書省・中書省・門下省・樞密院・御史臺・八關司・翰林院・尙乘局・軍器監・禮賓省・閤門・大盈倉・右倉 등 13官府가 언급되어있다.

를 깐다. 고위 관료들〔國官〕과 측근들〔親侍〕이 국왕 옆에 꿇어앉아 있으며 명령을 받들어 차례대로 밖으로 알린다. 대신(大臣)들은 5일에 한번 국왕을 알현하는데 정사를 의논하는 건물이 별도로 있다. 나머지 관료들은 매월 1일과 15일을 제외하고 국왕을 4번 알현하는데 왕지(王旨)를 듣고서 일을 받들 때는 문 바깥쪽에 서 있는다. 집주관(執奏官)만이[29] 문에서 명령을 전해준다.

계단을 오르거나 자기 자리로 돌아올 때는 누구나 신발을 벗고 무릎 걸음으로 움직인다. 궁궐 내에서 걸을 때는〔廷趨〕왕을 향해 경(磬)처럼 몸을 깊숙이 숙이니〔磬折〕[30] 삼가는 것이 이와 같다. 나머지 건물들〔屋宇〕은 모두 보잘 것이 없어 이름이 실재와는 떨어져 있으니 자세히 기록할만하지 않다. (이제) 나누어 그림을 그릴 것이며, 관련이 되는 항목〔篇〕에서 아울러 드러내도록 하겠다.

會慶殿

會慶殿在閶闔門內 別有殿門 規模甚壯 基址高五丈餘 東西兩堦[31]
丹漆欄檻 飾以銅花 文彩雄麗 冠於諸殿 兩廊通三十間[32] 中庭甃[33]
石 地虛不堅 行則有聲 常禮不敢居 惟人使至 則受詔拜表於庭下
燕會則設 使副之席於殿之西楹東向 上節位於東序 中節位於西序
下節位於門之兩廈而北向 餘禮則別殿以別之

---

29) 執奏는 신하들의 의견을 모아 보고하는 것을 말한다. 執啓라고도 한다.
30) 磬折은 악기인 磬처럼 몸을 굽혀 인사한다는 것으로 매우 공손하다는 표현이다.
31) 지부족재본에는 '階'라고 되어있다.
32) 지부족재본에는 '間'이라고 되어있다.
33) 사고전서본에는 '甃'라고 되어있다.

■ 고려 개경 회경전 터 : 『조선고적도보(朝鮮古蹟圖譜)』

회경전(會慶殿)

회경전은 창합문(閶闔門) 안에 있는데 전문(殿門)이 별도로 설치되어 있다. 규모도 매우 장대한데 그 터는 높이가 5길〔丈〕남짓이다. 동서(東西)로 양쪽에 계단이 있으며, 난간을 붉게 옻칠한데다 구리 꽃으로 꾸미며서 장식이 웅장하고 화려하니 여러 전각 가운데 최고이다. 양쪽 행랑〔兩廊〕까지 합쳐서 30칸이다. 뜰〔中庭〕에는 벽돌〔甓石〕을 깔았는데 벽돌 아래는 비어있어 견고하지 못하므로 걸을 때마다 소리가 난다. 보통 때는〔常禮〕거처하지 않다가 외교 사절이 왔을 때에만 뜰 아래에서 천자의 조서(詔書)를 받들거나 표(表)를 올리는데 이용한다. 연회 때에 정사(正使)와 부사(副使)의 자리는 동쪽을 향해 회경전 서쪽 기둥에 마련한다. 상절(上節)은 동쪽 담쪽에 자리잡고 중절(中節)은 서쪽 담쪽에 자리잡으며, 하절(下節)은 문(門) 양쪽 행랑〔兩廡〕에서 북쪽을 향해 자리잡는다. 나머지 예식은 다른 전각에서 별도로 행한다.

乾德殿

乾德殿在會慶殿之西北 別有殿門 其制五間[34] 視會慶[35]差小 故事人使至 彼第三會 王禮加勤 特出姬侍 則燕於其中 彼[36]使者至 楷以拘衣制不講 惟同會慶 酬酢而止 若朝廷非專遣使 雖郡吏使臣 持牒傳命[37] 亦燕於此殿 特禮文有隆殺耳

건덕전(乾德殿)

건덕전은 회경전 서북쪽에 있는데 전문(殿門)이 별도로 설치되어있다. 규모는 5칸인데 회경전과 비교하면 약간 작다. 옛날에 외교 사절이 오면 건덕전에서 세 번 회동을 하는데 왕이 예를 돈독히 할 때는 특별히 시녀〔姬侍〕를 그곳으로 보내와 연회를 베풀었다. 이번에 사절이 이르렀을 때는 인종〔王楷〕의 (예종에 대한) 복제(服制)가 끝나지 않았기 때문에 회경전에서 만나 술을 주고받는데 그쳤다. 조정에서 전임 사절을 파견하지 않고 지방 관리를 사절로 삼아 천자의 명〔會〕을 전하게 하는 경우에도 이 건덕전에서 연회를 베푸는데, 격식〔禮文〕에서만 다소의 차이가 있을 뿐이다.

長和殿

長和殿在會慶之後 直北一崗 地勢高峻 形制益隘 不逮乾德 兩廡皆帑藏 其東 貯聖朝所錫內府之珍 其西以儲其國金帛之類 警備之卒 視他所加嚴焉

---

34) 지부족재본에는 '間' 이라고 되어있다.
35) 사고전서본과 지부족재본에는 '會慶殿' 이라고 하여 '殿' 이 추가되어있다.
36) 사고전서본과 지부족재본에는 '被' 라고 되어있다.
37) 사고전서본에는 '會' 라고 되어있다.

장화전(長和殿)

장화전은 회경전 뒤편 북으로 쭉 뻗어 있는 산 위에 있다. 지세(地勢)가 높고 험한 만큼 그 규모는 좁아서 건덕전에 미치지 못한다. 장화전의 양쪽 행랑[兩廡]은 모두 보물을 보관[帑藏]하는 곳으로, 동쪽에는 우리 조정에서 하사한 내부(內府)의 보물을 보관하고 서쪽에는 고려의 재화[金帛]를 저장한다. 경계를 서는 군사들이 다른 곳에 비해 훨씬 엄하다.

元德殿

元德殿在長和殿之後也 地勢益高 營治草率 聞其王不常居 惟鄰國侵逼 邊陲有警 則卽之 發兵命將 若刑殺樞要之士[38] 則與近臣親密者一二人 議決于[39]此

원덕전(元德殿)

원덕전은 장화전 뒤편에 있는데, 지세가 더욱 높은 곳에 대강 지은 건물이다. 듣기로는 국왕이 항상 머무는 곳은 아니며, 인접 국가가 침입하여 변경이 위태롭고 경보가 있을 때 이곳으로 옮긴 후 장수에게 명하여 군대를 출동시킨다. 주요 인물을 사형시킬 때에는[刑殺樞要之士][40] 가까운 측근 한두 사람과 이곳에서 결정한다고 한다.

---

38) 사고전서본과 지부족재본에는 '事' 라고 되어있다.
39) 지부족재본에는 '於' 라고 되어 있다.
40) 사고전서본과 지부족재본에 따른다면 "사형을 선고하거나 극비인 사안이 있을 경우에는"으로 해석된다.

萬齡殿

萬齡殿在乾德之後 基太上御名[41]差小 而藻飾華麗 蓋寢室也 姬嬪侍女於兩廡列室而環居 自崧山之半 下視其室奧 亦不甚寬敞 諒其姬侍之數 亦稱其居耳

만령전(萬齡殿)

만령전은 건덕전 뒤편에 있는데 그 규모〔基構〕는 비교적 작지만 장식〔藻飾〕이 화려하다. 국왕의 침실(寢室)이기 때문이다. 양쪽 날개의 나란한 방들에서는 희빈(姬嬪)과 시녀(侍女)들이 (국왕을) 빙 둘러 거처하고 있다. 숭산(崧山) 중간턱에서 이곳을 내려다보니 지나치게 넓은 것〔寬敞〕은 아니었다. 희빈과 시녀의 숫자를 헤아려보면 그 거처의 숫자와 일치한다.

---

41) 사고전서본에는 '構'라고 되어있고, 지부족재본에는 '太上御名 構'라고 細註로 되어있다.

『선화봉사고려도경』 권6

宮殿 二

長齡殿

長齡殿在乾德之東紫門內 其制三間¹⁾ 雖華煥²⁾不逮萬齡而規模過之 每中朝使者欲行前 期必有先書介紹 至則於此受之 賈人之至境 遣官迎勞 舍館定然後 於長齡受其獻 計所直以方物 數倍償之

---

1) 지부족재본에는 '閒'이라고 되어있다.
2) 사고전서본에는 '煩'이라고 되어있다.

궁전(宮殿) 2

장령전(長齡殿)

장령전은 건덕전의 동쪽 자문(紫門) 안에 있다. 규모는 3칸으로 그 화려함은 만령전에 미치지 못하나, 크기가 더 크다. 매번 중국 사신이 (고려에) 오기 전에는 그 기일에 앞서 반드시 소개서〔書介紹〕를 먼저 보내야 했는데, 이것이 도착하면 장령전에서 받는다. 상인〔賈人〕이 국경에 이르면 관리를 보내 맞이하고, 사관(舍館)이 정해진 후 장령전에서 그가 바치는 물건을 받았는데, 그 가격을 방물로 계산하여 몇 배를 보상했다.

長慶殿

長慶重光宣政三殿 舊記雖載其名 今聞更修[3]重光長慶 易爲別[4]殿 恐是今建閣[5]之地 宣政卽外朝也 歲時與其臣屬會飮 王誕日亦有節名 王俁以八月十七日生 謂之咸寧 其日大會公族貴臣近侍於長慶 中國賈人之在館者 亦遣官爲筵[6]伴 用華夷二[7]部樂 亦有致語 嘗記其口號日 當時瑞色照[8]宮林 和氣濃濃破積陰 香火千家祈國壽 笙歌二部樂賓心 興酣日影移珠箔 舞罷花枝倒玉簪 須盡淸歡酬美景 從容莫訴酒杯深

---

3) 지부족재본에는 '脩'라고 되어있다.
4) 지부족재본에는 '便鄭刻別'이라고 되어있다.
5) 사고전서본에는 '闊'이라고 되어있고, 지부족재본에는 '闊鄭刻閣'이라고 되어있다.
6) 사고전서본에는 '延'이라고 되어있다.
7) 華夷二 : 사고전서본에는 '南北三部'라고 되어있다.
8) 사고전서본에는 '炤'라고 되어있다.

장경전(長慶殿)

장경전(長慶)·중광전(重光)·선정전(宣政) 세 전(殿)은 옛 기록에는 그 이름이 실렸으나, 이제 듣기에 중광전(重光)과 장경전(長慶)을 다시 수리하여 별전(別殿)으로 바꾸었다하니 아마도 지금 전각(殿閣)을 세운 땅에 있었던 것 같다. 선정전(宣政殿)은 외조(外朝)인데, 여기서 세시(歲時)에 그 신하들과 함께 연회를 연다.

왕이 태어난 날 또한 절명(節名)이 있는데, 예종(王俁)은 8월 17일에 태어나 그 날을 함녕절(咸寧節)이라 한다. 그 날은 공족(公族)·귀신(貴臣)·근시(近侍)들이 모두 장경전에 모이고, 중국 상인(賈人)으로 관사(舍館)에 있는 자 또한 관리를 보내 참석하게 한다. 중국과 고려의 음악(華夷二樂)이 연주되었는데 치어(致語)도 있었다.[9] 그 노래를 기록하면 다음과 같다. "지금 궁궐 숲에 서기가 비치니 짙은 화기(和氣) 쌓인 음기를 몰아내네. 향불 피운 모든 집(千家)마다 국운을 빌고 생황 불며 두 나라 음악 노래하니 손님 마음 즐겁네. 연회가 무르익을 때 해 그림자는 주렴(珠簾)에 닿았고 춤을 끝낸 화기(花枝)의 기울어진 옥비녀. 모름지기 실컷 즐겨서 아름다운 경치에 답하니 술잔 깊다 불평말고 조용히 마시세."

延英殿閣

延英殿閣 在長齡之北 制度小大[10] 畧[11]如乾德 王於此親試進士 又其北日慈和 亦爲燕集之處 前建三閣[12] 日寶文 以奉累聖所錫詔書

---

9) 致語는 宋代에 연주되던 노래의 일종으로 致辭라고도 한다.
10) 小大 : 지부족재본에는 '大小'라고 되어있다.
11) 지부족재본에는 '略'이라고 되어있다.

西曰淸燕 以藏諸史子集 嘗太上御名[13]得其燕記 文曰 開府儀同三司 守太保兼門下侍郞監[14]修[15]國史上柱國江陵郡開國侯 食邑一千三百戶食實封三百戶 臣金緣奉敎撰 通奉大夫寶文閣學士左散騎常侍 上護軍唐城郡開國男 食邑三百戶賜紫金魚袋 臣洪灌奉敎書幷篆額 王以聰明淵懿 篤實輝光之德 崇尙儒術 樂慕華風 故於大內之側 延英書殿之北 慈和之南 別創寶文淸燕二閣 以奉聖宋皇帝御製詔勅書畫 揭爲訓則 必拜稽肅容 然後仰觀之 一以集周孔軻雄以來古今文書 日與老師宿儒 討論敷暢 先王之道 藏焉脩焉 息焉游焉 不出一堂之上 而三綱五常之敎 性命道德之理 充溢乎四履之間[16] 越今年[17]丁酉夏四月甲戌有三[18]日 特召守太傅尙書令帶方公臣俌 守太傅尙書公太原公臣侾 守太保齊安侯臣偦 守太保通義侯臣僑 守太保樂浪侯臣景庸 門下侍郞臣偉 門下侍郞臣資謙 臣緣 中書侍郞臣仲璋 參知政事臣晙 守司空臣至和 樞密院使臣軌 知樞密院事臣字之 同知樞密院事臣安仁等 置高會于[19]淸燕閣 乃從容謂曰 予顧德不[20]類賴[21]天降康 廟社儲祉 金華偃於三邊 文軌同乎中夏 凡立政造事 大小云爲 內不資稟 崇寧大觀以來 施設注措之方 其於文閣經筵 求訪

---

12) 지부족재본에는 '閣案下紙紋寶文淸議不及臨川三字似當作二'라고 細註로 되어있다.
13) 太上御名 : 사고전서본에는 '構'라고 되어있고, 지부족재본에는 '太上御名 構'라고 되어있다.
14) 사고전서본에는 '兼'이라고 되어있고, 지부족재본에는 '監鄭刻兼'이라고 되어있다.
15) 지부족재본에는 '脩'라고 되어있다.
16) 지부족재본에는 '間'이라고 되어있다.
17) 사고전서본에는 '年'이 결락되어있다.
18) 지부족재본에는 '二鄭刻三'이라고 되어있다.
19) 지부족재본에는 '於'라고 되어있다.
20) 지부족재본에는 '鄭刻無不字'라고 細註로 되어있다.
21) 사고전서본에는 '願'이라고 되어있다.

儒雅 遵宣和之制也 深堂密席 延見輔臣 法太淸之宴也 雖禮有隆殺 而優賢尙能之意 則其致一也 今入朝進貢使資諒 賫[22]桂香御酒龍鳳 茗團珍菓[23]寶皿來歸嘉 與卿等樂斯盛美 臣僚皆皇[24]駭恐懼 退伏階 陛 辭以固陋 不敢干盛禮 王趣[25]令就坐[26] 溫顏以待之 備物以享之 其供張之設 器皿之列 觴豆之實 菓[27]核之品 則六尙之名珍 四方之 美味 無一不具 復有上國玻梨[28]馬腦翡翠犀兕瑰奇玩用之物 交錯於 案上 塤箎栓楬琴瑟鐘磬安樂雅正之聲 合奏於堂下 王執爵 命近臣 監勸曰 君臣交際 惟以至誠 其各盡量不辭而飮 左右再拜告旨而卒 爵 或獻或詶[29] 和樂孔皆 乃[30]觴酒九行 且令退息 續有中貴人 押賜 襲衣寶帶 以將其厚意焉 旣而復召促席而坐 使飮食擧措 各自便 或 開懷以言笑 或縱目以觀覽 欄楯之外 疊石成山 庭除之際 引水爲沼 嶹萬狀淸淳四徹 洞庭吳會幽勝之 趣生而終宴 無憚暑之意 盡醉劇 飮夜艾而罷 於是 搢紳士大夫擧欣然有喜色而相告曰 吾王以慈儉 爲寶 而無肆溢之行 衣不御文繡 器不用雕鏤 猶慮一夫之不得所 一 事之不合度 每日 焦勞惻怛於宵旰之中 至於燕群臣嘉賓 則發[31]內 府之寶藏 傾上國之異恩 而窮日之力 以火繼之 猶不以爲侈 其尊賢 重禮 好善忘勢之心 實可謂高出百王之上矣 臣嘗聞昔魯公用天子禮

---

22) 지부족재본에는 '齎'라고 되어있다.
23) 지부족재본에는 '果'이라고 되어있다.
24) 지부족재본에는 '惶'이라고 되어있다.
25) 사고전서본에는 '趑'라고 되어있다.
26) 지부족재본에는 '座'라고 되어있다.
27) 지부족재본에는 '果'라고 되어있다.
28) 지부족재본에는 '利'라고 되어있다.
29) 사고전서본에는 '酬'라고 되어있다.
30) 지부족재본에는 '及'이라고 되어있다.
31) 지부족재본에는 '鄭刻登'이라고 細註로 되어있다.

樂 以化成風俗 故於泮宮則先生[32]君子與之爲樂 其詩曰 魯侯戾止 在泮飮酒 旣飮旨酒 永錫難老 燕於路寢 則大夫庶士 與之相宜 其 詩曰 魯侯燕喜 宜大夫庶士 邦國是有 旣多受祉 今吾君奉天子恩意 以寵待臣鄰 故公卿大夫懷天保報上之意 言語法從賦我有嘉賓之詩 謦史歌工作君臣相悅之樂 懽忻交通 禮儀卒[33]度 當斯時也 人靈之 和氣 天地之休應 上下之施報 風俗之化源 皆出於飮食 衎衎載色載 笑之間 豈止永錫難老 旣多受祉而已耶 必當億萬斯年 享太平之福 而對揚天子永永無疆之休 臣愚且拙 遭逢萬幸 代賈宰[34]府 不以臣 之不材 特有書命之事 辭不獲已 謹拜手稽首 而强爲之記

연영전각(延英殿閣)

연영전각은 장령전(長齡殿)의 북쪽에 있다. 규모는 대략 건덕전과 같다. 왕은 이곳에서 진사시(進士試)를 친히 주관한다. 또 그 북쪽은 자화전(慈和殿)인데 연회장소이다. 앞에는 세 각(閣)을 세워 보문각(寶門閣)이라 했는데, 송(宋)의 여러 황제들(累聖)이 내린 조서를 보관한다. 서쪽은 청연각(淸燕閣)으로 여러 역사서와 제자백가서(子集)가 보관되어 있다.

이전에 청연각의 기문(記文)을 얻었는데 그 글은 다음과 같다.

"개부의동삼사 수태보 겸문하시랑 겸수국사 상주국 강릉군 개국후 식읍일천삼백호 식실봉삼백호(開府儀同三司 守太保 兼門下侍郞 兼修國史 上柱國 江陵郡 開國侯 食邑一千三百戶 食實封三百戶) 김연(金緣)이 짓고(撰)
통봉대부 보문각학사 좌산기상시 상호군 당성군 개국남 식읍삼백호

---

32) 사고전서본에는 '王'이라고 되어있다.
33) 지부족재본에는 '牽鄭刻卒'이라고 되어있다.
34) 사고전서본에는 '牽'이라고 되어있고, 지부족재본에는 '宰鄭刻牽'이라고 되어있다.

사자금어대(通奉大夫 寶文閣學士 左散騎常侍 上護軍 唐城郡 開國男 食邑三百戶 賜紫金魚袋) 홍관(洪灌)이 비문과 전액(篆額)을 쓴다. 왕은 총명하고 슬기로우며 독실하고 빛나는 덕으로 유학(儒術)을 숭상하고 화풍(華風)을 흠모했다. 이에 따라 궁궐(大內)의 측면, 연영서전(延英書殿)의 북쪽, 그리고 자화전의 남쪽에 별도로 보문과 청연 두 각을 창건하여 송 황제의 어제조칙(御製詔勅)과 서화(書畵)를 받들어 게시함으로써 훈칙으로 삼았다. 반드시 엄숙한 몸가짐으로 절한 연후에 우러러 바라보았다. 한결같이 주공·공자·맹자(孟軻)·양웅(揚雄) 이래의 고금의 서적을 모아놓고 날마다 노사(老師)·숙유(宿儒)와 함께 선왕의 도를 토론하고 부창(敷暢)하니, 왕의 마음속에 품어지고 익혀지고 생장하고 즐거워진다. 이러하니 (정사를 행하러) 건물(堂) 위에 나가지 않아도 삼강오상(三綱五常)의 가르침과 성명·도덕의 이치가 사방에 충만하다.

금년(睿宗 12년, 1117) 여름 4월 3일에 특별히 수태부 상서령 대방공(守太傅 尙書令 帶方公) 왕보(俌), 수태부 상서공 태원공(守太傅 尙書公 太原公) 왕효(侾), 수태보 제안후(守太保 齊安侯) 왕서(偦), 수태보 통의후(守太保 通義侯) 왕교(僑), 수태보 낙랑후(守太保 樂浪侯) 김경용(景庸), 문하시랑(門下侍郎) 왕위(偉), 문하시랑(門下侍郎) 이자겸(資謙)·김연(緣), 중서시랑(中書侍郎) 조중장(仲璋), 참지정사(參知政事) 김준(晙), 수사공(守司空) 김지화(至和), 추밀원사(樞密院使) 이궤(軌), 지추밀원사(知樞密院事) 왕자지(字之), 동지추밀원사(同知樞密院事) 한안인(安仁) 등을 불러 청연각에서 화려한 연회를 차리고는 조용히 말하였다. '돌이켜보니 나는 덕이 부족하나 하늘이 내려준 편안함에 힘입어 종묘와 사직에 복이 쌓이고, 세 변방에서 전쟁이 일어나지 않고, 글과 규범이 중국(中夏)과 같게 되었다. 무릇 정사(政事)를 입안하고 시행하여 크고 작은 일을 행할 때 자품(資稟)하였으니, 이는 숭녕(崇寧, 宋 徽宗의 年號, 1102~1106)·대관(大觀, 宋 徽宗의 年號, 1107~1110) 이래 조치를 취하는 방안이었다. 보문각 경연에서 유아(儒雅)를 구하는 것은 선화(宣和, 宋 徽宗의 年號, 1119~1125)의 제도를 따른 것이다. 깊은 건물(堂) 조용한 자리에서 보필하는 신하를 맞아들이는 것은 태청(太淸, 梁 武帝의 年號, 547~549)의 연회를 본받은 것이다. 비록 예에는 차등이 있으나 현명하고 능력 있는 자를 우대하고 존중하는 뜻은 모두 같다. 지금 입조(入朝)했던 진공사(進貢使) 이자량(資諒)이 하사받은 계향(桂香)·어주(御酒)·용봉명단(龍鳳茗團)·진과(珍菓)·보명(寶皿)을 가지고 돌아왔기에 기뻐하며 경(卿)들과 함께 이 성대하고 아름다움을 즐기려 한다.' 신료들은 모두 황송하고 놀라며 섬돌로 물러나 엎드리며, '진실로 미천하여 감히 성대한 예에 참여할 수 없습니다' 라고 사양하였다. 왕은 곧 불러 앉게 하고 온화한 얼굴로 그들을 대우하고, 준비된 음식을 즐기게 했다. 휘장을 늘어뜨리고 정연하게 그릇을 배치하고, 잔이나 접시 등에 갖가지 음식과 좋은 과일을 차려놓았는데, 궁궐(六尙)의[35] 이름난 진미와 사방의 아름답고 맛좋은 것을 모두 갖추었다. 또한 상국의 유리(玻璃)·마노(馬瑙)·비취(翡翠)·무소 뿔(犀兕)·진기한 놀이개(瑰奇玩用) 등 감상용으로 사용할 기괴한 물건은 상위에 진열하고, 듣기 좋고 바른 소리가 나는 훈(塤)·지(篪)·공

━ 훈(塤): 『삼례도(三禮圖)』

---

35) 六尙은 唐制를 기준으로 殿中省에 속한 尙食·尙藥·尙衣·尙舍·尙乘·尙輦의 六局을 말한다. 본문은 궁궐이라는 의미로 사용되었다.

(桙)・갈(楬)・금슬(琴瑟)・종(鐘)・경(磬) 등으로 건물〔堂〕 아래에서 합주하게 하였다. 왕은 잔을 들고 근신에게 명하여 권하면서 말하였다. '임금과 신하의 사이는 오직 지극한 정성만이 있으니, 각기 모두 양껏 사양하지 말고 마셔라' 하였다. 좌우의 신하들이 재배하여 감사함을 아뢰고 잔을 비웠다. 잔을 올리기도 하고 받기도 하면서 화기애애하게 즐거움을 함께 했다. 이에 술잔이 9번 돌자 물러나 쉬도록 하고는, 이어서 궁중 귀인을 시켜 습의(襲衣)와 보대(寶帶)를 내림으로써 그 후의를 보였다. 그리고 다시 불러 자리에 앉도록 재촉하고, 먹고 행동하는 것을 각자 편의대로 하게 하니, 혹자는 터놓고 얘기하고, 혹자는 마음대로 관람하였다. 난간 밖에 돌을 쌓아 산을 만들고, 정원에는 물을 끌어다가 연못을 만들었는데 우뚝 솟은 만 가지 모양과 사면의 맑은 물은 동정호(洞庭湖)와 회계산(會稽山)의 그것을 압도하였다. 연회가 끝나도록 더위를 피할 뜻이 없었고 모두 취하도록 즐겁게 마시다가 밤이 깊어 파하였다. 이에 진신(縉紳) 사대부(士大夫)들은 모두 흔연히 기쁜 색을 띠고 서로 말하였다. '우리 왕께서는 인자함과 검약을 소중하게 생각해 그릇되거나 넘치는 행동이 없으시며, 옷은 수 놓은 것을 입지 않으시고 그릇은 조각한 것을 쓰지 않으신다. 오히려 일부(一夫)라도 처소를 얻지 못할까, 일사(一事)라도 법도에 합치되지 않을까 매일 밤낮으로 정사에 힘쓰신다. 그리고 군신과 귀한 손님을 대접함에 있어서는 곧 내부의 귀한 것과 중국〔上國〕의 은사품까지 내어놓아 하루해가 다하면 힘써 불을 밝혀 계속하고도 오히려 사치라고 생각하지 않으신다. 현명한 이를 존중하고 예(禮)를 두터이 여기며, 선(善)을 좋아하고 권세를 내세우지 않는 마음은 실로 역대 왕들보다 뛰어나다고 할 수 있다' 하였다.

신이 일찍이 듣건대, 옛날 노공(魯公)이 천자의 예악(禮樂)을 씀으로써 풍속을 교화했기 때문에 반궁(泮宮)에서[36] 선생(先生)과 군자(君子)가 즐거움을 함께 했다고 한다. 그 시(詩)에서 '노후(魯侯)가 이르러 반궁에서 술을 마시네. 이미 좋은 술을 마셨으니 영원히 늙지 않겠네.' 하였다.[37] 노침(路寢)에서 연회를 베푸니 대부(大夫)와 여러 관리가 서로 화목했다. 그 시는 다음과 같다. '노후가 차린 연회가 즐거우니 대부와 여러 관리가 화목하네. 나라가 존재하니 이미 많은 복을 받은 것이네' 하였다.[38] 지금 우리 임금이 천자의 후의를 받들어 신하들을 총애하며 대우하였기 때문에 공경대부들은 천보보상(天保報上)의 뜻을 품고, 언어(言語)·법종(法從)은 『시경』의 '아유가빈(我有嘉賓)'이라는 후렴구에[39] 따라 시를 지어 부(賦)하고, 고사(瞽史)·가공(歌工)은 군신상열(君臣相悅)의 음악을 연주하니, 기쁨이 서로 미치고 예의(禮儀)가 법도에 맞았다. 이에 인령(人靈)의 화기(和氣), 천지(天地)의 휴응(休應), 상하(上下)의 시보(施報), 풍속(風俗)의 화원(化源)이 모두 음식을 즐기며 기쁜 안색을 띠며 담소하는 사이에서 나오게 되었다. 그러니 어찌 영원히 늙지 않고 많은 복을 받음에 그칠 뿐이겠는가. 반드시 억만년이 지나도록 태평의 복을 누리고, 천자의 만수무강(萬壽無疆)의 기쁨을 찬양할 것이다.

---

36) 泮宮은 周代 諸侯들에게 饗射를 가르쳤던 곳으로 國學을 말한다. 天子의 皇城이 사면을 물[垓字]로 둘렀던데 반해, 國學은 東西의 門 남쪽에 물을 채우고 북쪽에는 담으로 에워싸 半만 물[垓字]로 둘러쌌다고 하여 泮宮이라는 이름으로 불리웠다.
37) 『詩經』 魯頌 泮水의 내용이다.
38) 『詩經』 魯頌 閟宮에 관련내용이 보인다. "魯侯燕喜 令妻壽母 宜大夫庶士 邦國是有旣 多受祉 黃髮兒齒(노후가 차린 연회가 즐거우니 착한 부인과 만수를 누리는 어머니가 계시네. 대부와 여러 관리가 합당한 자리에 있으니 나라를 잘 다스리도. 이미 많은 복을 받으시니, 노인의 머리카락이지만 새이가 돋아나네)."
39) 『詩經』 小雅 鹿鳴에 '我有嘉賓'이라는 반복된 후렴구가 있다.

신은 우매하고 졸렬하나, 만행(萬幸)의 시대를 만나 재부(宰府)에 대용(代用)되었다. 신의 재주 없음에도 불구하고 특별히 찬술[書]하라는 명이 있어 사양했으나 받아들여지지 않았다. 삼가 절하고 머리 조아려 억지로 기(記)를 짓는다."

臨川閣

臨川閣在會慶殿西會同門內 爲屋四楹 窓戶洞達 外無重簷 頗類臺門 非燕集之地 其中藏書數萬卷而已

임천각(臨川閣)

임천각은 회경전의 서쪽 회동문(會同門) 안에 있다. 건물[屋]은 네 기둥으로 되어있고 창호가 사방으로 나있으나[洞達], 밖이 겹처마가 아니어서 대의 문[臺門]과 같다. 연회하는 곳이 아니라 그 안에는 수만 권의 책이 소장되어 있을 뿐이다.

長慶宮

長慶宮在王府之西南由嵓山麓 有二小徑 北通王府 東通宣義門 長衢老屋數十楹 王顒諸妹居其中 後出適人 遂虛其地 荒蕪益甚 俁疾革 又卽之醫治 已而不起 因以爲祠奉之所 俁之侍姬 與其舊僚屬十數人守之 比使者銜睿眷之隆 遵元豐舊制 祭奠前王 吊慰其嗣 皆於長慶拜而受之

장경궁(長慶宮)

장경궁은 왕부(王府)의 서남쪽 유암산의 기슭에 있다. 조그만 오솔길

두 개가 있는데, 북으로는 왕부와 통하고 동으로는 선의문과 통한다. 큰 사거리에는 오래된 집 수십 채가 있는데, 숙종(王顒)의 여러 누이가 그 안에 거주했다. 그녀들이 시집간 후 사람이 살지 않아서 그 터가 매우 황폐했다.

예종(王俁)은 병이 심해져 그곳에 가 치료했는데, 얼마 후 일어나지 못했다. 이로 인해 제사 받드는 곳으로 삼았다. 예종(王俁)을 모시던 궁녀와 옛 관료 수십 인이 그곳을 지킨다. 근래에 (황제의) 극진한 총애의 뜻을 받든 사신이 원풍의 전례(元豊舊制)에 따라 전왕(睿宗)에게 제사지내고 그 다음 왕(嗣王, 仁宗)에게 조위(弔慰)했는데, 모두 장경궁(長慶宮)에서 절을 받았다.

左春宮

左春宮在會慶殿之東春德門內 王之嫡長子初立曰 世子 旣冠而後居之 屋宇制度 殺於王宮 其大門 榜曰太和 次曰元仁 次曰育德 聽事之堂無榜 梁棟脩偉 屛上書文王世子篇 亦建官屬十數人[40] 右春宮在昇平門外御史臺之西[41] 王之姉妹諸女居之[42]

좌춘궁(左春宮)

좌춘궁은 회경전의 동쪽 춘덕문(春德門) 안에 있다. 왕의 적장자가 처음 책봉되면 세자라 하고, 관례를 올린 이후에 여기서 거처한다. 건물(屋宇)의 규모는 왕궁보다 못하다. 그 대문의 편액은 태화문(太和), 다

---

40) 世子篇 亦建官屬十數人 : 사고전서본에는 '世闕五字屬闕二字人' 이라고 되어있다.
41) 外御史臺之西 : 사고전서본에는 '外闕五字' 라고 되어있다.
42) 지부족재본에는 '居之案此條末二行鄭刻闕十二字' 라고 되어있다.

음은 원인문(元仁), 그 다음은 육덕문(育德門)이라 한다. 직사(職事)의 건물(堂)에는 편액이 없고, 대들보와 기둥은 크다. 병풍 위에는 (『예기』의) 문왕세자편(文王世子篇)이 씌어져 있다. 또한 관속 수십 인을 두었다. 우춘궁(右春宮)은 승평문 밖 어사대 서쪽에 있는데, 왕의 자매와 여러 여인(諸女)들이 살았다.

別宮[43]

王之別宮 與[44]其子弟所居 皆謂之宮 王母妃姊妹別居者[45] 給宮受田以奉湯沐 或空不居 而許民射其利[46] 而供租賦 雞林宮在王府之西 扶餘宮在由[47]巖山之東[48] 又有辰韓[49]朝鮮常[50]安樂浪卞[51]韓金[52]冠六宮 分置城內 皆王伯叔昆弟之居也[53] 王之[54]繼母之宅[55]積[56]慶 今公族不見顯位 而別宮十[57]室九空[58] 其田土 昔領於[59]壽昌[60] 今皆

---

43) 別宮 : 사고전서본에는 '名闕宮'이라고 되어있다.
44) 王之別宮 與 : 사고전서본에는 '闕五字'라고 되어있다.
45) 妃姊妹別居者 : 사고전서본에는 '妃闕五字'라고 되어있다.
46) 居而許民射其利 : 사고전서본에는 '居闕五字'라고 되어있다.
47) 西 扶餘宮在由 : 사고전서본에는 '西闕五字'라고 되어있다.
48) 사고전서본에는 '阜'라고 되어있고, 지부족재본에는 '東鄭刻阜'라고 되어있다.
49) 사고전서본에는 '鼓'라고 되어있고, 지부족재본에는 '韓鄭刻鼓'라고 되어있다.
50) 지부족재본에는 '長鄭刻常'이라고 되어있다.
51) 지부족재본에는 '下'라고 되어있다.
52) 安樂浪卞韓金 : 사고전서본에는 '安闕五字'라고 되어있다.
53) 昆弟之居也 王之 : 사고전서본에는 '昆闕五字'라고 되어있다.
54) 지부족재본에는 '之'가 결락되어있다.
55) 지부족재본에는 '宮鄭刻宅號'라고 되어있다.
56) 사고전서본에는 '積'이 결락되어있고, '闕二字'라고 되어있다.
57) 見顯位 而別宮十 : 사고전서본에는 '見闕五字十'이라고 되어있다.
58) 사고전서본에는 '空'이 결락되어있고, '闕一字'라고 되어있다.
59) 田土 昔領於 : 사고전서본에는 '田上等闕一字於'라고 되어있다.

屬之王⁽⁶¹⁾府 又置官以掌之⁽⁶²⁾

별궁(別宮)

왕의 별궁과 그 자제들이 거처하는 곳은 모두 궁(宮)이라 했다. 왕의 모(母)·비(妃)·자매(姉妹) 가운데 별거하는 사람에게는 궁(宮)과 토지〔田〕를 지급하여 탕목(湯沐)으로 받들었다. 간혹 비운 채 거처하지 않고 백성들에게 그 이익을 갖고 조세〔租賦〕를 바치게 했다. 계림궁(雞林宮)은 왕부(王府)의 서쪽에, 부여궁(夫餘宮)은 유암산(由巖山)의 동쪽에 있다. 또한 진한·조선·장안·낙랑·변한·금관 등 여섯 궁은 성 안에 나뉘어 위치하였는데, 모두 왕의 백숙(伯叔)·곤제(昆弟)의 거처였다. 왕이 계비〔繼母〕의 거처〔宅〕를 적경궁(積慶宮)이라 했다. 지금 공족(公族)으로 현달한 자를 볼 수 없고, 별궁은 10개 중 9개가 비었다. 그 전토는 옛날에는 수창궁(壽昌宮)에 속했는데, 지금은 모두 왕부에 속해 있고 관리를 두어 맡게 했다.

---

60) 지부족재본에는 '昌鄭刻土昔二字誤作上等'이라고 되어있다.
61) 昌 今皆屬之王 : 사고전서본에는 '昌闕五字王'이라고 되어있다.
62) 지부족재본에는 '之案此條鄭刻共闕四十四字'라고 되어있다.

『선화봉사고려도경』권7

冠服

臣聞 東夷[1]之俗 斷髮文身 雕題交趾 高麗自箕子封時 已敎以田蠶[2] 之利 則當有衣冠矣 漢史稱 其公會衣服皆錦繡 金銀自[3]飾 而大[4]加 土簿著 幘如冠 小加著折風如弁 豈依倣商周冠弁之制而然乎 唐初 稍服五采 以白羅爲冠 革帶皆[5]金玦[6] 逮我中朝 歲通信使 屢賜襲 衣 則漸漬華風 被服寵休 翕然丕變 一遵我宋之制度焉 非徒解辮削 袵[7]而已也 然而官名參差 朝衣燕服 時有同異者 謹列之 作冠服圖

---

1) 사고전서본에는 '高麗'라고 되어있다.
2) 사고전서본과 지부족재본에는 '蠶'이라고 되어있다.
3) 사고전서본과 지부족재본에는 '眥'라고 되어 있다.
4) 지부족재본에는 '太'라고 되어있다.
5) 지부족재본에는 '皆'가 결락되어있다.
6) 사고전서본에는 '飾'이라고 되어있고, 지부족재본에는 '玦鄭刻云革帶皆金飾'이라고 되어있다.
7) 解辮削袵 : 사고전서본에는 '采服金帶'라고 되어있다.

관복(冠服)

　신(臣)이 듣기에 동이(東夷)의 풍속은 머리를 자르고, 문신(文身)을 하며, 이마에 그림을 새기고 양반 다리를 한다〔雕題交趾〕.[8] (그런데) 고려에서는 기자(箕子)가 봉해지면서부터 이미 밭갈이와 누에치기의 이로움을 가르쳤으므로 마땅히 복식〔衣冠〕 제도가 있었을 것이다. 『후한서〔漢史〕』에 "공식회합〔公會〕이 있을 때의 의복은 모두 비단에 수를 놓고 금·은으로 장식한다. 대가(大加)·주부(主簿)는 책(幘)을 쓰는데 (중국의) 관(冠)과 같고, 소가(小加)는 절풍(折風)을 쓰는데 (중국의) 변(弁)과 같다"고 하였다.[9] 하지만 (고구려의 이러한 풍습이) 은(商)이나 주(周)의 관(冠)과 변(弁)의 제도를 모방해서 그렇다고 할 수 있겠는가? (중국에서도) 당(唐) 초에 이르러서야 차츰 오채(五采)의 옷을 입었고, 백라(白羅)로 관(冠)을 쓰고, 혁대(革帶)에는 모두 금고리〔金珥〕로 장식했다. 우리 송에 이르러 해마다 사신〔信使〕을 보내므로 자주 평상복〔襲衣〕을 내렸다.[10] (고려에서는) 점차 우리 중국풍〔華風〕에 젖게 되면서 천자의 총애를 입어 복식 제도가 개선되어 우리 송의 제도를 한결같이 따르게 되었으니, 변발(辮髮)을 풀고 섶을 바꾸는데 그친 것만이 아니다. 그렇지만 (고려는) 관직명이 일정하지 않고, 조정에서 입는 옷과 집에서 입는 옷이 (우리 송의 것과) 다르므로 이러한 예를 열거하여 관복도(冠服圖)를 그린다.

---

[8] '斷髮文身 彫題交趾'라는 對句는 『禮記』에 비슷한 내용이 보인다(東方日夷 被髮文身…南方日蠻 彫題交趾 : 『禮記註疏』 卷12 王制). 그런데 '被髮文身'과 '斷髮文身'은 엄연히 구별되는데, '斷髮文身'은 南蠻의 풍습이다(南蠻…其俗斷髮文身 : 『隋書』 卷82 列傳47 南蠻). 서긍이 인용한 이 句節은 東夷 혹은 高麗의 풍속이 아니라 南蠻의 風俗을 잘못 인용한 것이다.

[9] 서긍은 『後漢書』 高句驪의 내용을 인용했다(『後漢書』 卷85 東夷列傳75 高句驪).

[10] 襲衣는 일상복으로 입는 上衣를 말한다(『儀禮義疏』 卷16 聘禮).

王服

高麗[11]王 常服[12]烏紗高帽 窄紬袍[13] 紫羅勒巾[14]間[15]繡金碧 其會國官士民 則加幞頭束帶 祭則冕圭 唯[16]中朝人使至 則紫羅公服 象笏玉帶 拜舞抃蹈 極謹[17]臣節 或[18]聞[19]平居燕息之時 則皂[20]巾白紵袍 與民庶無別也

왕의 복식〔王服〕

— 한면(漢冕)과 속대(束帶), 곤면(袞冕) : 『삼재도회(三才圖會)』, 『삼례도(三禮圖)』

고려 왕은 일상복〔常服〕으로 검은색 비단〔烏紗〕으로 된 높은 모자, 소매가 좁은 담황색 겉옷〔紬袍〕을 입고, 자색 비단〔紫羅〕 중간에 금빛과 푸른 빛〔錦碧〕으로 수놓은 허리띠〔勒〕를 두른다. (왕이) 관원(官員)과 사민(士民)들을 만날 때에는 복두(幞頭)와 속대(束帶)를 더한다. (왕이) 제사지낼 때에는 면류관(冕旒冠)을 쓰고, 옥규(玉圭)를 든다. (고려 왕은) 중국 사신이 방문할 때는 자색 비단〔紫羅〕 공복(公服)에 상아홀(象牙笏)을 들고 옥대(玉帶)

---

11) 高麗 : 지부족재본에는 '高麗'가 결락되어있다.
12) 지부족재본에는 '服鄭王上有高麗字'라고 되어있다.
13) 紬袍 : 사고전서본에는 '袖紬'이라고 되어있다.
14) 사고전서본과 지부족재본에는 '中'이라고 되어있다.
15) 지부족재본에는 '閒'이라고 되어있다.
16) 사고전서본과 지부족재본에는 '惟'라고 되어있다.

를 두르고, 행례[拜舞抃蹈]할 때에는 신하의 역할[臣節]에 매우 충실하다. 다른 곳에서 들은 바로는 평상시 쉴 때 (고려 왕의 복장은) 검은 두건[皂巾]에 흰 모시[白紵] 도포를 입고 있어, 일반 백성과 다를 게 없다고 한다.

令官服

高麗建官 唐武德間有九等 一曰大對[21]盧[22] 摠[23]知國事 次曰太大兄 次[24]鬱折 次[25]太大夫人使者 次[26]衣頭大兄 掌機密 謀政事 逗[27]發兵馬 選授官爵 次[28]大使者 次[29]大兄收[30]位使者 次[31]上位使者 次[32]小兄 次[33]諸過節 次[34]先人 又有掌賓客 比[35]鴻臚卿 以大夫使者爲

---

17) 지부족재본에는 '稱鄭刻謹' 이라고 되어있다.
18) 或聞 : 지부족재본에는 '或鄭刻有聞字' 라고 되어있다.
19) 지부족재본에는 '聞' 이 결락되어있다.
20) 지부족재본에는 '皁' 라고 되어있다.
21) 사고전서본에는 令官服의 '摠知國事' 부터 國相服의 '吏部' 까지 결락되어있고, 지부족재본에는 '大對鄭本此下凡闕二百八十一字以國相條末樞密使副同知院奏事登官通許服之句誤接於下' 라고 되어있다.
22) 지부족재본에는 '靈' 이라고 되어있다.
23) 지부족재본에는 '總' 이라고 되어있다.
24) 사고전서본과 지부족재본에는 '曰' 이 첨가되어있다.
25) 사고전서본과 지부족재본에는 '曰' 이 첨가되어있다.
26) 사고전서본과 지부족재본에는 '曰' 이 첨가되어있다.
27) 지부족재본에는 '遭' 이라고 되어있다.
28) 사고전서본과 지부족재본에는 '曰' 이 첨가되어있다.
29) 사고전서본과 지부족재본에는 '曰' 이 첨가되어있다.
30) 지부족재본에는 '次曰' 이라고 되어있다.
31) 사고전서본과 지부족재본에는 '曰' 이 첨가되어있다.
32) 사고전서본과 지부족재본에는 '曰' 이 첨가되어있다.
33) 사고전서본과 지부족재본에는 '曰' 이 첨가되어있다.
34) 사고전서본과 지부족재본에는 '曰' 이 첨가되어있다.

之 又有國子博[36] 士通事舍人典書客 皆小兄以上爲之 又諸大城置傉
薩 比諸督 諸城置處問近支 比刺使[37] 亦謂之道史 其武官曰大摸[38]
達 比衛將軍 皂[39]衣頭大兄 以上爲之 次[40]末客 比中郎將 以大兄以
上爲之 其次領千人 以下各有等差 今其官稱勳秩 往往竊倣中朝 或
詰其由 則曰遵用開元故事 至其衣冠 亦或似之 前世臣服 以靑羅爲
冠 絳羅爲珥 飾以羽毛 比年國官 悉以紫文羅袍 紗製幞頭 其玉帶
佩金魚 唯[41]官至太師[42]太尉中書令尙書令者 則服之

영관의 복식〔令官服〕

고려 관제는 당(唐) 무덕(武德, 高祖의 年號, 618~626) 연간에 9등급〔九等〕
이 있었다.[43] 첫번째 대대로(大對盧)는 나라 일을 총괄했다. 다음이 태
대형(太大兄), 다음이 울절(鬱折), 다음이 태대부인사자(太大夫人使者), 다
음이 의두대형(衣頭大兄)인데, (태대형은) 기밀을 맡았고, (울절은) 정사(政
事)를 논의했고, (태대부인사자는) 병마를 일으켜 보내는 일을 담당했고,
(의두대형은) 관작(官爵)을 주는 일을 맡았다. 다음이 대사자(大使者), 다음
이 대형수위사자(大兄收位使者), 다음이 상위사자(上位使者), 다음이 소형

---

35) 지부족재본에는 '比'가 결락되어있다.
36) 지부족재본에는 '博'이라고 되어있다.
37) 지부족재본에는 '史'가 첨가되어있다.
38) 지부족재본에는 '模'라고 되어있다.
39) 지부족재본에는 '皁'라고 되어있다.
40) 사고전서본과 지부족재본에는 '曰'이 첨가되어있다.
41) 지부족재본에는 '惟'라고 되어있다.
42) 지부족재본에는 '史'라고 되어있다.
43) 高句麗의 官等은 중국의 史書에 그 내용과 차례는 다르지만 모두 12等級으로 나타난다
(『隋書』卷81 列傳46 高麗 ; 『舊唐書』卷199上 列傳149上 高麗). 서긍이 9등으로 표현
한 것은 명백한 오류이다.

(小兄), 다음이 제과절(諸過節), 다음이 선인(先人)이다. 또 빈객(賓客)을 맡는 중국의 홍려경(鴻臚卿)에 비할 수 있는 대부사자(大夫使者)가 있었다. 또 국자박사(國子博士), 통사사인(通事舍人), 전서객(典書客)에 해당하는 관직은 소형(小兄) 이상이 맡았다. 또 여러 큰 성에는 욕살(傉薩)을 두었는데, 중국의 도독부(都督府)에 비할 수 있다. 여러 성에는 처려근지[處閭近支]를 두었는데, 이는 중국의 자사(刺史)에 비할 수 있는 것으로, 도사(道使)라고도 불렀다.

무관(武官)에는 대모달(大摸達)이 있었는데 이는 여러 위의 장군[衛將軍]에 비할 수 있는 것으로 조의두대형(皁衣頭大兄) 이상이 임명되었다. 다음으로 말객(末客)은 중랑장(中郎將)에 비교되는 것으로 대형(大兄) 이상이 임명되었다. 다음은 영천인(領千人)이고, 이하는 각기 등차(等差)가 있었다. 현재 (고려의) 관명(官名)이나 훈질(勳秩)이 중국의 것을 모방하고 있어 그 사유를 물으니 당육전[開元故事]을 따르고 있다고 한다.[44]

의관(衣冠)에 있어서도 비슷한 것이 간혹 있다. 옛[前世] 고구려 신하의 복식은 청라(靑羅)로 된 관을 쓰고, (허리에는) 강라(絳羅)로 매듭[珥]을 짓고, 새깃[鳥羽]으로 장식했다고 한다. 요즘의 고려 관원[國官]들은 거의 자색 무늬 비단 옷[紫文羅袍]를 입고 비단[紗]으로 된 복두(幞頭)를 쓰며, 허리에는 옥대(玉帶)를 두르고, 금어대[金魚]를 찬다.[45] 이러한 복장

---

44) 開元의 故事는 『唐六典』을 말한다. 『唐六典』은 開元 10년(722) 修撰에 착수하여 16년 만인 開元 26년(738)에 완성되었다. 이는 이후 중국관제의 典型이 되었다. 고려관제는 成宗代에 開元의 故事 즉 『唐六典』을 근거로 한 관제로 개편되었다.

45) 중국의 魚袋制는 3품 이상이 金魚袋, 5품 이상이 銀魚袋를 찼다(『通典』 卷40 職官典 22).

을 할 수 있는 관리는 태사(太師)·태위(太尉)·중서령(中書令)·상서령(尙書令)이다.

國相服

國相之服 紫文羅袍 毬文金帶 仍佩金魚 侍中太尉司徒中書門下侍郎平章事參知政事左右僕射政堂文學判尙書[46]吏部[47]事樞密使副同知院奏事等官 通許服之

재상의 복식〔國相服〕

재상의 복식은 자색 무늬 비단 옷〔紫文羅袍〕에 사각 둥근 무늬의 금대〔毬文金帶〕를[48] 두르고, 여기에 금어대(金魚帶)를 단다. 시중(侍中)·태위(太尉)·사도(司徒)·상서(尙書)·중서문하시랑평장사(中書門下侍郎平章事)·참지정사(參知政事)·좌우복야(左右僕射)·정당문학(政堂文學)·판상서이부사(判尙書吏部事)·추밀사(樞密使)·추밀부사(樞密副使)·동지원주사(同知院奏事) 등의 관원들도 이것을 착용하는 것이 허락된다.

近侍服

近侍之服 紫文羅袍 御仙金帶 仍佩金魚 自左右常侍御史大夫左右丞六尙書翰林學士承旨學士以上 及祗待國朝使命接伴舘伴官 悉服之

---

46) 지부족재본에는 '書'가 결락되어 있다.
47) 사고전서본에는 슈官服의 '摠知國事'부터 '吏部'까지 결락되어 있고, 지부족재본에는 '部鄭刻以上皆關事字以下誤接上條一日大對句下 又案鄭刻事上有盧字蓋卽上條大對下靈字之誤也'라고 되어있다.
48) 宋代에서도 毬文金帶는 觀文殿大學士의 재상이 패용했다. 毬文은 4각의 버클에 원을 5단으로 나눈 무늬를 말한다(『宋史』 卷153 輿服5).

근시의 복식〔近侍服〕

근시의 복식은 자색 무늬 비단 옷〔紫文羅袍〕에 어선화를 새긴 금대〔御仙金帶〕를[49] 두르고 금어대〔金魚〕를 찬다. 좌우상시〔左右常侍〕・어사대부(御使大夫)・좌우승〔左右丞〕・육상서〔六尙書〕・한림학사〔翰林學士〕・승지학사〔承旨學士〕 이상 및 송의 사신을 맞이하기 위해 접반관(接伴官)과 관반관(館伴官)에 임명된 사람들이 모두 근시복을 입는다.

從官服

從官之服 紫文羅袍 御仙金帶 御史中丞諫官給事侍郎州牧留守使 副閤門執贊六尙直官[50] 都知兵馬四部護使等 與其非泛恩數 悉服之 王之世子 及王之兄弟 亦然

종관의 복식〔從官服〕

종관의 복식은 자색 무늬 비단 옷〔紫文羅袍〕에 어선화를 새긴 금대〔御仙金帶〕를 두른다. 어사중승(御史中丞)・간관(諫官)・급사(給事)・시랑(侍郎), 주목(州牧)의 유수(留守)와 사(使)・부사(副使)・합문집찬(閤門執贊)・육상직궁(六尙直宮)・도지병마(都知兵馬)・사부호사(四部護使) 등과 특별한 은혜〔恩數〕를 입은 자는 누구나 착용하며, 왕의 세자(世子) 및 왕의 형제도 마찬가지다.

---

49) 御仙은 4각이 아닌 버클에 꽃무늬〔御仙花〕를 새긴 것을 말한다(『宋史』 卷153 輿服5). 御仙金帶는 宋에서 中書・樞密에 해당하던 사람들이 두르던 帶이다(『春明退朝錄』).
50) 사고전서본에는 '宮'이라고 되어있다.
51) 지부족재본에는 '紫'라고 되어있다.
52) 지부족재본에는 '祕'라고 되어있다.

卿監服

卿監之服 緋[51]文羅袍 紅鞓犀帶 仍佩銀魚 六寺卿貳省部丞郎國子
儒官祕[52]書典職以上 悉服之

경과 감의 복식〔卿監服〕

경과 감의 복식은 비색 무늬 비단 옷〔緋文羅袍〕에 붉은 가죽으로 장식한 무소뿔 혁대〔紅鞓犀帶〕를 두르고, 은어대〔銀魚〕를 찬다. 육시(六寺)의 경(卿)과 소경(少卿)·성부(省部)의 승(丞)이나 랑(郎)·국자유관(國子儒官)·비서전직(秘書典職) 이상은 누구나 착용한다.

朝官服

朝官之服 緋文羅袍 黑鞓角帶 仍佩銀魚 司業博[53]士史館校書太醫
司天兩省錄事以上 悉服之 其於[54]階官 亦限年數 必待遷升而後改
易也 館伴見中朝人使於館中 則各置二人 服緋前導 唯[55]不佩魚 當
是倣本朝朱衣雙引之制也

조관의 복식〔朝官服〕

조관의 복식은 비색 무늬 비단 옷〔緋文羅袍〕에 검은 가죽으로 장식한 뿔 혁대〔黑鞓角臺〕를 두르고, 은어대(銀魚帶)를 찬다. 사업박사(司業博士)와 사관교서(史館校書), 태의(太醫)·사천(司天)·양성(兩省) 등의 녹사(綠事) 이상은 누구나 착용한다.

---

53) 지부족재본에는 '博' 이라고 되어있다.
54) 지부족재본에는 '鄭刻有於字' 라고 되어있다.
55) 사고전서본과 지부족재본에는 '惟' 라고 되어있다.

그 관계와 관직[階官]은 햇수에 제한을 받으며, 반드시 승진한 뒤에야 바꾸어 입는다. 관반(館伴)이 중국의 사신을 객관[館]에서 맞이할 때는 각기 두 사람의 비색 옷[緋服]을 입은 자를 두어 앞을 인도하게 하는데, 어대(魚袋)를 차지 않는다. 이것은 중국의 주의쌍인(朱衣雙引)의[56] 제도를 본받은 것이다.

庶官服

庶官之服 綠衣木笏 幞頭烏鞾[57] 自進士入官 省曹補吏 州縣令尉主簿司宰等 悉服之

서관의 복식[庶官服]

서관의 복식은 녹색 옷[綠衣]에 목제 홀[木笏]을 들고 복두(幞頭)를 쓰고 검은 가죽신[烏鞾]을 신는다. 진사(進士)로 입관(入官)한 때로부터 중앙관서[省曹]의 보리(補吏)나 주현(州縣)의 영위(令尉)·주부(主簿)·사재(司宰) 등은 누구나 이를 착용한다.

---

56) 朱衣雙引은 高官이 길을 나설 때 붉은 옷을 입은 2명의 하급관리가 앞에서 길을 인도하는 것을 말한다.
57) 지부족재본에는 '鞓鄭刻鞾' 이라고 되어있다.

『선화봉사고려도경』 권8

人物

臣聞 東南之夷¹⁾ 高麗人材寖²⁾盛 仕³⁾於國者 唯⁴⁾貴臣 以族望相高 餘則或由進士選 或納貲⁵⁾爲之 與夫世祿吏職 莫不有等 故有職 有階 有勳 有賜⁶⁾ 有檢校⁷⁾有功臣有諸衛 仰稽本朝官制 而以開元禮參之 然而名實不稱 淸濁混淆⁸⁾ 徒爲虛文耳 今使者入境 皆擇臣屬通敏者 付以將迎之禮 以州牧 則有若刑部侍郎⁹⁾知全州吳¹⁰⁾俊和 禮部待郎

---

1) 東南之夷 : 사고전서본에는 '東南諸國' 이라고 되어있다.
2) 사고전서본과 지부족재본에는 '最' 라고 되어있다.
3) 사고전서본에는 '時' 라고 되어있다.
4) 사고전서본에는 '惟' 라고 되어있다.
5) 사고전서본에는 '賓' 라고 되어있다.
6) 지부족재본에는 '使鄭刻賜' 라고 되어 있다.
7) 檢校 : 사고전서본에는 '撿挍' 라고 되어있다.
8) 사고전서본과 지부족재본에는 '渚' 라고 되어있다.

知靑州洪若伊 戶部侍郎知廣州陳淑 以迎勞餞送 則有若銀靑光祿
大夫吏部侍郎朴昇中 開府儀同三司守太保中書侍郎中書門下平章
事金若溫 開府儀同三司守太保門下侍郎同中書門下平章事崔洪宰
開府儀同三司守太保門下侍郎兼中書門下平章事林文友 同知樞密
院事拓俊京李資德 凡此皆王之近臣也 除王府四會之外 與之燕飮
酬[11]酢 衎衎如也 以私覿送遺 則有若戶部侍郎梁鱗[12]金惟揀[13] 刑部
侍郎林景淸 工部侍郎盧令琚 中侍大夫黃君裳 工部郎中鄭俊左司
郎中李之甫 殿前承旨林寵臣 朝散郞秘書丞金端[14] 閣[15]門使金輔臣
閣[16]門通事舍人李穎[17]之曹祺 內殿崇班胡仁穎 引進使王儀 閣門祗
候高唐愈閔[18]仲衡 通事舍人李漸梁文矩 中衛郎劉及 中亮郎彭京
忠訓郎王承 成忠郎李俊琦金世安 保義郎李俊異 承節郎許宜何景
陳彦卿 以傳命贊導 則有若正議大夫禮部尙書金富佾 通議大夫殿
中監鄭覃 尙書李璹 中亮大夫知閣門事沈安之 中亮大夫閣[19]門副使
劉文志 閣[20]門引進使金義元 閣門通事舍人沈起王洙金澤李銳材金
純正黃觀李淑陳迪 閣門祗候尹仁勇朴承鄭擇陳俈 通事舍人李德

---

9) 지부족재본에는 '部'라고 되어있다.
10) 지부족재본에는 '吳'라고 되어있다.
11) 사고전서본에는 '酻'라고 되어있다.
12) 지부족재본에는 '麟'이라고 되어있다.
13) 사고전서본과 지부족재본에는 '楝'이라고 되어있다.
14) 사고전서본에는 '瑞'라고 되어있고, 지부족재본에는 '鄭刻誤瑞'라고 細註로 되어있다.
15) 사고전서본에는 '閤'이라고 되어있다.
16) 사고전서본에는 '閤'이라고 되어있다.
17) 사고전서본에는 '穎'이라고 되어있다.
18) 사고전서본과 지부족재본에는 '敏'이라고 되어있다.
19) 사고전서본에는 '閤'이라고 되어있다.
20) 사고전서본에는 '閤'이라고 되어있다.

升못$^{21)}$子璵$^{22)}$卓安 皆以才能辯$^{23)}$博 乃膺是選 爰自相見 以迄言旋

其相與燕樂游$^{24)}$觀 揖遜之儀 文采雍容 有足觀者 今姑自李資謙而

下 圖其形者五人 幷其族望而爲之說

인물(人物)

신(臣)이 듣기에 동남쪽의 여러 나라 중 고려의 인재가 가장 많다. 나라에 벼슬하는 자는 두 부류이다. 귀족들의 경우에는 가문의 명망이 서로 드높지만, 나머지의 경우에는 진사를 거쳐 등용되거나 재물을 바쳐 등용되기도 한다. 대체로 문벌귀족〔世祿〕이나 하급관리〔吏職〕 사이에는 차등이 있다. 그 때문에 직(職)이 있고 계(階)가 있고 훈(勳)이 있고 사(賜)가 있고 검교(檢校)가 있고 공신(功臣)이 있고 여러 위(衛)가 있다.$^{25)}$

---

21) 지부족재본에는 '못'라고 되어있다.
22) 지부족재본에는 '璵'라고 되어있다.
23) 사고전서본에는 '辨'이라고 되어있다.
24) 사고전서본에는 '遊'라고 되어있다.
25) 관리가 되면 기본적으로 官階와 官職을 갖게 된다. 이외에도 본문에 나오는 바와 같이 임시직인 檢校나 국가에 공헌한 바에 따라 하사되는 功臣號 등이 추가되기도 한다. 기존 연구에 따르면, 고려시대에 왕자가 봉작될 때의 주어졌던 명칭들은 다양한데 功臣號-文散階-檢校職-正職-勳職-封爵名-食邑의 순서로 부여받았다. 文散階에서 開府儀同三司는 종1품이고 特進은 정2품이며, 檢校職으로는 三師(太師·太傅·太保)나 三公(太尉〔司馬〕·司徒·司空) 혹은 尙書令 등이 주어졌고, 正職으로서는 三師나 三公이 守職으로 주어지고 尙書令도 兼帶로 주어졌다. 勳은 二階로 上柱國(정2품)과 柱國(종2품)이 있었으며, 봉작명으로는 王子가 初封될 때는 侯爵만이 주어졌다(김기덕, 1998, 『高麗時代 封爵制 硏究』, 청년사, 98쪽). 그런데 이러한 다양한 요소를 모두 충족시키는 사례는 찾기가 힘들다. 고려 숙종의 아들이자 예종 동생인 齊安公 偦에게 수여된 경우에서 전형적인 예를 발견할 수 있다. "睿宗 元年(1106)에 (제안공 서에게) 翊聖致理功臣 開府儀同三司 檢校尙書令 守司空 上柱國을 제수하고, 齊安侯로 봉하고, 食邑二千戶 食實封二百戶로 삼았다(睿宗元年 授 翊聖致理功臣 開府儀同三司 檢校尙書令 守司空 上柱國 封齊安侯 食邑二千戶 食實封二百戶 : 『高麗史』卷90 列傳3 宗

이것은 송(本朝)의 관제를 살펴보고, 『개원례(開元禮)』를[26] 참고한 것이다. 그러나 명칭과 실상이 맞지 않고 청탁(淸濁)이 혼동되어 한갓 형식에 불과할 뿐이다.

이번에 사신이 고려를 방문하니, 모든 신하들 중에 박식하고 유능한〔通敏〕 자들을 가려 영접하는 예를 맡겼다.[27] 지방 수령〔州牧〕 중에는 형부시랑 지전주(刑部侍郎 知全州) 오준화(吳俊和), 예부시랑 지청주(禮部侍郎 知青州) 홍약이(洪若伊), 호부시랑 지광주(戶部侍郎 知廣州) 진숙(陳淑) 등이 맡았다.

맞이하여 위로하고 전송하는 일은 은청광록대부 이부시랑(銀靑光祿大夫 吏部侍郎) 박승중(朴昇中), 개부의동삼사 수태보 중서시랑 중서문하평장사(開府儀同三司 守太保 中書侍郎 中書門下平章事) 김약온(金若溫), 개부의동삼사 수태보 문하시랑 동중서문하평장사(開府儀同三司 守太保 門下侍郎 同中書門下平章事) 최홍재(崔洪宰), 개부의동삼사 수태보 문하시랑 겸중서문하평장사(開府儀同三司 守太保 門下侍郎 兼中書門下平章事) 임문우(林文友), 동지추밀원사(同知樞密院事) 척준경(拓俊京)·이자덕(李資德)이 맡았는데, 이들은 모두 왕의 근신이다. 왕부(王府)에서의 4차례 연회 외에도 이들과 같이 담소하며 연회를 가졌는데 화기애애한 분위기였다.

개인적으로 찾아보고〔私覿〕[28] 예물을 보내는 일은 호부시랑(戶部侍郎) 양린(梁鱗)·김유간(金惟揀), 형부시랑(刑部侍郎) 임경청(林景淸), 공부시랑

室1 齊安公 偦)."
26) 唐 玄宗 20년(732) 9월 中書令 蕭嵩이 건의하여 제정 시행한 官職制度를 말한다.
27) 서긍은 고려가 송 사신들을 맞이하는 과정을 4단계로 나누어 그에 해당하는 인물들을 소개하고 있다. 그 첫 번째가 '將迎之禮以州牧', 두 번째는 '迎勞餞送', 세 번째는 '私覿送遺', 네 번째는 '傳命贊導' 이다.
28) 이에 대해서는 본서 권26 私覿에 설명이 있다.

(工部侍郞) 노영거(盧永琚), 중시대부(中侍大夫) 황군상(黃君裳), 공부낭중(工部郞中) 정준(鄭俊), 좌사낭중(左司郞中) 이지보(李之甫), 전전승지(殿前承旨) 임총신(林寵臣), 조산랑 비서승(朝散郞 秘書丞) 김서(金瑞),[29] 합문사(閤門使)[30] 김보신(金輔臣), 합문통사사인(閤門通事舍人) 이영지(李穎之)·조기(曹祺), 내전숭반(內殿崇班) 호인영(胡仁穎), 인진사(引進使) 왕의(王儀), 합문지후(閤門祗候) 고당유(高唐愈)·민중형(閔仲衡), 통사사인(通事舍人) 이점(李漸)·양문구(梁文矩), 중위랑(中衛郞) 유급(劉及), 중량랑(中亮郞) 팽경(彭京), 충훈랑(忠訓郞) 왕승(王承), 성충랑(成忠郞) 이준기(李俊琦)·김세안(金世安), 보의랑(保義郞) 이준이(李俊異), 승절랑(承節郞) 허의(許宜)·하경(何景)·진언경(陳彥卿)이 맡았다.

명(命)을 전하고 안내하는 일은 정의대부 예부상서(正議大夫 禮部尙書) 김부일(金富佾), 통의대부 전중감(通議大夫 殿中監) 정담(鄭覃), 상서(尙書) 이도(李璹), 중량대부 지합문사(中亮大夫 知閤門事) 심안지(沈安之), 중량대부 합문부사(中亮大夫 閤門副使) 유문지(劉文志), 합문인진사(閤門引進使) 김의원(金義元), 합문통사사인(閤門通事舍人) 심기(沈起)·왕수(王洙)·김택(金澤)·이예재(李銳材)·김순정(金純正)·황관(黃觀)·이숙(李淑)·진적(陳迪), 합문지후(閤門祗候) 윤인용(尹仁勇)·박승(朴承)·정택(鄭擇)·진칭(陳偁), 통사사인(通事舍人) 이덕승(李德升)·오자여(吳子璵)·탁안(卓安)이 맡았는데, 모두 재능이 뛰어나고 박식하여 이 일에 뽑혔다.

상견례부터 돌아올 때까지 그들과 더불어 연회를 갖고 돌아보았는데, 예의를 갖추고 겸손한[揖遜] 모습이 품위가 있고 자연스러워 볼만한

---

29) 『高麗史』에는 '金端'으로 기록되어 있으므로 김단으로 보는 것이 옳을 듯하다.
30) 본문에서는 '閤門使'라고 되어 있으나 官名상 '閤門使'가 옳다. 이후 '閤門'으로 되어 있는 것은 모두 '閤門'으로 정정하였다.

데가 있었다. 지금 우선 이자겸(李資謙) 이하 다섯 사람의 형상을 그렸는데, 아울러 그 가문의 명망〔族望〕까지 설명을 하겠다.

守太師尙書令李資謙

高麗素尙族望 而國相多任勳戚 自王運娶李氏之後 而俁[31]爲世子時 亦納李女爲妃 由是 門戶始光顯 資謙之兄資義 在前代時 已爲國相 坐事流竄 故資謙視覆車之戒 每自修[32]飭 俁[33]深信重之 使爲春宮傅友 時楷尙沖幼 資謙擇博學多聞之士八人 以導翊之 如金端輩 頃自本朝 賜第歸國 正預選掄 壬寅夏四月 俁[34]薨 諸弟爭立 先是 顒有五子 而俁[35]居長 資謙已立楷 仲父帶方公俌 意欲奪[36]其位 遂與門下侍郞韓繳如 樞密使文公美 謀爲不軌 而禮部尙書李永 吏部侍郞鄭克永 兵部侍郞林存等十餘人爲內應 未及擧而謀泄 卽擒捕下吏 資謙乃諷王 放俌於海島 而誅群惡連逮支黨數百人 故以定亂之功 進封太師 益加食邑采地 位尙書令 資謙 風皃[37]凝靜 儀矩雍容 好賢樂善 雖秉國政 頗知推尊王氏 在夷狄[38]中 能扶獎王室 亦可謂賢臣矣 然而信讒嗜利 治田疇第宅 阡陌相連 制度侈靡 四方饋遺 腐肉常數萬斤 他皆稱是 國人以此鄙之 惜哉

---

31) 지부족재본에는 '俁' 라고 되어있다.
32) 지부족재본에는 '脩' 라고 되어있다.
33) 지부족재본에는 '俁' 라고 되어있다.
34) 지부족재본에는 '俁' 라고 되어있다.
35) 지부족재본에는 '俁' 라고 되어있다.
36) 사고전서본과 지부족재본에는 '奪' 이라고 되어있다.
37) 사고전서본에는 '貌' 라고 되어있고, 지부족재본에는 '姿鄭刻貌' 라고 되어있다.
38) 夷狄 : 사고전서본에는 '諸國' 이라고 되어있다.

이자겸〔守太師 尙書令 李資謙〕[39]

고려는 본래 가문의 명망〔族望〕을 숭상하여 나라의 재상〔國相〕은 대부분 훈척(勳戚)을 임명한다. 선종〔王運〕부터 이씨(李氏)의 후손을 비(妃)로 맞이하였는데,[40] 예종〔王俁〕도 세자(世子) 때에 이씨의 딸을 맞아 비(妃)로 삼았다. 이로 말미암아 가문〔門戶〕이 빛나고 드러나기 시작하였다.

이자겸의 형 이자의〔資義〕는 전대(前代)에 이미 나라의 재상이 되었다가 일에 연좌되어 유배〔流竄〕되었다.[41] 이 때문에 이자겸은 형의 일을 경계 삼아 항상 스스로 조심하였으므로 예종이 깊이 신임하고 중용하여 세자〔春宮〕의 스승이자 벗으로 삼았다. 이때 인종〔王楷〕이 아직 어렸으므로 이자겸은 박식하고 견문이 많은 선비 8인을 선발하여 지도하고 보좌하도록 했다. 김단(金端) 같은 인물들은 그 무렵 송〔本朝〕으로부터 급제를 받고〔賜第〕귀국하였는데, 곧바로 여기에 선발되었다. 임인년(예종 17, 1122) 여름 4월에 예종이 죽으니, 여러 아우들이 서로 즉위하려고 다투었다. 원래 숙종〔王顒〕은 아들 다섯을 두었는데 예종이 장남이었다. 이자겸이 인종을 세운 후, 중부(仲父) 대방공(帶方公) 왕보〔俌〕가 왕

---

39) 李資謙(?~1126)은 고려 인종대의 戚臣이었다. 고려의 대표적인 문벌이었던 仁州 李氏 출신으로 李子淵의 손자였다. 음서로 관직에 나아갔으며 예종이 사망하자 王弟들을 물리치고 인종을 옹립하는데 결정적으로 공헌하여 권세를 쥐었다. 하지만 지나친 권력의 집중으로 인해 나중에는 인종과 대립하였다. 인종의 지시를 받은 拓俊京의 거사로 영광에 유배되었다가 곧 사망했다.
40) 당시 인주 이씨와 왕실과의 혼인관계는 다음과 같다. 李子淵의 세 딸은 모두 文宗妃(仁睿太后, 仁敬賢妃, 仁節賢妃)가 되었다. 이자연의 아들이자 이자겸의 아버지인 李顥의 딸이 順宗妃(長慶宮主)이다. 李頲・李預의 딸은 각각 宣宗妃(元信宮主・貞信賢妃)가 되었다. 이자겸의 세 딸 중 한 딸은 睿宗妃(文敬王后), 두 딸은 仁宗妃(延德宮主・不傳)가 되었다(朴龍雲, 1986, 『高麗時代史』(上), 一志社, 80쪽). 따라서 본문에 왕운(王運, 13대 선종)부터 경원 이씨의 후손을 비(妃)로 맞았다는 사실은 옳지 않다.
41) '李資義의 亂'을 가리킨다. 宣宗代에 李資義(?~1095)는 漢山侯 昀을 세워 왕으로 삼으려고 무뢰배들과 모의하다가 鷄林公(뒤의 肅宗)에게 발각되어 제거되었다.

위를 탈취하려고 하였다. 드디어 문하시랑(門下侍郎) 한교여(韓繳如),[42] 추밀사(樞密使) 문공미(文公美)와 더불어 반역(不軌)을 도모하고 예부상서(禮部尙書) 이영(李永), 이부시랑(吏部侍郎) 정극영(鄭克永), 병부시랑(兵部侍郎) 임존(林存) 등 10여 인이 내응(內應)하기로 했었다. 그러나 미처 거사하기 전에 음모가 누설되어 곧바로 사로잡혀 투옥되었다[下吏]. 이에 이자겸이 왕에게 넌지시 말하여 왕보(偱)를 해도(海島)에 추방하고 여러 악인들을 베었으며 잔당(殘黨) 수백 인을 잡아들였다. 이 때문에 변란을 안정시킨 공으로써[43] 태사(太師)에 책봉되었고 식읍(食邑)과 채지(采地)를 더 주었으며 지위가 상서령(尙書令)에 이르렀다.

이자겸은 풍채[風貌]가 단정하고 거동이 온화하며 어진 이를 좋아하고 선(善)을 즐겁게 여겼다. 국정을 잡고서도 자못 왕씨(王氏)를 높일 줄 알아서, 고려의 신하 중에서는 왕실을 보호하고 융성케 하니 현신(賢臣)이라 할 만하다. 그러나 참소를 믿고 이득을 즐겼다. 다스리는 농장[田疇]에는 전답[阡陌]이 이어졌고 저택[第宅]의 규모는 사치스러웠다. 사방에서 선물[饋遺]하여 썩는 고기가 늘 수만 근이었는데, 다른 것도 모두 이와 같았다. 고려 사람들이 이 때문에 더럽게 여겼으니 애석한 일이다.

接伴正奉大夫刑部尙書柱國賜紫金魚袋尹彦植

尹氏 素以儒學知名 瓘在王俁時 爲樞府 甞朝貢至中國 而彦植 乃
其子也 世與李氏通昏 又與資謙厚善 楷在春宮 而彦植 亦預引翼之

---

[42] 韓繳如는 韓安仁의 예전 이름이다. 『高麗史』에는 '교여(繳如)'가 아니라 '교여(皦如)'로 되어있다. "韓安仁의 字는 子居이며 옛이름은 皦如이다(韓安仁 字子居 舊名皦如 : 『高麗史』卷97 列傳10 韓安仁)."

[43] 이른바 '韓安仁의 亂'을 말한다. 한안인은 예종대에 중용되었으나, 인종의 즉위 후 이자겸 일파와 대립하다가 패배하였다.

列 故楷立而進官崇貴 彦植 美風姿 人質修[44]偉 宛然有儒者之風 不可以蠻夷[45]接[46]之也

윤언식〔接伴 正奉大夫 刑部尚書 柱國 賜紫金魚袋 尹彦植〕[47]

윤씨는 원래 유학(儒學)으로 이름이 알려졌다. 윤관(尹瓘)은 예종〔王俁〕때에 중추부사(中樞府事)가 되어 조공하러 중국에 들어갔는데, 윤언식이 바로 그의 아들이다. 대대로 이씨(李氏)와 혼인했고 이자겸(李資謙)과도 사이가 좋았다. 인종〔王楷〕이 세자로 있을 때 윤언식도 세자를 보좌하는 반열〔引翼之列〕에 참여하였다. 그 때문에 인종이 즉위하자 요직으로 진출하였다. 윤언식은 단아한 용모에 풍채가 좋고〔脩偉〕완연한 유학자(儒學者)의 모습이[48] 있어서 그를 오랑캐로 대할 수가 없다.[49]

同接伴通奉大夫尙書禮部侍郞上護軍賜紫金魚袋金富軾

金氏 世爲高麗大族 自前史已載 其與朴氏 族望相埒 故其子孫 多以文學進 富軾 豐兒[50]碩體 面黑目露 然博學强[51]識 善屬文 知古今

---

44) 사고전서본과 지부족재본에는 '脩'라고 되어있다.
45) 사고전서본에는 '高麗'라고 되어있다.
46) 사고전서본에는 '忽'이라고 되어있다.
47) 尹彦植(?~1149)은 고려 인종대에 활동한 문신으로, 여진 정벌로 유명한 尹瓘의 아들이다. 인종이 세자일 때부터 가까이 모셨기 때문에 인종이 즉위하자 重用되었다.
48) 『高麗史』에 기록된 尹彦植의 내용은 다음이 전부이다. "윤관의 아들은 彦仁, 彦純, 彦植, 彦頤, 彦旼이다.…윤언식은 성품이 高雅하고 賓客을 좋아하였으며 관직이 守司空 左僕射에 이르렀다.(瓘 子彦仁彦純彦植彦頤彦旼…彦植 天資高雅 好賓客 官至守司空左僕射 : 『高麗史』 卷96 列傳9 尹瓘)."
49) 사고전서본에 따르면 '不可以高麗忽之也'로 되어 있어서 '고려 사람이라 하여 홀대할 수가 없다'라고 해석할 수 있다.
50) 사고전서본과 지부족재본에는 '貌'라고 되어있다.
51) 지부족재본에는 '强'이라고 되어있다.

爲其學士所信服 無能出其右者 其弟富轍 亦有詩[52]譽 嘗密訪其兄弟命名之意 蓋有所慕云

김부식〔同接伴 通奉大夫 尙書禮部侍郎 上護軍 賜紫金魚袋 金富軾〕[53]

김씨는 대대로 고려의 문벌가문〔大族〕으로 전대의 역사〔前史〕에 이미 실려 있었다. 박씨(朴氏)와 더불어 가문의 명망〔族望〕이 서로 대등하였다. 그러므로 그 자손들 가운데 글을 잘 하고 학문에 정진〔文學〕함으로써 등용된 사람이 많다. 김부식은 장대한 체구에 얼굴은 검고 눈이 튀어 나왔다. 그런데 두루 통달하고 기억력도 탁월하여 글을 잘 짓고 역사를 잘 알아 학사(學士)들에게 신망을 얻는 데에는 그보다 앞선 사람이 없었다.[54] 그의 아우 김부철〔富轍〕 또한 시(詩)를 잘한다는 명성이 있다.[55] 일찍이 그들 형제의 이름지은 뜻을 넌지시 물어 보았는데, 대개

---

52) 지부족재본에는 '時'라고 되어있다.
53) 金富軾(1075~1151)은 고려 인종대의 대표적인 文臣이었다. 숙종대에 문과에 급제하였는데, 『睿宗實錄』과 『仁宗實錄』의 편찬에 참가하였고 현존하는 가장 오래된 正史인 『三國史記』를 편찬하기도 하였다. 인종 13년(1135)에 '妙淸의 亂'이 일어나자 鄭知常 등을 죽이고 西京(平壤)으로 출전하여 성을 함락시켰다. 본문에 나오듯이 형인 富弼, 富佾과 동생인 富儀(富轍)가 모두 과거에 급제하여 당대에 이름을 떨쳤다.
54) 본문의 내용은 『高麗史』의 기록과 거의 일치한다. "그 사람됨은 풍모가 크고 얼굴은 검은데다 눈이 튀어나왔는데, 문장으로 이름을 떨쳤다. 宋 使臣인 路允迪이 왔을 때 김부식이 館伴이 되었다. 그 사신 중 한 명인 서긍은 김부식이 글을 잘 짓고 고금에 통달한 것을 보고 좋아하여 『高麗圖經』을 지으면서 김부식의 세가를 썼고 초상까지 그려 송 황제에게 보고하였다. 이에 (송 황제가) 司局에 조서를 내려 출판하여 널리 퍼지게 하였다. 이로부터 김부식의 명성이 천하에 알려져서 나중에 사신으로 송에 갔을 때 예로서 대우하였다(爲人 豊貌碩體 面黑目露 以文章名世 宋使 路允迪來 富軾爲館伴 其介徐兢 見富軾善屬文通古今 樂其爲人 著高麗圖經 載富軾世家 又圖形 以歸奏于帝 乃詔司局 鏤板以廣其傳 由是 名聞天下 後奉使如宋 所至待以禮 : 『高麗史』卷98 列傳11 金富軾)."
55) 『高麗史』에는 김부의가 시를 잘 지었다는 내용이 소개되어있다. "金富儀의 初名은 富轍이다. … 詩文에 뛰어나 사람들 입에 膾炙되었다. 金의 使臣인 韓昉이 왔을 때 김부

(소식(蘇軾)과 소철(蘇轍)을) 사모하였기 때문이라고 한다.[56]

館伴金紫光祿大夫守司空同知樞密院事上柱國金仁揆

金景融 王顒世 太傅守中書令 仁揆 卽其子也 顒父徽嘗娶金氏女于[57]仁揆 有元舅之尊 韓繳如等叛 李資謙 挾王楷以誅群惡 而仁揆與有力焉 故 [58]位司空 使 [59]樞府 仁揆頎而美髥 皃[60]魁秀 進止端重 [61]爲所擇以接使華也.

김인규〔館伴 金紫光祿大夫 守司空 同知樞密院事 上柱國 金仁揆〕[62]
김경융(金景融)은[63] 숙종〔王顒〕 때의 태부 수중서령(太傅 守中書令)인데,

의가 館伴이 되었는데 시에 능한 한방과 서로 시로 어울렸는데 수십 편이나 왕복하여도 김부의가 조금도 머뭇거리지 않으므로 한방은 그 민첩함에 감탄하였다. 나중에 內侍 崔孝溫이 金에 갔는데 한방의 아들 한여가가 '우리 아버님이 고려인 김부의는 특출한 사람이라 하였는데 지금도 무고한가'라고 물었다가 김부의가 죽었다는 말을 듣고 한참이나 탄식하였다(富儀初名富轍 … 詩文豪邁膾炙人口 金使韓昉來 富儀爲館伴 昉能詩與相唱和 往復數十篇 富儀略無滯思 昉服其敏 後內侍崔孝溫如金 昉子汝嘉問曰 吾父嘗言 高麗人金富儀 異人也 今無恙乎 聞其卒 嗟歎久之 :『高麗史』卷97 列傳10 金富佾)."

56) '金富軾'과 '金富轍' 형제의 작명에는 宋代의 문장가인 '蘇軾〔蘇東坡〕'과 '蘇轍' 형제의 이름을 빌려왔다고 전한다.
57) 사고전서본과 지부족재본에는 '于'가 '顒於'라고 되어있다.
58) 사고전서본과 지부족재본에는 '進'이 첨가되어있다. 징강본 원문에도 한 글자가 결락되었음을 나타내듯이 빈칸으로 되어있다.
59) 사고전서본과 지부족재본에는 '居'가 첨가되어있다. 징강본 원문에도 한 글자가 결락되었음을 나타내듯이 빈칸으로 되어있다.
60) 사고전서본과 지부족재본에는 '貌'라고 되어있다.
61) 사고전서본에는 '闢'이라고 되어있고, 징강본 원문과 지부족재본에는 한 글자가 결락되었음을 나타내듯이 빈칸으로 되어있다.
62) 김인규(?~1142)는 인종대의 문신이다. 侍中을 지낸 金景庸의 아들로서 문과 급제 후 예종대에 知奏事를 거쳐 守太尉 中書侍郎平章事를 역임하였다. 본문에 나오는 이자겸과 사돈간이었으므로 이자겸이 제거된 후 좌천되기도 하였다.

김인규는 바로 그의 아들이다. 숙종의 부친 문종(徽)이 김씨의 딸을 맞이하였으므로, 숙종은 김인규를 외숙(元舅)으로 존대했다. 한교여(韓繳如) 등이 반역하였을 때, 이자겸(李資謙)이 인종(王楷)을 보호하며 반역의 무리들을 베었다. 그 때 김인규가 참여하여 공이 있었기 때문에 사공(司空)으로 승진시켜 중추부(中樞府)에 있도록 했다. 김인규는 풍채가 좋고 수염이 아름다우며 모습은 특이하게 빼어났고, 행동은 단정하였다.[64] (이에) 사신을 접대하는데 선발되었다.

同館伴正議大夫守尙書兵部侍郎上護軍賜紫金魚袋李之美

高麗 每中朝人使至 必遴擇人材[65] 或經朝貢者 以爲館伴 之美 卽資謙之子 風皃[66]秀美[67] 往嘗入覲天闕 住館累月 其[68]事無巨細 悉稟之 之美處決 無[69]不中禮 進趨詳雅 綽有華風 每言及朝廷 必眷眷[70]有傾葵之意 其忠誠 亦可嘉尙云

---

63) 『高麗史』에는 金仁揆의 부친이 '金景庸'으로 되어있다(『高麗史』 卷97 列傳10 金景庸).
64) 『高麗史』에 실린 金仁揆에 대한 기록은 다음과 같다. "아들인 김인규는 … 사람됨이 寬厚하고 다른 사람들의 좋고 나쁨을 따지고자 하지 않았으며, 권세에 기대어 다른 사람들에게 교만하게 대하지 않았다. 하지만 優游不斷하여 녹봉과 자리를 보전할 따름이었다 (子仁揆 … 爲人寬厚 不喜臧否人物 亦未嘗倚勢驕人 優游不斷 但保祿位而已 :『高麗史』卷97 列傳10 金景庸)."
65) 사고전서본에는 '才'라고 되어있다.
66) 사고전서본과 지부족재본에는 '貌'라고 되어있다.
67) 사고전서본과 지부족재본에는 '美秀'라고 되어있다.
68) 사고전서본과 지부족재본에는 '國'이 첨가되어있다. 징강본 원문에는 한 글자가 결락되었음을 나타내듯이 빈칸으로 되어있다.
69) 사고전서본에는 '莫'이라고 되어있다.
70) 眷眷: 사고전서본과 지부족재본에는 '惓惓'이라고 되어있다.

이지미〔同館伴 正議大夫 守尙書兵部侍郎 上護軍 賜紫金魚袋 李之美〕[71]

고려는 항상 중국(中朝)의 사신이 올 때면 인재(人材)를 선발하거나 혹은 조공(朝貢)갔던 사람으로 관반(館伴)을 삼는다. 이지미는 이자겸의 아들로서 풍채와 용모가 준수하였다. 언젠가 중국 조정(天闕)에 들어가 황제를 뵙고 객관(館)에 머무는 여러 달 동안 나랏일의 대소사를 소상히 아뢰었다. 이지미는 일을 처리하는데 꼭 예(禮)에 들어맞게 하였으며, 행동이 조심스럽고 단아하여 중국의 풍도(華風)를 넉넉히 지녔다. 조정(朝廷) 일을 언급할 때마다 반드시 정성을 다해 흠모하려는(傾葵) 뜻이 있었으니 그 충성 또한 가상하다고 할 수 있다.

※『선화봉사고려도경』 권8 등장인물

1. 지방수령이 영접하는 일〔將迎之禮以州牧〕
형부시랑 지전주(刑部侍郎 知全州) 오준화(吳俊和)
예부시랑 지청주(禮部侍郎 知靑州) 홍약이(洪若伊)
호부시랑 지광주(戶部侍郎 知廣州) 진숙(陳淑)

2. 환영과 전송하는 일〔迎勞餞送〕
은청광록대부 이부시랑(銀靑光祿大夫 吏部侍郎) 박승중(朴昇中)
개부의동삼사 수태보 중서시랑 중서문하평장사(開府儀同三司 守太保 中書侍郎 中書門下平章事) 김약온(金若溫)

---

71) 李之美는 본문에 나오듯이 이자겸의 아들로서, 예종 13년(1118)에 宋에 가서 權適 등이 과거에 합격한 것을 謝禮하였다. 인종대에 知貢擧가 되어 과거를 맡기도 하였으며, 이자겸이 제거될 때 陜川으로 유배되었다.

개부의동삼사 수태보 문하시랑 동중서문하평장사(開府儀同三司 守太保 門下侍郎 同中書門下平章事) 최홍재(崔洪宰)

개부의동삼사 수태보 문하시랑 겸중서문하평장사(開府儀同三司 守太保 門下侍郎 兼中書門下平章事) 임문우(林文友)

동지추밀원사(同知樞密院事) 척준경(拓俊京)·이자덕(李資德)

3. 찾아보고 예물을 보내는 일〔私覿送遣〕

호부시랑(戶部侍郎) 양린(梁鱗)·김유간(金惟揀)

형부시랑(刑部侍郎) 임경청(林景淸)

공부시랑(工部侍郎) 노영거(盧令琚)

중시대부(中侍大夫) 황군상(黃君裳)

공부낭중(工部郎中) 정준(鄭俊)

좌사낭중(左司郎中) 이지보(李之甫)

전전승지(殿前承旨) 임총신(林寵臣)

조산랑 비서승(朝散郎 秘書丞) 김단(金端)

합문사(閤門使) 김보신(金輔臣)

합문통사사인(閤門通事舍人) 이영지(李穎之)·조기(曹祺)

내전숭반(內殿崇班) 호인영(胡仁穎)

인진사(引進使) 왕의(王儀)

합문지후(閤門祗候) 고당유(高唐愈)·민중형(閔仲衡)

통사사인(通事舍人) 이점(李漸)·양문구(梁文矩)

중위랑(中衛郎) 유급(劉及)

중량랑(中亮郎) 팽경(彭京)

충훈랑(忠訓郎) 왕승(王承)

성충랑(成忠郎) 이준기(李俊琦)·김세안(金世安)

보의랑(保義郎) 이준이(李俊異)

승절랑(承節郞) 허의(許宜)·하경(何景)·진언경(陳彥卿)

4. 명을 전하고 안내하는 일〔傳命贊導〕

정의대부 예부상서(正議大夫 禮部尙書) 김부일(金富佾)

통의대부 전중감(通議大夫 殿中監) 정담(鄭覃)

상서(尙書) 이도(李璹)

중량대부 지합문사(中亮大夫 知閤門事) 심안지(沈安之)

중량대부 합문부사(中亮大夫 閤門副使) 유문지(劉文志)

합문인진사(閤門引進使) 김의원(金義元)

합문통사사인(閤門通事舍人) 심기(沈起)·왕수(王洙)·김택(金澤)·이예재(李銳材)·김순정(金純正)·황관(黃觀)·이숙(李淑)·진적(陳迪)

합문지후(閤門祗候) 윤인용(尹仁勇)·박승(朴承)·정택(鄭擇)·진칭(陳偁)

통사사인(通事舍人) 이덕승(李德升)·오자여(吳子璵)·탁안(卓安)

『선화봉사고려도경』권9

儀物 一

臣聞 諸蠻之國 雖有君長 其出入 則不過以旌旃十數自隨 與其臣屬 略¹⁾無介²⁾辨 唯³⁾高麗素通朝聘 久被漸摩 故其君臣上下 動有禮文 王之巡行 各有儀物 神旗⁴⁾前驅 甲士塞途 六衛之軍 各執其物 雖不 盡合典禮 然而比之諸蠻 粲然可觀 此孔子所以欲居而不以爲陋也 況箕子之國而爲聖朝眷懷之厚者乎 今并⁵⁾繪其儀物如⁶⁾後

---

1) 사고전서본에는 '畧'이라고 되어있다.
2) 사고전서본과 지부족재본에는 '分'이라고 되어있다.
3) 사고전서본과 지부족재본에는 '惟'라고 되어있다.
4) 사고전서본에는 '騎'라고 되어있다.
5) 지부족재본에는 '倂'이라고 되어있다.
6) 지부족재본에는 '於'라고 되어있다.

의례용품〔儀物〕 1

　신(臣)이 듣기에 여러 오랑캐 나라들에서는 비록 군장(君長)이 있더라도 그 행차〔出入〕에는 깃대를 든 10여 명이 수행하는데 불과할 뿐이어서 신하들〔臣屬〕과 거의 구분되지 않는다. 하지만 고려에서는 평소에 (중국과) 교통하고 조빙(朝聘)함으로써[7] 점차 순화된 지 오래되었다〔久被漸摩〕. 그러므로 군신(君臣)과 상하(上下)의 행동거지에는 예법 제도〔禮文〕가 있다. 왕(王)이 순행(巡行)할 때에는 누구나 의물(儀物)을 갖추고 있어서 신기군〔神騎〕은[8] 앞에서 말을 채찍질하고 갑사(甲士)는 벽제(辟除)하며〔塞途〕[9] 6위군(六衛軍)은[10] 나름의 의물을 갖추고 있다. 예법〔典禮〕에 완전히 부합하지는 않지만 다른 오랑캐와 비교하면 눈에 띄게〔粲然〕 볼 만하다. 이것이 바로 공자(孔子)가 (동방에) 거처하고자 하면서 누추하다고 여기지 않은 까닭이다.[11] 하물며 (이 나라는) 기자(箕子)가 봉해진 나라로서 중국의 두터운 돌봄을 받은 나라임에 있어서랴. 여기에서는 다음과 같이 고려 의물을 그림으로도 그린다.

---

7) 朝聘이란 제후가 천자를 알현하면서 물건을 바치고 안부를 살피는 것을 말한다.
8) 神騎軍은 고려시대 神步軍 降魔軍과 더불어 別武班을 이룬 騎兵部隊를 말한다. 별무반은 고려 숙종 9년(1104)에 편성되었다.
9) 辟除란 지위 높은 사람이 행차할 때 앞장서서 잡인들을 물리치는 일을 말한다.
10) 六衛軍은 고려의 중앙군 조직인 左右衛・神虎衛・興威衛・金吾衛・千牛衛・監門衛를 가리킨다. 본서 권11 仗衛에 설명이 있다.
11) 『論語』에 보이는 내용이다. "공자께서 오랑캐 땅〔九夷〕에서 거처하고자 하였다. 어떤 이가 '그곳은 누추한데 어쩌시려고 하십니까?' 라고 하니, 공자께서 '군자가 거처하는데 어찌 누추하다고 할 수 있겠는가' 라고 답했다(子欲居九夷 或曰 陋如之何 子曰 君子居之 何陋之有 : 『論語』 子罕)."

盤螭扇

盤螭扇二 製以絳¹²⁾羅 朱柄金飾 中繡單螭 蜿蜒屈曲 一角無鱗 形實類龍 蓋蛟虯之屬也 王行 則在前 衣錦袍拒風 親衛軍執之 燕則立¹³⁾于¹⁴⁾庭中 禮畢乃徹¹⁵⁾

반리선(盤螭扇)¹⁶⁾

반리선은 2개가 있는데 녹색 비단(綠羅)으로 만들었다. 붉은색 손잡이(朱柄)에 금으로 장식하였다. 자수(刺繡)된 단리(單螭)는 뱀처럼(蜿蜒) 구부러진 채 뿔 하나에 비늘은 없는 모습으로 용(龍)과 흡사하다.¹⁷⁾ 교룡(蛟龍)이나 규룡(虯龍)에 속하는 것인 듯싶다. 왕이 행차할 때는 (왕) 앞에 위치하며 비단 보자기(錦袍)로 감싸 바람을 막게 하고 친위군(親衛軍)이 잡는다. 잔치할 때는 궁궐 마당 가운데에 세워두었다가 잔치가 끝나면 거두어들인다.

雙螭扇

雙螭扇四 采色裝飾 略¹⁸⁾同單螭 但繡形竝列 行禮 則亦以親衛軍執之

---

12) 사고전서본에는 '綠'이라고 되어있고, 지부족재본에는 '絳鄭刻綠'이라고 되어있다.
13) 사고전서본에는 '止'라고 되어있고, 지부족재본에는 '立鄭刻止'라고 되어있다.
14) 지부족재본에는 '於'라고 되어있다.
15) 지부족재본에는 '退鄭刻徹'이라고 되어있다.
16) 盤螭扇은 서린 모습의 龍으로 장식한 가리개를 가리킨다.
17) 螭는 뿔 없는 용으로서 용의 새끼라고도 하고 암컷 용이라고도 한다.
18) 사고전서본에는 '畧'이라고 되어있다.

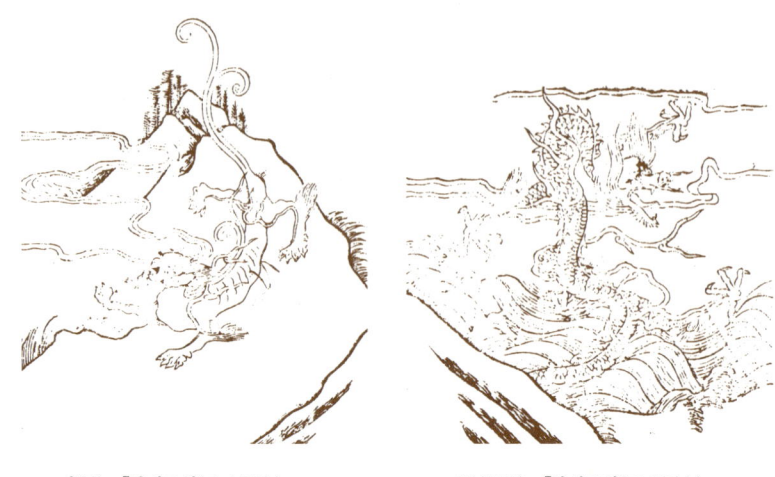

■ 리(螭):『삼재도회(三才圖會)』　　■ 교룡(蛟龍):『삼재도회(三才圖會)』

쌍리선(雙螭扇)

쌍리선은 4개가 있다. 그 색깔과 장식은 대체로 단리(單螭)와 같지만, 자수의 형태는 병렬(竝列)하는 모양을 띤다. 예를 행할 때에는 (반리선과 마찬가지로) 친위군이 쌍리선을 잡는다.

繡花扇

繡花扇二 製以絳羅 朱柄金飾 中繡牡丹雙花 扇之形制 比之螭文 其上微窪 行禮排立 在[19] 螭扇之次 亦以親衛軍執之 三色之扇 各廣二尺 高四尺 其笴 各長一丈云

수화선(繡花扇)[20]

수화선은 2개가 있는데, 진홍색 비단〔絳羅〕으로 만들었다. 붉은색 손

---

19) 지부족재본에는 '於'라고 되어있다.
20) 繡花扇은 자수로 꽃 모양을 새긴 가리개를 말한다.

잡이[朱柄]에 금으로 장식하였다. 자수[刺繡]로 모란[牡丹] 두 봉오리를 꾸몄다. 가리개[扇] 모양이 이문선[螭文]에 비하면 윗부분은 약간 우묵하다[微窪]. 예를 행할 때에 수화선은 이선[螭扇] 다음에 자리잡으며, 역시 친위군이 잡는다. 3종류의 가리개[三色之扇]는 각각 폭이 2자[尺]이고 높이는 4자인데, 그 자루[笴]는 각각 1길[丈]이라고 한다.

羽扇

羽扇四 其制[21] 掇拾翠羽 編次[22]爲之 下以銀飾 狀如文禽[23] 塗[24]以 黃金 頗覺[25] 華采 但難於愛[26] 護 歲月旣[27] 久 則羽毛脫[28] 落 其形上 方 今當圖其完形 如初製[29]而未久者 庶[30]可考也 其制 笴長一丈 扇 廣一尺五寸 高二尺 行禮 則以金花曲脚幞[31]頭錦衣親衛軍將執之[32]

우선(羽扇)[33]

우선은 4개가 있다. 물총새 깃털[翠羽]을 모아 짜서 만들고 그 아랫부분은 은[銀]으로 장식하였다. 모양은 무늬 있는 짐승[文禽]과 같은데,

---

21) 사고전서본에는 '制闕三字'라고 되어있고, 지부족재본에는 '製'라고 되어있다.
22) 掇拾翠羽 編次 : 사고전서본에는 '闕三字羽 闕一字以'라고 되어있다.
23) 사고전서본에는 '闕一字'라고 되어있다.
24) 사고전서본에는 '花'라고 되어있다.
25) 頗覺 : 사고전서본에는 '闕二字'라고 되어있다.
26) 지부족재본에는 '保鄭刻愛'라고 되어있다.
27) 月旣 : 지부족재본에는 '鄭刻有月旣二字'라고 되어있다.
28) 사고전서본에는 '闕一字'라고 細註로 되어있다.
29) 지부족재본에는 '制'라고 되어있다.
30) 製而未久者庶 : 사고전서본에는 '闕六字'라고 되어있다.
31) 脚幞 : 지부족재본에는 '幞脚'이라고 되어있다.
32) 執之 : 지부족재본에는 '執之鄭刻此條闕十三字'라고 되어있다.
33) 羽扇은 깃털로 만든 가리개를 말한다.

황금을 칠하여 언뜻 볼 때는(頗覺) 화려하게 채색되었지만 (오랫동안) 좋아하기는 어렵다. 세월이 많이 지나서 깃털은 떨어져 나갔으며, 위는 각이 진 모습이다. 여기에서는 완전한 모습을 그리니, (이를 근거로) 새로 제작해서 오래 되지 않은 우선의 모습을 짐작할 수 있을 것이다. 우선의 자루(笴) 길이는 1길(丈)이며 가리개(扇) 폭은 1자(尺) 5치(寸), 높이는 2자이다. 예를 행할 때는 금빛 꽃에 굽어진 다리(金花曲脚), 복두에 비단 옷을 입은(幞頭錦衣) 친위군장이 우선을 잡는다.

曲蓋

曲蓋二 其形六角 各有流蘇 絳羅被飾 上爲明珠 金銀間[34]錯 其柄微曲 王之出入 不覆其下 唯[35]以衛軍執之 前驅數十步 以爲儀式 其制 高一丈一[36]尺 廣六尺

곡개(曲蓋)[37]

곡개는 2개가 있다. 육각형으로 되어 있으며 각각 유소(流蘇)가[38] 있다. 진홍색 비단(絳羅)으로 장식되었고(被飾) 위에는 명주(明珠)로 만들었다. 금은(金銀)을 틈새에 끼워 넣었는데

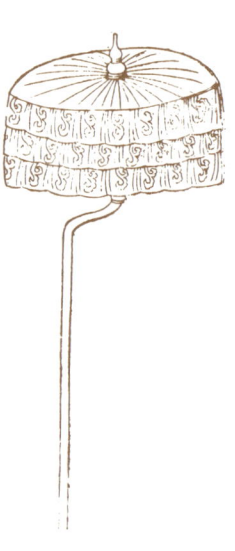

■ 곡개(曲蓋) :
『삼재도회(三才圖會)』

---

34) 지부족재본에는 '閒'이라고 되어있다.
35) 사고전서본과 지부족재본에는 '惟'라고 되어있다.
36) 지부족재본에는 '二鄭刻一'이라고 되어있다.
37) 曲蓋는 손잡이가 구부러진 가리개를 말한다.
38) 流蘇는 車馬, 樓臺, 帳幕, 旌旗 등을 장식하는데 매다는 것으로, 5색의 깃털이나 실로 만든 술을 말한다.

손잡이는 약간 굽어져 있다. 행차할 때 왕은 곡개 아래에 있는 것이 아
니다〔不覆其下〕. 친위군〔衛軍〕에게 곡개를 잡고 수십 보 앞에서 내달리
게 하는 것을 의식(儀式)으로 삼는다. 그 크기는 높이가 1길〔丈〕 1자〔尺〕,
넓이는 6자이다.

靑蓋

靑蓋之制[39] 略[40]同中國 絳羅爲裏 廣幅垂下 復加黃絲組綬 以爲采
飾 聞常用以紅 唯[41]人使至 則以靑羅罩之 蓋麗人[42]以紅爲最貴 非
國王不得用 今此[43]覆蓋 亦恭順聖朝謙避使節之一端耳

청개(靑蓋)[44]

청개는 대체로 중국과 같다. 진홍색 비단〔絳羅〕으로 안감을 만들고
넓은 폭을 아래로 늘어뜨린 후 노란 실로 만든 끈〔組綬〕으로 장식하였
다. 듣기에는 홍색(紅色)을 항상 사용하지만 외국 사신〔人使〕이 오면 푸
른 비단〔靑羅〕으로 감싼다〔罩〕고 한다. 대체로 고려 사람들은 홍색을 가
장 귀한 색으로 여겼기 때문에 국왕이 아니면 사용할 수 없는데, 이제
(청색으로) 홍색을 가린다는 것은 중국을 공손히 섬기고 사절에게 겸손
하게 삼가는 행동의 하나이다.

---

39) 靑蓋之制 : 지부족재본에는 '其制鄭刻云靑蓋之制' 라고 되어 있다.
40) 사고전서본에는 '畧' 이라고 되어 있다.
41) 사고전서본과 지부족재본에는 '惟' 라고 되어 있다.
42) 사고전서본에는 '久' 라고 되어 있다.
43) 지부족재본에는 '以鄭刻此' 라고 되어 있다.
44) 靑蓋는 漢에서 왕의 수레에 사용하던 청색의 수레 덮개를 말한다.

『선화봉사고려도경』권10

儀物 二

華蓋

華蓋之制 文羅繪繡 間[1])錯爲之 上有六角 各出流蘇 狀如佩[2])環 五采垂帶相比 仍有鸞聲 其蓋縱三尺橫六尺長二丈五尺 大禮則以金吾仗衛軍執之 立於閶闔門外

의례용품〔儀物〕 2

화개(華蓋)

화개는 무늬 비단〔文羅〕에 그림과 수(繡)를 놓아 섞어 꾸미고, 위는 6

---

1) 지부족재본에는 '間' 이라고 되어있다.
2) 지부족재본에는 '珮' 라고 되어있다.

개 귀마다 각각 유소(流蘇)가 나와 패환
(佩環)과 비슷하다. 오색 비단으로 띠를
둘러 가지런히 내렸는데 여기서 방울소
리가 난다. 그 덮개〔蓋〕는 세로가 3자
〔尺〕이고 가로가 6자이며 길이가 2길
〔丈〕 5자이다. 대례(大禮)³⁾ 때 금오장위
군(金吾仗衛軍)이 이를 잡고, 창합문(閶闔
門) 밖에 서 있다.

화개(華蓋):『삼재도회(三才圖會)』

黃幡

黃幡之制 以文羅爲之 上繡祥雲 其形
上銳 兩角設流蘇 動搖有聲 幡之首尾
通長九尺 闊一尺五寸⁴⁾ 竿長一丈五尺 大禮則以與華蓋竝列 而所執
之軍服飾一等也

황번(黃幡)

황번은 무늬 비단으로 만들고, 위에 상서로운 구름〔祥雲〕을 수놓았
다. 그 모양은 윗부분이 뾰족하고, 두 귀에 유소(流蘇)를 설치했는데,
흔들면 소리가 난다. 번(幡)의 머리에서 끝까지 길이가 9자〔尺〕이고, 넓
이가 1길〔丈〕 5자이며, 자루 길이는 1길 5자이다. 대례(大禮) 때에는 화
개(華蓋)와 나란히 세우는데 그것을 잡고 선 군인의 복식(服飾)도 마찬가
지이다.

---

3) 大禮는 궁중내의 예식이나 군신간의 예식, 혹은 천자의 예식을 말한다.
4) 사고전서본에는 '尺'이라고 되어있고, 지부족재본에는 '寸鄭刻一丈五尺似誤'라고 되어있다.

豹尾

豹尾之制 建於矛上 大小不一 當是隨其獸之形而取之 迎詔 則以千牛衛軍執之在前 及門則立於同德昇平兩間[5]也

표미(豹尾)

표미는[6] 창(矛) 위에 꽂아 그 크기가 균일하지 않은데 표범 꼬리처럼 만들었다. 조서(詔)를 맞을 때는 천우위군(千牛衛軍)이 이를 잡고 앞에 서며, 문에 이르면 동덕문(同德門)과 승평문(昇平門) 사이에 세운다.

■ 표미(豹尾):『삼재도회(三才圖會)』

金鉞

金鉞之制 略[7]同柱斧 於竿之杪 立一翔鸞 行則動搖有騫騰之勢 王行則龍虎親衛軍將一人執之 從于[8]後

금월(金鉞)

금월은 대략 주부(柱斧)와 비슷하다. 자루의 끝에 나는 모양의 난조(鸞鳥) 한 마리를 세우니, 행진하면 움직이면서 날아오르는 듯하다. 왕

---

5) 지부족재본에는 '開'이라고 되어있다.
6) 豹尾는 표범 꼬리 모양의 의장이다.
7) 사고전서본에는 '畧'이라고 되어있다.
8) 지부족재본에는 '於'라고 되어있다.

난조(鸞鳥) : 『삼재도회(三才圖會)』

이 행차하면 용호친위군장(龍虎親衛軍將) 한 사람이 이를 잡고 뒤따른다.

毬杖

毬杖之制 以木刻成 裹以白金 中有小好 貫采綬而垂之 大禮則以散員校尉十人執之 立於會慶殿兩階之[9] 下

구장(毬杖)

구장은[10] 나무를 깎아 만들고, 은(白金)으로 이를 감싸는데, 그 가운데에 있는 조그만 구멍에 색 끈(采綬)을 꿰어 늘어뜨렸다. 대례(大禮) 때에는 산원교위(散員校尉) 10명이 이를 잡고, 회경전(會慶殿) 양쪽 층계 밑에 서 있다.

---

9) 지부족재본에는 '之'가 결락되어 있다.
10) 毬杖은 격구할 때 쓰는 공채를 말한다.

旂旆

旂旆之制 以絳羅爲之 次第相屬 繫於竿上 又於其杪 以白羽爲之飾 自群山島已見之 惟領軍執事者各給焉 蓋藉以指麾之物 此衛軍所以旂頭爲高品也

기패(旂旆)

기패는 진홍색 비단으로 만드는데 순서대로 서로 잇대어 자루(竿)위에 매달고, 또 그 자루 꼭대기에 흰 깃(白羽)으로 장식하였다. 군산도(群山島)부터 나타나기 시작하며, 영군(領軍) · 집사(執事)에게만 각기 내려 준다. 대개 지휘하는 물건으로 삼으니, 이 때문에 위군(衛軍)이 기패를 소중한 물건으로 여긴다.

『선화봉사고려도경』권11

仗衛 一

臣聞 高麗王城仗衛 比他郡最盛 蓋驍勇萃於此 當中朝使至 盡出之以示榮觀[1]焉 其制 民十六以上 充軍役 其六軍上衛 常留官府 餘軍皆給田受業 有警則執兵赴敵 任事則執役服[2]勞 事已則復歸田畝 偶合前古鄕民之制 初高麗在魏世[3] 戶不過三萬 至唐高宗下平壤 收其兵乃三十[4]萬 今視前世 又增倍[5]矣 其留衛王城 常三萬人 迭分番以守 制兵之略 軍有將 將有領 隊伍有正 步列[6]有等 列爲六軍 曰

---

1) 사고전서본에는 '觀'라고 되어있다.
2) 지부족재본에는 '赴'라고 되어있다.
3) 사고전서본에는 '晉'이라고 되어있고, 지부족재본에는 '世鄭刻晉'이라고 되어있다.
4) 사고전서본에는 '千闕三十三字'라고 되어있다. 그리고 본문의 '十萬 今視前世 又增培矣 其留衛王城 常三萬人 迭分番以守 制兵之略 軍有將 將有'가 결락되어있다.
5) 增培 : 지부족재본에는 '倍增'이라고 되어있다.
6) 사고전서본에는 '刊'이라고 되어있다.

龍虎神虎興威金吾千牛控鶴 分爲兩衛 曰左衛右衛 別以三等 曰超軍猛軍海軍[7] 無黥墨之制 無營屯之居 唯[8]給使於公 以衣服爲別而已 鎧甲 上下連屬 制如逢掖 形狀詭異 金花高帽 幾及二[9]尺 錦衣靑袍 緩帶垂胯[10] 蓋其國人質侏儒 特加高帽錦采[11] 以壯其容耳 今繪圖 各以名色列之于後[12]

의장대 [仗衛][13] 1

신(臣)이 듣기에 고려 왕성(王城)의 장위는 다른 군현들(郡)과 비교하면 가장 훌륭하다. 용맹한 군인들이 여기에 모여 있는 듯하다. 중국(中朝)에서 사신이 오면 모두 나와서 멋진 광경(榮觀)을 보여준다.

고려 제도에서는 백성들은 16세 이상이면 군역(軍役)에 충당되는데, 6군(六軍)의 상위(上衛)는 항상 관부(官府)에 머무르며 나머지 군인들은 모두 토지를 지급받고 자신의 생업을 부여받는다. 전쟁이 나면(有警) 무기를 들고 적에게 돌진하고, 일을 맡으면 역에 따라(執役) 복무하며, 일이 끝나면 토지로 되돌아가니 우연히도 옛 향민(鄕民)의 제도와 부합한다.[14]

---

7) 猛軍海軍 : 지부족재본에는 '海軍猛軍鄭刻猛軍在海軍前'이라고 되어있다.
8) 사고전서본과 지부족재본에는 '惟'라고 되어있다.
9) 사고전서본에는 '三'이라고 되어있고, 지부족재본에는 '二鄭刻三'이라고 되어있다.
10) 사고전서본에는 '袴'라고 되어있고, 지부족재본에는 '胯鄭刻袴'라고 되어있다.
11) 지부족재본에는 '衣鄭刻采'라고 되어있다.
12) 之于後 : 지부족재본에는 '於后鄭刻此條脫三十二字'라고 되어있다.
13) 仗衛는 儀仗護衛를 말한다.
14) 『高麗史』兵志 序文에는 이와 관련된 표현이 있다. "高麗 太祖가 삼한을 통일하고 처음으로 六衛를 설치하였다. 각 위는 38領으로 되어 있었고 각 령은 1,000명씩이었다. 上下가 서로 연결되고 體統이 서로 이어진 것이 당의 부병제(府衛之制)와 비슷하였다(高麗

원래 고구려(高麗)는 위진(魏晉)대에는 호(戶) 숫자가[收其兵] 3만에 불과했는데 당 고종(高宗)이 평양을 함락시킬 때는 거두어들인 병기 숫자가 30만이었으며, 현재의 고려를 앞 시대와 비교한다면 다시 두 배로 늘었다. 왕성에 머물러 숙위를 담당하는 숫자가 항상 3만 명인데, 교대로 지킨다. 군대의 통제는 크게 보아 군(軍)에는 장(將)을 두고 장(將)에는 령(領)을 둔다. 대오(隊伍)에는 정(正)이 있으며 보열(步列)에는 등(等)이 있는데 나란히 6군(六軍)이 되니, 용호군(龍虎軍)·신호군(神虎軍)·흥위군(興威軍)·금오군(金吾軍)·천우군(千牛軍)·공학군(控鶴軍)이라 부른다.[15] (이를) 나누어서 양위(兩衛)가 되니 좌위(左衛)·우위(右衛)라고 부르고, 삼등(三等)으로 구분하니 초군(超軍)·맹군(猛軍)·해군(海軍)이라고 부른다.

경형(黥刑 : 이마에 먹물을 들이는 형벌)제도는 없으며 주둔하는 곳[營屯之居]도 없다. 다만 공적으로 물품을 받고 사령노릇을 하는 경우[給使]에는 의복으로 구분할 뿐이다. 갑옷은 위아래가 연결되어 마치 봉액(逢掖)처럼[16] 보이는데 이상한 모습이다. 금빛 꽃으로 장식한 높은 모자는 거의 3자[尺]에 이른다. 비단으로 만든 푸른 옷[錦衣靑袍]에 느슨한 허리띠는 사타구니까지 내려온다[緩帶垂袴]. 아마도 고려인들은 선천적

太祖統一三韓 始置六衛 衛有三十八領 領各千人 上下相維 體統相屬 庶幾乎唐府衛之制矣 :『高麗史』卷81 志35 兵1)." 여기에 본문의 내용과 토지 지급에 관한『高麗史』食貨志 序文을 고려하면, 고려에서는 16세부터 토지를 지급받고 군역을 비롯한 각종 역을 부담하는 것으로 이해된다. 하지만 고려 군대의 편성원리가 이같은 부병제가 아니라 軍班氏族에 의해 이루어졌다는 연구도 있다.
15) 본문에 따르면 고려의 6衛(6軍)는 龍虎軍·神虎軍·興威軍·金吾軍·千牛軍·控鶴軍이다. 하지만 실제로 고려의 중앙군 조직인 6衛는 左右衛·神虎衛·興威衛·金吾衛·千牛衛·監門衛였다(李基白, 1968,『高麗兵制史硏究』, 일조각, 69쪽).
16) 逢掖은 소매가 큰 옷을 말한다. 逢은 크다[大]는 뜻이며 掖은 腋으로서 겨드랑이 부분이 크게 되어 있는 의복을 말한다.

으로 키가 작기 때문에〔侏儒〕높은 모자와 비단으로 장식하여 자신들의
외모를 돋보이게 하려는 것으로 보인다. 이제 그림을 그리고 명칭〔名
色〕에 따라 뒤에 차례로 서술한다.

龍虎左右親衛旗頭

龍虎左右親衛旗頭 服毬文錦袍 塗金束帶 展脚幞頭 略[17]類中朝服
度 持小旗旄 以令六軍 蓋軍衛之隊長也 唯[18]王府之內 衛者二人
使者至 則置一人於兵[19]仗內 乘馬前導 蓋所以待[20]使人而供給 皆
輟侍王之人 禮至於此 可謂至矣

용호좌우친위 기두(龍虎左右親衛 旗頭)

용호좌우친위의 기두(旗頭 : 부대의 책임자)는 둥근 무늬의 비단 옷〔毬文
錦袍〕을 입고 도금(塗金)한 허리띠〔束帶〕를 차는데 다리 모양의 뿔이 달
린 모자〔展脚幞頭〕는 중국의 복식제도와 대체로 비슷하다. 작은 기〔旗
旄〕를 가지고 다니면서 6군(六軍)을 지휘하는데 군위(軍衛)의 대장(隊長)
인 듯하다. 궁성〔王府〕내에는 기두〔衛〕가 두 사람인데, 사신이 오면
한 사람을 의장대〔兵仗〕내에 배치하여 앞서 말달리면서 인도하게 한
다. 대체로 사신을 모시며 공급을 담당하느라 왕을 섬기는 일을 그만
두게 했던 것이다. 예의가 이 정도에 이르렀으니 지극하다고 평가할
만하다.

---

17) 사고전서본에는 '畧' 이라고 되어있다.
18) 사고전서본과 지부족재본에는 '惟' 라고 되어있다.
19) 지부족재본에는 '鄭刻有兵字' 라고 細註로 되어있다.
20) 사고전서본에는 '侍' 라고 되어있고, 지부족재본에는 '待鄭刻侍' 라고 되어있다.

龍虎左右親衛軍將

龍虎左右親衛軍將 亦服毬文錦袍 塗金束帶 帽頭兩脚 折而上 右勢 微屈 飾以金花 王出入 則十餘人 執羽扇金鉞以從

용호좌우친위 군장(龍虎左右親衛 軍將)

용호좌우친위의 군장 역시 둥근 무늬의 비단 옷을 입고 도금한 허리띠[束帶]를 찬다. 모자에 달린 두 다리 모양의 뿔[帽頭兩脚]이 꺾어지며 올라가는데 오른편이 약간 굽어 있고, 금빛 꽃으로 장식하였다. 왕이 출입할 때에는 10여 명이 우선(羽扇)과[21] 금월(金鉞)을[22] 들고 뒤따른다.

神虎左右親衛軍

神虎左右親衛軍 服毬文錦袍 塗金束帶 金花大帽 仍加紫帶 繫於頷下 如紘纓之屬 形製極高 望之巍然 昔齊永寧中 高麗使至 服窮袴冠拒風 中書郎王融 戲之日 服之不衷 身之災也 頭上定 是何物苔[23]曰 此則[24]古弁之遺像也 今觀高帽之制 其拒風之俗 今猶然也

신호좌우친위군(神虎左右親衛軍)

신호좌우친위군은 둥근 무늬의 비단 옷을 입고 도금한 허리띠[束帶]를 찬다. 금빛 꽃으로 장식한 큰 모자에 자줏빛 띠를 걸쳤으며 턱 아래

---

21) 본서 권9 羽扇에 설명이 있다.
22) 본서 권10 金鉞에 설명이 있다.
23) 지부족재본에는 '答'이라고 되어있다.
24) 지부족재본에는 '鄭刻有則字'라고 되어있다.

에는 갓끈[紘纓] 같은 걸 매었는데, 그 모양이 아주 높게 되어 있어 바라보면 우뚝하다. 옛날 제(齊) 영녕(永寧)[25] 연간에 고구려[高麗] 사신이 이르렀는데 궁고(窮袴)라는 바지를[26] 입고 거풍(拒風)이라는 모자를 썼다. 중서랑(中書郎 : 中書侍郎) 왕융(王融)이 놀리기를 "의복이 맞지 않는 것[服之不衷]은 몸으로서는 재앙에 해당한다. 머리 위에 눌러 쓴 것은 어떤 물건인가?"라고 하니, "이것은 옛날 모자 고깔[弁]의 남은 모습이다"라고 답했다. 지금 높은 모자를 보니 그 거풍(拒風)의 풍속은 지금도 여전하다.

興威左右親衛軍

興威左右親衛軍 服紅文羅袍 以五采團花點襯爲飾 金花大帽 黑犀束帶 王之左右二十餘人 出則執螭文繡花大扇曲蓋 扈從前後 常服 自龍虎神威以下 皆以紫帽 無金飾 諸衛中 唯[27]此一等人質差偉焉

흥위좌우친위군(興威左右親衛軍)

흥위좌우친위군은 붉은 무늬의 비단 옷[紅文羅袍]을 입는데, 접점을 다섯 색깔의 둥근 꽃송이로 장식하였다. 금빛 꽃으로 장식한 큰 모자에 검은색 무소뼈로 만든 허리띠를 차고 있다. 왕의 좌우에 있는 20여 명은 (왕이) 행차할 때면 이문선(螭文扇)·수화선(繡花扇)·대선(大扇)·곡개(曲蓋)를 지참하고 앞뒤로 호종한다. 일상복[常服]으로는 용호군(龍虎

---

25) 南齊에는 永寧이라는 연호가 없다. 본문의 내용은 『南齊書』卷58 列傳39 東夷傳의 永明 7年(489)의 기사 중 일부이다. 그러므로 永寧은 永明의 오기이다.
26) 窮袴는 漢代에 궁중에서 입던 바지이다.
27) 사고전서본과 지부족재본에는 '惟'라고 되어있다.

軍) · 신위군(神威軍) 이하는 모두 자줏빛 모자를 쓰고 금으로 장식하지 않는다. 여러 위(衛) 가운데 이들의 자질이 뛰어나다.

上六軍左右衛將軍

上六軍左右衛將軍 被介冑 烏革間[28]鐵爲之 文錦絡縫 使相連屬 自腰以下 垂十餘帶 飾[29]以五采繡花 左佩弓劍 拱手鞠躬 立於殿門之上 惟受詔拜表日 會慶殿中門六人 兩偏門各四人 屹然山立 如土木偶 恭肅之容 亦可尙也

상육군좌우위 장군(上六軍左右衛 將軍)

상육군좌우위의 장군은 철 조각이 군데군데 박힌 검은 가죽으로 된 갑옷〔介冑烏革 間鐵爲之〕을 입는데 무늬 있는 비단을 이용하여 잇대도록 만들었다. 허리 아래로는 10여 개의 대(帶)를 늘어뜨렸고 오색(五色) 꽃으로 수놓아 장식하였다. 활과 칼을 왼쪽에 차고 두 손을 맞잡고 몸을 굽힌 채로 궁궐 문〔殿門〕 위에 서 있다. 조서(詔書)를 받거나 표(表)를 올리는 날이면 회경전(會慶殿) 중문(中門)에는 6명이 서고 양쪽 편문(偏門)에는 4명씩 서는데 우뚝한 게 마치 산과 같으며 흙이나 나무로 만든 인형〔土木偶〕처럼 미동도 하지 않는다. 공손하고 엄숙한 모습은 높이 평가할 만하다.

---

28) 지부족재본에는 '閒'이라고 되어있다.
29) 사고전서본에는 '筋'이라고 되어있다.

上六軍衛中檢[30]郎將

上六軍衛中檢[31]郎將 蓋有功於宮禁者 以次遷補 王所親信 賴以保捍內外 常服 皆紫衣幞頭 唯[32]大禮齋祭受詔拜表 則介胄而出 兜不加於首 而負於背裏 紫文羅巾 飾以珠貝 左佩弓劍 手執彈弓 王行則在前 有喧嘯[33]則控弦不發 而爲之警 人皆肅然 飛鳥過則以丸擊之 夜則秉炬[34]而行 巡視不惰 嘗疑執[35]彈之義問之[36] 云取御史彈劾之義[37]

상육군위 중검랑장(上六軍衛 中檢郎將)

상육군위의 중검랑장은 대체로 국가〔宮禁〕에 공훈이 있어서 승진해 온 사람들이다. 왕은 이들을 신임하였는데, 이들에 힘입어 내외(內外)를 보위한다. 일상복〔常服〕으로는 모두 자줏빛 옷에 모자를 쓰고 있다. 대례(大禮)와 재제(齋祭 : 山川의 神祇에 대한 제사), 그리고 조서(詔書)를 받거나 표(表)를 올릴 때가 되면 갑옷을 입고 나오는데 투구를 머리에 쓰지는 않으며 등 뒤에 매달고 있다. 구슬〔珠貝〕로 장식한 자줏빛 비단 복건〔紫文羅巾〕을 쓴다. 왼쪽에는 활과 칼을 차고 탄궁(彈弓)을 손에 쥔다. 왕이 행차할 때에는 앞장을 서는데 소란할 때는〔喧嘯〕 시위를 당기되 쏘지는 않고 경계를 하니 사람들이 모두 숙연하게 된다. 나는 새를 탄

---

30) 사고전서본에는 '撿' 이라고 되어있다.
31) 사고전서본에는 '撿' 이라고 되어있다.
32) 사고전서본과 지부족재본에는 '惟' 라고 되어있다.
33) 지부족재본에는 '嘩鄭刻嘯' 라고 되어있다.
34) 지부족재본에는 '矩' 라고 되어있다.
35) 사고전서본에는 '軌' 라고 되어있다.
36) 사고전서본에는 '之' 가 결락되어있다.
37) 지부족재본에는 '義耳' 라고 되어있다.

환(彈丸)으로 맞출 정도이며, 밤마다 횃불을 들고 다니면서 나태함 없이 순찰한다. 탄궁을 가지고 다니는 이유가 미심쩍어 물으니, 어사(御史)가 탄핵(彈劾)하는 취지를 본받은 것이라는 대답을 들었다.

龍虎中猛軍

龍虎中猛軍 服靑布窄衣 白紵窮袴 復加鎧甲 唯[38]無覆膊 首不施冑 背負而行 各執小矛 上繫白旗 大不盈尺 繪雲爲飾 迎詔入城 受詔拜表 則在衆仗之後 夾道而進 府會游[39]觀 惟不施甲冑 兵仗中 獨此軍最衆 約三萬人

용호중맹군(龍虎中猛軍)

용호중맹군은 푸른 베로 만든 작은 옷[窄衣]에 백저포(白紵布)로 만든 궁고(窮袴)를 걸치고 그 위에 갑옷을 입는데 어깨 가리개[覆膊]는[40] 없다. 머리에는 투구를 쓰지 않으며 등에 매달고 다닌다. 각자 작은 창을 가지고 있는데 창 끝에는 흰 기를 달았다. 창의 길이는 1자[尺]가 못되며 구름을 그려 장식하였다. 조서(詔書)를 맞아 성(城)에 들어오는 때나 조서를 받거나 표(表)를 올릴 때는 여러 장위(仗衛)의 뒤편에 자리잡으며 길 양쪽으로[夾道] 나아간다. 왕부(王府)의 모임이나 바깥 놀이[府會遊觀]에는 갑옷을 입지 않는다. 장위[兵仗] 가운데 이 부대가 가장 많아서 대략 3만 명 정도 된다.

---

38) 사고전서본과 지부족재본에는 '惟'라고 되어있다.
39) 사고전서본과 지부족재본에는 '遊'라고 되어있다.
40) 覆膊은 袈裟처럼 왼쪽 어깨를 가리는 것을 말한다.

金吾仗衛軍

金吾仗衛軍 服紫寬袖衫[41] 圈着[42]幞頭 以采上束 各隨其方之色 方爲一隊 隊爲一色 間[43]繡團花爲飾[44] 執持幡蓋儀物 立於閶闔門外

금오장위군(金吾仗衛軍)

금오장위군은 자줏빛 넓은 소매 적삼〔袖衫〕을 입는다. 모자를 말아 쓰는데〔圈着〕 색깔있는 끈으로 올려 묶었다. (모자 색깔은) 각자 자기 방위〔方〕의 색깔을 따르는데 각 방이 모여 하나의 대〔一隊〕가 되므로 하나의 대는 모두 같은 색깔(의 모자)이다.[45] 사이사이에 둥근 꽃송이〔團花〕를 수놓아 장식하며 깃발, 수레 덮개, 의식에 사용되는 물품 등을 가지고 창합문(閶闔門) 밖에 서 있다.

控鶴軍[46]

控鶴軍 服紫文羅袍 五綵[47]間[48]繡大團花爲飾 上折脚幞頭 凡數十人 以奉詔輿 王與人使 私覿往來 則奉箱篚

---

41) 사고전서본에는 '闕'이라고 되어있고, 지부족재본에는 '彩疑衫字'라고 되어있다.
42) 사고전서본에는 '者'라고 되어있고, 지부족재본에는 '著鄭刻者'라고 되어있다.
43) 지부족재본에는 '閒'이라고 되어있다.
44) 사고전서본에는 '飭'이라고 되어있다.
45) 金吾仗衛軍은 동서남북과 가운데의 5隊로 구성되어 있는데, 각각의 隊는 자신이 속한 방위에 따라 모자 색깔을 같게 하여 소속을 분명히 한다는 뜻이다. 각 방위에 따른 색깔 즉 이른바 五色을 살펴보면, 가운데는 黃, 동쪽은 靑, 남쪽은 赤, 서쪽은 白, 북쪽은 黑으로 되어있다.
46) 控鶴軍 : 사고전서본에는 '控鶴'이라고 되어있다.
47) 지부족재본에는 '采'라고 되어있다.
48) 지부족재본에는 '閒'이라고 되어있다.

공학군(控鶴軍)

공학군(控鶴軍)은[49] 자줏빛 비단 옷을 입는다. 5채(五綵)로 사이사이에 크고 둥근 꽃송이〔大團花〕를 수놓아 장식하였으며, 모자는 뿔을 위로 꺾었다〔上折脚幞頭〕. 모두 수십 명이 조서 실은 수레를 받들며, 왕과 사신이 사적(私覿) 때문에 오갈 때는 (예물을 담은) 대광주리〔箱篚〕를 맡는다.

---

49) 控鶴軍은 숙위 근시하는 부대를 말한다. 唐의 武后가 控鶴府를 두었는데, 나중에 천자를 숙위하는 부대를 控鶴軍이라고 부르게 되었다.

『선화봉사고려도경』권12

仗衛 二

千牛左右仗衛軍

千牛左右仗衛軍 服緋窄衣 首加皮弁 黑角束帶 腰有二襜 飾以獸文 手執小戈 上貫一鼓 其制如靴 亦有執畫戟鐙杖豹尾之屬 與此服飾 皆一等也

의장대〔仗衛〕 2

천우좌우장위군(千牛左右仗衛軍)

천우좌우장위군은 붉은 색 좁은 옷〔窄衣〕을[1] 입고, 머리에는 가죽고

---

[1] 窄衣는 소매나 겨드랑이 부분 등을 좁게 만든 옷을 가리킨다.

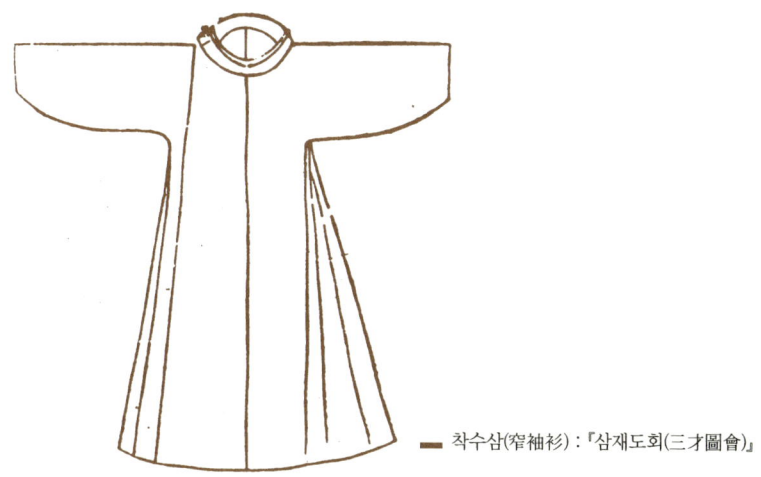

착수삼(窄袖衫) : 『삼재도회(三才圖會)』

깔[皮弁]을 쓰며, 검은 뿔로 만든 띠[黑角束帶]를 착용한다. 허리에는 두 개의 옷 가리개[襜]가 있는데 짐승 무늬로 장식하였다. 손에는 작은 창[小戈]을 들었는데 창 위에 한 개의 북을 꿰었으니 도(鞉)와[2] 같은 모양이다. 화극(畫戟)[3]·등장(鐙杖)[4]·표미(豹尾)[5] 등을 든 사람도 있는데, 복식은 모두 한결같다.

神旗軍

神旗軍 以皮蒙首 上爲木鼻 狀獸額 示服猛也 朱衣短後 復加兩襜 飾以獸文 唯[6]迎詔受禮 則陳于[7]前 張五方大神旗 載以車軸 隨所向

---

2) 좌우 끈에 단 구슬이 자루를 잡고 좌우로 돌리면 치게 된 북으로 땡땡이라고도 한다.
3) 畫戟은 色彩로 장식한 의장용의 창이다.
4) 본서 권13 鐙杖에 설명이 있다.
5) 본서 권10 豹尾에 설명이 있다.
6) 사고전서본에는 '惟'라고 되어있다.
7) 지부족재본에는 '於'라고 되어있다.

安立 每車十餘人 山路間[8]關突兀 時方大暑 汗流浹背 比之他儀 最
爲勞耳

신기군(神旗軍)

신기군은 가죽으로 머리를 덮었는데, 가죽 표면에 나무로 만든 코[木
鼻]를 만들었다. 그것은 짐승의 이마 형상을 한 것이니 용맹스러움을
표시한 것이다. 붉은 저고리는 뒤가 짧고 다시 2개의 옷 가리개를 덧대
고 있는데, 짐승 무늬로 장식했다. 조서(詔書)를 맞이하여 예(禮)를 행할
때는 앞에 도열하여 오방대신기(五方大神旗)를 펼친다. 수레에 싣고 향
하는 곳을 따라 안정되게 세웠는데 수레마다 10여 명이 이끈다. 산길
이 험하고 높은데다 마침 큰 더위에 땀이 흘러 등을 흠뻑 적시니, 다른
장위군[他儀]에 비하여 가장 수고가 많다.

龍虎上超軍

龍虎上超軍 服靑布窄衣 文羅頭巾 前襟與背 皆有團號 其制不一
王宮使令 咸以龍文 餘以盤花 悉皆蹙金 雜作間[9]繡 制作精巧 館中
三節位側 布列三二人 名曰巡邏 實察非常也 人使出入 則亦給使
上節十[10]餘人 以等殺之

용호상초군(龍虎上超軍)

용호상초군은 푸른 포(布)로 만든 좁은 옷[窄衣]을 입고, 무늬 있는 비

---

8) 지부족재본에는 '間'이라고 되어있다.
9) 지부족재본에는 '閒'이라고 되어있다.
10) 사고전서본에는 '千'이라고 되어있고, 지부족재본에는 '十鄭刻千'이라고 되어있다.

단 두건〔文羅頭巾〕을 썼다. 앞깃과 등에 모두 원형의 호〔團號〕가 있는데, 그 법식은 한결같지 않다. 왕궁의 사령(使令)은 모두 용무늬〔龍文〕로 하고, 나머지는 서려있는 꽃무늬〔盤花〕로 하였다. 모두가 금실무늬를 넣고〔蹙金〕 간간이 수놓은 것도 섞였는데 그 제작은 정교하다. 사신 객사〔館中〕의 3절(三節 : 상절, 중절, 하절) 자리 곁에 23명을 배치하고 순라(巡邏)라 이름붙이니, 실로 비상시를 살피는 것이다. 사신이 출입할 때는 또 사령을 붙이는데, 상절(上節)에게는 10여명이고 나머지는 등급에 따라 줄인다.

龍虎下海軍

龍虎下海軍 服青布窄衣 黃繡盤鵰[11] 紅革銅帶 執朱柄樋 順天門守衛 二十餘人 每至館會 則列于廷[12]中 酒行則聲喏而退 東西兩序 交互卷行 復出門外

용호하해군(龍虎下海軍)

용호하해군은 푸른 포(布)로 만든 좁은 옷〔窄衣〕을 입었는데, 맴도는 소리개〔盤鵰〕를 누렇게 수놓았으며 붉은 가죽과 구리로 만든 대(帶)를 두르고 붉은 채찍을 들었다. 순천문(順天門)의 수위(守衛)가 20여명인데, 항상 관회(館會) 때가 되면 뜰 가운데에 정열했다가 술잔이 돌면 '예' 하고 물러나 동서 두 줄이 엇갈려 돌아가며 다시 문밖으로 나간다.

---

11) 사고전서본에는 '雕'라고 되어있다.
12) 지부족재본에는 '庭'이라고 되어있다.

■ 전각복두(展脚幞頭) :
『삼재도회(三才圖會)』

官府門衛校¹³⁾尉

官府門衛校¹⁴⁾尉 服紫文羅窄衣 展脚
幞頭 右佩長劍 拱手而立 考其所任之
職 總轄兵階 戰陣獲敵首 不願賜銀者
次¹⁵⁾第遷補 以留王¹⁶⁾府 守衛諸門 自會慶門 置左右親衛將軍外 其
餘 內則廣化 外則宣義諸門 皆有之 至於寺觀官府 時亦用焉 然服
飾¹⁷⁾人材 皆所不逮 當是一時旋置 以他名色人充代 非一等品秩也

관부 문위 교위(官府 門衛 校尉)

관부 문위 교위는 자주색 무늬 비단의 좁은 옷[紫文羅窄衣]을 입고 다리 모양의 뿔이 달린 모자[展脚幞頭]를 썼으며, 오른쪽에 장검(長劍)을 차고서 두 손을 마주잡고 섰다. 그 맡은 직책을 살펴보면 군사의 서열[兵階]을 주관한다. 전쟁터[戰陣]에서 적(敵)의 수급(首級)을 노획하고서도 은자(銀子)의 하사를 원하지 않는 사람이 차례로 여기에 보직되어 왕부(王府)에 머무르면서 여러 문들을 수위한다. 회경문(會慶門)부터 좌우친위장군(左右親衛將軍)을 배치하였으며, 그 밖의 나머지는 안쪽의 광화문(廣化門)과 바깥쪽의 선의문(宣義門) 등 여러 문에 모두 있다. 불사(佛寺)와 도관(道觀) 및 관부(官府)에서도 때때로 쓴다. 그러나 복식과 인재가 모두 (정예군에) 미치지 못한다. 한때에 임시로 배치하였다가 다른

---

13) 사고전서본에는 '挍' 라고 되어있다.
14) 사고전서본에는 '挍' 라고 되어있다.
15) 사고전서본에는 '以' 라고 되어있다.
16) 사고전서본에는 '五' 라고 되어있다.
17) 사고전서본과 지부족재본에는 '與' 라고 되어있다.

직무〔名色〕의 사람으로 충원하여 대신시키기도 하니, 일등 서열〔品秩〕
은 아니다.

六軍散員旗頭

六軍散員旗頭 自紫燕島 方見之 亦軍中之總領者 展脚幞頭 紫文羅
窄衣 束帶革履 手執旗旆 仗衛儀物 領軍執事 每隊各一人 行列進
退 視以爲准[18] 正中華人員之類也

육군 산원 기두(六軍 散員 旗頭)

육군 산원 기두는 자연도(紫燕島)에서 처음으로 보였는데, 그는 또한 군중(軍中)의 총령자(總領者)이다. 다리 모양의 뿔이 달린 모자〔展脚幞頭〕를 쓰고 자주색 무늬 비단의 좁은 옷〔紫文羅窄衣〕에 속대를 띠고 가죽신을 신었다. 손에는 기패(旗旆)와 장위의물(仗衛儀物)을 들었다. 영군집사(領軍執事)는 대(隊)마다 한 사람인데 행렬의 진퇴는 이들을 보고 기준을 삼으니 바로 중국의 인원(人員)과[19] 같은 부류이다.

左右衛牽攏軍

左右衛牽攏軍 服紫窄衣 練鵲文錦絡縫[20] 烏紗軟帽[21] 布襦革履 以
馭衆馬 唯[22] 使副上節官有之 餘皆以龍虎超軍 代之

---

18) 지부족재본에는 '準' 이라고 되어있다.
19) 中國의 '人員' 은 관직명이 아니라 어떤 특정한 업무, 혹은 특정 업무의 담당자를 말한다.
20) 사고전서본에는 '縫' 이라고 되어있다.
21) 사고전서본에는 '帶' 라고 되어있고, 지부족재본에는 '絹鄭刻帶' 라고 되어있다.
22) 사고전서본에는 '惟' 라고 되어있다.

좌우위 견롱군(左右衛 牽攏軍)

좌우위 견롱군은 자주색 좁은 옷(紫窄衣)을 입었는데, 누빈 까치 무늬 비단(練鵲文錦)을 잇대어 만들었다. 검은 깁으로 만든 부드러운 모자를 썼으며(烏紗軟帽),[23] 베적삼에 가죽신을 신고 많은 말을 부린다. 정사·부사(使副) 및 상절관(上節官)에게만 이들을 배치하고, 나머지는 모두 용호초군으로 대신하였다.

領軍郎將騎兵

領軍郎將騎兵 服飾其等不一 凡紫羅戰袍 白袴皁[24]履[25] 文羅爲巾 飾以珠貝者 皆麗人也 至服靑綠緊[26]絲大花戰袍 其袴或以紫 或以黃 或以皁[27] 髠髮而巾制不袤[28] 切附於頂 聞是契丹降卒 使副會于[29]王府 還至奉先庫前 岡阜之上 見前驅數十騎 鳴鑾[30]馳驟 跳梁鞍轡[31]間[32] 輕銳驍捷 意欲燿[33]武 島夷僻遠 偶有勁卒 而急於人知 亦可笑也

---

23) 사고전서본에는 '烏紗軟帶'라고 되어있다. 이에 따르면 '검은 깁으로 만든 모자를 쓰고 부드러운 띠를 착용하였으며'라고 해석된다.
24) 지부족재본에는 '皐'라고 되어있다.
25) 사고전서본에는 '履'라고 되어있다.
26) 사고전서본에는 '緊'이라고 되어있다.
27) 지부족재본에는 '皐'라고 되어있다.
28) 사고전서본에는 '袤'라고 되어있다.
29) 지부족재본에는 '於'라고 되어있다.
30) 사고전서본과 지부족재본에는 '鷽'이라고 되어있다.
31) 사고전서본에는 '鐙'이라고 되어있다.
32) 지부족재본에는 '間'이라고 되어있다.
33) 사고전서본에는 '燿'라고 되어있다.

영군 낭장 기병(領軍 郎將 騎兵)

영군 낭장 기병은 복식의 등급이 한결같지 않다. 무릇 자주색 비단의 전포(戰袍 : 갑옷의 겉에 입는 웃옷)와 흰 바지(白袴)에 검은 신을 신고, 구슬 장식의 무늬 비단 두건을 쓴 사람은 모두 고려 사람이다. 그리고 청록색 촘촘한 실로 짠 옷감에 큰 꽃무늬가 있는 전포(戰袍)를 입는데, 바지는 자주색이나 황색 또는 검은색이고, 머리를 깎고 두건이 길지 않으며 정수리에 딱 붙게 쓴 사람들은 거란(契丹)의 항졸(降卒)이라고 들었다. 정사와 부사(使副)가 왕부(王府)에서 회합하고 봉선고(奉先庫)[34] 앞, 언덕 위로 돌아왔을 때 앞에 말을 몰고가는 수십 기(騎)를 보았다. 그들은 말방울을 울리며 치닫고 안장과 등자(鞍鐙) 사이에서 날뛰는 것이 경쾌하고도 민첩하였다. 이것은 무술을 자랑하려는 것이다. 먼 변방의 고려(島夷)에서 우연히 경졸(勁卒)을 만났는데, 남이 알아주는 데에 급급하니 또한 가소로웠다.

領兵上騎將軍

領兵上騎將軍 服紫羅窄衣 展脚幞頭 右帶虎韔 左持弓矢 兵仗內列 凡百餘人 分爲兩隊 每人使出在前 至廣化門 則下馬 止而不入 歸館則止於順天外門[35] 行列則極齊飾 非比郎騎也

영병상기장군(領兵上騎將軍)

영병상기장군은 자주색 비단의 좁은 옷(紫羅窄衣)을 입고 다리 모양의 뿔이 달린 모자(展脚幞頭)를 썼으며, 오른쪽에는 호랑이를 그린 활집

---

34) 선왕의 제사 때 쓰는 곡식 등 祭物을 두는 창고를 말한다.
35) 지부족재본에는 '門疑是門外' 라고 되어있다.

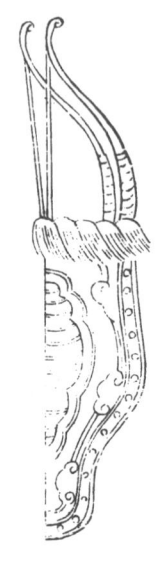

━ 활집〔虎韔〕:『삼재도회
　(三才圖會)』

〔虎韔〕을 두르고 왼쪽에는 활과 화살을 지참했다. 병장(兵仗) 안에 무릇 100여 인을 세워두는데, 이를 양대(隊)로 나누어 항상 사신(人使)이 나갈 때는 앞에 있다가, 광화문에 이르면 말에서 내려 정지하고 들어가지 않는다. 귀관(歸館)하면 다시 순천관 외문(外門)에 서 있는다. 행렬이 매우 절도가 있어서 낭기(郎騎:郎將騎兵)에 비할 바가 아니다.

『선화봉사고려도경』권13

兵器

臣聞 范曄書云 夷者抵也 言仁而好生 萬物抵地而生出 故天性柔順 所以不若西戎之喜兵也 高麗固箕子八篠¹⁾所敎之地 然其兵器甚簡²⁾ 而疎 豈原其性然耶 兵法曰 兵不犀利 與徒搏同 惟麗人之兵疎簡³⁾ 此所以屢爲匈奴所扼 而不能與之校⁴⁾ 雖然 異俗器械 各有所施 不可以不知 今具其名物 次⁵⁾之于⁶⁾左

---

1) 사고전서본에는 '條'라고 되어있다.
2) 지부족재본에는 '簡'이라고 되어있다.
3) 지부족재본에는 '簡'이라고 되어있다.
4) 사고전서본에는 '挍'라고 되어있다.
5) 사고전서본과 지부족재본에는 '圖'라고 되어있다.
6) 지부족재본에는 '於'라고 되어있다.

병기(兵器)

　신(臣)이 듣기에 후한서(范曄書)에 다음과 같은 말이 있다. "이(夷)는 맞닿아 있는 것이니[抵], 어질어서 잘 자란다는 뜻이다." 만물이 땅과 맞닿아 자라나기 때문에 (동이의) 천성은 유순하다. (이것이) 전쟁[兵]을 좋아하는 서융(西戎)과 다른 점이다. 고려는 본래 기자(箕子)의 팔조범금(八條犯禁)으로 교화된 땅이지만, 그 병기가 매우 간단하고 무딘 것이 어찌 천성[其性] 때문이겠는가? 병법에 이르기를 "병기가 날카롭지 못하면 단지 맨손으로 치는 것과 같다"고 하였다.[8] 그런데 고려 사람의 병기는 조잡하고 간단하니, 이것이 여러 차례 흉노(匈奴)에게 패배해도 맞서 싸우지 못한 까닭이다. 그렇지만 오랑캐 풍속[異風]의 병기들이라 할지라도 각각 제작방식[所施]이 있을 것이니, 알아두지 않을 수 없다. 이제 그 명물(名物)을 갖추어 다음에 순서대로 (그려)둔다.

行鼓

行鼓之狀 稍類雅樂之搏拊也 中腔差長 而以銅環飾之 貫以紫帶 繫於腰下 軍行則在前 與金鐃間[9]擊 其節頗緩 金鐃之形 與中華制度不異 故略[10]而不圖

행고(行鼓)

　행고는 아악(雅樂)의 박부(搏拊)와 비슷하게 생겼다. 북의 불룩한 부분

---

7) 범엽이 지은 『後漢書』를 가리킨다. 여기 인용된 기사는 同書 東夷列傳이다.
8) "兵不犀利 與徒手同(『江湖長翁集』 卷33)".
9) 지부족재본에는 '閒'이라고 되어있다.
10) 사고전서본에는 '畧'이라고 되어있다.

〔中腔〕이 조금 길고 구리 고리로 장식하였으며, 붉은 띠를 꿰어 허리 아래 매었다. 군대가 행진하면 앞에서 금요(金鐃)와 서로 사이를 두고 치는데 그 음절이 상당히 느리다. 금요(金鐃)는 중국의 것과 차이가 없으므로 생략하고 그리지 않는다.

금요(金鐃):
『삼재도회(三才圖會)』

弓矢

弓箭之制 形狀簡[11]略[12] 如彈弓 其身通長五尺 而矢不用竹 多以柳條而復短小 發射[13]不候引滿 擧身迓之 雖矢去甚遠而無力 殿門守衛 仗內騎兵 及中檢[14]郞將 皆以虎韔而挾之 備不虞也

활과 화살〔弓矢〕

활과 화살〔弓箭〕은 그 모양이 간략하여 탄궁(彈弓)과 비슷하다. (활) 전체의 길이가 5자〔尺〕인데, 화살은 대나무를 사용하지 않고 대부분 버드나무 가지로 만들며 더〔復〕 짧고 작다. 화살을 쏠 때는 시위를 끝까지 당기지 않더라도〔不候引滿〕 (화살) 전체를 쏠 수 있으니, 비록 화살이 매우 멀리 나가나 위력은 없다. 전문수위(殿門守衛)와 장위군(仗衛軍) 내의 기병 및 중검랑장(中檢郞將)이 모두 활집〔虎韔〕에 활을 끼워 유사시에 대비하였다.

---

11) 지부족재본에는 '開'이라고 되어있다.
12) 사고전서본에는 '畧'이라고 되어있다.
13) 지부족재본에는 '矢鄭刻射'라고 되어있다.
14) 사고전서본에는 '撿'이라고 되어있다.

貫革

貫革之狀 略15)如鞉鼓 兩邊皆有皮耳 動搖有聲 貫於矛上 每隊約二十餘人 大禮則以千牛左右仗衛軍執之

과녁(貫革)

과녁은 대체로 도고(鞉鼓)와16) 같은 모양이다. 양 가장자리에는 가죽으로 만든 귀가 있어서 움직이면 소리가 나며, 창〔矛〕 위에 매달았다. 대(隊)마다 대략 20여명이다. 대례(大禮)때는 천우좌우장위군(千牛左右仗衛軍)에게 잡게 한다.

鐙杖

鐙杖之設 國王受詔 則有之 上17)爲馬鐙 其竿丹漆 使者前驅 千牛衛軍數十人執之 王行則在前 而鐙以塗金爲飾 餘制悉以鐵爲之

등장(鐙杖)

― 등장(鐙杖):『삼재도회(三才圖會)』

등장은 국왕이 조서를 받을 때 설치하는데, (등장의) 윗부분에는 말 등자를 달고, 그 장대〔竿〕에는 붉은 칠을 하였다. 정사가 앞으로 나갈 때 천우위군(千牛衛軍) 수십 인이 등장을 잡고, 왕이 행차할 때는 앞에 위치하였다. 등자 부분은 도금으로 장식하

---

15) 사고전서본에는 '䩅'이라고 되어있다.
16) 鞉鼓란 손에 들고 흔들면 소리가 나는 작은 북이다.
17) 사고전서본에는 '止'라고 되어있고, 지부족재본에는 '上鄭刻止'라고 되어있다.

였으며, 나머지는 모두 쇠로 만들었다.

儀戟

戟有二等 會慶門中 各列十二枝[18] 上下以金銅爲飾 形制極大 迎詔 設燕 則兵仗中所列者 才及六尺許 大抵略[19]同中華 而制作大小不 等耳

의극(儀戟)

의극은 두 종류〔二等〕인데, 회경문(會慶門) 안에 각각 12개를 진열하였다. 위아래를 금동(金銅)으로 장식하였는데 매우 크다. 조서를 맞고 연회를 베풀 때면 병장(兵仗) 가운데 진열된 것은 (크기가) 단지 6자〔尺〕쯤 된다. 대체로 중국과 같으나 크기〔制作大小〕가 같지 않을 뿐이다.

胡笳

胡笳之制 上銳下豐 其形差短 使者初至群山島 巡尉將迎 舟卒服青 衣而吹之 其聲嗚咽 不成曲調 唯覺群枭[20] 如蚊虻之音 迎詔則在前 行 每數十步 輒稍却 回面詔輿而吹 聲止乃行 然後擊鐃鼓爲節也[21]

호가(胡笳)

호가는 위가 뾰족하고 아래는 굵으며, 그 길이〔形〕는 약간 짧다. 정사

---

18) 사고전서본과 지부족재본에는 '枚'라고 되어있다.
19) 사고전서본에는 '畧'이라고 되어있다.
20) 사고전서본과 지부족재본에는 '喿'라고 되어있다.
21) 사고전서본에는 '也'가 결락되어있다.

가 군산도(群山島)에 처음 도착하여 순위장(巡尉將)이 맞이할 때, 푸른 옷을 입은 주졸(舟卒)들이 이를 불었다. 그 소리가 오열하는 듯 조화〔曲調〕를 이루지 않았다. 마치 무리지어 시끄러워서〔梟〕 모기와 등에가 앵앵거리는 소리〔蚊蝱之音〕처럼 느껴졌다. 조서를 맞을 때는 앞에서 행진하다가, 수십 보마다 조금씩 물러나 조여(詔輿)를 돌아보며 불고, 소리가 그치면 곧 행진했다. 그런 뒤에야 징과 북을 쳐서 박자를 맞췄다.

獸牌

獸牌之制 木體革鞾 繪狻猊狀 上施五刃[22] 而以雉尾蔽之 欲以自障 且能刺人 而不使之洞見其犀利也 然徒似百戲小兒所執 恐不足以 禦失石 今高麗兵仗中 二等皆有之 特小大之異耳

수패(獸牌)

수패는 나무에다 가죽을 씌워 만들었으며〔木體革鞾〕 (그 위에) 사자〔狻猊〕 모양을 그렸다. 위에는 5개의 칼을 꽂아 꿩 꼬리깃털로 가렸는데, 그것은 스스로를 가리는 동시에 적을 찌르며〔刺人〕 그 날카로움을 들키지 않기 위해서였다. 단지 놀이하는〔百戲〕 아이가 지니는 물건 같아서, 시석(矢石)을 막아내지는 못할 듯하다. 지금 고려의 병장(兵仗) 가운데는 두 종류〔二等〕가 있으나 작고 큰 차이가 있을 뿐이다.

佩劍

佩劍[23]之飾 形長而刃利 白金烏犀間[24] 錯 海沙魚皮以爲鞘 旁爲環

---

22) 사고전서본과 지부족재본에는 '兩'이라고 되어있다.
23) 佩劍: 지부족재본에는 '劍佩'라고 되어있다.

紐²⁵⁾ 貫以采組 或以革帶 以象玉蟾²⁶⁾ 琫珌之
屬 亦古之遺制也 門衛校²⁷⁾尉中檢²⁸⁾郎騎 皆
佩之

패검(佩劍)

패검은 형체가 길고 날이 예리하며, 은(白金)과 오서(烏犀)로 섞어 만들었다. 상어가죽(海沙魚皮)으로 칼집을 만들고, 옆에는 고리(環紐)를 만들었다. 색 끈, 혁대(革帶), 상옥체(象玉蟾), 봉필(琫珌) 등으로 매단 것은 옛날의 유제(遺制)이다. 문위 교위(門衛 校尉)와 중검랑기(中檢郎騎)는 누구나 찼다.

▬ 봉필(琫珌) : 『삼재도회(三才圖會)』

---

24) 지부족재본에는 '開' 이라고 되어있다.
25) 지부족재본에는 '細' 라고 되어있다.
26) 사고전서본과 지부족재본에는 '蟲' 라고 되어있다.
27) 사고전서본에는 '挍' 라고 되어있다.
28) 사고전서본에는 '撿' 이라고 되어있다.

『선화봉사고려도경』권14

旗幟

臣聞 高麗儀制 每齋祭祀天 則建大旗十面 各隨其方之色 錯繪神物 號曰神旗 其制極廣 每旗當用帛數疋[1] 下以車軸 逐車以緋衣仗軍十數人駕之 隨王所在 次第安立 四面各施大繩 以備風勢 高十餘丈 國人望神旗所植 則不敢向 唯[2]詔書初入城 以至受禮 皆特用之 蓋尊上命也 餘有五方中旗 自上群山島 已見之 唯[3]紅旗有飾 龍虎猛軍甲士所執 又有小白旗 大不盈掌 繫於矛上 略[4]同兒[5]戲 今竝列于[6]圖云

---

1) 지부족재본에는 '匹' 이라고 되어있다.
2) 사고전서본에는 '惟' 라고 되어있다.
3) 사고전서본에는 '惟' 라고 되어있다.
4) 사고전서본에는 '畧' 이라고 되어있다.
5) 사고전서본에는 '兜' 라고 되어있다.

기치(旗幟)

 신(臣)이 듣기에 고려의 의례제도〔儀制〕는 항상 제례 및 제천행사〔齋祭祀天〕때 큰 기 10면(面)을[7] 세운다. 각각 그 방위의 색깔에[8] 따라 신물(神物)을[9] 그리고 이를 '신기(神旗)'라 한다. 그 크기〔制〕는 매우 넓어서 기마다 비단 몇 필(匹)을 쓴다. 아래에는 바퀴를 달아 수레를 만들고, 수레마다 붉은 옷을 입은 장위군(仗衛軍) 10여 인이 끌고 가는데, 왕이 있는 곳을 따라 차례로 안정되게 서 있다. 사면에는 각각 큰 새끼줄을 달아 바람〔風勢〕에 대비하는데, 높이가 10여 길〔丈〕이다. 고려 사람〔國人〕들은 신기가 세워진 곳을 바라보면 감히 그곳을 향하여 가지 못한다. 오직 조서가 처음 입성하여 예를 받을 때까지 모두 특별히 사용하니 이는 송 황제의 명령〔上命〕을 존중하는 것이다. 그 외에 오방(五方) 중기(中旗)가 있는데, 군산도(群山島)에 이를 때 이미 보았다. 홍기(紅旗)에만 장식이 있으며 용호맹군의 갑사(甲士)가 잡고 있다. 또 작은 백기(白旗)가 있는데, 크기가 손바닥보다 작으며 창 윗부분에 매달려있는 것이 아이들 장난 같다. 지금 아울러 그림으로 나열한다.

象旗

象旗二 其制 身與旒皆黑 法水數也 中繪一象 前一胡兒[10] 持一金戈 復以大繩 牽掣其首 有左顧之意 行則舉其後轅 隨地勢扶持而前

---

6) 지부족재본에는 '於'라고 되어있다.
7) 面은 깃발과 같은 평평한 물체의 개수를 세는 단위이다.
8) 오행설의 五方과 五色의 상관관계는 본서 권14 오행표에 설명이 있다.
9) 뒤이어 소개되는 '象旗·鷹隼旗·海馬旗·鳳旗·太白旗'가 그것이다.
10) 사고전서본에는 '武士'라고 되어있다.

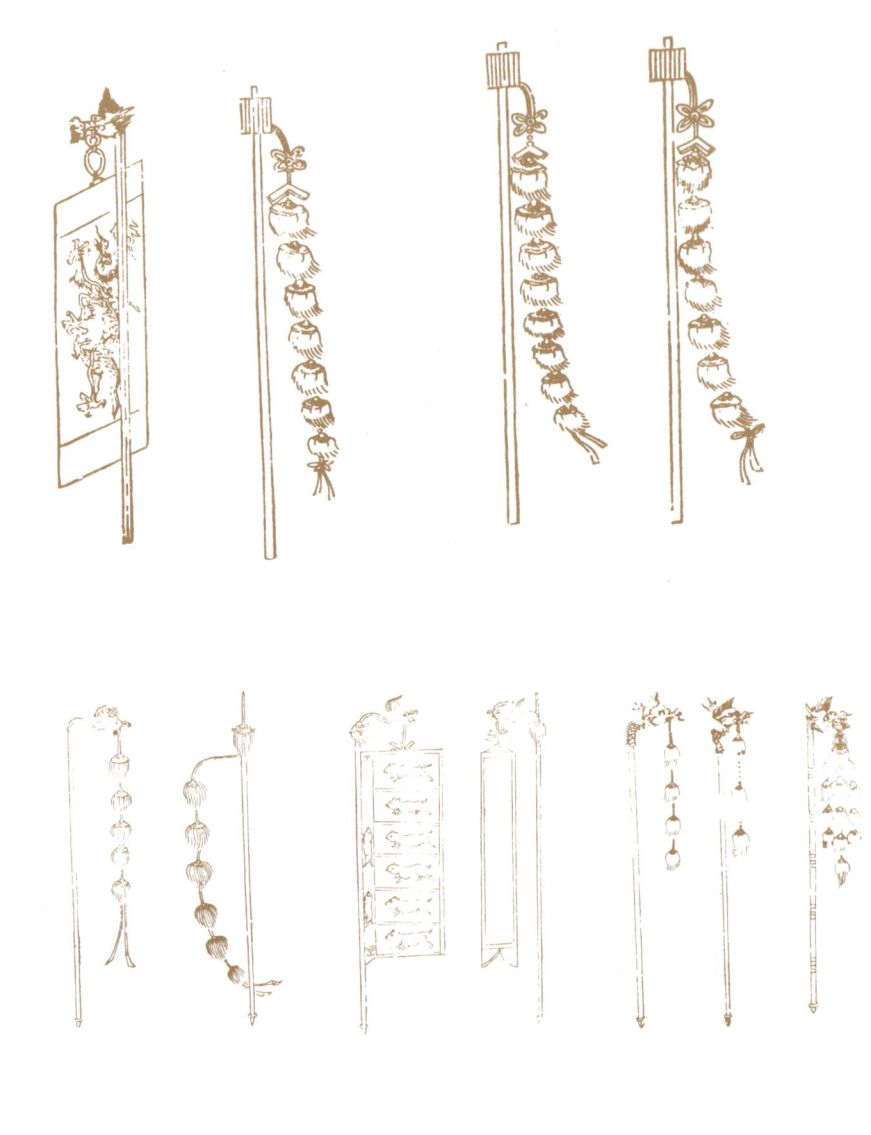

■ 다양한 기(旗): 『삼재도회(三才圖會)』

至行禮之時 則依方向建立 衆旗之位 以黑爲先 考之禮經 武車綏旌 德車結旌 則知建旗於車 自古已然 不特東夷[11]也

상기(象旗)

상기는 둘이다. 그 모습은 몸체와 술(旒)이 모두 검으니 이는 수수(水數)를 상징한 것이다.[12] 가운데에는 코끼리 한 마리를 그렸다. 앞에서 창(金戈) 한 자루를 쥔 무사(武士) 한 명이 긴 밧줄(大繩)로 깃발 상단을 잡아당기니 조심스럽게 다루려는(左顧)[13] 뜻이 있다. 행진할 때는 그 뒤 끌채에 달고 지세(地勢)에 따라 붙들고 전진한다. 예를 행할 때가 되면 방향에 따라 세우는데, 여러 기의 위치는 검은 것을 선두로 한다. 『예기(禮經)』를 살피건대, "무거(武車)는 깃발을 펴고, 덕거(德車)는 깃발을 맨다"라고 하였다.[14] 그런즉 수레에 기를 세우는 것은 예로부터 그런 것이요, 특별히 고려(東夷)에서만 그런 것이 아님을 알겠다.

鷹隼旗

鷹隼旗二 其制 身與旒皆赤 法火數也 中繪鷹隼騫騰而上 有疾而速之意 周官 鳥隼爲旟 今此赤旗用鷹 亦偶合古制也 其行 在象旗之次

응준기(鷹隼旗)

응준기는 둘이다. 그 모습은 몸체와 술이 모두 붉으니, 이는 화수(火

---

11) 사고전서본에는 '高麗'라고 되어있다.
12) 오행설에 의하면, 북방은 水에 해당하며 색깔로는 검은색에 해당한다.
13) 옛적에 長者는 오른편에 자리잡고, 少者는 왼편에 있었으므로 '어른이 아이를 사랑함'을 일컫는다.
14) 이에 대해서는 『禮記』曲禮에 보인다.

━ 해마(海馬): 『삼재도회(三才圖會)』

數)를 상징한 것이다.[15] 가운데에는 매가 날아오르는 모양을 그렸는데, 민첩하고 빠르다는 뜻이 있다. 『주례[周官]』에 "새매로 기[旟]를 만든다"라고 하였으니,[16] 지금 이 붉은 기에 매를 쓴 것 역시 우연히 옛 제도에 부합한다. 그 행렬은 상기(象旗) 다음이다.

海馬旗

馬[17]旗二 其制 身與旒皆青 法木數也 中繪一馬 前髆有鬣[18] 狀如火熾 蓋馬火畜也 繪於青旗 以象木火相生 位應青龍朱雀二神 其行在鷹旗之次

해마기(海馬旗)

해마기[馬旗]는[19] 둘이다. 그 모습은 몸체와 술이 모두 푸르니, 목수

---

15) 오행설에 의하면, 남방은 火에 해당하며 색깔로는 붉은색에 해당한다.
16) 『周禮』春官 司常에 보인다.
17) 사고전서본에는 '海馬'라고 되어있다.
18) 사고전서본에는 '鬐'이라고 되어있다.
19) '마기'는 '해마기'의 誤記인 듯하다. 제목으로 미루어보나, 사고전서본에 의하면 '해마

■ 봉(鳳) : 『삼재도회(三才圖會)』

(木數)를 상징한 것이다.[20] 가운데 말 한 마리를 그렸는데, 앞 어깨에 갈기가 있어 불이 치솟는 형상이다. 대개 말은 불기운을 지닌 가축〔火畜〕이기 때문이다. 푸른 기에 그려서 나무와 불이 상생(相生)하는 것을 상징하였다. 위치는 청룡(靑龍, 동방)과 주작(朱雀, 남방) 두 신(神)에 응한다. 그 행렬은 응기(鷹旗) 다음이다.

鳳旗

鳳旗二 其制 身與旒皆黃[21] 法土數也 中繪飛鳳 鳳之爲物 身被五綵 位應中宮 蓋五行 非土不生 故五方之色 備於羽毛 所宜取象 其行 在太白旗之次

기' 라 하는 것이 옳을 듯하다.
20) 오행설에 의하면, 동방은 木에 해당하며 색깔로는 푸른색에 해당한다.
21) 사고전서본에는 '白' 이라고 되어있다.

봉기(鳳旗)

봉기는 둘이다. 그 모습은 몸체와 술이 모두 누르니,[22] 토수(土數)를 상징한 것이다.[23] 가운데에 나는 봉황(鳳)을 그렸는데, 봉황 모습은 몸에 오채(五彩)를 입혔다. 위치는 중궁(中宮)에 응한다. 대개 오행(五行)은 흙(土)이 아니면 낳지 못한다. 그 때문에 다섯 방위의 색깔을 봉황의 깃털(羽毛)에 갖추었으니 그 마땅한 바를 그림으로 표현한 것이다. 그 행렬은 태백기(太白旗) 다음에 있다.

太白旗

太白旗二 其制 身與旒皆白 法金水數也 中繪一人 金冠玉圭 黃衣 綠帔 以象太白 下乘一龜 龜有蛇首 取其合形 蓋金爲水母 水能生金 位應白虎眞武二神 禮經 載國君之行 前朱雀而後眞[24]武 左靑龍而右白虎 於二旗互見 頗合古制 其行 在馬旗之次

태백기(太白旗)

태백기는 둘이다. 그 모습은 몸체와 술이 모두 희니 금수(金水)의 수(數)를 상징한 것이다.[25] 가운데에는 한 사람을 그렸는데, 금관을 쓰고 옥으로 된 홀(圭玉)을 들었으며 누런 옷에 녹색 겉옷을 걸쳤다. 이는 태

---

22) 사고전서본에는 '白'이라고 되어있다. 뒤이어 소개된 '土數'는 '중앙의 수'를 상징한다. 오행설에 따르면 중앙을 상징하는 색은 '黃'이다. 따라서 사고전서본의 '白'은 誤記인 듯하다. 더구나 사고전서본에도 다음 항목인 '太白旗'에는 서방을 상징하는 '白'으로 옳게 되어있다.
23) 오행설에 의하면, 중앙은 土에 해당하며 색깔로는 누런색에 해당한다.
24) 사고전서본에는 '玄'이라고 되어있다.
25) 오행설에 의하면, 서방은 金에 해당하며 색깔로는 흰색에 해당한다. 본문의 '金水數'는 '金數'의 오기가 아닌가 생각된다. 즉 '西方의 數'를 지칭한 것으로 여겨진다.

백신(太白神)을 상징한 것이다. 아래에는 거북 한 마리를 태웠는데, 거북은 뱀의 머리가 있어 거북과 뱀이 합쳐진 모양을 취했다. (오행설에 따르면) 대개 금(金)은 수(水)의 모체가 되고, 수는 능히 금을 낳는 것이니 위치는 백호(白虎, 서방)와 진무(眞武, 북방)의[26] 두 신에 응한다.『예기〔禮經〕』에 "임금〔國君〕의 행차에 앞에는 주작(朱雀), 뒤에는 현무(玄武), 왼쪽에 청룡, 오른쪽에 백호가 있다"라고 하였으니,[27] 두 기에 서로 나타난 것이 자못 옛 제도〔古制〕에 부합한다. 그 행렬은 해마기〔馬旗〕다음에 있다.

五[28]方旗

北方之旗 黑色一旒 其廣二幅[29] 無繪繡之文 人使初至境 以迄入城 與諸旗爲前導 其行無次 其建無數 以靑衣軍執之 初國信使副 依舊例給 錦繡間[30]錯轉光 旗四十面 詔書初入城 令舟人 執而前導 輝映郊野 麗人駭觀 頗自[31]愧[32]其陋焉 南方之旗 赤色一旒 中繪神人 手執木檛 差異他者 五方之旗 獨赤旗爲多耳 東方之旗 靑色一旒 中無繪繡 廣狹多少 與諸旗相對 西方之旗 白色一旒 亦無繪繡 比之諸旗 數目差少 中央之旗 黃色一旒 亦無繪繡 唯[33]群山島紫燕島

---

26) 眞武는 玄武를 일컫는다. 宋 祥符(1008~1016) 연간에 왕실 先代의 이름을 諱하여 '현무'를 '진무'로 고친 것이다. 사고전서본에는 '현무' 라고 되어있다.
27) 『禮記』의 曲禮에는 '行前朱鳥而後玄武' 로 나온다. 서긍은 '象天之行 前朱雀而後玄武' 를 본문과 같이 풀어서 인용하였다.
28) 사고전서본에는 '北' 이라고 되어있다.
29) 사고전서본에는 '幅' 이라고 되어있다.
30) 지부족재본에는 '開' 이라고 되어있다.
31) 頗自 : 사고전서본에는 '頌目' 이라고 되어있다.
32) 사고전서본에는 '䭄' 이라고 되어있다.
33) 사고전서본에는 '惟' 라고 되어있다.

祇[34]迓[35]信使 列於海岸 則有之 又有一等 雜采間[36]錯 中有轉[37]光 四角繪雲氣 諸州巡尉戰船邏兵 執之

오방기(五方旗)[38]

북방의 기는 흑색의 한 술(一旒)로 된 것이며 그 너비가 두 폭인데, 그림이나 수놓은 무늬는 없다. 사신이 처음 국경에 이르면서부터 입성할 때까지 여러 기 중에서 선도(前導)가 된다. 행렬은 차례가 없고 세워 놓은 것도 무수한데 푸른 옷 입은 군사에게 이를 잡게 한다. 처음에 국서(國信)를 가지고 가는 사행(使行)의 정사(正使)와 부사(副使)가 구례(舊例)에 의하여 번쩍번쩍 빛이 나는 금수로 된(錦繡間錯轉光) 기 40면(面)을 주었다.[39] 조서가 처음 입성할 때 주인(舟人)을 시켜 들고 선도하게 하

※오행표

구분\오행	木	火	土	金	水
五方	東	南	中央	西	北
五色	靑	赤	黃	白	黑
五常	仁	禮	信	義	智
五臟	肝	心	脾	肺	腎
五官	眼	舌	口	鼻	耳
五音	角	徵	宮	商	羽
五味	酸	苦	甘	辛	鹹
節氣	春	夏	四季	秋	冬
數	3·8	2·7	5·10	4·9	1·6

---

34) 사고전서본에는 '祇'라고 되어있다.
35) 사고전서본에는 '迎'이라고 되어있다.
36) 지부족재본에는 '閒'이라고 되어있다.
37) 사고전서본에는 '鬪'이라고 되어있다.
38) 사고전서본에 따르면 '北方旗'로 되어있다. 그러나 다음의 해설에서 '북·남·동·서·중앙'의 旗에 대한 설명이 이어지는 것으로 보아 징강본 원문의 '五方旗'가 옳을 듯하다.
39) 고려의 북방기는 '繪繡'가 없는 黑色旗이다. 그러나 서긍의 宋 사신이 고려에 들어올

였는데, 들판에 찬란하게 비치니 고려 사람들이 놀라 구경하면서 자못 스스로 그 비루한 것을 부끄러워하였다.

남방의 기는 붉은색 한 술로 되어있다. 가운데에 신인(神人)을 그렸는데, 손에 나무 채찍을 들어 다른 것과 차이가 있다. 오방의 기 가운데 유독 붉은 기가 많다.

동방의 기는 푸른색 한 술로 된 것이며, 가운데에 그림과 수가 없다. 크기와 갯수[廣狹多少]가 여러 기들과 비슷하다.

서방의 기는 흰색 한 술로 된 것이며, 역시 그림과 수가 없다. 여러 기에 비하여 그 갯수가 약간 적다.

중앙의 기는 황색 한 술로 된 것이며, 역시 그림과 수가 없다. 오직 군산도(群山島)와 자연도(紫燕島)에서 사신[信使]을 맞이하여 해안에 진열했을 때에만 그림과 수가 있었다. 또 한 가지는 여러 채색이 섞여 장식되어 있어 가운데는 번쩍번쩍 빛이 나며, 네 모퉁이에는 운기(雲氣)를 그린 것이다. 이는 여러 고을을 순위(巡尉)하는 전선(戰船)의 순라병[邏兵]이 들고 있었다.

小旗

小旗之制 紅旒白身 上繪綠雲 人使入城 國王迎詔 則龍虎軍[40] 數萬人 被甲執之 夾道而行[41]

때 錦繡로 된 기 40면을 지급했다. 이후 도성에 들어올 때 40면의 송의 기가 앞장서고 고려의 기가 그 뒤를 따르게 되었다.

40) 사고전서본에는 '軍' 이 결락되어있다.
41) 사고전서본에는 '而行' 이 결락되어있다.

소기(小旗)

소기의 법식은 붉은 술에 흰 바탕이고, 그 위에 녹색 구름을 그렸다. 사신이 입성하고 국왕이 조서를 맞이할 때 용호군(龍虎軍) 수만 명이[42] 갑옷을 입고 기를 잡아 길 양편으로 늘어서 있다.

---

42) '수만 명'이란 표현은 과장된 것으로 보는 것이 옳을 듯하다.

『선화봉사고려도경』권15

車馬

臣聞 有國必有兵 而兵以車運 車以馬行 故古者制國 必視車乘之數 差其小大 而詩頌稱魯衛之富 率以馬爲言 高麗雖海國 而引重致遠 不廢車馬 然其土地湫隘 道涂¹⁾ 磽确 非中華比 故輈輪之制 轡馭之 法 亦異云

수레와 말[車馬]

신(臣)이 듣기에 국가에는 군사[兵]가 있기 마련이니 군사는 수레[車] 로 이동하고 수레는 말[馬]로 움직인다. 그러므로 옛날에 나라 규모를

---

1) 지부족재본에는 '途' 라고 되어있다.

판단할 때〔制國〕에는 수레 숫자를 살펴 나라의 크고 작음을 나누었으며, 『시경(詩經)』송(頌)에서는 노(魯)와 위(衛)의 부유함을 대체로 말〔馬〕로 표현했던 것이다.[2)]

고려는 비록 바다에 접한 나라이지만 무거운 것을 끌고 먼 곳까지 가야 하는 경우도 있으므로[3)] 거마(車馬)를 없애지는 못한다. 하지만 토지는 저지(低地)에 있고 작은데다〔湫隘〕[4)] 길은 울퉁불퉁한〔磽确〕 것이 중국과는 비교가 되지 않는다. 그러므로 수레에 관한 제도〔輈輪之制〕와 말을 다루는 법〔轡馭之法〕 역시 다르다고 한다.

采輿

采輿三 一以奉詔 又其一以奉御書 前一輿貯大金香毬 其制用五色文羅 間[5)]結錯以錦繡 上爲飛鳳 四角出蓮花 行則動搖 下承以丹漆座四竿各施龍首 以控[6)]鶴軍四十人捧之 前有二人 執仗迎引喝 起止甚肅 王世子與國官 迎詔望輿 於當道拜之

---

2) 『시경』에서 周公이 받았던 魯國의 彊域을 回復한 魯 僖公을 칭송하는 대목을 인용한 것이다. "두 개의 창은 붉은 수실을 달고, 활집은 활을 겹쳐 꽂아 푸른 실로 묶었도다. 뒤따르는 보병들 삼만이나 되는데, 모두 자개 박은 붉은 실투구 썼으니 軍勢는 불고 불어 커지도다. 북쪽의 오랑캐를 무찌르고, 남방의 荊舒를 징계하시니 감히 당할 자가 없도다(公車千乘 朱英綠縢 二矛重弓 公徒三萬 貝冑朱綅 烝徒增增 戎狄是膺 荊舒是懲 則莫我敢承 : 『詩經』 魯頌 閟宮)."
3) 『주역』에 나오는 표현을 인용한 것이다. "소를 복종시키고 말을 탈 수 있게 하여, 무거운 것을 끌고 먼 곳까지 이르게 함으로써 천하를 이롭게 하니, 대개 隨卦에서 취한 것이다(服牛乘馬 引重致遠 以利天下 蓋取諸隨 : 『周易』 繫辭 下傳)."
4) 湫는 낮은 지역〔下〕의 땅을 말하며, 隘는 작은〔小〕 땅을 말한다.
5) 지부족재본에는 '閒' 이라고 되어있다.
6) 지부족재본에는 '控' 이라고 되어있다.

채색 가마〔采輿〕

채색 가마는 세 종류가 있다. 하나는 조서를 받드는 것이며, 다른 하나는 어서(御書)를 받드는 것이다. 앞의 또 하나의 수레에는 큰 금으로 만든 향로〔大金香毬〕를[7] 담아둔다. 채색 가마에는 오색(五色) 문라(文羅)를 사용하는데, 사이사이에 비단 수〔錦繡〕를 섞어 만들었다. 윗부분에는 날고 있는 봉황이 장식되어 있으며 네 모서리에는 연꽃이 뻗어있는데 수레가 움직임에 따라 흔들린다. 아래쪽으로는 붉은 칠〔丹漆〕로 이어졌고 자리의 장대 네 개〔四竿〕에는 용 머리를 각각 배치했다〔各施龍首〕. 공학군(控鶴軍) 40명에게 받들게 하였다. 앞쪽에서 두 사람이 의장(儀仗)을 들고 앞장서며 소리를 지르는데 그 동작이 매우 엄숙하다. 조서 실은 수레를 맞이하는 왕세자(王世子)와 국관(國官)은 길 가운데에서 절을 올린다.

肩輿

肩輿之制 略[8] 類胡床[9] 藤穿翔鸞 花文丹漆 間[10] 錯塗金爲飾 上施錦茵 四竿各施采[11] 絲結綬 自群山島 以迄入城 每出館 必以肩輿奉使副 以其禮僭 不敢乘 唯於前仗中行 以爲儀式耳

어깨로 메는 가마〔肩輿〕

어깨로 메는 가마는 대체로 호상(胡牀)과[12] 비슷하다. (그 가마의) 등나

---

[7] 香毬는 회전하는 香爐를 말한다. 그런데 원문의 '大金香毬'는 '鍍金香毬'의 착오로 보인다. 도금향구는 혼천의처럼 생긴 향로를 말하는데, 계속 회전하지만 그 속에 놓아둔 불은 꺼지지 않는다고 한다.
[8] 사고전서본에는 '畧'이라고 되어있다.
[9] 사고전서본과 지부족재본에는 '牀'이라고 되어있다.
[10] 지부족재본에는 '間'이라고 되어있다.
[11] 지부족재본에는 '綵'라고 되어있다.

무에는 날아가는 난새를 조각하였으며[藤穿翔鸞] 꽃 문양에 붉은 칠을 하고 사이사이에 도금(塗金)으로 장식하였다. 위에는 비단 자리[錦茵]를 마련하였고 장대 네 개에는 매듭지어 물들인 실[采絲結綬]을 배치하였다.

군산도(群山島)에서 궁성에 도착할 때까지 객관(客館)을 나설 때마다 견여로 정사(正使)와 부사(副使)를 모시고자 하였다. 하지만 그 예의가 참람하여 감히 타지는 않았다. 사절 앞의 의장대에 자리잡게 하여 의식으로 삼았을 뿐이다.

牛車

牛車之設 制作率略[13] 殊無法度 下有二轅輪 前轅以牛駕之 每載物 於其上 必以草繩貫繫 方免傾覆 況其國率皆山路 行則嶔屹動搖 特 爲禮具而已

소가 끄는 수레[牛車]

소가 끄는 수레의 제작방식이 대체로 소략해서 정해진 법식이 특별하게 있지는 않다. 아래쪽에는 두 개의 끌채와 바퀴[轅輪]가 있는데 앞 끌채에 소를 맨다. 수레 위에 물건을 실을 때마다 새끼줄[草繩]로 묶어야 물건이 나뒹구는 것을 겨우 피할 수 있다. 더욱이 고려 (도로)는 대개가 산길이어서 움직일 때마다 (물건이) 가파르게[嶔屹] 출렁거리니 (우거는) 형식적인 도구[禮具]일 뿐이다.

---

12) 큰 의자를 말한다. 오랑캐 땅[胡國]에서 들어왔기 때문에 그런 이름이 붙었다.
13) 사고전서본에는 '畧'이라고 되어있다.

王馬

王之所乘馬鞍韉甚華 或金或玉 皆朝廷所賜也 常馭不施甲 唯[14]八[15]關齋 幷受詔大禮 則於馬甲之上 復加鞍轡 蒙以繡帕 革帶與繁纓 皆有鸞聲相應 亦甚華煥 但比中國 於鞍後 復加繡茵 亦猶侍從官之 有狨座也

왕이 타는 말[王馬]

왕이 타는 말의 안장과 언치[韉: 안장 밑에 까는 깔개]는 매우 화려하다. 금(金)으로 만든 것도 있고 옥(玉)으로 만든 것도 있는데 모두 (송) 조정에서 하사한 것이다. 평소 말을 부릴 때는 (말에) 갑옷을 입히지 않는다. (하지만) 팔관재(八關齋)와[16] 조서를 받는 대례(大禮)가[17] 있을 때는 말에 갑옷을 입히고 그 위에 안장과 고삐를 맨 다음 수놓은 휘장[繡帕]을 덮는다. 가죽 허리띠[革帶]와 풍성한 가슴걸이[繁纓]에서는 방울소리[鸞聲]가 어울려 나오니 아주 화려하다. 다만 중국의 그것과 비교해 보면 안장 뒤에 수놓은 자리[繡茵]를 추가하는데 이것은 시종관(侍從官)에게 융좌(狨坐)가[18] 있는 것과 같은 셈이다.

---

14) 사고전서본에는 '惟'라고 되어있다.
15) 사고전서본에는 '入'이라고 되어있다.
16) '八關齋戒'라고도 한다. 關은 금한다는 뜻이고, 齋는 오전에 한끼만 먹고 오후에는 음식을 멀리 하여 부정을 없애는 의식을 말하며, 戒는 몸으로 짓는 허물과 잘못을 금하여 방지한다는 뜻이다.
17) 조서를 받는 의식에 대해서는 본서 권25 迎詔, 導詔, 拜詔 등에 설명이 있다.
18) 狨座라고도 하며 원숭이 가죽으로 만든 자리를 말한다. 『宋史』에 의하면 天禧 원년(1017)에 兩省 諫舍·宗室·將軍 이상에게만 狨毛에 앉도록 허락되었으며 나머지 사람들에게는 사용을 금지하였다. 본문 내용은 분수에 넘치게 사용된다는 뜻으로 보인다.

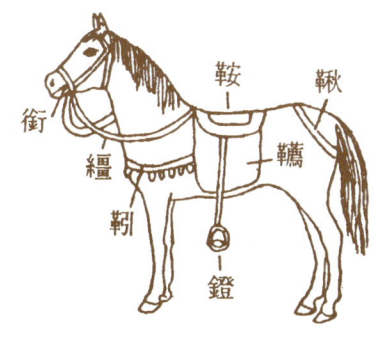

■ 마구(馬具) : 『한한대사전(韓漢大辭典)』

使節馬

高麗去大金不遠 故其國多駿馬 然圉人不善控馭 其步驟皆自天然 不假人力也 鞍韉之制 唯[19]王所乘 以絳羅繡韉 盗以金玉飾 國[20]官大臣 以紫羅 繡韉 以銀爲飾 餘如契丹之俗 亦無等差 初使人旣到館 卜[21]日受詔 而所奉鞍馬 略[22]如王制 使者 以其僭侈 固辭再四 乃易別馬 如國 官所乘者 上節所乘 降使副禮一等 中節又隨等第而殺之

사절이 타는 말〔使節馬〕

고려는 금〔大金〕과 멀지 않은 까닭에 준마(駿馬)가 많다. 하지만 마부〔圉人〕가 말을 잘 부리지는 못한다. (말들이) 빨리 달리는 것〔步驟〕은 완전히 선천적으로 타고난 것이지 잘 훈련시킨 덕분은 아니다〔不假人力〕. 안

---

19) 지부족재본에는 '惟' 라고 되어있다.
20) 之制 唯王所乘 以絳羅繡韉 盗以金玉飾 國 : 사고전서본과 지부족재본에는 細註가 아닌 본문과 같은 크기로 되어있다. 다만 사고전서본에는 '之制 唯王所乘 以闕四字盗 以金玉飾' 이라고 되어 있으며, '闕四字' 는 細註로 되어있다.
21) 사고전서본에는 '十' 이라고 되어있다.
22) 사고전서본에는 '畧' 이라고 되어있다.

장과 언치는 왕만이 사용하는 것인데 진홍빛 비단[絳羅]에 수를 놓아 언치를 꾸미며 여기에 금과 옥으로 장식한다. 국관(國官)과 대신(大臣)들은 자줏빛 비단[紫羅]에 수를 놓아 언치를 꾸미는데 은으로 장식한다. 다른 부분은 거란의 풍속과 같아서 차이가 없다.

처음에 사신이 객관(客館)에 도착해서 길일(吉日)을 선택하여 조서를 받았는데 사용되는 안장과 말[所奉鞍馬]이 (중국의) 왕제(王制)와 대체로 비슷하였다. 사신은 그 참람함과 사치스러움 때문에 서너 차례나 사양한 끝에 국관(國官)이 타는 것과 같은 말로 바꾸었다. (사신 가운데) 상절(上節)이 타는 것은 정사(正使)와 부사(副使)에 적용되는 예의보다 한 등급 낮으며 중절(中節)은 또 그 순서대로 낮게 하였다.

騎兵馬

騎兵所乘鞍轡極精巧 螺鈿爲鞍 鞦轡以栢枝馬瑙石 間²³⁾ 錯黃金烏銀爲飾 兩韀畫鵝²⁴⁾ 頸與身倍 麗人謂之天鵝²⁵⁾ 儵革鳴鸞 亦有古意

기병이 타는 말[騎兵馬]

기병이 사용하는 안장과 언치는 매우 정교하다. 안장과 언치는 나전(螺鈿)으로²⁶⁾ 장식하였고, 밀치끈과 고삐[鞦轡]는 잣나무 가지와 마노석을²⁷⁾ 이용하였으며 사이사이에는 황금(黃金)과 오은(烏銀)으로 꾸몄다.

---

23) 지부족재본에는 '開' 이라고 되어있다.
24) 지부족재본에는 '鵞' 라고 되어있다.
25) 지부족재본에는 '鵞' 라고 되어있다.
26) 조개껍데기를 무늬대로 잘라 木心이나 漆面에 박아넣거나 붙이는 칠공예 기법을 말한다.
27) 화산용암 같은 암석에서 산출되는 돌을 말한다. 작은 마디 모양의 怪狀으로 다양한 색상과 무늬가 있어 예로부터 여러 가지 세공과 조각재료로 사용되었다. 행복과 수명장수의

언치 양쪽〔兩韉〕에는[28] 고니〔鵝〕를 그렸는데, 목〔頸〕이 몸에 비해 두 배가 길다. 고려인들은 이것을 천아(天鵝)라고 부른다. 가죽 고삐에서 방울 소리가 나게 하는 것〔絛革鳴鑾〕에는 분명히〔亦〕 옛 뜻이 담겨 있다.

雜載

麗國多山 道路坎壈 車運不利 又無橐[29] 駝可以引重 而人所負載甚輕 故雜載多用馬[30] 其制 以二器夾裝 橫跨於背 應用之物 悉置器中 絡首靮匈 如乘騎之度 前引後驅 其行頗駛[31]云

잡재(雜載)[32]

산이 많은 고려〔麗國〕에서는 도로가 험하다〔坎壈〕. 수레 이용은 불편한데다 무거운 짐을 끌 수 있는 낙타〔橐駝〕도 없다. 하지만 사람이 질 수 있는 무게는 얼마 안되기〔甚輕〕 때문에 잡재(雜載)가 많이 사용된다. 잡재는 두 개의 용기(容器)를 붙여〔夾裝〕 (말의) 등에 가로로 걸친 것인데〔橫跨於背〕, 담을 수 있는 물건은 모두 잡재에 넣는다. (말) 머리에는 끈을 걸고 가슴에는 가슴걸이〔絡首靮胸〕를 하는데 승마용 말과 비슷한 모습이다. 앞에서 끌고 뒤에서 밀더라도 그 행차가 자못 더뎠다〔駛〕.

돌로 알려져있다.
28) 韉은 언치〔䩞〕를 가리킨다.
29) 사고전서본과 지부족재본에는 '橐'이라고 되어있다.
30) 사고전서본에는 '焉'이라고 되어있다.
31) 사고전서본과 지부족재본에는 '駛'라고 되어있다.
32) 소나 말에 걸쳐놓고 짐을 나르던 도구인 길마의 한 종류인 듯하다. 길마는 말굽쇠 모양으로 구부러진 나무 2개를 앞뒤로 나란히 놓고, 안쪽 양편에 2개의 막대기를 대어 고정시킨다. 이어서 안쪽에 짚으로 짠 언치를 대어 소의 등에 얹는다. 길마 외에도 소, 말, 노새 등을 이용해서 물건을 나르는 도구에는 거지게, 옹구, 걸채, 발채, 달구지 등이 있다.

『선화봉사고려도경』권16

官府

臣聞 唐虞建官惟百 夏商官倍 亦克用乂 至周而詳 天地四時 仰觀俯察 以道運之 而政事擧矣 豈復有文具 而實不應之弊哉 高麗之初 建官十有二[1]級 襲夷[2]語以爲之名 不復[3]馴雅 自漸皇化 設官置府 依[4]放稱謂 而涖職治事 尙沿夷[5]風 往往文具 而實不應 然而慕義之志 亦可尙云

---

1) 十有二 : 사고전서본에는 '十闕二字'라고 되어있다.
2) 사고전서본에는 '國'이라고 되어있다.
3) 사고전서본과 지부족재본에는 '事'라고 되어있다.
4) 置府 依 : 사고전서본에는 '置闕二字'라고 되어있다.
5) 사고전서본에는 '土'라고 되어있다.

관부(官府)

 신(臣)이 듣기에 요순(唐虞)은[6] 관직을 100개만 만들었으며, 하(夏)나라와 은(商)나라에서는 관직이 배로 증가했지만 잘 다스릴 수 있었고, 주(周)나라에 이르러 더욱 세밀해졌다. 천지(天地)와 사시(四時)를 두루 살펴서 도(道)로써 다스리니 정치(政事)가 제대로 다스려졌던 것이다. 여기에 어찌 이름만 번드르르 하면서 실재와 상응하지 못하는 폐단이 있었겠는가. 고려 건국 초기에는 관직 12등급(級)을 만들었는데 고려 말(國語)을 좇아 관명(官名)을 만든 것이지 (중국의) 올바른 표현을 따르는 것(馴雅)은 아니었다. 송(宋)의 교화(皇化)가 점차 퍼지자 관부(官府)를 설치하되 (송의 제도에 따라) 명칭을 정했다.[7] 하지만 관직에 취임해 업무를 맡는 경우에는 여전히 고려의 풍속(土風)을 따르므로 이름만 있을 뿐 실재는 맞지 않기도 한다. 하지만 (송을) 받들려는(慕義) 뜻은 가상하다고 할 만하다.

臺省[8]

官府之設 大抵皆[9]竊取朝廷美名 至其任[10]職授官 則實不稱名 徒爲文具觀美而已[11] 尙書省 在承休[12]門內 前有大門 兩廊十餘間[13] 中

---

6) 唐은 陶唐으로 堯임금을 말하며, 虞는 有虞로서 舜임금을 말한다.
7) 송의 영향을 받아 설치한 관부는 중앙 정치기구인 樞密院과 御史臺, 三司 등이다. 그렇지만 고려는 그 실제에 있어서는 고려 사회의 특수한 상황을 고려하여 독자적으로 운영하였다.
8) 臺省 : 사고전서본과 지부족재본에는 '省監'이라고 되어있다.
9) 大抵皆 : 사고전서본에는 '闕三字'라고 되어있다.
10) 至其任 : 사고전서본에는 '闕二字'라고 되어있다.
11) 而已 : 사고전서본에는 '闕二字'라고 되어있다.

爲堂三間[14] 卽令官治事之所 政事之所自出也 自尙書省之西 春宮之南 前開一門 中列三位 中爲中書省 左曰門下省 右曰樞密院 卽國相平章知院治事之所 禮賓省 在乾德殿前之側 所以掌四鄰之賓客 八關[15]司 在昇平門之東 所以掌齋祭之事 御史臺 在左同德門內 所以張風憲之任 翰林院 在乾德殿之西 所以處詞學之臣 尙乘局以貯車馬 軍器監以藏甲仗 以至賓省之典禮儀 閤[16]門之職贊導 大盈倉 寔[17]寶貨之帑 右倉 卽積粟之地 凡此皆在王居內城也 自廣化門外言之 官道之北 則尙書戶部 又其東曰工部 曰考功 曰大樂局 曰良醞局 四門[18]竝北列而南向 各有標[19]名 道之南 則兵刑吏三司 其門南列而北向 又東南數十步 卽鑄錢監 稍北 卽將作監也 監門千牛金吾三衛 在北門內 而金吾稍近東 所以典兵衛之禁 大市京市二司 在南大街 而東西相望 所以平關市之政 以至管絃有坊 弓箭有司 幞頭有所 占天有臺 凡此皆在外城之內也 又有開成[20]府 拒[21]城四十里 凡民庶婚田鬪[22]訟之事 悉摠[23]之

12) 承休 : 사고전서본에는 '闕二字'라고 되어있다.
13) 지부족재본에는 '聞'이라고 되어있다.
14) 지부족재본에는 '聞'이라고 되어있다.
15) 사고전서본에는 '入關'이라고 되어있다.
16) 사고전서본에는 '閣'이라고 되어있다.
17) 사고전서본과 지부족재본에는 '實'이라고 되어있다.
18) 日良醞局四門 : 사고전서본과 지부족재본에는 '日良醞局四門' 이 본문 크기로 되어있다.
19) 사고전서본과 지부족재본에는 '標'라고 되어있다.
20) 사고전서본에는 '城'이라고 되어있고, 지부족재본에는 '成鄭刻城'이라고 되어있다.
21) 사고전서본에는 '距'라고 되어있다.
22) 사고전서본에는 '鬪'라고 되어있다.
23) 사고전서본과 지부족재본에는 '總'이라고 되어있다.

― 고려 개경 관부 및 궁궐문 : 김창현, 『고려 개경의 구조와 그 이념』

주요 관부〔臺省〕

(고려에서) 설치한 관부(官府)는 대부분이 (송) 조정(朝廷)의 좋은 관명(官名)을 빌려서 쓴 것이다. 관직을 제수받을 때 그 실재와 이름이 맞지 않는 이유는 이름만 존재하고 보기에만 그럴 듯하게 하고자 했기 때문이다.

상서성(尙書省)은[24] 승휴문(承休門) 안쪽에 있는데 앞쪽에는 큰 문이 있으며 양편으로는 행랑채 10여 칸이 있고 가운데 세 칸짜리 건물〔堂〕이 있다. 상서령〔令官〕이 업무를 보는 곳이며 정치〔政事〕가 벌어지는 곳이다.

상서성 서쪽으로부터 춘궁(春宮) 남쪽으로는 앞쪽에 문(門) 하나가 열려 있고 중앙에는 건물 셋〔三位〕이 나란히 있다. 그 가운데가 중서성(中書省)이고 왼쪽은 문하성(門下省),[25] 오른쪽은 추밀원(樞密院)이라고[26] 부르니 바로 국상(國相),[27] 평장사〔平章〕, 지추밀원사〔知院〕가 업무를 보는 곳이다.

예빈성(禮賓省)은[28] 건덕전(乾德殿) 앞에 측면으로 서 있는데, 외국 사

---

24) 고려시대 3省의 하나로 백관을 총령하던 기관으로 실무를 담당한 것은 상서 6부였다. 국초에는 泰封의 관제에 따라 廣評省이라 하였는데,『高麗史』百官志에는 982년 3월에 광평성을 어사도성으로 고치고 995년 9월에 상서도성으로 고쳤다고 되어있다. 고려의 3성제는 성종 때 성립되었으나,『高麗史』百官志는 문종관제를 기본으로 그 관서의 조직과 구성을 기록하고 있다.
25) 고려시대 최고정무기관으로 재부라고도 하였다.『高麗史』百官志에 따르면, 고려 초에 內議省이라 하던 것을 982년 內史門下省이라 고치고, 1061년 中書門下省이라 개칭하였다. 고려는 唐의 3省6部制를 채택하였지만 中書省과 門下省이 단일기구를 이루었고, 그 장관인 門下侍中이 首相이 되었다.
26) 송의 관부를 모방한 것으로 고려시대 왕명의 출납과 궁중의 宿衛 軍機를 맡아보던 기관이다.
27) 국가의 정치를 보좌하는 재상 즉 國宰를 말한다.
28) 고려시대에 외국 빈객을 맞이하고 접대하는 일을 맡아보던 관청을 말한다. 921년 예빈성

신[四鄰之賓客]을 담당하는 곳이다. 팔관사(八關司)는 승평문(昇平門) 동쪽에 있는데 재제(齋祭)와 관련된 일을 맡는다. 어사대(御史臺)는 좌동덕문(左同德門) 안쪽에 있는데, 풍기[風憲]를 단속하는 일을 담당한다. 한림원(翰林院)은 건덕전(乾德殿) 서쪽에 있으며, 사학(詞學)을[29] 맡은 신하들이 있는 곳이다. 상승국(尙乘局)에서는 거마(車馬)를 수납하고 군기감(軍器監)에서는 갑옷과 무기[甲仗]를 보관하며, 예빈성[賓省]은 의례[禮儀]를 주관하고 합문(閤門)은[30] (손님) 인도[贊導]를 책임진다. 대영창(大盈倉)은 실제로는 보화(寶貨)를 보관하는 곳이며, 우창(右倉)은 곡식을 쌓아두는 곳이다. 이상의 모든 관부는 왕이 거처하는 내성(內城)에 있다.

광화문(廣化門) 바깥을 이야기하자면 관도(官道)[31] 북쪽에는 상서호부(尙書戶部)가 있고 그 동쪽으로는 공부(工部), 고공(考功),[32] 대악국(大樂局),[33] 양온국(良醞局)이[34] 있다. (이 네 관서의) 네 개의 문은 북쪽에 늘어서 남쪽을 향해 있으며 각 문마다 이름이 붙어있다[標名].

관도[道] 남쪽으로는 병부(兵部) · 형부(刑部) · 이부(吏部)의 세 관사(官司)가 있는데, 그 문들은 남쪽에 늘어서 북쪽을 향해 있다. 또한 동남쪽으로 수십 보 떨어진 곳이 곧 주전감(鑄錢監)이며, 약간 북쪽에 있는 곳

이라 하였던 것을 995년에 客省으로 고쳤다가 예빈성으로 복구하였다.
29) 詩文의 학문을 말한다.
30) 閤門使라는 관직을 말하는데, 이들은 三公 · 群臣 · 藩國의 朝見 · 辭謝 등을 도와주는 임무를 띠었다.
31) 정부에서 만들고 수리 관리하는 도로를 말하는데, 요즘으로 치면 간선도로 정도의 의미에 해당한다.
32) 조선이 개국한 1392년 7월 문무백관의 제도를 정할 때 吏曹에 文選 考勳 考功의 3司를 두고 문관의 선임, 공훈의 査定, 관리 성적의 評定 등의 일을 관장하게 하였다. 고려에서 考功이란 관서가 있었는지는 확실하지 않다.
33) 고려시대에 음악을 맡아 가르치고 다스리던 관서인 大樂署를 말하는 듯하다.
34) 良醞署를 말하는 듯하다.

이 곧 장작감(將作監)이다.

감문위(監門衛)・천우위(千牛衛)・금오위(金吾衛) 등 세 곳은 북문 안에 있다. 금오위가 약간 더 동쪽에 위치하는데, 그 이유는 경호〔兵衛之禁〕를 담당하기 때문이다. 대시사(大市司)와 경시사(京市司) 등 두 곳은 남쪽의 큰 거리에 위치하면서 동서쪽에서 서로를 바라보는 형국이니, 시장 업무〔關市之政〕를 관장하기〔苹〕 위함이다. 아울러 관현(管絃)에는 방(坊)이 있고[35], 궁전(弓箭)에는 사(司)가 있으며, 복두(幞頭)에는 소(所)가 있고[36], 점천(占天)에는 대(臺)가[37] 설치되기도 하였다. 이상의 모든 관서는 외성(外城) 안에 있다.

또한 성(城)에서 40리 떨어진 곳에는 개성부(開城府)가 있는데[38] 백성들의 혼인과 토지 관련 송사를 모두 처리한다.

國子監

國子監 舊在南會賓門內 前有大門 榜曰國子監 中建宣聖殿兩廡 闢齋舍以處諸生 舊制極隘 今移在禮賢坊 以學徒滋多 所以侈其制耳

국자감(國子監)

국자감은 옛날에는 남쪽 회빈문(會賓門) 안에 있었는데, 앞쪽에는 국자감이라고 편액을 내건 큰 문이 있다. 중앙에는 선성전(宣聖殿)과 동무(東廡)・서무(西廡)를 세웠고, 재사(齋舍)를[39] 만들어 많은 학생들〔諸生〕을 머물게 하였다. 옛날 규모는 매우 협소했으나 현재는 예현방(禮賢坊)으로 옮김으로써 학도(學徒)가 점차 많아졌다. 그 규모를 거창하게 만들

---

35) 管絃坊을 말하는 듯하다.
36) 幞頭店을 말하는 듯하다.

었기 때문이다.

倉廩

倉廩之制 不施關鑰 外爲墻[40]垣 唯開一門 以防盜竊 內城之內 舊有三倉 今所見者 特右倉耳 宣義門之外 有倉 日龍門 洪州山中 有倉 日富用 俗傳日芙蓉[41] 非也 大義倉 舊在西南門[42] 積米三百萬 經回祿 悉爲煨[43]燼 遂移於長霸門 麗人 以衆水所會之地 可以厭火災耳 又有海鹽常平二倉 相去數百步 唯富用與右倉 不常發 以儲兵革水旱之備 其積之狀 如圓屋 正詩所謂亦有高廩也 下築土基 其高尺 織草爲苫 中積米穀一石 積而致之 其高數丈 出於墉外 上復以草蓋之 以蔽風雨 蓋米氣不泄 則陳腐 今高麗倉廩中 雖數歲 而米亦新者 以積苫之法 略[44]通其氣耳 國相 每歲給米四百二十苫 致仕半之 尙書侍郎而下 二百五十苫 卿監郎官 一百五十苫 南班官 四十五苫 諸軍衛錄事 一十九苫 其武臣視此等而上之 與文官相埒 內外見任受祿官 三千餘員 散官同正無祿給田者 又一萬四千餘員

---

37) 司天監을 말하는 듯하다.
38) 이 기록으로 보아 개성부는 당시 수도였던 開京에 없었던 것은 분명하다. 박용운의 연구에 따르면, 문종 16년(1062)의 관제 개편으로 開城府에서는 경기 12縣만을 관할하였으며 개경은 관할하지 않았는데, 개성부가 자리잡은 開城縣은 현재의 개풍군 서면 개성리에 해당한다(朴龍雲, 1996, 『고려시대 開京 연구』, 一志社, 69~70쪽).
39) 학생들이 거처하는 곳을 말하는데, 七齋를 가리키는 것인지 아니면 東齋와 西齋만을 가리키는지는 불분명하다.
40) 사고전서본에는 '牆' 이라고 되어있다.
41) 사고전서본에는 '容' 이라고 되어있다.
42) 西南門 : 사고전서본에는 '西門內' 라고 되어있고, 지부족재본에는 '西門內鈔本作西門今依鄭刻' 이라고 되어있다.
43) 사고전서본에는 '燬' 라고 되어있다.
44) 사고전서본에는 '畧' 이라고 되어있다.

其田皆在外州 佃軍耕蒔 及時輸納 而均給之

곡식창고〔倉廩〕

창고에는 자물쇠〔關鑰〕를 설치하지 않는데, 바깥으로 담장을 치고 문 하나만을 내서 도둑을 막는다. 내성(內城) 안에 옛날에는 창고가 세 개 있었지만 현재 보이는 것은 우창(右倉)만이다. 선의문(宣義門) 바깥에 창고가 있는데 용문창(龍門倉)이라고 부른다.

홍주(洪州)의 산중(山中)에도 창고가 있는데 부용창(富用倉)이라고 부른다. 민간에서는 이름을 부용(芙容)이라고 부르기도 하지만 틀린 것이다.

대의창(大義倉)은 옛날에는 서문(西門) 안에 있었는데 쌀 300만(섬〔石〕)을 쌓았던 곳이다. 화재〔回祿〕가[45] 나서 모든 게 타버리자 결국 장패문(長霸門) 쪽으로 옮겼다. 고려인들은 (이곳이) 많은 물들이 모이는 곳이어서 화재를 억누를 수 있다고 생각하였다. 이 외에 해염창(海鹽倉)과 상평창(常平倉) 등 두 곳은 그 거리가 수백 보 떨어져 있다.

부용창과 우창은 (곡식을) 항상 반출하지는 않으며 전쟁과 흉년〔兵革水旱〕에 대비하기 위해 비축한다. 곡식을 쌓아놓은 모습은 둥근 집처럼 보이는데, 바로 『시경(詩經)』에서 '또한 높은 창고가 있구나〔亦有高廩〕'라고 표현한 것과 같다.[46] 아래쪽에는 흙으로 토대를 쌓았으며 토대 높

---

45) 불의 神으로 火災를 가리킨다.
46) 『詩經』에 보이는 내용이다. "풍년이라 벼와 기장이 풍성하구나. 높다랗게 지어 올린 창고 있으니 곡식 넣은 가마니가 억만이라네. 이제는 술을 빚고 단술을 담아 조상들께 먼저 바쳐 대접을 하고 이어서 갖가지 예를 다하니 하늘도 큰 복 내려 축원해주네(豊年多黍多稌 亦有高廩 萬億及秭 爲酒爲醴 烝畀祖妣 以洽百禮 降福孔皆 : 『詩經』 周頌 豊年)."

이는 여러 자[尺]이다. 새끼를 짜서[織草] 거적을 만들고 그 가운데에 쌀 1석(石) 분량을 담는데, 그 위에 (쌀가마니를 계속) 쌓아올렸다. 그 높이는 여러 길[丈]이어서 담장 위로도 솟아있는데, 위에는 다시 풀[草]로 덮어 비바람을 막았다. 보통 쌀에 공기가 통하지 않으면[米氣不泄] 썩기 마련인데, 지금 고려의 창고에서는 여러 해가 지나도 쌀이 여전히 햅쌀 같은 것은 대체로 공기를 통하게 거적을 쌓기 때문이다.

국상(國相)에게는 해마다 쌀 420섬[石]을 지급하며[47] 벼슬을 그만두면 그 반을 지급한다. 상서시랑(尙書侍郎) 이하에게는 250섬, 경·감·낭관(卿·監·郎官)에게는 150섬, 남반관(南班官)에게는 45섬, 제군위(諸軍衛) 녹사(錄事)에게는 19섬을 지급한다. 이러한 등급 구분을 기준으로 삼아, 무신(武臣)의 경우에는 올려 지급하였으므로 문관(文官)과 비슷하게 되었다[相埒]. 개경과 지방에서 녹(祿)을 받는 현직 관리[內外見任受祿官]는 3000여 명이며 녹은 없고 토지만을 받는 산관동정(散官同正)이 또 14,000여 명이다. 그 토지는 모두 지방[外州]에 있는데 전군(佃軍)이 경작하여[耕蒔] 수확 때가 되면 옮겨와 균등하게 지급한다.[48]

府庫

奉先庫 在廣化門之東 去順天館官道之北 前門二間[49] 稍東開門 左

---

47) 이와 관련해서는 『高麗史』 食貨志에 실린 '祿俸'이 참고된다. 文宗 30년(1076)의 文武班祿 지급 규정에 의하면 中書·尙書令·門下侍中은 400石을 지급받는 것으로 되어있다.

48) 고려시대 관료의 등급에 따라 지급된 田柴科가 外州에 설치되었음을 알 수 있다. 또한 전시과의 경작인이 '佃軍' 이었음도 알 수 있는데, '佃軍' 의 성격에 대해서는 소작인이었다는 견해(姜晋哲, 1980, 『高麗土地制度史硏究』, 고려대출판부)와 국가 수취체제에 포함된 公民이었다는 견해(李榮薰, 1999, 「高麗佃戶考」 『歷史學報』 159)가 제시되었다.

49) 지부족재본에는 '開' 이라고 되어있다.

有一堂 其制極高 出於墻⁵⁰⁾外 右有一樓 東面 不施窓牖 唯於其柱榜 云貯水防火 蓋其中所藏 乃奉先王祭器牲牢 及國忌 給齋料於此 以施諸寺焉

부고(府庫)

봉선고(奉先庫)는 광화문 동쪽이자 순천관(順天館)을 벗어난 관도(官道)의 북쪽에 있다. 앞쪽에는 두 칸짜리 문이 있는데 약간 동쪽으로 문을 내었다[稍東開門]. 왼쪽에는 건물 한 채가 있는데 매우 높아서 담장 너머로 솟아 있다. 오른쪽으로는 누각 하나가 있는데 동향(東向)이며 창문은 내지 않았다. 그 기둥[柱榜]에는 '물을 담아 화재를 막는다[貯水防火]'라고 쓰여 있을 뿐이다. 아마도 건물 안에 소장하고 있는 것은 선왕(先王)에게 제사 지내기 위한 제기(祭器)와 제물[牲牢]이다. 왕이나 왕비의 제삿날[國忌]이 되면 이곳에서 제사의 제물을 공급하여 여러 사찰에 나누어준다.

藥局

高麗舊俗 民病不服藥 唯知事鬼神 呪咀⁵¹⁾厭勝爲事 自王徽遣使入貢求醫之後 人稍知習學 而不精通其術 宣和戊戌歲 人使至 上章乞降醫職 以爲訓導 上可其奏 遂令藍茁等往其國 越二年乃還 自後通醫者衆 乃於普濟寺之東 起藥局 建官三等 一曰太醫 二曰醫學 三曰局生 綠衣木笏 日泣⁵²⁾其職 高麗他貨 皆以物交易 唯⁵³⁾市藥 則

---

50) 사고전서본과 지부족재본에는 '牆'이라고 되어있다.
51) 사고전서본과 지부족재본에는 '咒詛'라고 되어있다.
52) 사고전서본에는 '涖'라고 되어있다.
53) 지부족재본에는 '惟'라고 되어있다.

間⁵⁴⁾以錢寶⁵⁵⁾焉

약국(藥局)

고려의 옛 풍속에서는 백성들의 질병에 약(藥)을 복용하지 않았다. 오로지 귀신에게 비는 것만 알았으니 주문을 외우기만[呪詛厭勝]⁵⁶⁾ 하였다.

고려 문종[王徽]이 (송에) 사신을 파견 입공(入貢)하여 의학을 배우려고 한 이후부터 (고려) 사람들이 조금씩 의학을 익힐 줄 알게 되었지만 의술(醫術)에는 정통하지 않았다.

예종 13년(1118)[宣和 戊戌歲]에 (고려) 사신이 와서 표장(表章)을 올려 의관[醫職]을 파견하여 교관(訓導)으로 삼게 해달라고 요청하였는데, 황제가 그 요청을 받아들여 남줄(藍茁) 등에게 고려로 가도록 명령하였으므로 (고려에 파견된 남줄은) 2년 뒤에 귀환하였다. 이때부터 의학에 정통한 사람들이 많아졌다. 이에 보제사(普濟寺) 동쪽에 약국을 세우고 세 등급의 관원을 두었다. 첫째는 태의(太醫), 둘째는 의학(醫學),⁵⁷⁾ 셋째는 국생(局生)이라고 불렀다. (이들은) 녹색 옷에 나무로 된 홀[木笏]을 들고 매일 그 직임(職任)을 담당한다.⁵⁸⁾ 고려에서는 다른 재화는 모두

---

54) 지부족재본에는 '開'이라고 되어있다.
55) 사고전서본과 지부족재본에는 '貿'라고 되어있다.
56) 呪詛와 厭勝은 모두 주문을 외워 굴복시키는 것을 말한다.
57) 醫學博士를 가리키는데 당에서는 醫學의 正敎官으로 의료를 담당하기도 했다. 당에서는 貞觀 3년(629)에 의학을 설치하고 醫藥博士를 두었는데 開元 원년(713)에 의약박사를 醫學博士로 개칭하였다. 우리나라에서는 신라 효소왕 때인 692년에 '醫學'을 설치하였다.
58) 고려전기에는 당 의학 전통을 이어받은 신라 의학을 그대로 수용하였으며 불교의 융성과 함께 인도 의학의 영향도 받게 되었다. 고려 의학은 인접한 宋과 元의 의학을 수용하면서 서역 및 남방 열대산 의약품들, 그리고 한국에서 산출되는 鄕藥에 대한 연구로 발

물건을 이용해서 교역하는데 약(藥)을 거래할 때만은 간혹 돈[錢]으로
교역한다.

囹圄

囹圄之設 其墉高峻 形如環堵 中亦有屋蓋 古圜土[59]之意也 今在官
道之南 與刑部相對 輕罪則付刑部 盜及重罪則付獄 繫以縲絏 無一
人得逸者 亦有枷杻之法 然淹延不決 有至閱時經歲 唯贖金可免 凡
決杖 以一大木 橫縛二手於上 使之箸[60]地 而後鞭之 笞杖極輕 自
百至十 隨其輕重 而加損 唯大逆不孝乃斬 次則反縛髀骨 相摩至匈
次皮膚拆[61]裂乃已 亦車裂之類也 外郡 不行刑殺 悉械送[62]王城 每
歲八月 慮囚 夷性本[63]仁 死辜[64]多貸 而流於山島 累赦 則以歲月久
近 量輕重原之

감옥[囹圄][65]

감옥의 담장은 높고 튼튼한데[高峻] 반지처럼 동그랗게 생겼다. 물론
가운데에는 건물[屋蓋]을 다시 설치했으니 옛날 환구(圜丘)와[66] 비슷하

전을 거듭하였다. 그 결과 고려후기에는 향약의 전문의서들을 저술하게 되었다. 고려후
기 전문의서들은 조선 세종 때에 편집한 『鄕藥集成方』에 인용되어 조선의 의학발달에
큰 영향을 끼쳤다.

59) 사고전서본에는 '丘' 라고 되어있다.
60) 사고전서본과 지부족재본에는 '著' 라고 되어있다.
61) 사고전서본에는 '折' 이라고 되어있다.
62) 사고전서본에는 '送闕二字' 라고 되어있다.
63) 夷性本 : 사고전서본에는 '俗尙寬' 이라고 되어있다.
64) 사고전서본에는 '罪' 라고 되어있다.
65) 囹은 領이며 圄는 禦의 뜻이다. 죄수의 죄명을 기록[領錄]하고 가두는 것[禁禦]을 말한
다.

다. 현재는 관도 남쪽에 있으며 형부(刑部)와 마주하고 있다.

가벼운 죄라면 형부로 보내고 절도나 무거운 죄라면 감옥[獄]으로 보낸다. (죄인을) 오랏줄[縲絏]로 묶어 누구라도 몸이 편안할 수 없게 하니 가뉴법(枷杻法)이[67] 있는 셈이다. 하지만 지체되어 판결이 나지 않다가 계절이 바뀌고 해가 지나가기도[閱時經歲] 한다.

돈을 내면[贖金] (처벌을) 면제받을 수도 있다. 장형(杖刑)이 결정되면 큰 나무를 이용해서 두 손을 나무 위쪽에 가로로 묶어서 죄인을 땅에 고정시킨 후 매질을 한다. 태장(笞杖)은 매우 가벼운 처벌인데 100대에서 10대까지를 치며 죄질의 경중(輕重)에 따라 가감(加減)한다. 하지만 대역불효한 큰 죄인은 참형(斬刑)에 처하고, 그보다 낮은 경우에는 넓적뼈를 반대로 꺾어 묶고 가슴과 맞닿게 하며, 또한 피부를 갈갈이 찢고 나서야 멈추니 거열형(車裂刑)과 같은 종류의 처벌이다.

지방 군현[外郡]에서는 사형을 집행하지 않고 모두 형틀에 가두어 개경[王城]으로 이송한다. 해마다 8월에 죄수를 심리하는데, 고려 풍속은 원래 인자하여[夷性本仁] 사형에 해당하는 죄도 관대히 다스리는 경우가 많아 산도(山島)에 유배보낸다. 사면할 때는 경과한 시기에 따라 죄의 경중을 따진 후 용서한다.

---

66) 천자가 冬至에 하늘에 제사 지내는 제단을 말하는데, 원형의 언덕처럼 생겼다. 圓丘라고도 한다.
67) 枷는 목에 씌우는 刑具이며 杻는 손을 채우는 수갑을 말한다.

『선화봉사고려도경』권17

祠宇

臣聞 高麗素畏信鬼神 拘忌陰陽 病不服藥 雖父子至親不相視 唯知呪詛[1]厭勝而已 前史 以謂其俗淫 暮夜輒男女群聚爲倡樂 好祠鬼神社稷靈星 以十月祭天大會 名曰東盟 其國東有穴號禭神 亦以十月 迎而祭之 自王氏有國以來 依山築城於國之南 以建子月 率官屬 具儀物祠天 後受契丹冊 與其立世子 亦於[2]此行禮焉 其十月東盟之會 今則以其月望日 具素饌 謂之八關齋 禮儀極盛 其祖廟 在國東門之外 唯王初襲封與三歲一大祭 則具車[3]服冕圭 親祠之 其餘則分遣官屬 歲旦月朔春秋重午 皆享祖禰 繪其像於府中 率僧徒歌

---

1) 呪詛 : 사고전서본과 지부족재본에는 '咒詛' 라고 되어있다.
2) 사고전서본에는 '如' 라고 되어있고, 지부족재본에는 '鄭刻如' 라고 되어있다.
3) 사고전서본과 지부족재본에는 '專' 이라고 되어있다.

唄 晝夜不絶 又俗喜浮屠 二月望日 諸僧寺然燭極繁[4]侈 王與妃嬪
皆往觀之 國人喧闐[5]道路 其神祠在百里內者 四時遣官 祠以太牢
又三歲一大祭 徧其境內 然及期 以祠[6]神爲名 率斂民財 聚白金千
兩 餘物稱是 與其臣屬分之 此爲可哂也 自王居宮室之外 唯祠宇制
作頗華 諸觀寺 唯安和爲冠 以尊奉宸翰故耳 今取其人使道路所歷
與夫齋祠游[7]覽 耳目所及者圖之 其餘不見制度 則略[8]而不載

사우(祠宇)

신(臣)이 듣기에 고려는 본래 귀신을 두려워하며 믿고 음양(陰陽)에 얽매여, 병이 들면 약을 먹지 않는다. 비록 부자(父子)간의 지친(至親)이라도 서로 보지 않고 오직 주문으로 화가 일어나지 않게 할 따름이다. 전대의 역사에 이르기를, "그 풍속이 음란하여 저녁이 되면 으레 남녀가 무리지어 노래를 부르며 즐기고 귀신, 사직,[9] 영성(靈星)에[10] 제사지내기를 좋아한다. 10월에는 제천행사를 갖는데, 동맹(東盟)이라 부른다. 그 나라 동쪽에 굴이 있는데 수신(襚神)이라 부르고, 역시 10월에 (귀신을) 맞이하여 제사지낸다."라고 하였다.[11]

---

4) 사고전서본과 지부족재본에는 '繁'이라고 되어 있다.
5) 사고전서본에는 '鬧'라고 되어 있다.
6) 사고전서본에는 '祀'라고 되어 있다.
7) 사고전서본에는 '遊'라고 되어 있다.
8) 사고전서본에는 '畧'이라고 되어 있다.
9) 天子나 諸侯가 壇을 세워 제사를 지내는 土神인 社와 穀神인 稷을 말한다. 후세에는 나라 또는 조정을 일컫는 말이 되었다. 중국에서는 고대부터 토지와 농업을 맡은 신을 존중해 왔는데, 토지신인 사에 곡물신인 后稷을 함께 모셨던 데서 '社稷'이라는 말이 생겼다. 사직에 대한 제사는 하늘에 대한 제사, 조상에 대한 제사와 함께 국가적 제사로 꼽힌다.
10) 天田星이라고도 하는데 농사를 맡아보는 것으로 되어 있다. 后稷의 별칭이다.

왕씨(王氏)가 나라를 세운 이후에는 산에 의지하여 나라 남쪽에 성을 쌓고 11월[子月]을[12] 세수(歲首)로 삼아 관속을 거느리고 의장물[儀物]을 갖춰 하늘에 제사지냈다. 후에 거란(契丹)의 책명(册命)을 받을 때와 그들이 세자(世子)를 세울 때에도 여기에서 의례를 거행하였다. 10월에 동맹하는 모임이, 지금은 그 달 보름날 간소한 음식을 차려놓는 것인데 팔관재(八關齋)라 부르며 그 의례는 매우 성대하다.

종묘는 나라의 동문에 있는데, 왕이 처음 왕위를 계승[襲封]할 때와 3년에 한 번씩 지내는 큰 제사 때에만 거복(車服)과 면규(冕圭)를 갖추어 친히 제사지내고 그 외에는 관속들을 나누어 파견한다. 원단(元旦)과 매달 초하루 및 춘분·추분[春秋]과 단오에는 항상 조상의 신주에 제향을 드리는데, 부중(俯中)에 그 화상을 그리고, 승려가 밤낮으로 끊임없이 범패(梵唄)를 노래한다.

또 풍속에 부처를 좋아하여 2월 보름에는 모든 불사(佛寺)에서 촛불을 켜는데 매우 번화하고 사치스럽다. 왕과 비빈이 모두 가서 구경하고 나라 사람들은 떠들며 도로를 가득 메운다. 백리 안에 있는 신사(神祀)에는 사시(四時)에 관원을 보내어 희생[太牢]을 바쳐 제사지낸다.

또 3년에 한 차례씩 있는 큰 제사는 온 나라에서 두루 베풀어진다. 그러나 기일이 되어 귀신에게 제사한다는 명목으로 백성의 재물을 거둬들여 은[白金] 1천냥을 모으고, 나머지 물건들도 이와 비슷하게 거두어 그것들을 신하들과 함께 나누어 갖는다. 이것은 우스운 일이다.

왕이 거처하는 궁실을 제외하면 사우(祠宇)의 건축만이 자못 화려하다. 여러 도관과[13] 사찰 중에서 안화사(安和寺)가 으뜸인데, 그것은 거

---

11) 이상은 『三國志』 魏志 東夷傳의 高句麗 기사를 간추려 기록한 것이다.
12) 十二支를 十二月에 각각 배정한 것으로, 子月은 음력 11월을 뜻한다.

기에 천자의 친필〔宸翰〕을 봉안하고 있기 때문이다. 이제 사절들이 도로에서 본 바와 재사(齋祠)를 직접 본 것들 중 이목(耳目)에 접한 것들을 그림으로 그리고, 나머지 보지 못한 제도는 생략하여 싣지 않는다.

福源觀

福源觀 在王府之北大和門內 建於政和間[14] 前榜曰敷錫之門 次榜 曰福源之觀 嘗聞殿內繪三淸像 而混元皇帝鬚髮皆紺色 偶合聖朝 圖繪眞聖貌像之意 亦可嘉也 前此國俗 未聞虛靜之敎 今則人人咸 知歸仰云

복원관(福源觀)

복원관은 왕부(王府) 북쪽 태화문(太和門) 안에 있는데 정화(政和, 宋徽宗의 年號, 1111~1117) 연간에 세워졌다. 앞에는 '부석지문'(敷錫之門), 그 다음에는 '복원지관'(福原之觀)이라는 방문(榜文)이 씌어 있다. 들은 바에 따르면, 전(殿) 안에 삼청상(三淸像)을[15] 그렸는데 노자〔混元皇帝〕의 수염과 머리털이 다 감색이어서 우연히 성조(聖朝)가 진성(眞聖)의 모습을 그린 뜻과 합치하니 또한 가상하다.[16] 예전에는 고려 풍속에서는 도교

---

13) 道敎의 寺院을 말한다. 도관에는 道士가 거주하고 수도하면서 祭儀를 행했는데 治, 觀, 庵, 宮, 廟 등으로도 부른다. 우리나라에는 624년(고구려 營留王 7) 도교가 들어왔으며 신라 말에는 당 유학생들이 도교를 익혀 와서 널리 알려졌다. 고려시대에는 도교가 국가적 차원에서 받아들여져 齋醮가 빈번하게 올려졌고 예종 때 개경 북쪽에 福源宮이라는 도관을 지었다. 그러나 이때의 재초는 국가나 왕실의 축원에 그치고 일반에게는 이용되지 못해 종교적 발전은 이루어지지 않았다. 조선시대에도 昭格殿, 三淸殿, 太一殿 등의 도관이 있었으나 조선 초부터 혁파나 축소, 폐지에 대한 논란이 거듭되었다.
14) 지부족재본에는 '間' 이라고 되어있다.
15) 三淸像은 보통 玉皇上帝, 老子, 莊子의 3尊像을 말한다. 이들 三神은 도교사원인 道觀에 안치하는데, 이들이 거처하는 곳을 玉淸, 上淸, 太淸의 天外仙境이라고 한다.

〔虛靜〕의 가르침을 듣지 못했는데, 이제는 누구나 귀의하여 믿는다고 한다.

靖國安和寺

安和寺 由王府之東北 山行三四里 漸見林樾淸茂 藪[17] 麓崎嶇 自官道南玉[18]輪寺 過數十步 曲徑縈紆 脩[19] 松夾道 森然如萬戟 淸流湍激 驚奔啾[20]石 如鳴琴碎玉 橫溪爲梁 隔岸建二亭 半蘸灘磧 曰淸軒[21] 曰漣漪 相去各數百步 復入深谷中 過山門閣[22] 傍溪行數里 入安和之門 次入靖國安和寺 寺之額 卽今太師蔡京書也 門之西有亭 榜曰冷泉 又少北入紫翠門 次入神護門 門東廡 有像 曰帝釋 西廡 堂 曰香積 中建無量壽殿 殿之側 有二閣 東曰陽和 西曰重華 自是之後 列三門 東曰神[23]翰 其後有殿 曰能仁 殿二額 寔[24]今上皇帝所賜御書也 中門曰善法 後有善法堂 西門曰孝思 院後有殿 曰彌陁[25] 堂殿之間[26] 有兩廡 其一 以奉觀音 又其一 以奉藥師 東廡 繪祖師像 西廡 繪地藏王 餘以爲僧徒居室 其西有齋宮 王至其寺 則自尋芳門 過其位 前門曰凝祥 北門曰嚮福 中爲仁壽殿 後爲齊雲閣 有

---

16) 聖朝는 당시의 북송 황제 즉 徽宗을 말하며 그림을 잘 그렸다. 眞聖은 老子의 별칭이다.
17) 사고전서본에는 '數'라고 되어있다.
18) 사고전서본에는 '王'이라고 되어있다.
19) 사고전서본에는 '修'라고 되어있다.
20) 지부족재본에는 '漱'라고 되어있다.
21) 淸軒: 사고전서본에는 '闕二字'라고 되어있다.
22) 사고전서본과 지부족재본에는 '關'이라고 되어있다.
23) 사고전서본에는 '翩'이라고 되어있다.
24) 지부족재본에는 '實'이라고 되어있다.
25) 사고전서본과 지부족재본에는 '陀'라고 되어있다.
26) 지부족재본에는 '閒'이라고 되어있다.

泉出山之半 甘潔可愛 建亭其上 亦榜曰安和泉 植花卉[27]竹木怪石 以爲游[28]息之玩 非特土木飾粉[29]之功 竊窺中國制度 而景物淸麗 如在屛障中 麗人 以奎章睿藻在焉 奉之尤嚴也 今使者至彼 率三節官屬從吏 拜于[30]御書殿下 飯僧祈福 日莫歸館 實宣和五年七月二日癸丑也

정국안화사(靖國安和寺)

안화사 가는 길은 다음과 같다. 왕부의 동북쪽을 지나 산길로 3~4리쯤 가면 숲이 깨끗하고 산록이 우거진 곳이 보인다. 관도(官道)의 남쪽에 있는 옥륜사(玉輪寺)에서 수십 보를 지나가면 구불구불하게 길이 얽혀 있고 높은 소나무가 양쪽 길에 서 있는데, 삼엄하기가 만 자루의 창을 세워놓은 듯하다. 맑은 물이 세차게 흘러 놀란 듯 달려가 돌을 씻어 내는 것이 마치 비파를 울리고 옥을 부수는 것 같다. 시내를 가로질러 다리를 놓았고 건너편 언덕에는 두 개의 정자가 세워져 있다. 여울 돌무더기에 반쯤 잠겨 있는데, 청헌정(淸軒亭)과 연의정(漣漪亭)이라고 부른다. 두 정자 간의 거리는 수백 보이다. 다시 깊은 골짜기 속으로 들어가서 산문각(山門閣)을 지나 시냇물을 끼고 몇 리를 가면 안화문(安和門)으로 들어가고, 곧이어 정국안화사로 들어간다.

사찰의 현판은 곧 현 태사(太師) 채경(蔡京)의[31] 글씨이다. 문 서쪽에

---

27) 사고전서본에는 '草' 라고 되어있다.
28) 사고전서본에는 '遊' 라고 되어있다.
29) 粉飾 : 사고전서본에는 '飾粉' 이라고 되어있다.
30) 지부족재본에는 '於' 라고 되어있다.
31) 蔡京(1047~1126)의 자는 元長으로 仙遊 사람이다. 그는 王安石의 신법을 부활시키는 등 국정을 장악하고 太師에까지 올랐다. 네 차례 파출되었다가 네 차례 국정을 장악한 인물로, 후에 '靖康의 變' 에 책임을 지고 물러났다.

정자가 있는데 방문(榜文)은 냉천정(冷泉亭)이다. 또 조금 북쪽은 자취문(紫翠門)으로 들어가고, 다음에는 신호문(神護門)으로 들어간다. 문 동쪽 곁채에 상(像)이 있는데 제석(帝釋)이라 한다. 서쪽 곁채의 당호(堂號)는 향적당(香積堂)이라 하며, 가운데에는 무량수전(無量壽殿)이[32] 세워져 있고, 그 곁에 두 누각이 있는데 동쪽의 것을 양화각(陽和閣)이라 하고 서쪽의 것을 중화각(重華閣)이라 한다. 여기서부터 뒤로 세 문이 늘어서 있는데 동쪽 것을 신한문(神翰門)이라 하며, 그 뒤에 있는 전각을 능인전(能仁殿)이라 한다. 전각의 두 현판은 현재의 황제〔송 휘종〕가 내린 어서(御書)이다. 중문은 선법문(善法門)이라 하는데 그 뒤에 선법당(善法堂)이 있다. 서문은 효사문(孝思門)이라 한다. 뜰 뒤에 전각이 있는데 그것을 미타전(彌陁殿)이라 한다. 당과 전각 사이에 두 곁채가 있는데 그 중 하나에는 관음(觀音)을 봉안하였고 또 하나에는 약사(藥師)를 봉안하였다. 동쪽 곁채에는 조사상(祖師像)이 그려져 있고 서쪽 곁채에는 지장왕(地藏王)이 그려져 있다. 나머지는 승려〔僧徒〕의 요사채이다.

그 서쪽에 재궁(齋宮)이 있다. 왕이 이 절에 오면 심방문(尋芳門)으로 해서 그 자리〔位〕로 지나가는데, 앞문은 응상문(凝祥門), 북문은 향복문(嚮福門), 가운데는 인수전(仁壽殿), 뒤는 제운각(齊雲閣)이다.

샘이 산 중턱에서 나오는데 달고 깨끗하여 마실 만하다. 그 위에 정자를 세웠다. 역시 방문(榜文)이 있는데 안화천(安和泉)이라 이름붙였다. 화훼(花卉)·죽목(竹木)·괴석(怪石)을 심어서 감상하는 휴식터로 만들었는데, 토목과 분식(粉飾)이 은근히 중국 제도를 모방하였을 뿐 아니라 경치가 맑고 아름다워서 병풍 속에 있는 듯하다. 고려인들은 규장(奎

---

32) 無量壽殿은 大乘佛敎에서 가장 중요한 부처인 阿彌陀如來를 모신 殿閣을 말한다 無量壽(amitayus)와 無量光(amitabhas)은 阿彌陀如來를 중국어로 意譯한 표현이다.

章：天子의 詩文이나 詔勅)과 예조(睿藻：제후의 詩文)가 거기에 있기 때문에 더욱 엄숙하게 받드는 것이다. 지금 사절(使節)이 그 곳에 가서 삼절(三節)의 관속과 종리(從吏)를 거느리고 어서전(御書殿) 아래에서 배례하였다. 그리고 승려들을 공양하여[飯僧] 복을 빌고 날이 저물어 관사로 돌아오니, 이 때가 선화(宣和) 5년(1123) 7월 2일 계축일이었다.

廣通普濟寺

廣通普濟寺 在王府之南 泰安門內 直北百餘步 寺額 揭於官道南向 中門榜曰神通之門 正殿極雄壯 過於王居 榜曰羅漢寶殿 中置金仙 文殊普賢三像 旁列羅漢五百軀 儀相高古 又圖其像於兩廡焉 殿之西爲浮屠五級 高逾二百尺 後爲法堂 旁爲³³⁾僧居 可容百人 相對有巨鐘 聲抑而不揚 故事 以禮物之餘馬 及高麗所遺使副者 凡二疋³⁴⁾ 益以白金二斤 爲香花果³⁵⁾蓛之供 以作佛事 飯僧徒 使副不躬往 唯遣都轄提以下三節行禮焉

광통보제사(廣通普濟寺)

광통보제사는 왕부의 남쪽 태안문(泰安門) 안에서 곧장 북쪽으로 백여보 지점에 있다. 사찰 현판은 관도(官道) 남향쪽에 걸려 있고, 중문의 방문은 '신통지문(神通之門)'이라 한다. 정전(正殿)은 매우 웅장하여 왕의 거처를 능가하는데 그 방문(榜文)은 '나한보전(羅漢寶殿)'이다.[36] 가

---

33) 사고전서본에는 '有'라고 되어있다.
34) 지부족재본에는 '匹'이라고 되어있다.
35) 사고전서본에는 '菓'라고 되어있다.
36) 羅漢은 온갖 번뇌를 끊고 고집멸도의 四諦의 이치를 밝혀 佛弟子가 도달할 수 있는 최고의 지위에 올라 존경받는 사람을 의미한다. 十六羅漢 五百羅漢 등이 있다. 이러한 나

운데에는 금선(金仙), 문수(文殊), 보현(普賢)의[37] 세 상이 놓여 있고, 곁에는 5백 나한을 늘어놓았는데 그 모습[儀相]이 높고 옛스럽다. 또한 양쪽 행랑에도 그 상을 그려 놓았다. 정전 서쪽에는 5층탑이 있는데 높이가 2백 자[尺]가 넘는다.[38] 뒤는 법당이고 곁은 승방인데 1백 명을 수용할 만하다. 맞은편에 큰 종이 있는데 소리는 가라앉아 널리 퍼지지는 못한다. 전례에 따라 예물의 나머지 말[馬]과 고려에서 정사와 부사에게 준 것 도합 2필에 은[白金] 2근을 더해 향・꽃・과일・나물 등의 제물[香花菓蔌]을 마련하고, 불사(佛事)를 치러 승려를 공양하였다. 정사와 부사는 몸소 가지 않고 다만 도할관(都轄官)과 제할관(提轄官) 이하 삼절을 보내어 의식을 거행하게 하였다.

興國寺

興國寺 在廣化門之東南道旁 前直一溪 爲梁橫跨 大門東面 榜曰興國之寺 後有堂殿[39] 亦甚雄壯 庭中立銅鑄幡竿 下徑二尺 高十[40]餘丈 其形上銳 逐節相承[41] 以黃[42]金塗之 上爲[43]鳳首 銜錦幡 餘寺或有之 唯[44]安和者 書云大宋皇帝聖壽萬年 觀其傾頌[45]之意 出於誠

한을 모셔 놓은 불당을 나한보전이라고 한다.
37) 대승불교의 보살들을 의미한다. 文殊菩薩은 깨달음의 지성적 측면을 상징하고, 普賢菩薩은 그 실천적 측면을 상징한다.
38) 5층탑의 규모로 2백 자가 넘는다는 표현은 다소 과장된 것으로 보인다.
39) 面 榜曰興國之寺 後有堂殿 : 사고전서본에는 '闕十一字' 라고 되어있다.
40) 中立銅鑄幡竿 下徑二尺 高十 : 사고전서본에는 '闕十二字' 라고 되어있다.
41) 節相承 : 사고전서본에는 '闕三字' 라고 되어있다.
42) 사고전서본에는 '闕' 이라고 되어있다.
43) 사고전서본에는 '闕' 이라고 되어있다.
44) 或有之 唯 : 사고전서본에는 '闕四字' 라고 되어있다.
45) 年 觀其傾頌 : 사고전서본에는 '闕五字' 라고 되어있고, 지부족재본에는 결락되어있다.

心 宜其被遇聖朝眷寵懷倈[46]之厚[47]也[48]

흥국사(興國寺)

흥국사는 광화문(廣化門) 동남쪽 길가에 있다. 그 바로 앞에 시내 하나가 있는데, 다리를 놓아 가로질러 건너간다. 대문은 동쪽을 향해 있는데 '흥국지사(興國之寺)'라는 방문이 있다. 뒤에 법당과 정전이 있는데 역시 매우 웅장하다. 뜰 가운데 동(銅)으로 주조한 번간(幡竿)이 서있는데,[49] 아래 지름이 2자, 높이는 10여 길(丈)이다. 그 형태가 위쪽은 뾰족하며 마디마디 서로 이어져 있고 황금으로 칠을 했다. 위는 봉황머리(鳳首)로 되어 있어 비단 표기(錦幡)를 물고 있다. 이런 것은 다른 절에도 간혹 있으나, 안화사의 것에만 '대송황제성수만년(大宋皇帝聖壽萬年)'이라 씌어 있다. 그들이 마음을 기울여 송축하는 뜻이 성심에서 나왔음을 보니, 성조(聖朝)로부터 총애와 회유를 두텁게 받는 것도 마땅한 일이다.

國淸寺

國淸寺 在西郊亭之西 相去三里許 長廊廣廈 喬松 怪石 互相映帶[50]

---

46) 사고전서본과 지부족재본에는 '倈'라고 되어있다.
47) 사고전서본에는 '厚'가 결락되어있다.
48) 지부족재본에는 '也此條鄭刻脫餘字'라고 되어있다.
49) 표기를 다는 장대, 즉 幢竿支柱로 추정된다. 幢竿支柱는 사찰 입구의 幢竿을 세우는 기둥을 말하는데, 刹竿이라고도 한다. 幢을 달아두는 장대를 幢竿이라 하며, 幢竿을 세우는 기둥을 幢竿支柱라고 한다. 본래 당은 寶幢 또는 天幢이라 하는 깃발의 일종이다. 그 형태는 깃발을 사용하여 竿頭에 용머리 모양을 놓고 그 아래에는 비단이나 천에 불 보살을 수 놓거나 그림을 그리고 가장자리에는 여러 개의 가닥을 늘어뜨린다.
50) 사고전서본에는 '掩'이라고 되어있고, 지부족재본에는 '帶鄭刻掩'이라고 되어있다.

景物淸秀 側有石觀音 峭立崖下 頃人使所過 道經國淸寺門 其褐衣 僧徒百十輩[51] 群出觀之

국청사(國淸寺)

국청사는 서교정(西郊亭) 서쪽 3리 가량 떨어진 곳에 있다. 긴 행랑과 넓은 집에 높은 소나무와 기석(怪石)이 서로 비치며 둘러 있어 경치가 맑고 수려하다. 곁에는 석관음(石觀音)이 벼랑 아래 준엄하게 서 있다. 근래에 사절이 지나가는데 국청사의 문을 지나갈 때 검은 옷(緇衣) 차림의 승려 110명 가량이 무리 지어 나와 구경을 하였다.

王城內外諸寺

興王寺 在國城之東南 維出長霸門二里許 前臨溪流 規模極大 其中有元豊間[52]所賜夾紵佛像 元符中所賜藏經 兩壁[53]有畫 王顒嘗語崇寧使者劉逵等云 此文王謂檄也[54] 遣使告神宗皇帝 模得相國寺本國人得以瞻仰 上感皇恩 故至今寶惜也 稍西 卽洪圓寺 入長霸門溪北爲崇化寺 南爲龍華寺 後隔一小山 有彌陁[55]慈氏二寺 然亦不甚完葺 崇敎院 在會嬪門內 普濟道日金[56]善三寺 在太安門內 鼎足而峙 隔官道之北由嵓山 又有奉先彌勒二寺 竝列 稍西 卽大佛寺也 王府之東北 與春宮 相距不遠 有二寺 一曰法王 次曰印[57]經 由大[58]

---

51) 사고전서본과 지부족재본에는 '輩'라고 되어있다.
52) 지부족재본에는 '間'이라고 되어있다.
53) 사고전서본에는 '璧'이라고 되어있다.
54) 謂檄也 ; 사고전서본에는 '翊德山'이라고 되어있고, 지부족재본에는 '翊德山謂徽也'라고 되어있다.
55) 사고전서본과 지부족재본에는 '陀'라고 되어있다.
56) 사고전서본에는 '䦧'이라고 되어있다.

和北門入 則有龜山玉輪二寺 乃適安和寺所由之途也 廣眞寺 在將
作監之東 普雲寺 在長慶宮之南 自崇仁門出 正東卽洪護寺 又東北
出安定門 則有歸法靈通二寺 唯順天館之北 有小屋數十間[59] 榜曰
順天寺 自人使至館一月 僧徒晝夜歌唄不絶 榜云以祈國信使副一
行平善 蓋由[60]夷之信 非一時矯僞也 又紫燕島 有濟物寺 群山島
有資福寺 殿與門 廡之外 亦無堂室 其徒三二人而止爾 凡此者 以
其屋宇 隘陋且多 故略[61]其圖 而載其名焉

왕성 안팎의 여러 사찰〔王城內外諸寺〕

흥왕사(興王寺)는 국성(國城) 동남쪽에 있다. 장패문(長霸門)을 나서 2리 가량 가면 앞쪽에 시냇물을 만난다. 그 규모가 매우 크다. 그 가운데에 원풍(元豊, 北宋 神宗의 年號, 1078~1085) 연간에 내린 협저불상(夾紵佛像)과 원부(元符, 北宋 哲宗의 年號, 1098~1100) 연간에 내린 장경(藏經)이[62] 있다. 양쪽 벽에는 그림이 있는데, 숙종〔王顒〕이 숭녕(崇寧, 北宋 徽宗의 年號, 1102~1106)때의 사자(使者) 유규(劉逵)[63] 등에게, "이것은 문왕(文王,

---

57) 사고전서본에는 '卽'이라고 되어있다.
58) 지부족재본에는 '太'라고 되어있다.
59) 지부족재본에는 '聞'이라고 되어있다.
60) 사고전서본에는 '繇'라고 되어있다.
61) 사고전서본에는 '畧'이라고 되어있다.
62) 불교의 經典인 大藏經을 말한다. 대장경은 經・律・論을 중심으로, 이의 註釋書와 불교 관계의 史書를 집대성한 叢書이다. 一切經 三藏 등으로도 불리어진다. 인도에서는 佛典의 結集에 의해 많은 경전이 전해 내려오고 있으며, 원본으로는 산스크리트어〔梵語〕와 팔리어(Pali)의 2종이 있었다. 그 후 아시아에 전파되어 번역되었다. 漢譯은 後漢부터 元에 이르는 동안에 행해졌는데, 刊本으로서 대규모로 실시된 것은 宋代였다.
63) 字는 公路이다. 隨縣사람으로, 崇寧 2년(고려 숙종 8, 1103) 6월에 戶部侍郞으로 국신사가 되어 부사 급사중 吳拭과 함께 고려에 다녀갔다. 이 때 醫官 4인을 대동해 와 고려에서 중국 의술을 교습시켰다. 유규는 蔡京에 아부하여 中書侍郞을 지내다 몇 차례의

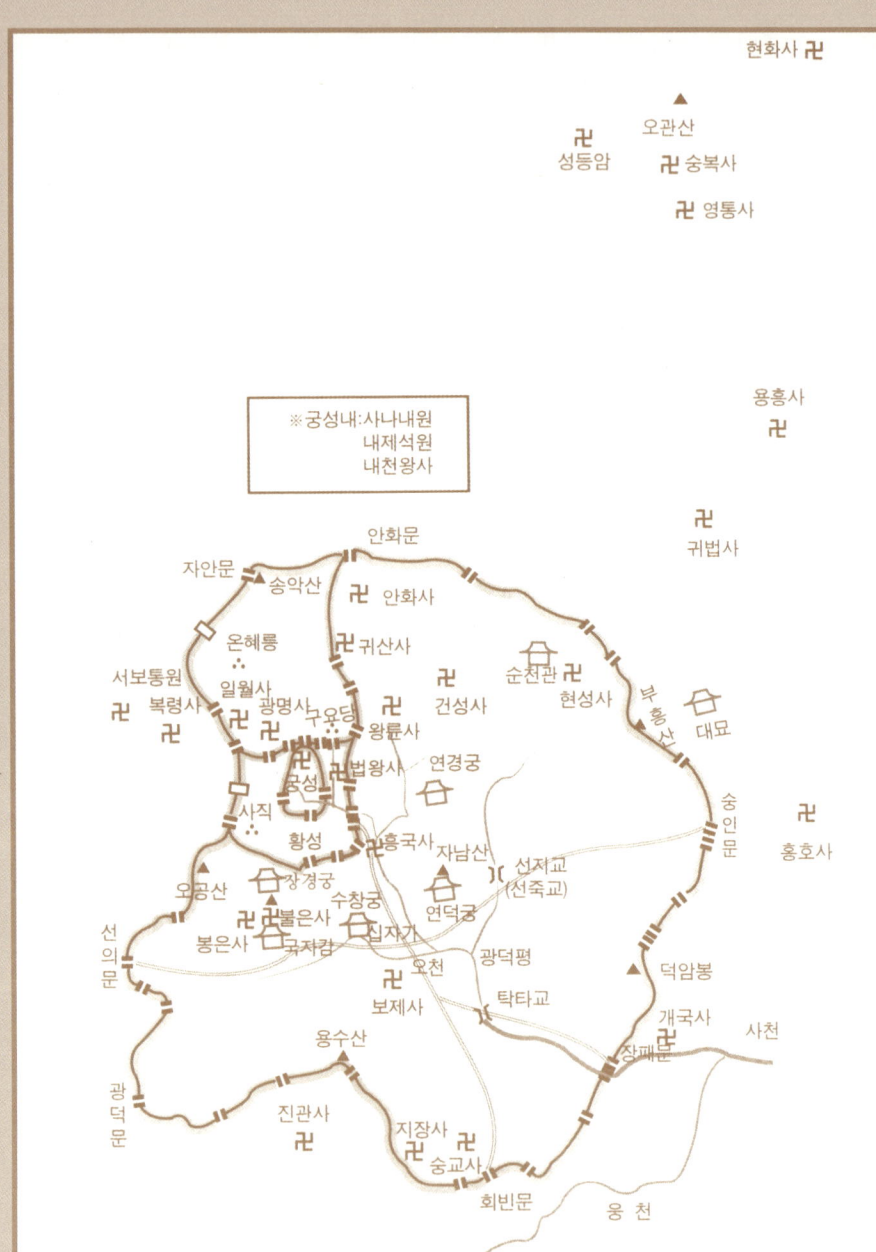

고려 개경 사찰 : 김창현, 『고려 개경의 구조와 그 이념』

11대 文宗)께서 사신을 보내 신종황제(神宗皇帝)께 고해 상국사(相國寺)를[64] 모방해 만든 것으로, 우리나라 사람들이 우러러볼 수 있게 되었습니다. 황은에 감사하는 마음에 지금까지도 소중히 여기고 아끼는 것입니다."라고 말한 적이 있었다.

조금 서쪽으로 가면 곧 홍원사(洪圓寺)이다. 장패문으로 들어가 시내의 북쪽은 숭화사(崇化寺)이며 남쪽은 용화사(龍華寺)이다. 뒤로 작은 산 하나를 사이에 두고 미타사(彌陁寺)·자씨사(慈氏寺)의 두 절이 있다. 그러나 그리 완전하게 갖추어져〔完葺〕있지는 않다. 숭교원(崇敎院)은 회빈문(會嬪門) 안에 있고, 보제사(普濟寺)·도일사(道日寺)·금선사(金善寺) 세 절은 태안문(太安門) 안에 있는데 정삼각형 모양〔鼎足〕으로 서 있다.

관도(官道)의 맞은편 북쪽 유암산(由嵓山)에는 또 봉선사(奉先寺)와 미륵사(彌勒寺) 두 절이 나란히 늘어서 있다. 조금 서쪽으로 가면 곧 대불사(大佛寺)이다.

왕부(王府)의 동북쪽에는 춘궁(春宮)과 거리가 멀지 않은 곳에 두 절이 있는데 하나는 법왕사(法王寺)이고 다음은 인경사(印經寺)[65]이다. 태화사 북문〔太和北門〕으로 해서 들어가면 구산사(龜山寺)와 옥륜사(玉輪寺) 두 절이 있는데, 그것은 안화사(安和寺)로 가는 길에 있는 절이다. 광진사(廣眞寺)는 장작감(將作監)[66] 동쪽에 있고, 보운사(普雲寺)는 장경궁(長慶宮) 남쪽에 있다. 숭인문(崇仁門)에서 나와 정동(正東)쪽은 곧 홍호사(洪護寺)이고, 또 동북쪽으로 안정문(安定門)을 나가면 귀법사(歸法寺)와 영통

부침 끝에 知杭州 資政殿學士까지 지냈다.
[64] 相國寺는 河南省 開封市에 있는 사찰로 본명은 建國寺로 北齊 文宣帝 天保 6년(555)에 건립되었다. 唐 睿宗 때 相國寺로 개칭되었고, 宋 太宗 때는 大相國寺로 賜額되었다.
[65] 사고전서본에 따르면 '卽經寺'인데 징강본의 '印經寺'가 옳을 듯하다.
[66] 將作監은 토목이나 영선 등의 일을 맡아보는 관청으로 후에 繕工監 등으로 개칭되었다.

사(靈通寺) 두 절이 있다.

　순천관(順天館) 북쪽에 작은 집 수십 칸이 있는데 순천사(順天寺)라는 방문이 붙어 있다. 사절이 관사에 와서부터 한 달 동안은 승려들이 밤낮으로 범패를 불러 끊이지 않았으며, 방문에는 '이기국신사부일행평선(以祈國信使副一行平善)'이라[67] 씌어 있었다. 대체로 충심에서 우러난 진실이지 일시적인 거짓은 아니다.

　또 자연도(紫燕島)에는 제물사(濟物寺)가 있고 군산도(群山島)에는 자복사(資福寺)가 있는데, 정전과 문과 행랑 이외에는 법당이나 집이 없고 그 승려는 2~3인뿐이다.

　이상의 모든 절들은 그 건물이 좁고 누추한데다 또 수효가 많아 그림은 생략하고 그 이름만 적어 둔다.

崧山廟

崧山神祠 在王府之北 自順天館出 至兵部 眞北沿溪行 過龜山寺福源觀 出北昌門 行五里許 山路崎嶇 喬木[68] 森蔭 俯視城中 如指諸掌 其神 本日高山 國人相傳 祥符中 契丹侵逼王城 神乃夜化松數萬 作人語 虜[69] 疑有援 卽引去 後封其山爲崧 以祠奉其神也 民有災[70]病 施衣獻良馬 以禱之 比者使至 六月二十六日丁未 遣官致祭 祠宇尙遠 唯至半山 設酒饌 望而拜之 遵舊典也

---

67) '국신사 및 부사 일행이 무사하기를 빈다'라는 뜻이다.
68) 사고전서본과 지부족재본에는 '松'이라고 되어있다.
69) 사고전서본에는 '敵'이라고 되어있다.
70) 사고전서본과 지부족재본에는 '灾'라고 되어있다.

숭산묘(崧山廟)

숭산신사(崧山神祠)는 왕부 북쪽에 있다. 순천관에서 나와 병부(兵部)까지 가서 곧장 북쪽으로 시내를 따라가다가 구산사와 복원관을 지나고, 북창문(北昌門)을 나가 5리쯤 가면 산길은 험준하고 높은 나무가 울창한데 성중을 굽어보면 손바닥을 가리키듯이 환하다. 그 신(神)은 본래 고산(高山)이라 했다. 고려 사람들이 전하기를 상부(祥符, 大中祥符, 北宋 眞宗의 年號, 1008~1016) 연간에 거란(契丹)이 왕성으로 침입해오자, 그 신이 밤중에 소나무 수만 그루로 변화하여 사람 소리를 내니 적군은 원군이 있는가 의심하고 곧 후퇴하였다고 한다.[71] 후에 그 산을 봉해서 '숭산(崧山)'이라 하고 그 신을 제사로 받들었다고 한다. 백성들은 재난이나 질병이 생기면 옷을 시주하고 좋은 말을 바치며 기도를 한다. 근래에 사신이 와서 6월 26일 정미일에 관원을 보내어 제사를 드렸는데, 사당이 멀어서 산중턱까지만 가서 술과 음식〔酒饌〕을 차려 배례하였다. 이것은 구법〔舊典〕에 따른 것이다.

東神祠

東神祠 在宣仁門內 地稍平廣 殿宇卑陋 廊廡三十間[72] 荒涼不葺
正殿榜曰東神聖母之堂 以帛幕蔽之 不令人見神像 蓋刻木作女人
狀 或云乃夫餘妻河神女也 以其生朱蒙 爲高麗始祖 故祀之 舊例使

---

71) 고려 顯宗 2년(1011)에 거란이 침입하여 송도에 들어와서 태묘·궁궐·민가를 불질렀다. 이에 왕은 각처로 播遷하였는데, 본문의 내용은 이 사실을 말한다. 현종은 난을 피하여 公州·全州를 거쳐 蘆嶺을 넘어 羅州에 들어갔다. 현종이 나주로 간 것은 太祖가 이 지방을 경략하고 자주 出鎭한 이래 왕실의 후원세력으로 삼았던 곳이었기 때문으로 보인다. 거란은 별다른 소득없이 군사를 돌렸는데, 서긍은 당시 고려 사람들에 의해 회자되던 거란이 철수한 이유를 듣고 이를 기록한 것으로 보인다.
72) 지부족재본에는 '開' 이라고 되어있다.

者至則遣官設奠 其牲牢酌獻 如禮崧山神式

동신사(東神祠)

동신사는 선인문(宣仁門) 안에 있다. 땅은 약간 평평하고 넓은데, 전각 건물은 낮고 누추하다. 행랑〔廊廡〕 30칸은 황량하게 수리하지 않은 채로 있다. 정전에는 '동신성모지당(東神聖母之堂)'이란 방문이 붙어 있고 장막으로 가려 사람들이 신상(神像)을 보지 못하게 만들었다. 이는 나무를 깎아 여인상을 만들었기 때문인데, 어떤 사람은 그것이 부여(夫餘)의 처인 하신(河神)의 딸이라고 한다. 그녀가 고구려(高麗)의 시조가 된 주몽(朱蒙)을 낳았기 때문에 제사를 모시게 된 것이다.[73] 오래 전부터 사신이 오면 관원을 보내 전제(奠祭)를 마련하는데, 그 제물과 술을 올리는〔牲牢酌獻〕 예식이 숭산신에 대한 것과 같다.

蛤窟龍祠

蛤窟龍祠 在急[74]水門上隙 小屋數間[75]中有神[76]像 舟行水淺不可近 唯舟師輩[77]以小艇迎而祭之 頃者 使至彼設祭之 明日 有一小蛇青[78]色 咸謂神化 亦猶彭蠡順濟之顯異也 乃知神物無乎不在 朝廷威靈所格 雖蠻貊之邦行矣

---

73) 河伯의 딸 柳花가 天帝의 아들 解慕漱와 부모의 허락없이 혼인하자 하백은 유화를 優渤水로 쫓아냈다. 유화는 이곳에서 北扶餘의 왕 金蛙에게 발견되어 방안에 갇혀 있다가 큰 알을 낳았고 여기서 고구려의 시조인 朱蒙이 나왔다고 한다.
74) 사고전서본에는 '闕'이라고 되어있다.
75) 지부족재본에는 '間'이라고 되어있다.
76) 사고전서본에는 '闕'이라고 되어있다.
77) 사고전서본에는 '輩'라고 되어있다.
78) 사고전서본에는 '闕'이라고 되어있다.

합굴룡사(蛤窟龍祠)

합굴룡사는 급수문(急水門) 주변에 있다. 작은 집 몇 칸 사이에 신상(神像)이 있다. 뱃길로는 물이 얕아 접근할 수 없고, 다만 뱃사공들이 작은 배로 맞아다가 제사할 뿐이다. 근래에 사신이 그 곳에 가서 제물을 차려 제사하였는데, 그 이튿날 푸른색 작은 뱀 한 마리가 나왔다. 이를 보고 다들 신의 조화라 하니, 역시 팽려(彭蠡)를[79] 순풍으로 건너게 한 기적과 같았다. 그래서 신물(神物)은 어느 곳이든 있음을 알겠다. (송) 조정의 위엄스런 영험은 오랑캐〔蠻貊〕 나라라도 통한다.

五龍廟

五龍廟 在群山島客館之西一峯上 舊有小室[80] 在其後數步 今新制 獨有兩楹[81] 一室而止 正面立壁 繪五神像 舟人祠之甚嚴 又其西南 大林中有小祠 人謂崧山神別廟云

오룡묘(五龍廟)

오룡묘는 군산도(群山島)의 객관(客館) 서쪽 어느 봉우리 위에 있다. 전에는 작은 집이 있었다. 그 뒤 몇 걸음 되는 곳에, 이제 두 개의 기둥으로 된 집 한 채를 새로 지었을 뿐이다. 정면에 벽이 있어서 오신상(五神像)을 그렸는데, 뱃사람들은 거기에 매우 엄숙하게 제사한다. 또 서남쪽 큰 숲 속에 작은 사당이 있는데, 사람들이 말하기를 숭산신(崧山神)의 별묘(別廟)라 한다.

---

79) 江西省에 있는 호수로 원래의 이름은 鄱陽湖이고 彭蠡澤으로 불린다. 거친 물결로 유명하여 거친 물결을 건넌다는 뜻으로 '彭蠡之沮' 라는 고사성어가 있다.
80) 지부족재본에는 '屋' 이라고 되어있다.
81) 사고전서본과 지부족재본에는 '楹' 이라고 되어있다.

『선화봉사고려도경』권18

道教

臣聞 高麗地濱東海 當與道山仙島 相距不遠 其民非不知向慕長生久視之敎 弟[1]中原前此 多事征討 無以淸淨無爲之道化之者 唐祚之興 尊事混元始祖 故武德間[2] 高麗遣使 丐[3]請道士至彼 講五千文 開釋玄[4]微 高祖神堯奇之 悉從其請 自是之後 始崇道敎 踰於釋典矣 大觀庚寅 天子眷彼遐方願聞妙道 因遣信使 以羽流二人從行 遴擇通達敎法者 以訓導之 王俁[5]篤於信仰 政和中 始立福源觀 以奉高眞道士十餘人 然晝處齋宮 夜歸私室 後因言官論列 稍加法禁

---

1) 사고전서본에는 '第'라고 되어있고, 지부족재본에는 '第'라고 되어있다.
2) 지부족재본에는 '間'이라고 되어있다.
3) 지부족재본에는 '勾'라고 되어있다.
4) 사고전서본과 지부족재본에는 '玄'이라고 되어있다.
5) 지부족재본에는 '俁'라고 되어있다.

或聞侯⁶⁾享國 日常有意授道家之籙 期以易胡⁷⁾敎 其志未遂 若有所待然

도교(道敎)

신(臣)이 듣기에 고려는 지형이 (중국의) 동해(東海)를 끼고 있어서 (바다 가운데에 있는) 도산(道山)·선도(仙島)와는 멀지 않으니⁸⁾ 고려 백성들이 도교〔長生久視〕의⁹⁾ 가르침을 숭모할 줄 모르는 것이 아니었다. 다만 중국〔中原〕에서 이전에는 정벌하는 경우가 많았으므로 도교〔淸淨無爲之道〕로서 교화하는 게 없었을 뿐이다.

당〔唐祚〕은 흥기하여 노자〔混元始祖〕를¹⁰⁾ 받들어 모셨는데 (당) 무덕(武德) 연간(618~626)에 고구려〔高麗〕에서는 사신을 보내 요청하기를, 도사(道士)를 고구려에 파견하여 『도덕경(道德經)』〔五千文〕을¹¹⁾ 강독시켜 심오

---

6) 지부족재본에는 '俁'라고 되어있다.
7) 사고전서본에는 '西'라고 되어있다.
8) 道山·仙島 : 원래 도산은 중국 湖南省 寧鄕縣의 동남쪽에 있는 산의 이름으로 胡宏·張栻이 道學을 이곳에서 講說하였으므로 도산이라고 부른다고 한다. 하지만 여기에서는 道山·仙島를 모두 바다 가운데 있는 신비한 땅을 가리킨 지명으로 보아야 할 것 같다.
9) 『老子』 59장 守道에 나오는 표현으로, 오래살고 멀리 내다본다는 뜻이다. "사람을 다스리고 하늘을 섬기는 것은 嗇만 같은 것이 없다. 오직 嗇이어야 하니, 이를 일러 일찍 (도에) 복종하는 것이라고 한다. 일찍 (도에) 복종하는 것을 일러 거듭 德을 쌓는 것이라고 한다. 거듭 덕을 쌓으면, 이기지 못하는 것이 없다. 이기지 못하는 것이 없으면, 그 극단을 아는 것 없고, 그 극단을 아는 것이 없어야 나라를 지니게 되고, 나라를 지니는 것의 근원이 長久하리라. 이를 일러 深根固柢, 長生久視의 道라고 한다(治人事天莫若嗇 夫唯嗇 是以早服 早服 謂之重積德 重積德 則無不克 無不克 則莫知其極 莫知其極 可以有國 有國之母 可以長久 是謂深根固柢 長生久視之道)."
10) 混元이란 천지가 개벽하는 때를 말하며, 天地를 뜻한다.
11) 五千文 : 老子의 『道德經』을 말한다. 전체 내용이 5,000여 자여서 '오천자'라고도 부르는 것이다.

한 뜻을 깨우쳐달라고 하였다. (당) 고조(高祖神堯)는[12] 그 요청을 기특하게 여겨 받아들였다.[13] 이때부터 비로소 도교(道敎)를 숭상하였는데 불교(釋典)를 뛰어넘을 정도였다.[14]

(북송) 대관(大觀) 연간 경인년(1110)에 천자가 현묘한 도(妙道)를 듣고자 하는 저 변방 고려(遐方)의 뜻을 헤아렸다. 그래서 사신을 파견하는 김에 우류(羽流)[15] 두 사람에게 따라가도록 하고 교법(敎法)에 통달한 사람을 신중하게 뽑아(遴擇) 가르치도록 하였다.

예종(王俁)은 신앙이 독실하여 북송의 정화(政和) 연간에 복원관(福源觀)을 처음으로 건립하고 덕이 높고 참된 도사(道士) 10여명을 받들었다. 그들은 낮에는 복원관(齋宮)에 있다가 밤이 되면 자기 집(私室)으로 돌아갔는데, 나중에 언관(言官)들이 문제를 삼자 법금(法禁)을 더욱 엄격하게 가하였다. 또 듣건대 예종(俁)은 재위(享國)시에 항상 도가의 책(道

---

12) 高祖神堯 : 당나라 고조인 李淵을 말한다. 神堯는 고조의 諡號이다.
13) 고구려 영류왕 7년(624, 당나라 고조 7년)과 8년에 연이어 이와 관련된 기록이 다음과 같이 나온다. "(영류왕) 7년(624) 봄 2월, 왕이 당 나라에 사신을 보내 책력을 반포하여 줄 것을 요청하였다. 당 나라에서 형부상서 심숙안을 보내 왕을 상주국요동군공고구려왕으로 책봉하고, 도사에게 명하여 천존의 화상과 도교를 가지고 고구려에 가서 노자를 강의하게 하였다. 왕과 백성들이 이 강의를 들었다. 겨울 12월, 당 나라에 사신을 보내 조공하였다. 8년(624), 왕이 당 나라에 사신을 보내 불교와 노자의 교리를 가르쳐 주기를 요청하니 황제가 허락하였다(七年 春二月 王遣使如唐 請班曆 遣刑部尙書沈叔安 策王 爲上柱國遼東郡公高句麗國王 命道士 以天尊像及道法 往爲之講老子 王及國人聽之 冬十二月 遣使入唐朝貢 八年 王遣使入唐 求學佛老敎法 帝許之 :『三國史記』卷20 高句麗本紀8)."
14) 중국에서 성립된 道敎가 한국에 전래된 시기는 정확하지 않으나, 『三國遺事』에 624년 (영류왕 7) 오두미교가 고구려에 도입되었다는 기록이 있는 것으로 미루어, 삼국시대에 전해져 주로 왕가에서 신봉하였던 것으로 보인다. 고려시대에는 1110년(예종 5) 송의 道士 2명이 들어와 福源宮을 세운 것이 그 시초이다. 복원궁은 나라에서 마련한 도관으로 齋醮의 장소였고 道敎徒들이 머물렀는데, 본서의 권17 福源觀에 설명이 있다.
15) 도교의 神仙術을 연마하는 道敎徒를 의미하는데, 羽士·羽客이라고도 부른다.

家之籙〕을 전수하여 불교〔胡敎〕를[16] 대체하려고 하였는데, 그 뜻이 이루어지지는 못했지만 무엇인가 기대하는 바가 있었던 것 같다.

道士

道士之服 不以羽衣 用白布爲裘 皂[17]巾四帶 比之民俗 特其袖少裕而已

도사(道士)

도사의 복장으로는 우의(羽衣)를[18] 입지 않고 백포(白布)를 갖옷〔裘〕 삼아 입으며, 네 가닥 띠가 달린 검은 두건〔皂巾四帶〕을 쓴다. 백성들의 복장과 비교하면 소매는 좁고 옷자락은 넉넉한 게 다를 뿐이다.

釋氏

浮圖之敎 始出天竺 遂傳四夷 其法架[19]盛 高麗雖在海東 聞自淸涼法眼一枝東渡之後 僧徒頗知性理 嘗於普濟寺僧堂 見其揭榜示衆 大略[20]云 言不足以載道久矣 大千經卷 皆藥病之說 正法眼藏 無所付囑 世尊於是擧花而示 有微笑者 至於子孫 言辯相示 謂之談禪 無乃妄乎 靈山之會 唯一迦葉 其可容易期於衆人 昔人猶愛羊存 而禮之意[21]不忘 又況言說之筌 足以得其意哉 抑聞之 說詩者 貴在以

---

16) 불교를 말한다. 불교의 발상지인 인도가 중국의 서쪽이어서 불교를 西敎라고 부르기도 한다.
17) 지부족재본에는 '皁' 라고 되어있다.
18) 새 깃털로 만든 옷으로 羽服이라고도 하는데, 도사가 입는다.
19) 사고전서본과 지부족재본에는 '𥖎' 이라고 되어있다.
20) 사고전서본에는 '畧' 이라고 되어있다.
21) 禮之意 : 사고전서본과 지부족재본에는 '禮之大意' 라고 되어있다.

意逆志 吾宗亦然 蓋言以索意 意之所隨 不可以言傳 則亦在乎默而
識之 尙何數數於文言之末乎 觀此[22]數百言 深[23]契宗旨 佛像供具
皆悉修[24]潔 幡華繪蓋 行列有序 大經則有華嚴般若 小者不可悉數
亦有本繙[25]自中國 能爲華言者 嘗令誦之 歷歷可聽 至其梵唄 則又
鴃舌不復可辨矣 其鐃鈸形制小而聲愁[26] 至其螺聲 則洪大如號焉
先是 元豐間[27] 上節使臣宋密 歿於紫燕島 自後使至 必於濟物寺飯
僧致祭 上節以次羅拜墓下 比者 銜命至彼 亦襲前例 雖存歿恩義
理固宜爾 然人心初到異邦 遠懷鄕國 遽覩客殯 無不霑灑 蓋出使絶
域 唯遼東爲難 海洋阻隔 危險萬態 得獲全濟 復命于[28]朝 豈不幸
歟 自非倚仗[29]王靈 則其不葬於蛟蜃之腹者 幾希 豈釋氏專能持護
哉 今圖其衣服制度 以考同異云

불교〔釋氏〕

부처〔浮圖〕의[30] 가르침은 인도〔天竺〕에서 비롯되었는데 사방 오랑캐
〔四夷〕에게 전파되면서 불법(佛法)이 숭상 받고 유행되었다. 고려는 비
록 동쪽 바닷가에 있지만 동쪽으로 바다를 건너온 청량법안종〔淸凉法
眼〕의[31] 일파〔一枝〕로부터 (도를) 전해들은 다음부터 승려들이 이치〔性理

---

22) 사고전서본에는 '凡' 이라고 되어있다.
23) 사고전서본에는 '淡' 이라고 되어있다.
24) 사고전서본과 지부족재본에는 '脩' 라고 되어있다.
25) 사고전서본에는 '翻' 이라고 되어있다.
26) 사고전서본과 지부족재본에는 '悲' 라고 되어있다.
27) 지부족재본에는 '開' 이라고 되어있다.
28) 지부족재본에는 '於' 라고 되어있다.
29) 사고전서본에는 '仗闕二字' 라고 되어있다.
30) 梵語인 Budda의 音譯으로, '깨달은 자' 라는 뜻이다.
31) 불교 禪宗의 일파로서, 六祖 慧能의 제자 行思로부터 五傳하여 雪峯에 이르렀는데, 설

를 잘 깨닫게 되었다.

전에 보제사(普濟寺)의 승당(僧堂)에서 사람들에게 알리는 방[揭榜]을 보았는데, 대략 다음과 같은 내용이었다. "말[言]이 도(道)를 담기에는 부족한 지가 오래되었다. 대천경권(大千經卷)은[32] 모두 병을 치료하는 이야기이지만 정법안장(正法眼藏)은 담아낼 곳이 없었으므로 석가모니[世尊]께서 꽃을 들어 보였는데 미소를 짓는 자가 있었다. 후대[子孫]에 이르러서는 언어[言辭]로 (도를) 드러내면서 이것을 담선(談禪)이라고 부르니 너무나 망령된 짓이 아니겠는가. 영산(靈山)에서 모일 때에도 오직 가섭(迦葉) 존자만이[33] 그 뜻을 알아챘을 뿐인데 그 이치를 현재의 많은 사람들이 깨닫도록 쉬이 기약할 수 있겠는가.[34] 옛 사람들은 존양지의(存羊之義)를[35] 오히려 기꺼이 여겨 예절[禮]의 큰 뜻을 잊지 않았는

봉으로부터 玄沙·羅漢을 거쳐 建康 淸涼寺의 文益에게 전해졌다. 문익의 시호가 法眼이었다.

32) 大千은 『維摩經』에 나오는 大千世界에서 비롯된 표현으로 廣大無邊한 세계를 말하며, 經卷은 經傳의 뜻이다.

33) 석가모니의 10대 제자 중 한사람으로 摩訶迦葉이라고도 한다. 욕심이 적고 족한 줄을 알아 항상 엄격한 계율로 頭陀(금욕 22행)를 행하고, 敎團의 우두머리로서 존경을 받았으며, 부처의 아낌을 받았다. 어느 날 인도 舍衛國의 고요한 숲 속에 오랫동안 머물다가 길게 자란 수염과 머리, 헌옷을 입은 채 祇園精舍를 찾아갔을 때, 사람들은 그를 속으로 경멸하였다. 그러나 석가는 여러 比丘들의 마음을 알아차리고 "잘 왔다. 가섭이여, 여기 내 자리에 앉아라."라 하고, 가섭존자가 얻은 훌륭한 공덕이 자기자신이 얻은 공덕과 다를 바 없다고 칭찬하였다. 또한 석가는 모든 無上의 正法을 迦葉에게 咐囑하며 자신이 죽은 뒤 모든 수행자의 의지처가 될 것이라고 예언하였다.

34) 이른바 拈花微笑의 이야기이다. 즉 靈山에서 梵王이 석가에게 설법을 청하며 연꽃을 바치자, 석가가 연꽃을 들어 대중들에게 보였다. 사람들은 그것이 무슨 뜻인지 깨닫지 못하였으나, 迦葉만은 참뜻을 깨닫고 미소를 지었고 이에 석가는 가섭에게 正法眼藏(사람이 본래 갖추고 있는 마음의 묘한 덕)과 涅槃妙心(번뇌와 미망에서 벗어나 진리를 깨닫는 마음), 實相無相(생멸계를 떠난 불변의 진리), 微妙法門(진리를 깨닫는 마음) 등의 불교 진리를 전해 주었다. 즉 말을 하지 않고도 마음과 마음이 통하여 깨달음을 얻게 된다는 뜻으로, 선 수행의 근거와 방향을 제시하는 중요한 화두이다.

데 하물며 언어라는 통발(筌)이 그 뜻을 담을 수 있겠는가? 또 듣건대 시(詩)를 이야기하는 자는 읽는 자의 마음으로서 쓰는 자의 뜻을 이해하는 것(以意逆志)을³⁶⁾ 중요하게 여기니 우리 종(宗) 역시 그러하다. 대체로 언어를 통해 그 취지를 알아내지만 그 취지가 말하고자 하는 것은 언어로써 전달할 수 있는 것이 아니다. 묵묵히 그것을 알아보는데 있을 뿐이니 어찌 지엽적인 언어에 그리 급급할 수 있겠는가."

이 몇백 글자를 읽어보니 종지(宗旨)가 깊고 단단하며, 불상(佛像)과 공구(供具)도³⁷⁾ 모두 깨끗하였다. 화려한 깃발에 비단 덮개(幡華繒蓋)로 되어있는데 그 배치(行列)에는 질서가 있었다.

중요한 불경으로는 『화엄경(華嚴經)』과³⁸⁾ 『반야경(般若經)』이³⁹⁾ 있고 사소한 것으로는 숫자를 헤아릴 수 없을 정도인데, 중국에서 들여와 출판한 것들도 있다. 중국어를 할 줄 아는 사람에게 외우도록 시켰더니 줄줄이 알아들을 수 있었는데, 범패(梵唄)는 때까치 소리(鴃舌)⁴⁰⁾ 같아서

---

35) 『論語』八佾篇에 나오는 표현으로, 없어져 가는 예법이라 하더라도 그 흔적을 남겨 놓는 것이 바람직하다는 뜻이다. "子貢이 초하루에 사당에 아뢰는 제사에서 희생으로 쓰는 양을 없애려 하자. 공자가 말했다. 賜야, 너는 그 양을 아끼려 하느냐? 나는 그 禮를 아낀다(子貢欲去告朔之餼羊 子曰 賜也 爾愛其羊 我愛其禮 : 『論語』八佾)."

36) 『孟子』萬章篇에 나오는 표현으로, 내 뜻으로 남의 뜻을 맞아들임으로써 원래의 취지를 이해해야 한다는 뜻이다. "詩를 설명하는 자는 글자 때문에 말을 해치지 말며, 말 때문에 뜻을 해치지 말고, 마음으로써 뜻을 헤아려야 시의 뜻을 터득하는 것이다(故說詩者 不以文害辭 不以辭害志 以意逆志 是爲得之 : 『孟子』萬章上)."

37) 香華・燈明・樂器・幡蓋 등 공양하는 물건을 말한다.

38) 불교 華嚴宗의 근본 경전으로 원이름은 『大方廣佛華嚴經』이다. 한국 불교 전문강원의 교과로 학습해 온 경전이기도 하다. 『華嚴經』은 사상적으로 현상세계는 상호 교섭 활동하여 무한한 연관관계를 갖는다는 事事無礙의 法界緣起 사상에 근거한다.

39) 대승불교 초기에 편찬된 경전으로 모든 법의 실상은 般若에 의해 밝혀진다고 설명하는 경전이다. 원래의 명칭은 『大般若經』이다. 이 명칭을 가진 경전은 많이 漢譯되었다. 대표적인 것으로 唐 玄奘이 번역한 『大般若波羅蜜多經』이다.

40) 『孟子』滕文公 上에 나오는 표현으로, 남쪽 오랑캐들이 사용하는 언어가 때까치 소리와

전혀 이해할 수 없었다. 징과 방울〔鐃鈸〕은[41] 작지만 소리는 구슬프고 소라 소리〔螺聲〕는 아주 커서 마치 호령하는 듯하였다.

이에 앞서서 원풍(元豊, 宋 神宗의 年號, 1078~1085) 연간에 상절사신(上節使臣) 송밀(宋密)이 자연도(紫燕島)에서 사망하였다. 그 이후 사신이 (이곳에) 이르면 반드시 제물사(濟物寺)에서 승려들을 공양하면서 제사를 드리고 상절사신〔上節〕은 무덤 아래에 늘어서서 절을 올렸다. 근래에 명을 받들고 거기에 간 사람들도 전례를 따랐다. 산 자와 죽은 자 사이의 은의(恩義)란 그 이치가 원래 그러하다고 할 수도 있겠으나, 처음으로 이방(異邦)에 도착한 사람의 마음이란 멀리서나마 고국을 그리워하기 마련이어서 갑자기 객사(客殯)한 경우를 보면 눈물을 흘리지〔霑灑〕 않을 수 없기 때문에 그러했던 것이다.

대체로 외진 지역에 사신으로 파견될 때 요동은 특히 위태로운 곳이다. 바다가 중간에 막혀있고 다양한 위험이 도사리고 있으니, 온전하게 돌아와서 귀국 보고를 한다는 것은 행운이 아니겠는가. 그 자신이 왕의 은혜〔王靈〕에 의지하지 않는다면 물고기〔蛟蜃〕 뱃속에 장사지내지 않는 경우가 드물 것이다. 어찌 부처만이 전능하여 보호한다고 하겠는가. 이제 그들의 의복을 그려서 차이점을 살펴보고자 한다.

國師

國師之稱 蓋如中國之有僧職綱維也 其上一等 謂之王師 王見則拜

같아서 알아들을 수 없다는 뜻이다. "지금 南蠻에 까치 혓바닥을 가진 사람들이 先王의 道를 비난하거늘 자네가 자네의 스승을 배반하고 그것을 배우니 또한 曾子와 다르다(今也南蠻鴃舌之人 非先王之道 子倍子之師而學之 亦異於曾子矣 : 『孟子』 滕文公上)."

41) 鐃跋〔鐃鈸〕은 梵唄와 같은 唱佛歌讚에 사용하는 儀式法具의 하나로 바라·발자라고도 한다. 서양 악기 심벌즈와 같이 1벌 2짝으로 되어있다.

之 皆服山⁽⁴²⁾水衲袈裟 長袖偏衫 金跋遮 下有紫裳 烏⁽⁴³⁾革鈴履 人物
衣服 雖略⁽⁴⁴⁾與中華同 但麗人 大抵首無枕骨 以僧祝髮 乃見之 頗
可駭訝 晉史謂三韓之人 初生子 便以石壓其頭令扁非也 蓋由⁽⁴⁵⁾種
類資稟而然 未必因石而扁

국사(國師)⁽⁴⁶⁾

국사라는 명칭은 중국의 승직(僧職)에서 강유(綱維)에⁽⁴⁷⁾ 해당한다. 그 보다 한 등급 높은 승려를 왕사(王師)라고 부르는데 왕(王)이라도 왕사를⁽⁴⁸⁾ 만나면 절을 한다. 이들은 모두 산수(山水) 무늬가⁽⁴⁹⁾ 있는 가사에 긴 소매 편삼(偏衫)을⁽⁵⁰⁾ 걸치고 금으로 만든 발차(跋遮)를⁽⁵¹⁾ 지니며 아래에는 자줏빛 하의에 검은 허리띠와 방울 달린 신발을 착용한다. 사람들 의복은 크게 보면 중국의 그것과 같다. 다만 고려인들은 대개 머리에 침골(枕骨)이⁽⁵²⁾ 없다. 승려는 머리를 깎았으므로 그 두상(頭狀)이 드

---

42) 사고전서본과 지부족재본에는 '出'이라고 되어있다.
43) 사고전서본에는 '烏'라고 되어있다.
44) 사고전서본에는 '畧'이라고 되어있다.
45) 사고전서본에는 '繇'라고 되어있다.
46) 智德이 높은 승려에게 조정에서 준 칭호로, 신라 및 고려시대에 있었으며 國統 國尊이라고도 불렀다.
47) 寺主·上座·維那처럼 佛事를 맡는 승려들을 가리킨다.
48) 덕행이 높아 왕의 스승이 된 승려를 말한다. 918년 고려개국과 함께 책봉된 慶猷 이래 27명이 책봉되었으며 조선건국 뒤 1395년 無學大師가 마지막으로 책봉되었다. 당시 이 제도를 둔 까닭은 왕에게 불교를 가르치는 측면 외에도 백성을 정신적으로 지도할 수 있는 고승을 왕의 스승으로 삼아 고려의 이념을 구현하는 데 있었다.
49) 山水 무늬 : 사고전서본과 지부족재본을 따른다면 '出水 무늬'가 된다.
50) 한쪽 어깨를 덮어서 가리는 승려의 복식을 말한다.
51) 金跋遮는 금색으로 만든 金剛杵, 불승이 번뇌 파쇄의 상징으로 손에 들고 있는 인도의 고대 무기이다. 범어 Vajra의 음역으로 '바즈라'로 쓰기도 한다.
52) 頭蓋의 뒤쪽 下部를 이루는 뼈를 말한다.

■ 삼(衫) : 『삼재도회(三才圖會)』

러나는데 매우 이상하게 느껴진다. 『진사(晉史)』에서는 삼한(三韓) 사람들은 아이를 낳자마자 돌로 머리를 눌러 넓적하게 만든다고 하였으나,[53] 사실과는 다르다. 대체로 그 체질[種類資稟] 때문에 그런 것이지 돌 때문에 넓적해진 것은 아니다.

三重和尙大師

三重和尙 長老[54]律師之類也 服紫黃貼相[55]福田袈裟 長袖偏衫 下亦紫裳 位在國師之下 講說經論 傳習性宗 擇聰惠[56]辯[57]博者爲之

삼중화상대사(三重和尙大師)

삼중화상은 장로(長老) 및 율사(律師)와[58] 비슷하다. 자황색 첩상(貼相)

---

53) "진한. …그 풍속은 마한과 비슷하다. 병장기 역시 마한과 같다. 아이가 태어나면 돌로 아이의 머리를 눌러 넓적하게 만든다(辰韓……其風俗可類馬韓 兵器亦與之同 初生子便以石押其頭使扁 : 『晉書』 卷97 列傳67)."
54) 사고전서본에는 '光'이라고 되어있고, 지부족재본에는 '老鄭刻光'이라고 되어있다.
55) 사고전서본에는 '甭'이라고 되어있고, 지부족재본에는 '相鄭刻甭'이라고 되어있다.
56) 지부족재본에는 '慧'라고 되어있다.
57) 사고전서본에는 '辨'이라고 되어있다.

에 복전가사와 긴 소매 편삼을 입으며, 아래쪽에는 자주색 하의를 착용한다. 지위는 국사(國師) 아래에 해당하며 경론(經論)을 가르치고 성종(性宗)을 전수(傳授)한다.[59] 총명하고 똑똑한 사람을 골라 임명한다.

阿闍梨[60]大德

阿闍梨[61]大德 位降三重和尙一等 分隸敎門職事 其服短袖偏衫 壞色掛[62]衣 五[63]條 下有黃裳 國師三重不過數人 而阿闍梨[64]一等人數極衆 未究厥旨

아사리대덕(阿闍梨大德)

아사리대덕은 지위가 삼중화상보다 한 등급 낮은데, 교문(敎門)의 임무를 나누어 맡는다. 복식은 짧은 소매의 편삼에 괴색(壞色)의 늘어진 적삼이며 오조(五條)로 되어있는데 아래에는 황색 하의를 입는다. 국사와 삼중화상은 몇 사람에 불과하지만 아도리대덕 등급은 숫자가 매우 많다. 그 이유는 알 수 없다.

---

58) 長老란 덕이 높은 연장자를 가리키고 律師란 계율을 잘 이해하는 사람을 말한다.
59) 이 글에서 經論은 敎宗을 의미하고 性宗은 禪宗을 가리키는 것으로 보인다. 즉 교종과 선종을 아울러서 가르친다는 뜻으로 보인다. 한편 性宗은 불교의 일파인 法性宗을 줄여서 말하기도 한다.
60) 사고전서본과 지부족재본에는 '黎'라고 되어있다.
61) 사고전서본과 지부족재본에는 '黎'라고 되어있다.
62) 지부족재본에는 '挂'라고 되어있다.
63) 사고전서본에는 '伍'라고 되어있다.
64) 사고전서본과 지부족재본에는 '黎'라고 되어있다.

沙彌比丘

沙彌比丘自初[65]出家 未經受具 壞色布衣 亦無貼相[66] 戒律旣高 方易紫服 次[67]第遷升 乃有衲衣 蓋高麗僧衣 唯以磨衲爲最重[68]耳

사미비구[69] (沙彌比丘)

사미비구는 어려서 출가하여 아직 구족계(具足戒)를[70] 받지 않은 승려이다. 괴색(壞色) 포의(布衣)를 입고 첩상가사[貼相]도 없다. 계율(戒律)이 높아지면 자주색 의복으로 바꿔 입고 차례로 올라가면 납의(衲衣)를[71] 갖게 된다. 대체로 고려 승려의 의복은 마납(磨衲)만을 소중하게 여긴다.

在家和尙

在家和尙 不服袈裟[72] 不持戒律 白紵窄衣 束腰皂[73]帛 徒跣以行 間[74]有穿履者 自爲居室 娶婦鞠子 其於公上 負載器用 掃除道路 開治溝洫 修[75]築城室 悉以從事 邊陲有警 則團結而出 雖不閑[76]於

---

65) 사고전서본과 지부족재본에는 '幼'라고 되어있다.
66) 사고전서본에는 '廂'이라고 되어있고, 지부족재본에는 '相鄭刻廂'이라고 되어있다.
67) 사고전서본과 지부족재본에는 '以'라고 되어있다.
68) 最重: 사고전서본에는 '重'이라고 되어있다.
69) 沙彌는 출가하여 처음으로 十戒를 받은 사람을 가리킨다.
70) 불교에서 小乘律로 규정되는 比丘 比丘尼가 지키는 계율을 말한다. 律에 따라 그 숫자는 다르지만 일반적으로 비구는 250戒, 비구니는 348戒라 하며, 이 계를 받으면 無量한 戒德이 몸에 갖추어진다고 하는 데에서 具足戒라고 일컬어진다.
71) 승려들이 입는 누비옷을 말하는데, 납의 자체가 승려를 가리키는 상징이 되었다.
72) 사고전서본에는 '裟'라고 되어있다.
73) 지부족재본에는 '皁'라고 되어있다.
74) 지부족재본에는 '間'이라고 되어있다.
75) 사고전서본과 지부족재본에는 '脩'라고 되어있다.

馳逐 然頗壯勇 其趨軍旅之事 則人自裹糧
故國用不費 而能戰也 聞中[77]間[78]契丹爲麗
人所敗 正賴此輩 其實[79]刑餘之役人 夷人[80]
以其髡削鬚髮 而名和尙耳

재가화상(在家和尙)

재가화상은 가사를 입지 않고 계율도 지니지 않는다. 백저포로 만든 좁은 옷[白紵窄衣]에 검은 비단으로 된 허리띠를 두른다. 맨발로만 돌아다니며[徒跣以行] 간혹 신발을 신은 사람도 있다. 그 자신이 집을 만들어 여자와 결혼하고 아이를 양육한다. 공무[公上]에 있어서는 용기[器用]를 짊어지거나 도로를 청소하며 도랑을 파고 성(城)이나 집[室]을 짓는 일 등에 종사한다. 변경에 위급한 일이 있으면 단결해서 나아가는데 말 타는 데 익숙하지는 않지만 아주 용감하다. 군역에 종사할 때는 누구나 자신의 양식을 담아옴으로 국가에서는 비용을 들이지 않고도 전쟁을 치를 수 있다. 전에 거란이 고려에게 패배한 것도 바로 이들 때문이라고 한다. 사실 (고려에서는) 아직 형기(刑期)가 남아 있는 역인(役人)들에 대해 머리를 깎아 버린 후 화상이라고 부르는 것일 뿐이다.

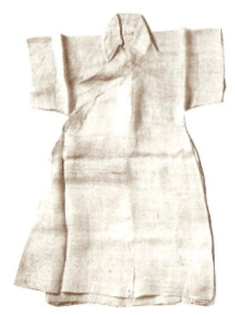

■ 백저포(白紵袍) : 수덕사 박물관

---

76) 사고전서본에는 '嫻'이라고 되어있다.
77) 聞中 : 사고전서본에는 '中'이라고 되어있다.
78) 지부족재본에는 '聞'이라고 되어있다.
79) 其實 : 사고전서본에는 '其'라고 되어있다.
80) 夷人 : 사고전서본에는 '高麗'라고 되어있다.

『선화봉사고려도경』 권19

民庶

臣聞 高麗 地封未廣 生齒已衆 四民之業 以儒爲貴 故其國 以不知書爲恥 山林至¹⁾多 地鮮平曠 故耕作之農 不迨工技 州郡土産 悉歸公上 商賈不遠行 唯日中則赴都市 各以其所有 易其所無 熙熙如也 然其爲人寡恩好色 泛愛重財 男女婚娶 輕合易離 不法典禮 良可哂也 今繪其國民庶 而以進士冠于²⁾篇

---

1) 사고전서본에는 '衆'이라고 되어있고, 지부족재본에는 '鄭刻衆'이라고 細註로 되어있다.
2) 지부족재본에는 '於'라고 되어있다.

백성〔民庶〕

신(臣)이 듣기에 고려는 영토〔地封〕가 넓지 않으나 백성은 매우 많다. 사민(四民)의 업(業) 중에 선비〔儒者〕를 귀하게 여기므로, 고려에서는 글을 알지 못하는 것을 부끄럽게 여긴다. 산림은 매우 많고 땅은 평탄한 데가 적기 때문에, 경작하는 농민은 장인〔工技〕에 미치지 못한다. 주군(州郡)의 토산물〔土産〕은 모두 관아〔公上〕에 들어가므로, 상인〔商賈〕들은 멀리 돌아다니지 않는다. 다만 대낮에 시장〔都市〕에 가서 각각 자기에게 있는 것으로써 없는 것으로 바꾸는 정도에 만족한다. 그러나 고려 사람들은 은혜를 베푸는 일이 적고 여색〔色〕을 좋아하며, 쉽게 사랑하고〔泛愛〕 재물을 중히 여긴다. 남녀간의 혼인에서도 가볍게 합치고 쉽게 헤어져³⁾ 전례(典禮)를 본받지 않으니 참으로 웃을 만한 일이다. 지금 그 나라 백성을 그림으로 그리되 진사(進士)를 편(篇) 머리에 둔다.

進士

進⁴⁾士之名不一 王城之內日土貢 郡邑日鄕貢 萃于⁵⁾國子監合試幾四百人 然後王親試之 以詩賦論三題 中格者官之 自政和間⁶⁾ 遣學生金端等入朝 蒙恩賜科第 自是 取士間⁷⁾ 以經術時務策 較其程試優劣 以爲高下 故今業儒者尤多 蓋有所向慕而然耳 其服 四帶文羅

---

3) 서긍의 눈에 비친 고려의 혼인 풍속은 비록 단편적일 수밖에 없으나, 시사하는 바가 크다. 자유로운 혼인 풍속과 특히 여성의 지위와 관련해서 조선조와 달랐음을 나타내는 대목이다.
4) 사고전서본에는 '遊'라고 되어있다.
5) 지부족재본에는 '於'라고 되어있다.
6) 지부족재본에는 '間'이라고 되어있다.
7) 지부족재본에는 '間'이라고 되어있다.

巾 皁[8]紬爲裘 黑帶革履 預貢則加帽 登第則給靑蓋僕馬 遨遊城中
以爲榮觀也

진사(進士)

진사[9]의 명칭은 하나가 아니다. 왕성(王城) 안에서는 토공(土貢)이라 하고, 군읍(郡邑)에서는 향공(鄕貢)이라 한다. 국자감(國子監) 합시(合試)에서 약 400명을 선발한 후, 왕이 시(詩)·부(賦)·논(論) 세 부문〔題〕을 친히 시험하여 합격한 사람을 관리로 삼는다.

정화(政和, 北宋 徽宗의 年號, 1111~1117) 연간부터 학생(學生) 김단(金端) 등을 송나라에 입조(入朝)하게 하였는데, '은사(恩賜)'로 급제〔科第〕하였다. 이로부터 선비를 뽑을 때는[10] 경술(經術)과 시무책(時務策)으로 과거 시험 성적〔程試〕의 우열(優劣)을 따져 고하(高下)로 삼았다.[11] 이 때문에 지금은 유학〔儒〕을 업(業)으로 하는 자가 더욱 많아졌으니, 중국을 흠모〔向慕〕하는 바가 있어서 그런 것 같다.

진사의 복식은 사대문라건(四帶文羅巾)을 쓰며, 검은 명주〔皁紬〕로 갖옷〔裘〕을 만들고 검은 띠에 가죽신을 신는다. 토공·향공〔貢〕 등에 오르면 모자〔帽〕를 더 지급하고,[12] 급제하면 푸른 햇빛가리개에 노복(奴

---

8) 지부족재본에는 '皐' 라고 되어있다.
9) 사고전서본에는 '遊士' 라고 되어있다.
10) 원문의 '間' 을 '取士' 에 붙여 해석하면 '때, 즈음' 등의 의미로 지금 해석한 바와 같지만, 뒤의 '以經術時務策' 의 앞에 붙여 해석하면 '경술과 시무책을 섞여(합해)' 로 해석이 가능하다.
11) 고려의 과거 시험은 國子監試와 禮部試, 鄕貢試와 覆試 등이 있었다. 고시과목은 대체로 禮經·6經義·4書疑 등의 '經學' 과 詩·賦·頌 등의 '文藝', 그리고 時務策·策問·對策 등의 '時務' 로 나뉘어져 있었다. 이 세 분야는 '初場·中場·終場' 의 3장으로 구분되었는데, 응시자들은 '三場連卷法' 이라 하여 초장·중장·종장 모두를 차례로 합격해야 급제할 수 있었다.

僕)이 끄는 말을 타고〔靑蓋僕馬〕 성안에서 노닐며 영광을 드러내도록〔榮觀〕하였다.[13]

農商

農商之民 農無貧富 商無遠近 其服 皆以白紵爲袍 烏巾四帶 唯以布之精粗爲別 國官貴人 退食私家 則亦服之 唯頭巾以兩帶爲辨 間[14]亦徒行通衢 吏民見者避之

농민과 상인(農商)

농상의 백성 가운데 농민은 빈부의 구별이 없으며, 상인은 활동의 원근이 없다. 그들의 복식은 모두 흰모시〔白紵〕로 된 겉옷〔袍〕에 네 가닥 띠가 있는 검은 두건〔烏巾〕을 쓰는데, 베의 곱고 거친 것으로만 구별한다. 국관(國官)이나 귀인(貴人)도 퇴근하여〔退〕 사가(私家)에서 생활할 때면 역시 이를 입는다. 다만 두 가닥 띠의 두건(頭巾)인 것으로 구별한다. 간혹 거리〔通衢〕를 걸어갈 때에도 향리(鄕吏)나 백성은 이 두 가닥 띠의 두건을 보고는 피한다.

工技

高麗 工技至巧 其絶藝悉歸于[15]公 如幞頭所將作監 乃其所也 常服白紵袍皂[16]巾 唯執役趨事 則官給紫袍 亦聞契丹降虜[17]數萬人 其

---

12) 문라건 위에 帽子를 더 쓴다는 것은 아마도 僕頭인 듯하다.
13) 이 전통은 조선에서도 3일간 거리를 돌아다니는 三日遊街 행사로 남아 있었다.
14) 지부족재본에는 '間' 이라고 되어있다.
15) 지부족재본에는 '於' 라고 되어있다.
16) 지부족재본에는 '皁' 라고 되어있다.

工技十有一 擇其精巧[18]者 留於王府 比年器服益工 弟[19]浮偽頗多 不復前日純質耳

장인〔工技〕

고려 장인의 기술은 매우 정교하여 뛰어난 재주를 가진 이는 모두 관아〔公〕에 귀속된다. 예를 들면 복두소(幞頭所)[20], 장작감(將作監)이[21] 그런 곳이다. 이들은 항상 흰모시 도포에 검은 두건을 쓴다. 다만 역(役)을 맡아 일을 할 때는 관에서 붉은 도포〔紫袍〕를 지급한다. 또한 거란(契丹) 포로 수만 명 중 장인이 열에 하나 꼴인데, 그 중 정교한 솜씨를 가진 사람을 뽑아 왕부(王府)에 머물게 한다고 들었다. 그래서 근래에 기복(器服)은 더욱 정교해졌으나, 경박하고 겉치레〔浮僞〕가 너무 많아져서 예전의 순수하고 질박〔純質〕한 것을 회복할 수 없게 되었다.

民長

民長之稱 如鄕兵保伍之長也 卽民中選富足者爲之 其聚落大事則赴官府 小事則屬之 故隨所在細民 頗尊事焉 其服 文羅爲巾 皁[22]紬爲裘 黑角束帶 烏革句履 亦與未預貢進[23]士服飾相似也

---

17) 사고전서본에는 '卒'이라고 되어있다.
18) 十有一 擇其精巧 : 사고전서본과 지부족재본에는 細註로 되어있지 않고 원문 글씨 크기로 되어있다.
19) 사고전서본과 지부족재본에는 '第'라고 되어있다.
20) 『高麗史』卷77 志31 百官2 諸司都監各色에 의하면 '幞頭店'으로 되어있다.
21) 土木과 營繕을 담당했던 관청으로 繕工監, 繕工寺로 개칭한 적도 있었다.
22) 지부족재본에는 '皀'라고 되어있다.
23) 사고전서본에는 '遊'라고 되어있다.

민장(民長)

민장의 명칭은 (중국의) 향병(鄕兵)이나 보오(保伍)의 장과 같다. 즉 백성 가운데 넉넉한〔富足〕자를 민장으로 뽑는다. 마을의 큰 일은 관부(官府)에 가되 작은 일이면 민장이 처리한다. 따라서 거기 사는 가난한 백성〔細民〕들은 민장을 따르며 자못 존중하고 섬긴다. 그 복식은 무늬비단〔文羅〕으로 두건을 만들고 검은 명주로 갓옷을 삼으며, 흑각의 대를 두르고 검은 가죽의 네모난 신발〔句履〕을 신으니, 아직 입사하지 않은〔未預貢〕진사(進士)의 복식과 비슷하다.

舟人

高麗頭巾 唯是重文羅 一巾之價 准[24]米一石 細民無貲可得 復恥露頭與罪囚無別 故作竹冠以冠之 或方或圓 初無定制 短褐被體 下無袴襦 每舟十餘人 夜則鳴榔鼓柹謳 歌互荅[25] 曉曉如鶩[26]鶩群鳴 略[27]無聲律情義 蓋其俗然也

주인(舟人)

고려의 두건(頭巾)은 특히 무늬비단〔文羅〕을 소중히 여긴다. 두건 하나의 값은 쌀 한 섬〔石〕에 해당된다. 따라서 가난한 백성은 이를 마련할 재물이 없고, 또 모자를 쓰지 않은 맨머리〔露頭〕는 죄수(罪囚)와 다름없다고 수치스러워 하기 때문에 죽관(竹冠)을 만들어 쓴다. 죽관의 모양은 모나기도 하고 둥글기도 하여 본래 일정한 규격이 없다. 짧은 갈

---

24) 지부족재본에는 '準'이라고 되어있다.
25) 사고전서본과 지부족재본에는 '答'이라고 되어있다.
26) 사고전서본과 지부족재본에는 '鵝'라고 되어있다.
27) 사고전서본에는 '畧'이라고 되어있다.

옷〔褐〕을 입고, 아래에는 바지〔袴襦〕를 걸치지 않는다. 배마다 10여 명이 밤에는 삿대를 두드리고〔鳴榔鼓枻〕 노래 부르며 서로 화답하니 거위·오리들이 우는 것 같아 시끄럽다〔嘵嘵〕. 조금도 소리의 곡조나 감정이 없으니 대개 풍속이 그러하다.

『선화봉사고려도경』권20

婦人

臣聞 三韓衣服之制 不聞染色 唯以花文爲禁 故有御史稽察民服文 羅花綾者 斷罪罰物 民庶遵守 不敢慢令 舊俗 女子之服 白紵黃裳 上自公族貴家 下及民庶妻妾 一槩無辨 頃歲 貢使趨闕 獲朝廷賜子 十等冠服 遂以從化 今王府與國相家 頗有華風 更遲以歲月 當如草 偃矣 今姑摭其異於中國者圖之

부인(婦人)

신(臣)이 듣기에 옛 삼한(三韓)의 의복 제도에서 염색한다는 이야기는 못들었다.[1] 꽃이나 무늬 장식[花文]만은 금지하므로 어사(御史)가 무늬

---

1) 『三國志』卷30 魏書30 烏丸鮮卑東夷傳30 韓에 의하면, 馬韓에서는 "베로 만든 도포를

나 꽃이 장식된 비단 옷[文羅花綾] 입은 사람을 보면 그 사람을 처벌하여 단죄한다. 백성들은 함부로 금령을 무시하지 못하고 준수한다. 옛 풍속에 의하면 여자 의복은 흰색 모시 (저고리에) 노란 치마로서, 왕족이나 귀족[公族貴家]으로부터 아래로는 백성들 처첩(妻妾)에 이르기까지 구별할 수 없을 정도로 한결같다. 근년에 (고려) 사신[貢使]이 예궐(詣闕)하여 송[朝廷]의 하사품인 10등 관복(冠服)을 얻은 것을 계기로 중국 제도를 좇았다. 현재 왕족[王府]과 재상가[國相家]에서는 중국풍이 매우 유행인데 다시 시간이 흐르면 바람에 따라 풀잎이 눕는 것처럼[2] 보편화될 것이다. 이제 중국과 다른 점을 우선 간추려 그린다.

貴婦

婦人之飾 不善[3]塗澤 施粉無朱 柳眉半額 皂[4]羅蒙首 製以三幅 幅長八尺 自頂[5]垂下 唯露面目 餘悉委地 白紵爲袍 略[6]如男子 製文綾寬袴 裏[7]以生綃[8] 欲其褒[9]裕 不使箸[10]體 橄欖勒巾 加以采絛金

입고 발에는 가죽신을 신는다(衣布袍, 足履革躋蹋)"고 하였다. 그리고 『隋書』卷81 列傳 46 新羅國에 의하면, 신라에서는 "그 복색이 하얀색을 숭상한다(服色尙素)"고 하였다.
2) 원문의 '草偃' 이란 바람에 따라 풀잎이 눕는 것으로 위 사람들의 영향력이 아랫사람에게 미친다는 뜻이다. "季康子가 孔子에게 정치에 대해 물었다. 만일 無道한 자를 죽여서 道가 있는 데로 나아가게 하면 어떻습니까? 孔子가 대답했다. 그대가 정치를 하는 데 어떻게 죽이는 것을 쓰겠는가? 그대가 善해지려고 하면 백성들이 善해질 것이니 君子의 德은 바람이고, 小人의 德은 풀이다. 풀 위에 바람이 불면 반드시 쓰러질 것이다(季康子問政 於孔子曰 如殺無道 以就有道 何如 孔子對曰 子爲政 焉用殺 子欲善而民善矣 君子之 德風 小人之德草 草上之風 必偃 : 『論語』顔淵)."
3) 지부족재본에는 '喜鄭刻善' 이라고 되어있다.
4) 지부족재본에는 '皁' 라고 되어있다.
5) 사고전서본과 지부족재본에는 '項' 이라고 되어있다.
6) 사고전서본에는 '畧' 이라고 되어있다.
7) 지부족재본에는 '裏' 이라고 되어있다.
8) 지부족재본에는 '絹鄭刻綃' 라고 되어있다.

鐸 佩錦香囊 以多爲貴富家 藉[11]以大席 侍婢旁列 各執巾瓶 雖盛
暑 不以爲苦也 秋冬之裳 間[12]用黃絹 或深或淺 公卿大夫之妻士民
游[13]女 其服無別 或云 王妃夫人 以紅爲尙 盎加繪繡 國官庶民 不
敢用也

귀부인〔貴婦〕

부인이 몸을 꾸밀 때는 화장을 탐탁하게 여기지 않는다. 분(粉)을 바르지만 붉은 색〔朱〕은 사용하지 않는데 버들같이 그린 눈썹이 이마의 절반을 차지한다. 검은 비단으로 만든 몽수(蒙首)는 3폭으로 만드는데, 한 폭의 길이는 8척이다. 정수리에서부터 아래로 늘어뜨리면서 얼굴만 드러나게 하는데, 나머지 부분은 완전히 땅에까지 내려온다. 백저포〔白紵〕로 겉옷〔袍〕을 만드는데 남자 것과 대략 비슷하다. 무늬있는 비단으로 바지를 큼지막하게 만드는데 생사로 짠 명주〔生綃〕로 (바지) 안감을 댄다. 넉넉하게〔褒裕〕 만들고자 하는 것은 몸매가 드러나지 않게 하려는 것이다. 푸른색 조이는 두건에〔橄欖勒巾〕 물들인 끈으로 금방울을[14] 매단다. 비단 향주머니를 차는데 향주머니가 많을수록 부귀한 집안 사람이다. 큰 자리〔大席〕를 펴고 옆에 늘어선 시비(侍婢)는 각자 수건이나 정병(淨瓶)을 쥐고 있는데 아무리 더워도 힘들게 여기지 않는다. 가을과 겨울용 치마로는 간혹 노란 비단〔黃絹〕을 사용하는데, (색이) 어떤 것

---

9) 지부족재본에는 '襞' 라고 되어있다.
10) 사고전서본과 지부족재본에는 '著' 라고 되어있다.
11) 지부족재본에는 '籍' 이라고 되어있다.
12) 지부족재본에는 '閒' 이라고 되어있다.
13) 사고전서본에는 '遊' 라고 되어있다.
14) 金鐸이란 원래 武事에 관한 敎令을 선포할 때 사용하는 大鈴, 즉 딸랑이를 말한다.

은 짙고 어떤 것은 엷다. 공경대부(公卿大夫)의 부인이든 사민(士民)이나 유녀(遊女)들이든[15] 복장에 차이는 없다. 어떤 이들이 말하기를, (왕의) 왕비(王妃)나 부인(夫人)들은 홍색을 고상하게 여기면서 그림을 그리거나 수(繡)까지도 놓지만 국관(國官)과 서민(庶民)은 감히 그렇게 할 수 없다고 한다.

婢妾

宮[16]府有媵 國官有妾 民庶之妻 雜役之婢 服飾相類 以其執事服勤 故蒙首不下 垂疊於其頂 摳衣而行 手雖執扇 羞見手爪 多以絳囊蔽之

비첩(婢妾)

왕실〔宮府〕의 잉첩(媵妾)이든[17] 국관(國官)의 첩(妾)이든, 아니면 백성의 처(妻)이거나 잡역을 하는 비녀(婢女)이거나 그 복식은 엇비슷하다. 맡은 일에 종사해야하므로 몽수(蒙首)를 늘어뜨리지 않고 정수리에서 겹쳐지게 한 후 옷을 추스르며 다닌다. 손에는 부채를 쥐고 있지만 손톱마저 보이는 것을 부끄럽게 여겨서 진홍색 주머니로 손톱을 감싸 가리는 경우가 많다.

賤使

婦人之髻 貴賤一等 垂於右肩 餘髮被下 束以絳羅 貫[18]以小簪 細

---

15) 떠돌아다니며 즐거움을 주는 여자 즉 倡婦를 말한다.
16) 사고전서본에는 '官'이라고 되어있다.
17) 옛날에 귀족의 딸이 시집갈 때 함께 따라가는 여자를 말한다.
18) 사고전서본에는 '竪'라고 되어있고, 지부족재본에는 '貫鄭刻竪'라고 되어있다.

民之家 特無蒙首之物 蓋其直 准[19]白金一斤 力所不及 非有禁也
亦服旋裙 製以八幅 挿腋高繫 重疊無數 以多爲尙 其富貴家妻妾
製裙有累至七八疋[20]者 尤[21]可笑也 崇寧間[22] 從臣劉逵吳拭[23]等 奉
使至彼 値七夕會 舘伴使柳伸 顧作樂女倡 謂使副曰 本國梳得頭髮
慢 必是古來墮馬髻 逵等荅[24]云 墮馬髻 乃東漢梁冀妻孫壽所爲 似
不足法 伸等唯唯然 至今仍貫不改 豈自其舊俗椎結而然耶

천사(賤使)

부인들의 머리모양(髻)은 귀천을 막론하고 똑같다. 오른쪽 어깨로 늘어뜨린 후 나머지 머리카락은 아래를 덮는데 진홍색 비단 끈으로 묶고 작은 비녀를 찔러 봉긋하게 만든다. 특히 빈천한 집(細民之家)에는 몽수(蒙首)가 없다. 대체로 몽수 가격이 은(白金) 1근에 해당하므로, 힘이 닿지 못하는 것이지 (사용을) 금지하고 있는 것은 아니다. 또한 돌려입는 치마(旋裙)를 입는데 8폭으로 되어 있으며 겨드랑이에까지 끌어 올려 높이 묶는다. 무수하게 몸을 휘감는데 많을수록 고상하게 여긴다. 부귀한 집안의 처첩은 치마를 만들 때 7~8필(疋)까지 사용하는 경우가 있는데, 매우 가소롭다.

숭녕(崇寧) 연간에 종신(從臣)인 유규(劉逵)와 오식(吳拭) 등이 사신의 임무를 받들고 그곳에 갔다. 7일째 되는 날 저녁 회식(七夕會)에 참석했

---

19) 지부족재본에는 '準' 이라고 되어있다.
20) 지부족재본에는 '匹' 이라고 되어있다.
21) 지부족재본에는 '尤' 라고 되어있다.
22) 지부족재본에는 '間' 이라고 되어있다.
23) 지부족재본에는 '拭' 이라고 되어있다.
24) 지부족재본에는 '荅' 이라고 되어있다.

는데 관반사(館伴使) 유신(柳伸)이 음악을 연주하는 여창(女倡)을 돌아보면서 정사와 부사에게 말하기를, "고려〔本國〕에서 빗어 만드는 머리 모양은 느슨하니〔慢〕 필시 옛날 추마(墜馬)의 상투일 것이다"라고 하였다. 유규 등은, "추마(墜馬)의 상투란 동한(東漢) 양기(梁冀) 처인 손수(孫壽)가[25] 꾸몄던 것을 말하는데 본받을 만하지는 않다."라고 대답하였다. 유신 등은 "네네."라고 대꾸하였는데 현재까지 그대로 따를뿐 고치지 않으니, 아마도 상투를 틀었던 옛 풍속 때문에 그렇게 된 것으로 보인다.

貴女[26]

蠻夷之[27]服 雖略[28]相類 亦無定制 人使 初入城 夾道樓觀間[29] 時見 凭欄有此一等女子 纔十餘歲 當是未嫁之人 亦不被[30]髮 而黃衣又非暑服所宜 嘗試詰之 終不審諦 或云 是王府小兒之服耳

귀녀(貴女)

고려〔蠻夷〕의 관복(冠服)은 (중국과) 대략 비슷하기는 하지만 정해진 원칙이 있는 것은 아니다. 사신이 처음으로 도성에 들어갔을 때 양쪽 길〔夾道〕의 누관(樓觀) 사이에서 난간에 기댄 이 부류의 여자를 몇 번 보았다. 겨우 10여 살로서 아직 시집가지 않은 아이였는데, 머리를 푼〔披

---

25) 東漢 즉 後漢시대 梁冀 처로서, 아름답고 요염하였다고 한다. 愁眉, 啼粧, 墜馬髻, 折腰步, 齲齒笑 등으로 양기를 미혹하였다(『後漢書』 卷10下 皇后紀10下 梁冀).
26) 貴女 : 사고전서본에는 '闕二字'라고 되어있고, 지부족재본에는 '貴女鄭刻缺此標目玩文義第一行之前尙有闕文'이라고 되어있다.
27) 蠻夷之 : 사고전서본에는 '海外冠'이라고 되어있다.
28) 사고전서본에는 '畧'이라고 되어있다.
29) 지부족재본에는 '閒'이라고 되어있다.
30) 사고전서본과 지부족재본에는 '披'라고 되어있다.

髮]³¹⁾ 것도 아니고 (입고 있는) 노란 옷 역시 여름 옷으로 적당한 것은 아니었다.³²⁾ 누군지 물어보았지만 끝내 알 수 없었다. 어떤 이는 이것이 왕실[王府] 어린이의 옷이라고 하였다.

女子

民庶之家 女子未嫁 紅羅束髮 其餘被下 男子亦然 特易紅爲黑繩耳

여자(女子)

백성 집에서는 여자가 시집을 가기 전에는 분홍색 비단으로 머리를 묶고 나머지는 아래로 늘어뜨린다. 남자도 마찬가지인데 분홍색을 검은색 끈으로 바꾼 것이 다를 뿐이다.

負

高麗 法置官婢 世代相承 故自王府國官觀寺 皆給之 其於執役 肩不勝任 負於背上 其行甚駃 雖男子不如也

---

31) 머리를 푼다는 것은 중국인이 아닌 오랑캐의 머리 모양이라는 뜻이다. 이와 관련하여 『論語』 憲問篇의 다음과 같은 내용을 참고할 수 있다. "子貢이 '管仲은 인자한 사람은 아닐 것입니다. 桓公이 公子 糾를 죽였는데 糾를 위해 죽지 못하고 또 桓公의 재상 노릇을 하였습니다.'고 말했다. 孔子께서 말씀하시기를, '管仲이 桓公의 재상이 되니, 桓公은 제후를 거느려 天下를 통일하고 바로잡아 놓았다. 사람들은 지금까지도 그 혜택을 입고 있다. 管仲이 없었다면 나는 머리를 풀고 옷섶을 왼쪽으로 여미고 살 뻔했다. 어찌 匹夫匹婦가 자자한 신의를 지키는 것과 같겠느냐? 개천에서 제 손으로 목매어 죽어도 알아줄 사람은 없다'(子貢曰 管仲非仁者與 桓公殺公子糾 不能死 又相之 子曰 管仲相桓公 霸諸侯 一匡天下 民到于今受其賜 微管仲 吾其被髮左衽矣 豈若匹夫匹婦之爲諒也 自經於溝瀆而莫之知也)."
32) 본문의 '黃絹'은 앞의 '婦人'에 나온대로 가을과 겨울에 입는 '노란 치마[黃裳]'인 듯하다.

지는 것 〔負〕

고려에서는 법에 따라 관서에 여자 노비〔官婢〕를 두고 대대로 노비가 되게 하였다.[33] 그러므로 왕실〔王府〕로부터 국관(國官)과 도관·사찰〔觀寺〕에 이르기까지 모두 (관비를) 지급하였다. 관비들은 일을 할 때 어깨로 짐을 다 멜 수가 없으면 등 뒤에 진다. 이들은 매우 빠르게 움직이므로 남자들도 여기에 미치지 못한다.

戴

負戴之役 其勞一等 水米[34]飮[35]歠 竝貯銅甖 不以肩舁 加於頂上 甖有二耳 一手扶持 摳衣而行 背負其子 考之於經 班白者不負戴於道路 以其用力良勞 非筋骨有加 蓋不能也 其子附之 所謂襁負其子而至歟[36]

이는 것 〔戴〕

지거나 이는 일은 모두 똑같이 힘들다. 물이나 쌀, 그리고 마실 것〔水米飮歠〕은 모두 구리항아리에 저장하는데, 어깨로 맬 수 없으면 머리 위에 인다. 항아리 양쪽에는 귀가 달려 있어서 한 손으로 잡은 채 옷을 추스르며 다니는데, 아이도 업는다. 경서(經書)에서 찾아보면, 머리가 반백인 사람은 도로에서 이고 지지 않는다고[37] 하였다. 그렇게 이

---

33) 고려시대 노비는 신라시대 이래 잔존 노비와 전쟁의 포로 노비 형벌 노비 등에 연원하였으며 그 종류에는 公奴婢와 私奴婢 등이 있었다. 奴婢는 토지와 함께 중요한 자산으로 세습되었는데, 1039년(정종 5) 賤者隨母法에 의해 제도화되었다.
34) 사고전서본에는 '末'라고 되어있다.
35) 지부족재본에는 '飯鄭刻未飮'이라고 되어있다.
36) 사고전서본에는 '也'라고 되어있다.
37) 『孟子』에 나오는 표현이다. "庠序의 가르침을 신중히 하고, 거듭하기를 孝悌의 의리로

고 지는 것은 너무 힘들기 때문인데, 근골(筋骨)에 (부담이) 더해지는 것은 아니지만 (그런 자세는) 불가능하다는 뜻일 것이다. 아이를 따르게 한다는 것은 이른바 아이들을 포대기에 싸서 이르른다〔襁負其子而至〕는[38] 것이다.

서 한다면, 머리가 頒白이 된 者가 도로에서 지거나 이지 않을 것이다(謹庠序之敎 申之以孝悌之義 頒白者不負戴於道路矣 : 『孟子』梁惠王章句 上)."

38) 『論語』에 나오는 표현으로, 사방에 교화된 사람들이 자식을 데리고 몰려온다는 뜻이다, "樊遲가 농사짓는 법을 배우기를 청하자, 공자가 말했다. 나는 늙은 농부보다 못하다. 채소 가꾸는 법을 배우기를 청하자, 나는 늙은 원예사보다 못하다고 했다. 樊遲가 나가자 공자는 말했다. 小人이구나, 樊須여. 윗사람이 禮를 좋아하면 백성들이 감히 공경하지 않을 수 없고, 윗사람이 義를 좋아하면 백성들은 감히 복종하지 않을 수 없다. 윗사람이 信을 좋아하면 백성들이 감히 사실대로 아뢰지 않을 수 없다. 이와 같이 된다면 四方의 백성들이 자식을 포대기에 싸서 업고 올 것이니 어찌 농사 짓는 방법을 쓰겠는가(樊遲請學稼 子曰 吾不如老農 請學爲圃 曰 吾不如老圃 樊遲出 子曰 小人哉 樊須也 上好禮 則民莫敢不敬 上好義 則民莫敢不服 上好信 則民莫敢不用情 夫如是 則四方之民 襁負其子而至矣 焉用稼 : 『論語』子路)."

『선화봉사고려도경』 권21

皂¹⁾隸

臣聞 諸蠻之國 雕題交趾 被髮文身 豺狼與居 麋鹿與游²⁾ 豈復知張官置吏之法哉 唯高麗則不然 衣冠禮儀³⁾ 君臣上下 燦然有文法以相接也 內置臺省院監 外置州府郡邑 設官分職 選吏任事 在上則擧其綱目 在下則任其繁劇 雖一國之事 簡而當理 追胥呼索 但片紙數字 民不敢失其期會也 故自中書給事中樞堂官 以至夫民長 無敢怠⁴⁾豫 其國官吏遇諸途 必跪拜鞠恭⁵⁾ 言事則膝行而前 上手⁶⁾抵⁷⁾面 以聽奉

---

1) 지부족재본에는 '皁'라고 되어있다.
2) 사고전서본과 지부족재본에는 '遊'라고 되어있다.
3) 사고전서본에는 '義'라고 되어있다.
4) 사고전서본에는 '息'이라고 되어있다.
5) 사고전서본에는 '躬'이라고 되어있다.
6) 사고전서본에는 '呼'라고 되어있다.
7) 사고전서본과 지부족재본에는 '低'라고 되어있다.

之 自非久陶聖化 能若是乎 今自吏職 以迄驅使 竝列圖于[8]左

하급 관리 〔皂隸〕

신(臣)이 듣기에 오랑캐 나라에서는 이마에 그림을 새기고 양반다리를 하거나〔雕題交趾〕[9] 머리를 풀고 문신을 하며〔被髮文身〕[10] 짐승처럼 살고 노닌다 하니, 어찌 제대로 관아를 세우고 관리를 두는 법을 알겠는가?

고려만은 그렇지 않다. 의관(衣冠)의 예의(禮儀)와 군신 상하간에 찬연한 법도가 있어 그에 따라 서로 대한다. 중앙에는 대·성·원·감(臺省院監)을 두고 지방에는 주·부·군·읍(州府郡邑)을 둔다. 관아를 설치하고 직무를 나누며 관리를 뽑아 일을 맡긴다. 고위관리는 주요사항〔綱目〕만을 다루고 하급관리는 잡다한 일〔繁劇〕을 맡으니, 비록 일국의 일이지만 간략하고 이치에 합당하다. 도적을 쫓는 관원이 사람들을 부르는 경우에〔追胥呼索〕 짧은 알림만으로도 백성들은 모이는 기한을 어기지 않는다. 그러므로 중서성 급사중〔中書給事〕[11] 및 중추원 당상관〔中樞堂官〕으로부터 민장(民長)에 이르기까지 모두가 열심히 일한다.

고려 관리는 길에서 만나면 반드시 무릎을 구부리며 공손히 절을 하

---

8) 지부족재본에는 '於'라고 되어있다.
9) 『禮記』에 나오는 표현이다. "南方의 오랑캐를 蠻이라고 부르니, 이마에 먹물을 넣어 새기고 양쪽 발가락을 서로를 향하게 양반다리를 하며, 火食을 하지 않는 자도 있다(南方曰蠻 雕題交趾 有不火食者矣 : 『禮記』王制)."
10) 『禮記』에 나오는 표현이다. "東方의 오랑캐를 夷이라고 부르니, 머리털을 풀어 헤치고 몸에는 문신을 하며, 火食을 하지 않는 자도 있다(東方曰夷 被髮文身 有不火食者矣 : 『禮記』王制)."
11) 『高麗史』에 의하면 中書省에는 종4품인 給事中 1인이 배속되어있다.

고, 일을 말하면 무릎걸음으로 나아가서 손을 올리고[12] 얼굴을 낮춘 채 이를 경청한다. 중국의 오랜 교화가 없었다면〔久陶〕 이처럼 할 수 있겠는가? 이제 이직(吏職)으로부터 구사(驅使)에 이르기까지 그림을 그려 다음에 배열한다.

吏職

吏職之服 與庶官服色不異 但綠衣時有深淺 舊傳高麗放[13]唐制[14]衣碧 今詢之非也 蓋其國民貧俗儉 一袍之費 動準白金一斤 每經澣濯 再染色 深如碧 非是別一等服也 然省府補吏 不限流品 貴家之子弟 時亦爲之 今此靑服 當是吏之世襲者耳

이직(吏職)

이직(吏職)의 복색은 일반 관리〔庶官〕의 복색과 다를 바 없다.[15] 다만 녹의(綠衣)에 가끔 진하고 엷은 것이 있다. 예로부터 고려는 당(唐)의 제도를 모방하여 푸른〔碧〕 옷을 입었다고 전하나,[16] 이제 물어 보니 그렇지는 않다. 대체로 고려의 백성은 가난하고 풍속은 검소하다. 그런데 도포〔袍〕 하나의 값이 거의 은〔白金〕 1근(斤)이나 되니, 항상 빨아서 다

---

12) 사고전서본의 '上呼'에 따르면 '올려 부르고'라는 해석이 가능한데, 징강본에 따른 해석이 자연스럽다.
13) 사고전서본과 지부족재본에는 '倣'이라고 되어있다.
14) 사고전서본에는 '製'라고 되어있다.
15) 고려의 관복 색깔은 크게 4가지로 구분되었다. "光宗 11년(960) 3월 百官의 公服을 제정하였다. 元尹 이상은 紫衫, 中壇卿 이상은 丹衫, 都航卿 이상은 緋衫, 小主簿 이상은 綠衫이었다(光宗十一年三月 定百官公服 元尹以上紫衫 中壇卿以上丹衫 都航卿以上緋衫 小主簿以上綠衫 : 『高麗史』 卷72 志26 輿服1 公服)."
16) 高麗 光宗 12년(961) 무렵 고려를 방문한 南唐의 章僚가 남긴 『海外使程廣記』에 고려의 관복이 紫·丹·緋·綠·靑·碧이라 한 내용을 말하는 것으로 보인다.

시 물들여 쓴다. 따라서 색이 진하여 푸른 것 같을 뿐이요, 특정 등급을 구별하는 복색은 아니다.[17] 그런데 유품(流品)에 한하지 않은[18] 관청〔省府〕의 보리(補吏)와[19] 귀가(貴家)의 자제도 가끔 이것을 입는다. 지금 이 청복(青服)은 세습하는 이직(吏職)만이 입을 뿐이다.

散員

散員之服 紫羅窄衣 幞頭革履 如中華班直殿侍之類也 武臣子弟 兵衛出職 皆補之 每人使至 則捧盤授爵執衣侍巾 皆用之

산원(散員)[20]

산원은 자줏빛 비단의 소매 좁은 옷〔紫羅窄衣〕을 입고 복두에 가죽신을 신는데, 중국의 반직(班直)[21]·전시(殿侍)와[22] 같은 부류이다. 병위(兵衛)의 직무에 나간 무신(武臣) 자제는 모두 산원으로 충원한다. 중국 사신이 이를 때마다 소반을 받들고 술잔을 들이며 옷을 들고 수건을 받드는 데[23] 모두 이들을 쓴다.

---

17) 唐制의 碧衣는 深碧과 淺碧의 구별이 있었기에, 서긍은 고려의 綠衣도 深綠과 淺綠의 두 등급의 복색으로 인식하였던 것 같다. 그래서 그 사실을 물어보니 두 등급이 아니라 같은 등급의 복색인데, 자꾸 세탁하고 재염색하는 과정에서 나타난 차이일 뿐이라는 사실을 알게 된 것이다.
18) 음서제와 관련하여 5품 이상 고관의 자제들이 省府에 下吏로 보임된 것이 아닌가 생각된다.
19) 同正職에 보임된 관리로 생각된다.
20) 散員은 고려의 정8품 무반이다. 중앙군인 2군 6위의 매 領마다 5인씩 배속되어 있었다.
21) 班直은 宋 太祖가 만든 군대의 이름이다. 이들은 궁궐 수비를 비롯해 숙위와 호위를 담당하던 禁軍이다.
22) 殿侍는 宋의 武官으로서 政和 6년(1116)에 下班祗應으로 명칭이 바뀌었다.
23) 허드렛일을 설명하는 것이 아니라, 특정 유형의 의례를 뜻하는 것으로 보인다.

人吏

人吏之稱 非比省府之職也 蓋倉庫司屬州縣 出納金穀布帛之流 皂[24]衣幞頭 烏革句履 時於街[25]市稠人中見之 或云趨官府 則間[26]有 易色衣者

인리(人吏)[27]

인리는 성부(省府)의 직무에 비할 바 아니다. 대개 주현(州縣)에 속한 창고사(倉庫司)에서 금곡(金穀)·포백(布帛) 등의 출납(出納)을 담당하는 자이다. 검은 옷[皂衣]에 복두를 쓰고 검은 가죽의 네모난 신[句履]을 신는다. 때로는 시가(市街)의 많은 사람들 중에서 이들을 볼 수 있다. 관부(官府)에 들어갈 때는 간혹 색깔 있는 옷[色衣]으로 갈아입는 경우도 있다고 한다.

丁吏

丁吏 蓋丁壯之人 初置吏者也 舊說轉爲頂禮 蓋是語音訛謬 自此升補爲吏 由[28]吏而後授官 自令官而下 各給丁吏 以備使令 視官品而爲多寡之差 其常執事 則文羅頭巾 人使至則加幘 每貴臣從者一二人 唯[29]伴官屈使從者 與使副所給 一等服飾耳

---

24) 지부족재본에는 '皁'라고 되어있다.
25) 사고전서본에는 '衢'라고 되어있다.
26) 지부족재본에는 '間'이라고 되어있다.
27) 人吏는 고려의 胥吏 가운데 일부이다. 고려의 관직 체계에서는 9품으로 편재된 品官 아래에 吏屬 즉 서리층이 존재하였다. 서리는 다시 入仕職과 未入仕職으로 나뉘는데 人吏는 입사직에 해당하는 사람들이고, 掌固는 미입사직에 해당하는 사람들이다(朴龍雲, 1988,『高麗時代史』, 一志社, 104쪽).
28) 사고전서본에는 '日'이라고 되어있다.

정리(丁吏)[30]

정리는 장정[丁壯]에서 처음으로 인리[吏]에 오른 자이다. 옛날에는 '정례(頂禮)'라고도 하였는데, 이것은 발음[語音]이 와전된 것이다. '정리(丁吏)'에서 오르면 '인리[吏]'로 삼고, 인리를 거친 뒤에 관직을 준다. 영관(令官) 이하의 관리에게는 각각 정리(丁吏)를 주어 심부름을 시키도록 하는데, 그 관품(官品)에 따라 (정리의) 많고 적은 차이를 두었다.

평상시 일을 볼 때는 무늬비단[文羅] 두건을 쓰고, 사신이 오면 여기에 책(幘)을 덧쓴다. 귀신(貴臣)마다 시중드는 자가 한두 명이다. 다만 반관(伴官)·굴사(屈使)의[31] 시종[從者]이나 정사(正使)·부사(副使)의 시종은 복장이 똑같다.

房子

房子 使館之給役者也 每房自使副而下 以[32]官品高下 而爲之多寡 其服文羅頭巾 紫衣角[33]帶皂[34]履 蓋擇善供應者爲之 觀其守法[35]蓋

---

29) 지부족재본에는 '惟'라고 되어있다.
30) 丁吏는 고려의 胥吏職 가운데 일부이다. 서리직은 入仕職과 未入仕職으로 나뉘는데 정리는 驅史나 房子 등과 함께 미입사직에 해당하였다(洪承基, 2001, 『高麗社會史硏究』, 一潮閣, 154~157쪽).
31) 屈使는 고려에서 사절을 접대하기 위해 설치한 관원인데, 『高麗史』에 다음과 같은 용례가 보인다. "王이 乾德殿으로 나와 앉으면 閤門副使 이상이 먼저 殿庭에 들어와 肅拜하고, 다음으로 宰臣 侍臣 閤門 南班이 肅拜하고 敍立한 다음, 屈使 館伴 執事가 함께 殿庭에 들어와 肅拜한다(王出坐乾德殿 閤門副使以上先入殿庭肅拜 次宰臣侍臣閤門南班肅拜敍立後 屈使館伴執事俱入殿庭肅拜: 『高麗史』 卷65 志19 禮7 賓禮 迎北朝詔使儀)."
32) 而下 以 : 사고전서본에는 '闕三字'라고 되어있다.
33) 사고전서본에는 '負'라고 되어있다.
34) 지부족재본에는 '阜'라고 되어있다.
35) 사고전서본에는 '闕'이라고 되어있다.

甚 又善筆札 高麗俸祿 至薄 唯給生米³⁶⁾蔬茹而已 常時 亦罕食肉 每人使至 正當大暑 飮食臭惡 必推其餘與之 飮啗自如 而又以其餘 歸遺于³⁷⁾家 至禮畢出館 泣數行下 大抵麗人之於中國 其情加厚 故 雖房子 亦懷惓惓焉

방자(房子)

방자는 사관(使館)에서 심부름하는 자들이다. 각 방(房)에 정사·부사 및 그 아래로 관품의 높낮이에 따라 많고 적음이 있다. 복식은 무늬비단[文羅]의 두건과 자줏빛 옷[紫衣]에 각대(角帶)를 두르고[38) 검정신[皂履]을 신는데, 응대 잘하는 자를 선택하여 방자로 삼는다. 그들이 근무하는[守直] 방식을 보니 매우 공경하며[謹甚]³⁹⁾ 글씨도 잘 쓴다.

고려의 봉록(俸祿)은 매우 박해서 쌀과 채소만을⁴⁰⁾ 줄 뿐이므로⁴¹⁾ 평상시에는 고기를 먹는 일이 드물다. (중국) 사신이 오는 때가 한여름이라 음식이 썩어 냄새가 지독한데, 남은 것을 추려서 주면 아무렇지 않게 먹고 또 그 나머지는 집으로 가져간다. 접대례를 마치고 관(館)을 떠날 때에는 몇 줄기 눈물을 흘린다. 대개 고려 사람들은 중국에 대한 정이 매우 두텁기 때문에 비록 방자라도 정성스럽고 간절한 마음을 품는 것이다.

---

36) 사고전서본과 지부족재본에는 '菜'라고 되어있다.
37) 지부족재본에는 '於'라고 되어있다.
38) 사고전서본에는 '負帶'라고 되어있어서 '띠를 두르고'라고 해석할 수 있다.
39) 사고전서본에는 '蓋甚'이라고 되어있어서 '대체로 힘들며'라고 해석할 수 있다.
40) 사고전서본에는 '生菜蔬茹'라고 되어있어서 '채소류'라고 해석할 수 있다.
41) 고려에서는 관리들에게 田柴科와 함께 祿俸도 지급하였다. 『高麗史』食貨志에 따르면 祿俸制는 文宗代에 크게 갖추어졌다. 총 139,736石 13斗의 米, 粟, 麥을 재원으로 하여 妃主, 宗室, 百官에게 科에 따라 지급되었다. 다소의 제도 변화는 있었지만 녹봉은 1년에 두 차례 初番祿과 封倉祿이라는 이름으로 지급되었다.

小親侍

小親侍 紫衣頭巾 復被其髮 蓋宮幃[42]中所使小僮[43]也 王之貴戚與 從臣 時亦給之 麗人大率未娶者 皆裹巾而被髮于[44]後 旣娶而後束 髮 其爲小親侍 皆纔十餘歲 稍長 則出宮焉

소친시(小親侍)

소친시는 자줏빛 옷(紫衣)에 두건을 쓰고[45] 머리도 풀어 내렸는데, 대체로 궁중에서 부리는 아이들이다. 왕의 인척(貴戚)이나 종신(從臣)에게도 때에 맞춰 하사한다. 대체로 장가들지 않은 고려 사람들은 모두 두건으로 머리를 싸고 뒤로 머리를 내려뜨리다가 장가든 뒤에는 머리를 묶는다(束髮). 소친시는 모두 겨우 열 살 남짓이며, 조금 더 자라면 궁에서 나간다.

驅使

驅使 與仙郞相類 大抵皆未娶之人 在貴家子弟 則稱仙郞 故其衣 或紗或羅 皆皁[46]也 又有一等縿袖烏巾 卽庶官小吏之奴 名驅使 者也

---

42) 사고전서본과 지부족재본에는 '帷'라고 되어있다.
43) 사고전서본과 지부족재본에는 '童'이라고 되어있다.
44) 지부족재본에는 '於'라고 되어있다.
45) 『高麗史』에는 소친시의 의복과 관련된 기록이 실려 있다. "우왕 13년(1387) 6월 비로소 胡服을 혁파하고 大明의 服制를 따르게 하였으니,…別監, 小親侍, 給事는 紫羅頭巾에 細絛 纏帶를 띠고, 樂官은 綠羅頭巾을 착용한다(辛禑 十三年 六月 始革胡服 依大明制…別監小親侍給事 紫羅頭巾細絛纏帶 樂官 綠羅頭巾 : 『高麗史』卷72 志26 輿服1 冠服通制)."
46) 지부족재본에는 '皁'라고 되어있다.

구사(驅使)

구사는 선랑(仙郎)과 비슷한 부류이다. 대개 아직 장가들지 않은 귀족〔貴家〕 자제들을 '선랑'이라 했다. 그 때문에 옷은 엷고 가벼운 비단〔紗〕이나 얇은 비단〔羅〕으로 만드는데, 모두 검은 색〔皁〕이다. 또 넓은 소매〔縿袖〕 옷에 검은 두건을 쓴 별도의 사람들이 있는데, 이들은 서관(庶官)이나 소리(小吏)의 심부름꾼〔奴〕들이다. 이들을 구사라고 부른다.[47]

---

[47] 『高麗史』에는 驅使〔丘史〕와 관련된 기록이 실려 있다. "명종 20년(1190)에 判하기를 (지급하는) 丘史가 守太師·守太傅·守太保에게는 각각 22인이고, 守太尉·守司徒·司空에게는 16인이고, 公과 侯는 20인이고, 伯·子·男은 14인이고, 中書令과 門下侍中은 22인이고, 門下侍郞平章事와 中書侍郞平章事는 20인이다(明宗二十年判 守太師太傅太保各丘史二十二 守太尉守司徒司空十六 公侯二十 伯子男十四 中書令門下侍中二十二 門下中書侍郞平章事二十 : 『高麗史』 卷72 志26 輿服1 鹵簿 百官儀從)."

『선화봉사고려도경』 권22

雜俗 一

臣聞 王制曰 廣谷大川異制 民生其間¹⁾異俗 夫所謂廣谷大川 固未必遐方絶域 蓋特其中國之地 川俗或殊 則習俗各異 有不可得而同者 又況蠻夷之限在海外 其習俗 豈一端哉 高麗於諸夷中 號爲文物禮義之邦 其飮食用俎豆 文字合楷隷 授受拜跪 恭肅謹愿 有足尙者 然其實汚²⁾僻澆薄肜³⁾雜夷⁴⁾風 終未可革也 冠婚喪祭 鮮克由禮 若男子巾幘 雖稍放⁵⁾唐制 而婦人鬢髻下垂 尙宛然髡首辮髮之態 貴人仕族 昏⁶⁾嫁⁷⁾略用聘幣 至民庶 唯⁸⁾以酒米通好而已 又富家 娶妻至

---

1) 사고전서본에는 '間'이라고 되어있다.
2) 其實汚 : 사고전서본에는 '闕三字'라고 되어있다.
3) 사고전서본에는 '龐'이라고 되어있다.
4) 사고전서본에는 '土'라고 되어있다.
5) 사고전서본과 지부족재본에는 '倣'이라고 되어있다.

三四人 小不相合 輒離去 産子居別室 其疾病 雖至親 不視藥 至死
殮不拊棺 雖王與貴胄 亦然 若貧人 無葬具 則露置中野 不封不植
委螻蟻烏鳶食之 衆不以爲非 淫祀諂⁹⁾祭 好浮圖¹⁰⁾ 宗廟之祠 參以
桑門歌唄 其閒 加以言語不通 貪饕行賂 行喜奔走 立則多拱手于¹¹⁾
背 婦人僧尼 皆作男子拜 此則¹²⁾大可駭者 至於瑣碎不經 又未易以
一二數 今姑摠¹³⁾其耳目所¹⁴⁾見者圖之 幷以土産資養之物 附于後¹⁵⁾

풍속〔雜俗〕1

신(臣)이 듣기에 (『예기(禮記)』의) 왕제(王制)편에 "넓은 골짜기와 큰 개천에 따라 여건은 달라지고〔異制〕, 그 사이에 살고 있는 백성들은 풍속을 달리한다"고 한다.¹⁶⁾ 넓은 골짜기와 큰 개천이 반드시 먼 지방이나 동떨어진 지역만을 가리키는 것은 아니다. 중국으로만 한정해보더라도 지역〔川俗〕이 다르면 습속이 각기 달라지니 다 같을 수는 없다. 하물며 (고려는) 오랑캐〔蠻夷〕의 지역으로 바다 밖에 있으니, 그 풍속이 한 가

---

6) 사고전서본에는 '婚'이라고 되어있고, 지부족재본에는 '婚'이라고 되어있다.
7) 사고전서본에는 '畧'이라고 되어있다.
8) 지부족재본에는 '惟'라고 되어있다.
9) 사고전서본과 지부족재본에는 '諂'이라고 되어있다.
10) 지부족재본에는 '浮屠'라고 되어있다.
11) 지부족재본에는 '於'라고 되어있다.
12) 사고전서본에는 '其'라고 되어있다.
13) 사고전서본에는 '總'이라고 되어있다.
14) 지부족재본에는 '所聞'이라고 되어있다.
15) 附于後 : 사고전서본에는 '附于候'라고 되어있고, 지부족재본에는 '附於后'라고 되어있다.
16) "넓은 골짜기와 큰 개천에 따라 여건은 달라지고〔異制〕, 그 사이에 살고 있는 백성들은 풍속을 달리한다(廣谷大川異制 民生其閒者異俗 : 『禮記』 王制)."

지일 수 있겠는가?

고려는 여러 이적(夷狄)의 나라 가운데서 문물이 발달하고 예의바른 나라로 불린다. 음식을 먹고 마실 때 그릇(俎豆)을 사용하고 문자는 해서(楷書)와 예서(隸書)를 모두 쓰고, 서로 주고받을 때 무릎을 꿇고 절하며, 엄숙히 공경하므로 충분히 우러러 볼만하다.

그러나 실제로는 난잡스러운(澆薄厖雜) 오랑캐의 풍속을 끝내 다 고치지 못했다. 관혼상제(冠婚喪祭)는 『예기(禮記)』를 따르는 것이 매우 적다. 남자의 머리두건(巾幘)은 당 제도를 약간 본받고 있으나, 부인이 땋아 쪽진 머리(髽髻)를 아래로 내려뜨리는 것은 오히려 좌수(髽首)나[17] 변발(辮髮)과[18] 완연히 같은 모양이다. 귀인이나 벼슬아치 집안에서 혼인할 때는 예물(聘幣)을 쓰지만, 백성들은 단지 술이나 쌀을 서로 보낼 뿐이다. 또 부유한 집(富家)에서는 아내를 3~4인이나 맞이하는데,[19] 조금만 맞지 않아도 헤어진다.

자식을 낳으면 다른 방에 거처하게 하고, 아이가 병을 앓으면 비록 부모라도 약을 들이지 않는다. 죽으면 염(殮)만 할 뿐 관에 넣지 않는데, 왕이나 귀족이어도 그러하다. 만약 가난한 사람이 장사지내는 도구가 없으면 들 가운데 버려두는데 봉분도 하지 않고 묘표도 세우지 않는다(不植). 개미나 땅강아지, 까마귀나 솔개가 파먹는 대로 놓아두지만 사람들은 이를 그릇된 것이라고 여기지 않는다.

은밀한 제사(淫祀) 지내기를 좋아하고 불교(浮屠)를 좋아하며, 종묘(宗廟)의 제사에도 승려를 참배시켜 범패를 부르게 한다(歌唄). 범패에는 간간히 이해되지 않는 말도 섞여 있다. 욕심이 많고 뇌물을 주고받

---

17) 髽首는 상투를 튼 머리로서, 중국 주변 민족들의 풍습을 가리킨다.
18) 辮髮은 실로 머리를 묶어 땋아 내리는 것으로, 중국 북방 민족들의 풍습을 가리킨다.

는 것이 성행하며 길을 다닐 때는 바삐 걷는 것을 좋아한다. 서 있을 때는 뒷짐지는(拱手于背) 자가 많고 부인이나 비구니(僧尼)가 다 남자처럼 절을 한다. 이런 것들은 매우 해괴한 짓들이다. 자질구레한 것들까지 사리에 맞지 않은 것을 들려면 한두 가지가 아니지만, 지금까지 잠깐 귀로 듣고 눈으로 본 것을 우선 모아 그림으로 그리고 아울러 고려에서만 생산되는 토산품은 뒤에 붙인다.

庭燎

麗俗尙夜飮 而祗待[20]使人尤謹 每宴罷常侵夜分 自山島州[21]郡郊亭館舍[22] 皆於庭中 以[23]束苂明燎 以散員執之 使者歸館 則羅列在前 相比而行

궁정의 화톳불〔庭燎〕[24]

고려 풍속은 밤에 술 마시는 것을 좋아하는데 사신을 접대할 때는 더욱 정성을 다한다. 섬(山島)과 주군(州郡)의 정자〔郊亭〕와 관사(館舍)에는 모두 뜰 가운데 홰(苂)를 묶어 불을 밝히고, 산원(散員)들이 이 횃불을 잡는다. 사신이 숙소로 돌아갈 때면 산원들이 앞에 늘어서 줄지어 간다.

---

19) 고려의 혼인제도는 一夫一妻制가 원칙이었지만, 부분적으로는 본문에 나오는 것처럼 一夫多妻制가 시행된 것으로 보인다. 하지만 多妻인 경우에도 처들간에 별다른 차이는 없었던 것으로 추측된다(朴龍雲, 1988 『高麗時代史』, 一志社, 279쪽).
20) 사고전서본에는 '侍' 라고 되어있다.
21) 지부족재본에는 '州縣' 이라고 되어있다.
22) 지부족재본에는 '鄭刻云自山島州郡郊亭館舍' 라고 細註로 되어있다.
23) 사고전서본과 지부족재본에는 '以' 가 결락되어있다.
24) 庭燎는 君主의 庭中에서 밤중에 백관을 비추기 위해 피운 화톳불〔炬火〕을 말한다. 樹門의 밖을 大燭이라 하고 문 안을 庭燎라고 부르는데(『周禮』 春官 司恒氏), 소나무와 대나무를 묶은 심지로 동물성 기름을 태운다(『唐律疏議』).

秉燭

王府公會 舊不然[25]燭 比稍稍能造 大者如椽 小者亦長及二尺 然而[26] 終不甚明快 會慶乾德之燕 廷[27]中設紅紗燭籠 用綠衣人 搢笏執之 問之 云是新入仕之人 舊記謂初登第者 今知未必皆一等流品也

초롱을 잡는 관리〔秉燭〕[28]

왕부(王府)의 공식회합〔公會〕에서도 옛날에는 초를 쓰지 못하였다. 요즈음은 점차 초를 잘 만들어 큰 것은 서까래〔椽〕와 같고 작은 것도 길이가 2자〔尺〕에 이르나 아주 밝지는 않다. 회경전(會慶殿)이나 건덕전(乾德殿)에서 잔치를 할 때는 뜰 가운데 홍사(紅紗)의 초롱〔燭籠〕을 마련하고 녹색(綠色) 옷을 입은 사람에게 홀(笏)을 꽂고 초롱을 잡게 한다. (녹색 옷을 입은 사람에 대해) 물어보니, '새로 입사(入仕)한 사람' 이라 대답한다. 옛 기록에는 '새로 급제한 사람' 이라 하였으나, 이제 입사자들이 동일한 유품(流品)은 아니라는 것을 알겠다.

挈壺

挈壺之職 名實近古 逐刻以擊鼓爲節 中廷[29]立表以揭牌[30] 每時正

---

25) 지부족재본에는 '燃' 이라고 되어있다.
26) 지부족재본에는 '而' 가 결락되어있다.
27) 사고전서본에는 '筵' 이라고 되어있고, 지부족재본에는 '庭鄭刻筵' 이라고 되어있다.
28) 원래는 손으로 등불을 잡는다는 뜻으로 李白의 싯구이다. "뜬 구름 같은 인생 한바탕 꿈과 같으니 즐긴들 얼마나 즐기겠는가. 옛사람이 촛불을 부여잡고 밤새도록 놀았던 것이 진실로 이유가 있구나(浮生若夢 爲歡幾何 古人秉燭夜遊 良有以也 : 李白, 「春夜宴桃李園序」)."
29) 지부족재본에는 '庭' 이라고 되어있다.
30) 사고전서본에는 '碑' 라고 되어있다.

則一紫衣吏 捧牌立于[31]左 一綠衣人 致躬報曰某時 然後搢笏詣表 易牌而退[32]

시간을 알려주는 관리 [挈壺][33]

시간을 알려주는 관리는 그 명칭과 임무가 옛날과 비슷하다. 이들은 시각(時刻)을 따라 북을 쳐 시간을 알리는데, 조정의 뜰 가운데[中庭]에 기둥을 세우고 패를 걸어 표시한다. 매시 정각에 자줏빛 옷[紫衣]를 입은 관리 1인이 (시간을 알리는) 패를 받들어 왼편에 서고, 녹의(綠衣)를 입은 1인은 몸을 구부려 '몇 시[某時]'라고 알린 뒤에 홀을 꽂고 기둥으로 가서 패를 바꿔 놓고 물러간다.

鄕飮[34]

麗俗重酒醴 公會 唯[35]王府與國官 有床卓[36]盤饌 餘官吏士民 唯[37]坐榻而已 東漢[38]豫章太守陳蕃 特爲徐稚設一榻 則知前古亦有此禮 今麗人於榻上 復加小俎 器皿用銅 鱐腊魚菜 雖雜然前進 而不豐腆

---

31) 사고전서본에는 '干'이라고 되어있고, 지부족재본에는 '於'라고 되어있다.
32) 左 一綠衣人 致躬報 曰某時 然後 搢笏詣表 易牌而退 : 사고전서본에는 '承爲之'라고 되어있고, 사고전서본에는 '承爲之' 이후부터 鄕飮, 治事, 荅禮, 給使가 결락되어 있다. 사고전서본의 '承爲之'는 징강본과 지부족재본의 給使 말미의 것이다.
33) 挈壺는 도량형을 측정하는 도구를 말하기도 하고『周禮』의 夏官으로 軍隊의 음료, 막사, 군량을 담당하는 한편 강우량[漏刻]을 담당했던 관직을 말하기도 한다. 唐代 이후에는 본문에서와 같이 시간을 담당하는 관직을 가리켰다.
34) 사고전서본에는 鄕飮가 결락되어있고, 지부족재본에는 '鄕飮鄭刻脫此條'라고 되어있다.
35) 지부족재본에는 '惟'라고 되어있다.
36) 床卓 : 지부족재본에는 '牀桌'이라고 되어있다.
37) 지부족재본에는 '惟'라고 되어있다.
38) 지부족재본에는 '漢惟'라고 되어있다.

酒行亦無節 以多爲勤 每榻只可容二人 若會賓客多 則隨數增榻 各
相向而坐 國中少麥 皆賈[39]人販自京東道來 故麵價頗貴 非盛禮不
用 在食品中 亦有禁絕者 此尤可哂也

고려의 연회[鄕飮]

고려의 풍속은 술과 단술[醴]을 귀하게 여긴다. 공식회합[公會]이 있을 때에는 왕족[王府]과 국관(國官)에게만 탁자와 의자[床卓], 다과가 갖추어진 상[盤饌]이 제공되며, 그 나머지 관리와 사민들은 의자[坐榻]에 앉을 뿐이다. 후한[東漢] 때 예장태수(豫章太守) 진번(陳蕃)이 서치(徐稚)를[40] 위해 평상[榻]을 특별히 마련했다는 것으로 보아 옛날 중국에도 이러한 예법(禮法)이 있었음을 알 수 있다.

지금 고려인은 평상 위에 또 작은 소반[小俎]을 놓고, 구리 그릇에 어포·육포·생선·채소를 섞어서 내놓지만 풍성하지는 않다. 술 마시는 법도[酒行]에도 절도가 없고 여러 번 주고받는 것에만 힘쓸 뿐이다. 평상마다 단지 2인 정도가 앉을 뿐인데, 손님이 많이 모이면 그 수에 따라 평상을 늘려 각기 서로 마주 앉는다.

---

39) 지부족재본에는 '國'이라고 되어있다.
40) 『後漢書』에는 다음과 같이 되어 있다. "徐稚는 字가 孺子이며 豫章郡 南昌縣 사람이다.…집이 가난하여 언제나 몸소 농사를 지었는데 자신이 노동하지 않으면 먹지 않았다. 恭儉하고 義讓한 그는 어떠한 상황에서도 德에 힘썼다. 여러 차례 관직을 피하면서 자신의 몸을 일으키지 않았다. 마침 陳蕃이 太守가 되었는데, (서치에게) 예를 갖추어 功曹에 오르기를 청하였다. 서치는 뿌리치지 못하였지만, 한번 배알하고는 물러나 버렸다. 진번은 예장태수로 있으면서 손님을 접대하지 않았다. 오직 서치가 올 때만 특별히 평상 하나를 펼쳤다가 그가 떠나면 걸어두었다(徐稚 字孺子 豫章南昌人也…家貧 常自耕稼 非其力不食 恭儉義讓 所居服其德 屢辟公府 不起 時陳蕃爲太守 以禮請署功曹 稚不免之 旣謁而退 蕃在郡不接賓客 唯稚來特設一榻 去則縣之 : 『後漢書』卷53 列傳 43)."

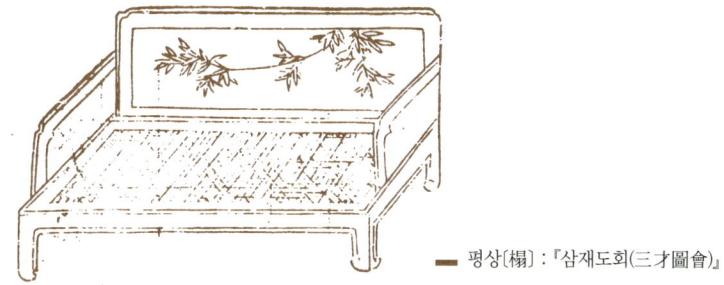

■ 평상〔榻〕: 『삼재도회(三才圖會)』

나라 안에 밀〔麥〕이 적다. 모든 밀은 장사치들이 경동도(京東道)를[41] 통해 수입하여 면(麵) 가격이 대단히 비싸므로 큰 잔치〔盛禮〕가 아니면 쓰지 않는다. 식품 가운데도 나라에서 금하는 것이 있으니, 이것이 더욱 웃기는 일이다.

治事[42]

麗政尙簡[43] 訟牒略而不文 官府治事 坐不據案 但登榻指呼而已 吏捧案牘 跪陳于[44]前 上手聽奉 卽時批決 了無稽留 已事則弃[45]之[46] 不設架閣 唯[47]國朝詔命信使書 則王府有庫寶藏 以爲備檢之具 其饋食奉盥 則俯首膝行 高拱手而奉之 威儀甚恭 夫夷狄而能然 是可嘉也[48]

---

41) 京東道는 북송때 長江의 汴京에서 山東과 河南省으로 이어지는 교통로로, 본문에서는 山東지역을 말한다.
42) 사고전서본에는 治事條가 결락되어있고, 지부족재본에는 '治事鄭刻脫此條'라고 되어있다.
43) 지부족재본에는 '簡'이라고 되어있다.
44) 지부족재본에는 '於'라고 되어있다.
45) 지부족재본에는 '棄'라고 되어있다.
46) 지부족재본에는 '之'가 결락되어있다.
47) 지부족재본에는 '惟'라고 되어있다.
48) 지부족재본에는 '也其饋食云云與上文氣不屬似別一條之尾誤接於此否則遙接前吏捧案牘跪陳

공무 수행〔治事〕

고려의 정사(政事)는 간편한 것을 숭상한다. 송첩(訟牒)은 생략하고 글로 기록하지 않는다. 관부에서 공무를 수행할 때는 책상에 기대앉지 않고, 다만 의자〔榻〕에 앉아서 지휘할 따름이다. 아전이 공문서〔按牘〕를[49] 받들어 무릎 꿇고 앞에서 아뢰면, 상관은 듣고 즉시 결재〔批決〕하며 (뒤에 검토하기 위해) 서류를 남겨 놓지 않는다. 일이 끝나면 폐기하고 문서고〔架閣〕를 마련하지 않는다. 다만 중국의 조명(詔命)이나 사신〔信使〕의 글은 왕부 창고에 보물처럼 간수하여 나중에 확인하기 위한 자료〔備檢之具〕로 삼는다. 음식을 권하고 세숫물을 받들 때는 머리를 숙이고 무릎걸음으로 가며 두 손을 높이 들어 바치니, 그 의젓한 태도는 매우 공손하다. 오랑캐〔夷狄〕이면서도 이러할 수 있다는 것은 가상한 일이다.

荅[50] 禮[51]

麗俗 官吏兵卒 分守雖嚴 而起居之禮 間[52]有不事邊幅 凡國相從官
與其所轄 往來相値 必肅容起立 餘官無統轄者 吏卒久不相見 雖
通衢宮廷中必拜之 而在官者 亦俛而後興 如荅[53]拜 蓋禮人不荅[54]
返[55]其欽[56] 禮失則求諸野 略可見矣

於前二句斷續書之耳姑仍其舊以俟考定' 이라고 되어있다.
49) 按牘은 공문서로서 서류 한 건을 말한다.
50) 지부족재본에는 '答'이라고 되어있다.
51) 사고전서본에는 答禮條가 결락되어있고, 지부족재본에는 '答禮鄭刻脫此條'라고 되어
있다.
52) 지부족재본에는 '聞'이라고 되어있다.
53) 지부족재본에는 '答'이라고 되어있다.
54) 지부족재본에는 '答'이라고 되어있다.

답례(答禮)

고려의 풍속에서 관리(官吏)나 병졸은 그 직분이 분명하지만 평소 예의에서는 엄격한 규정[邊幅]을 따지지 않는 경우도 있다. (하지만) 재상[國相]이나 시종 관리[從官]도 왕래하다가 자기와 같은 소속의 관원을 만나면, 반드시 엄숙한 얼굴로 멈춰선다[起立]. 자기가 통솔하지 않는 다른 부서의 관원을 만나는 경우나 오래 서로 보지 못한 이졸(吏卒)들의 경우에는 네거리[通衢]나 궁정을 막론하고 반드시 배례를 한다. 관직에 있는 자도 역시 고개를 숙였다가 펴서 답배(答拜)한다. 대개 남에게 인사를 받고서 답례하지 않으면 인사한 사람으로부터 공경을 잃게 된다. "중국에서 예(禮)를 잃으면 여러 야만족[野]에게서 그 예를 구하라"는[57] 옛말의 경우를 여기에서 볼 수 있다.

給使[58]

給使之賤 視官品而爲多寡之數 國相 丁吏四人 驅使三十人 令官倍之 前有靑蓋 持之在數十步外 乘馬 許二人控馭 自是而降 前不張蓋 控馬不許用二人 民庶乘馬 唯[59]自執鞭馭而已 丁吏多前驅 給使執巾甁從物 後隨 列卿而上 丁吏三人 驅使二十人 正郎 丁吏二人 驅使十五人 員郎[60]以上 丁吏一人 驅使十人 初品 共給三人 皆官

---

55) 지부족재본에는 '反' 이라고 되어있다.
56) 지부족재본에는 '敬' 이라고 되어있다.
57) 이와 유사한 표현은 여러 자료에서 보이는데, 대표적인 것은 다음과 같다. "중국에서 예(禮)를 잃으면 여러 야만족[野]에게서 그 예를 구하라(禮失則求諸野 : 『政和五禮新儀』 卷首)."
58) 사고전서본에는 給使條가 결락되어있고, 지부족재본에는 '給使鄭刻脫此條' 라고 되어있다.
59) 지부족재본에는 '惟' 라고 되어있다.
60) 지부족재본에는 '外' 라고 되어있다.

奴隷也 世代相⁽⁶¹⁾承爲之

급사(給使)

급사(給使)와 같은 천인도 관직과 품계에 따라 많고 적음의 숫자가 다르다. 재상〔國相〕에게는 (배속되는) 정리(丁吏)는 4인, 구사(驅使)는 30인이다.⁽⁶²⁾ 영관(令官)이 수행한다. 앞에는 청개(靑蓋)가 있는데 이것을 가지고 수십 보 밖에 급사가 서 있다. 말을 탈 때는 두 사람에게 고삐를 잡게 한다. 재상 이하는 앞에 청개(靑蓋)를 사용하지 않고, 말을 타되 두 사람이 고삐를 잡지는 못하게 한다. 일반 백성이 말을 탈 때는 스스로 채찍을 들고 고삐를 잡아야 한다. 정리(丁吏)의 대부분은 앞에서 몰고 급사는 수건〔巾〕이나 병(甁), 그리고 물건을 들고 뒤에서 따라간다. 경〔列卿〕 이상에게는 (배속되는) 정리가 3인, 구사가 20인이다. 정랑(正郎)에게는 정리 2인과 구사 15인이고, 원랑(員郎) 이상에는 정리 1인과 구사 10인이다. 처음으로 품계를 받은 사람〔初品〕에게는 3인을 내리되 다 관노비이고, 이들은 대대로 세습된다.

女騎

婦人出入 亦給僕馬 蓋亦公卿貴人之妻也 從馭不過三數人 皁⁽⁶³⁾羅
蒙首 餘被馬上 復加笠焉 王妃夫人 唯⁽⁶⁴⁾以紅爲飾 亦無車輿也 昔
唐武德正⁽⁶⁵⁾觀中 宮人騎馬 多著⁽⁶⁶⁾冪䍦 而全身蔽障 今觀麗俗蒙首

---

61) 사고전서본에는 挈壺條의 '承爲之'에서 鄕飮, 治事, 荅禮, 給使의 '世代相'까지 결락되어있다.
62) 본서 권21 丁吏, 驅使에 설명이 있다.
63) 지부족재본에는 '皀'라고 되어있다.
64) 지부족재본에는 '惟'라고 되어있다.

之制 豈冪䍦之遺法歟

말을 타는 부인〔女騎〕

부인(婦人)이 출입할 때에도 노복과 말이 지급된다. 대개 부인(婦人)은 공경(公卿)이나 귀인의 처를 말한다. (이 때) 말고삐를 잡고 따르는 자는 3인을 넘지 않는다. 검은 비단〔皂羅〕 너울〔蒙首〕을 쓰는데, 너울 끝이 말 위를 덮으며 쓰개〔笠〕도 쓴다. 왕비(王妃)와 부인(夫人)은 오직 붉은색으로 장식하지만 수레와 가마〔車輿〕는 (사용할 수) 없다. 옛날 당(唐) 무덕(武德 618~626)・정관(正觀 627~649) 연간에 궁인들이 말을 탈 때 너울〔冪䍦〕을[67] 넓게 펼쳐 전신을 가렸다고 한다. 지금 고려의 너울〔蒙首〕 제도는 아마도 당(唐) 너울〔冪䍦〕의 유법인 듯하다.

---

65) 사고전서본에는 '貞'이라고 되어있다.
66) 사고전서본과 지부족재본에는 '著'라고 되어있다.
67) 冪䍦〔冪羅〕는 晉宋時代에 머리에 쓰던 두건〔巾〕으로, 唐代에는 婦人이 몸을 가리는데 썼던 面衣를 가리킨다.

『선화봉사고려도경』권23

雜俗 二

澣濯

舊史載 高麗其俗皆潔淨 至今猶然 每笑中國人多垢膩 故晨起 必先沐浴而後出戶 夏月日再浴 多在溪流中 男女無別 悉委衣冠於岸而沿流褻露 不以爲怪 浣濯衣服 涷涗絺[1]麻 皆婦女從事 雖晝夜服勤 不敢告勞 鑿井汲水 多近川爲之 上作鹿盧 輸水於槽 槽形 頗如舟云

---

1) 사고전서본과 지부족재본에는 '絲' 라고 되어있다.

풍속[雜俗] 2

목욕과 세탁[澣濯]

옛 사서(史書)에 따르면 고려의 풍속은 사람들이 모두 깨끗하다고 기록되어있는데,[2] 지금도 여전히 그러하다. 그들은 항상 중국인이 때가 많은 것[垢膩]을 비웃는다. 그래서 아침에 일어나면 먼저 목욕을 한 후 집을 나서며, 여름에는 하루에 두 번씩 목욕을 한다. 흐르는 시냇물에 많이 모여 남녀 구별 없이 모두 의관을 언덕에 놓고 물구비 따라 속옷을 드러내는 것을 괴상하게 여기지 않는다.

의복을 빨고 명주나 삼[麻]을 표백[湅涗]하는 것은 다 부녀자의 일인데, 밤낮으로 일해도 힘들다고 하지 않는다. 우물을 파고 물을 긷는 것은 대개 내[川] 가까운 데서 한다. 위에 도르래[鹿盧]를 걸고 물통[槽]으로 물을 옮기는데, 그 물통은 배[舟] 모양과 비슷하다.

種蓺[3]

國封地瀕東海 多大山深谷 崎嶇嶕崒 而少平地 故治田多於山間 因其高下 耕墾甚力 遠望如梯磴 然其俗 不敢有私田 略[4] 如丘[5] 井之制 隨官吏民兵秩序高下而授之 國母王妃世子王女而下 皆有湯沐田 每一百五十步爲一結 民年八歲 投狀射田 結數有差 而國官以下 兵吏驅使進士工技 無事則服田 唯[6] 戎[7] 邊 則給米 其地宜黃粱黑黍[8]

---

2) 『魏書』에는 다음과 같이 되어 있다. "貴賤의 구분 없이 깨끗한 것을 좋아한다(無貴賤之節 然潔淨自喜 :『魏書』卷100 列傳88 高句麗)."
3) 사고전서본과 지부족재본에는 '蓺' 라고 되어있다.
4) 사고전서본에는 '畧' 이라고 되어있다.
5) 사고전서본에는 '立' 이라고 되어있다.

寒粟胡麻二麥 其米有秔而無稬 粒持[9]大而味甘 牛工農具 大同小異 略[10]而不載

농업[種蓺]

고려 영토[封地]는 동해에 닿아 있으며, 큰 산과 깊은 골이 많아서 험준하고 평지가 적다. 그 때문에 농사를 산간에서 많이 짓는데, 지형의 높고 낮음에 따라 힘써 갈고 일군다. 멀리서 바라보면 마치 사다리나 돌계단과 같다. 그 풍속에서는 사전(私田)은 감히 가질 수 없고 대략 정전제[丘井]와[11] 같은 것이 있는데, 관리(官吏)나 민병(民兵)에게 등급[秩序]의 고하에 따라 지급한다.[12] 국모(國母), 왕비(王妃), 세자(世子), 왕녀(王女) 이하는 모두 탕목전(湯沐田)이[13] 있다. 150보(步)를 1결(結)이라 한

---

6) 지부족재본에는 '惟' 라고 되어있다.
7) 사고전서본과 지부족재본에는 '戌' 라고 되어있다.
8) 사고전서본과 지부족재본에는 '黍' 라고 되어있다.
9) 사고전서본과 지부족재본에는 '特' 이라고 되어있다.
10) 사고전서본에는 '畧' 이라고 되어있다.
11) 丘井은 마을을 뜻한다. 1井은 一里四方의 8집[八家]이 사는 마을이고, 1丘는 16井이 사는 마을이다.『前漢書』에 의하면 "4개 井이 邑이 되고, 4개 邑이 丘가 된다(四井爲邑 四邑爲丘:『前漢書』卷23 刑法3)." 따라서 丘에는 方一里의 16배가 되는 촌락, 즉 4邑 128家가 산다.
12) 이른바 莫非王土論에 입각하여 사적인 토지소유를 부정하는 표현인데,『高麗史』食貨志의 서문은 이러한 논리를 잘 대변한다. "대체로 唐制를 모방한 고려의 토지제도는 개간한 토지를 총괄하여 비옥함에 따라 나누어, 문무백관에서 부병과 한인에 이르기까지 科授하고 樵採地도 지급했으니 이것이 전시과이다. 죽으면 반납했다(高麗田制 大抵倣唐制 括墾田數 分膏塉 自文武百官 至府兵閑人 莫不科授 又隨科給樵採地 謂之田柴科 身沒竝納之於公:『高麗史』卷78 志32 食貨1 田制)."
13) 周에서 諸侯가 아침에 天子를 알현하는데 목욕장소로 제공된 고장을 湯沐邑이라 불렀다. 따라서 湯沐邑은 그 읍에서 거두는 구실로 목욕의 비용에 충당하는 읍이라는 뜻으로, 천자 및 제후의 私有領地를 일컫는다.『高麗史』에서도 탕목읍의 사례가 여러 번 보이는데 대표적인 사례는 다음과 같다. "(충렬왕이) 傳旨하여 말하기를 安東은 公主(齊國

다.[14] 백성이 8세가 되면 (관에) 문서를 내어 토지[田]를 부여받되 결수에 차이가 있고, 국관(國官) 이하 병리(兵吏), 구사(驅使), 진사(進士), 공기(工技)에 이르기까지 직무[事]가 없으면 농사 짓는다[服田]. 유독 변방을 지키는 군사들에게는 쌀을 지급한다.

고려의 토지는 메조[黃粱], 옻기장[黑黍], 좁쌀[寒粟], 참깨[胡麻], 보리와 밀[二麥] 등을 재배하는데 알맞다. 쌀은 멥쌀이 있으나 찹쌀은 없고, 쌀알은 특히 크고[持大][15] 맛이 달다. 쟁기[牛工]나[16] 농기구는 (중국과) 대동소이하므로 생략하고 싣지 않는다.

漁

國俗有羊豕 非王公貴人不食 細民多食海品 故有鰌鰒[17] 蚌珠[18] 母蝦
王文蛤紫蟹蠣房龜脚 以至海藻昆布 貴賤通嗜 多勝食氣 然而臭腥
味鹹 久亦可猒[19]也 海人 每至潮落 矴舟島嶼而捕魚 然不善結網
但以疏布漉之 用力多而見功寡 唯蠣蛤之屬 潮落不能去 人掇拾盡
力取之不竭也

大長公主)의 湯沐邑이다(傳旨曰 安東 公主湯沐邑也 :『高麗史』卷29 世家29 忠烈王 2)."
14) 고려의 토지 면적을 나타내는 가장 대표적인 표현이 結인데, 1결의 실제 면적에 대해서는 아직까지도 논란이 많다. 『高麗史』에 따르면 다음과 같이 규정되어 있었다. "문종 23년(1069) 量田할 때의 면적단위를 정하였다. 1결은 사방 33보였다.(文宗二十三年 定量田步數 田一結方三十三步 :『高麗史』卷78 志32 食貨1 田制)."
15) 징강본 원문의 '持大' 보다는 사고전서본의 '特大' 가 해석상 옳은 듯하다. 본문의 해석은 사고전서본에 따랐다.
16) 본문의 '牛工' 은 소를 이용해 쟁기질 하는 것을 표현한 듯하다.
17) 사고전서본과 지부족재본에는 '鱸' 이라고 되어있다.
18) 사고전서본에는 '蛛' 라고 되어있다.
19) 사고전서본과 지부족재본에는 '厭' 이라고 되어있다.

고기잡이〔漁〕

고려에는〔國俗〕 양과 돼지가 있지만 왕공(王公)이나 귀인(貴人)이 아니면 먹지 못하며, 가난한 백성은 해산물을 많이 먹는다. 미꾸라지〔鰌〕, 전복〔鰒〕, 조개〔蚌〕, 진주조개〔珠母〕,[20] 왕새우〔蝦王〕, 무명조개〔文蛤〕, 대게〔紫蟹〕, 굴〔蠣房〕, 거북이다리〔龜脚〕가 있고 해조(海藻)인 다시마〔昆布〕도 귀천 없이 즐겨 먹는데, 구미는 돋구어주지만 냄새가 나고 짜므로 오래 먹으면 싫증난다.

어부〔海人〕들은 썰물이 질 때마다 배를 섬에 대고 고기를 잡는다. 그러나 그물은 잘 만들지 못하여 거친 천으로 고기를 걸러낼 뿐이어서 힘은 크게 쓰나 많이 잡지는 못한다. 다만 굴과 대합들은 조수가 빠져도 나가지 못하므로, 사람들이 주워 모으는데 힘껏 거두어들여도 없어지지 않는다.

樵

樵人 初無專業 惟事隙則隨少長之力 於城外山取之 蓋旁城之山 於陰陽有忌 不許采斫 故其中多巨木合抱 靑蔭可愛 使者舍於館 以至登舟 皆有司供給 以備炊煮 不善用肩 惟以背負而行

땔감〔樵〕

나무꾼은 원래 전업으로 하는 사람은 없다. 다만 틈이 나면 소년이나 장년이 자신의 힘에 따라 성 밖의 산으로 나가 나무를 한다. 대개 성 부근의 산은 음양설 금기 때문에 나무하는 것을 허용하지 않는다.

---

20) 사고전서본에는 '蛛'로 되어 있는데, 이는 '거미'라는 뜻이므로 징강본 원문의 '珠母'가 옳다.

따라서 그 산 속에는 아름드리 큰 나무가 많아 푸른 그늘이 참 좋다. 사신이 객관에 머물다가 배에 오를 때까지 항상 담당관리〔有司〕가 나무를 공급하여 취사를 돕는다. (나무를) 어깨에 메는 것은 잘하지 못하고 등에 지고 다닌다.

刻記

麗俗 無籌算 官吏出納金帛 計吏以片木 持刃而刻之 每記一物 則刻一痕 已事則弃[21]而不用 不復留以待稽考 其政甚簡[22] 亦古結繩之遺意也

기록〔刻記〕

고려 풍속에는 주산(籌算)이 없다. 관리가 돈이나 비단을 출납할 때 회계관리는 나뭇조각에 칼로 그어 새긴다. 한 물건을 기록할 때마다 한 자국을 긋고 일이 끝나면 내버리고 쓰지 않으며, 다시 보관했다가 후에 확인하지〔稽考〕않는다. 그 기록방법〔政〕이 매우 간편한 것은 역시 옛 결승(結繩)의[23] 영향을 받았기 때문이다.

屠宰

夷[24]政甚仁 好佛戒殺 故非國王相臣 不食羊豕 亦不善屠宰 唯使者

---

21) 사고전서본에는 '棄'라고 되어있다.
22) 지부족재본에는 '簡'이라고 되어있다.
23) 結繩은 새끼를 매듭짓는 것이다. 중국 고대 문자가 없던 때에 노끈으로 매듭을 맺어 政令의 부호로 정사를 폈던 적이 있다. 이를 結繩之政이라 하는데, 태고의 간결한 정사를 뜻한다.
24) 사고전서본에는 '麗'라고 되어있다.

至 則前期蓄之 及期將用 縛手²⁵⁾足 投烈火中 候其命絕毛落 以水
灌之 若復活 則以杖擊死 然後剖腹 腸胃盡斷 糞穢流注 雖作羹胾
而臭惡不絕 其拙有如此者

도축〔屠宰〕

고려의 정치는 매우 어질어 부처를 좋아하고 살생을 경계한다. 따라서 국왕이나 재상〔相臣〕이 아니면 양과 돼지고기를 먹지 못한다. 또한 도살을 좋아하지도 않는다. 다만 사신이 방문하게 되면 미리 양과 돼지를 기른다. (그 가축을) 도축할 때는 네 발을 묶어 타는 불 속에 던져 그 숨이 끊어지고 털이 없어지면 물로 씻는다. 만약 다시 살아나면 몽둥이로 쳐서 죽인 뒤에 배를 가르는데 장위(腸胃)가 다 끊어져서 똥과 오물이 흘러넘친다. 따라서 국이나 구이를 만들더라도 고약한 냄새가 없어지지 않으니 그 서툶이 이와 같다.

施水

王城長廊 每十間²⁶⁾ 張帟幕設佛像 置大瓮²⁷⁾ 貯白
米漿 復有杯杓之屬 恣往來之人飮之 無間²⁸⁾貴賤
而以僧徒主其事

― 국자〔杓〕:『삼재
도회(三才圖會)』

---

25) 지부족재본에는 '四' 라고 되어있다.
26) 사고전서본과 지부족재본에는 '閒' 이라고 되어있다.
27) 사고전서본과 지부족재본에는 '甕' 이라고 되어있다.
28) 사고전서본과 지부족재본에는 '閒' 이라고 되어있다.
29) 사고전서본과 지부족재본에는 '唯' 라고 되어있다.

무료 급식[施水]

왕성(王城) 장랑(長廊)에는 10칸마다 장막을 치고 불상을 설치하며 큰 항아리에 흰 쌀죽을 담아두고 대접과 국자[杓] 등도 놓아둔다. 왕래하는 사람이 마음대로 먹게 하되 귀천을 가리지 않는다. 승려들이 그 일을 맡는다.

土産

高麗 依山瞰海 地瘠而磽 然而有稼穡之種 麻枲之利 牛羊畜産之宜 海物惟[29]錯之美[30] 廣楊[31]永三州多大松 松有二種 惟[32]五葉者 乃結實 羅州道 亦有之 不若三州之富 方其始生 謂之松房 狀如木瓜 青潤緻密 至得霜乃拆 其實始成 而房乃作紫色 國俗 雖果殽羹胾 亦用之 不可多食 令人嘔吐不已 人參之榦[33]特生 在在有之 春州者㝡[34]良 亦有生孰[35]二等 生者 色白而虛 入藥則味全 然而涉夏則損蠹 不若經湯釜而孰[36]者可久留 舊傳形匾者 謂麗人 以石壓去汁作煎 今詢之非也 乃參之孰[37]者 積垜而致爾 其作煎當自有法也 館中日供食菜 亦謂之沙參 形大而脆[38]美[39] 非藥中所宜用 又其地 宜松而有茯苓 山深而産流[40]黃 羅州道 出白附子黃漆 皆土貢也 其國

---

30) 사고전서본과 지부족재본에는 '美' 라고 되어있다.
31) 사고전서본과 지부족재본에는 '揚' 이라고 되어있다.
32) 지부족재본에는 '唯' 라고 되어있다.
33) 사고전서본에는 '幹' 이라고 되어있다.
34) 사고전서본과 지부족재본에는 '最' 라고 되어있다.
35) 사고전서본과 지부족재본에는 '熟' 이라고 되어있다.
36) 사고전서본과 지부족재본에는 '熟' 이라고 되어있다.
37) 사고전서본에는 '熟' 이라고 되어있다.
38) 지부족재본에는 '脆' 라고 되어있다.
39) 사고전서본과 지부족재본에는 '美' 라고 되어있다.

自種紵麻 人多衣布 絕品者 謂之絁⁴¹⁾ 潔白如玉 而窘邊幅 王與貴臣 皆衣之 不善蠶桑 其絲⁴²⁾綾織紙 皆仰賈人 自山東閩浙來 頗善織文羅花綾緊絲⁴³⁾錦罽 邇來 北虜⁴⁴⁾降卒⁴⁵⁾工技甚衆 故益奇巧 染色又⁴⁶⁾勝於前日 地少金銀 而多銅 器用漆作不甚工 而螺鈿之工⁴⁷⁾ 細密可貴 松煙⁴⁸⁾墨貴猛州者 然色昏而膠少 仍多沙石 黃毫筆 軟弱不可書 舊傳爲猩猩毛 未必然也 紙不全用楮 間⁴⁹⁾以藤造 搥搗皆滑膩 高下數等 其果實⁵⁰⁾ 栗大如桃 甘美⁵¹⁾可愛 舊記謂夏月亦有之 嘗問其故 乃盛以陶器 埋土中 故經歲不損 六月 亦有含桃 味酸如酢 榛榧最⁵²⁾多云 倭國者 亦有來禽靑李瓜桃梨棗 味薄而形小 至於蓮根花房 皆不敢擷 國人謂其爲佛足所乘云

특산물〔土産〕

고려는 산을 의지하고 바다를 굽어보는데, 땅은 척박하고 돌이 많다. 그러나 여러 종류의 농사〔稼穡〕를 지으며 길쌈이 이롭고, 소나 양을

---

40) 사고전서본과 지부족재본에는 '硫'라고 되어있다.
41) 사고전서본에는 '絁'이라고 되어있고, 지부족재본에는 '絁疑絁字之譌鄭刻同'이라고 되어있다.
42) 사고전서본과 지부족재본에는 '絲'라고 되어있다.
43) 사고전서본과 지부족재본에는 '絲'라고 되어있다.
44) 사고전서본에는 '敵'이라고 되어있다.
45) 사고전서본에는 '桑'이라고 되어있다.
46) 사고전서본에는 '大'라고 되어있고, 지부족재본에는 '又鄭刻大'라고 되어있다.
47) 사고전서본에는 '子'라고 되어있고, 지부족재본에는 '子疑工字之訛鄭刻同'이라고 되어있다.
48) 사고전서본에는 '烟'이라고 되어있다.
49) 사고전서본과 지부족재본에는 '間'이라고 되어있다.
50) 사고전서본에는 '實'라고 되어있다.
51) 사고전서본과 지부족재본에는 '美'라고 되어있다.
52) 지부족재본에는 '極鄭刻最'라고 되어있다.

기르는데 알맞으며 다양한 해산물이 좋다. 광주(廣州), 양주(楊州),⁵³⁾ 영주(永州)에는 큰 소나무가 많다. 소나무는 두 종류가 있는데, 다섯 잎이 있는 것만이 열매를 맺는다. 나주도(羅州道)에도 소나무가 있으나 3주(州)의 그것보다 풍부하지는 못하다. 막 생겨나는 것을 송방(松房)이라 하는데,⁵⁴⁾ 그 모양이 마치 모과〔木瓜〕와 같고 푸른 윤기가 나며 단단하다. 서리를 맞게 되면 곧 갈라지고 열매가 비로소 여물며 송방(松房)은 자줏빛을 띤다. 고려의 풍속에 비록 과일·안주·국·저민 고기〔戴〕에 이것을 사용하긴 하지만 많이 먹어서는 안 된다. 구토를 멈추지 않기 때문이다.

(고려에는) 인삼〔人參之幹〕이 특별히 나는데, 어느 지방에나 있지만 춘천〔春州〕에서 나는 것이 가장 좋다. 인삼에는 생삼(生蔘)과 숙삼(熟蔘) 두 가지가 있다. 생삼은 색이 희고 허(虛)하여 약에 넣으면 그 맛이 온전하나 여름이 지나면 좀이 먹으므로 오래 보관할 수 있도록 쪄서 익힌 숙삼만 못하다. 예로부터 전하기를 그 모양이 납작한 것은 고려 사람이 돌로 눌러서 즙을 짜내고 삶았기 때문이라 하는데, 이제 물어보니 그것은 아니다. 숙삼을 벽돌처럼 쌓아 두어 그렇게 된 것일 뿐이다. 인삼을 달이는 데에도 합당한 법도가 있다.

관에서 매일 제공하는 나물에는 더덕〔沙蔘〕도 있다. 그 모양이 크고 부드러워 맛이 있는데, 약으로 쓰이는 것은 아니다. 또 (고려) 땅에는 소나무가 잘 자라 복령(茯苓)이⁵⁵⁾ 나고, 산이 깊어서 유황(硫黃)이⁵⁶⁾ 생산된다.

---

53) 사고전서본에는 '揚州'라고 되어있다.
54) 본문의 다섯 잎이 나서 열매를 맺는 '소나무'가 사실은 잣나무를 가리키는 것 같다. 따라서 松房도 '잣'으로 보아야 할 듯하다.
55) 버섯의 하나로 소나무 뿌리에 기생하며, 겉은 흙갈색이고 주름이 많다. 말리면 희게 되며 水腫 등의 약재로 쓰인다. 『准南子』에 의하면 "천년 묵은 소나무에는 그 아래에 복령

나주도(羅州道)에는 백부자(白附子), 황칠(黃漆)이 나는데 모두 조공품〔土貢〕이다. 고려에서는 모시〔紵〕와 삼〔麻〕을 스스로 심어 많은 사람들이 베옷을 입는다. 제일 좋은 것을 시(絁)라[57] 하는데, 옥과 같이 깨끗하나 마무리〔邊幅〕는[58] 군색하다. 왕과 귀신(貴臣)들은 모두 이것〔絁〕을 입는다. 양잠〔蠶桑〕에 서툴러 실〔絲線〕과 옷감〔職紝〕은 모두 상인을 통하여 산동(山東)이나 민절(閩浙)에서[59] 사들인다. 꽃무늬비단〔文羅花綾〕이나 질긴 실로〔緊絲〕 짜는 비단〔錦〕·모직물〔罽〕은 아주 잘 만드는데, 근래에 북쪽 오랑캐 포로 중에 장인〔工技〕이 많았으므로 더욱 더 기교(奇巧)를 부리게 되었고 염색(染色) 또한 예전보다 나아졌다.[60]

고려 땅에는 금은(金銀)은 적으나 구리〔銅〕가 많이 난다. 그릇에 옻칠〔漆〕하는 일은 그리 잘하지 못하지만 나전(螺鈿) 솜씨〔工〕는 세밀하여 귀하다고 할 만하다.

송연묵(松煙墨)은[61] 맹주산(猛州産)을[62] 귀하게 여기나 색이 흐리고 아교가 적으며 잘 부스러진다〔多沙石〕. 황호필(黃毫筆)은 연약해서 쓸 수가 없다. 예로부터 전하기를 원숭이〔猩猩〕의[63] 털이라고 하나 반드시 그런

이 있다(千年之松 下有茯苓:『淮南子』說山訓)"고 한다.
56) 징강본 원문에는 '流黃'이나, 사고전서본의 '硫黃'에 따랐다.
57) '絁'는 거친 견직물로 명주이다.
58) '邊幅'은 布帛의 가장자리인데, 뜻이 변하여 外貌를 일컫는다.
59) 閩은 지금의 福建省이고, 浙은 지금의 浙江省에 해당한다.
60) 사고전서본에는 '染色大勝於前日'이라고 되어있다. 이에 따르면 "염색도 예전보다 크게 나아졌다"라고 해석할 수 있다.
61) 松煙墨은 노송을 태워 그 연기에서 뽑아낸 그을음을 아교로 반죽하여 만든다. 송연묵의 墨液은 진할 때는 순흑색이나, 묽게 해서 희미해지면 푸른빛을 띤다. 특히 청색이 강한 것을 靑墨이라고 한다.
62) 평안남도 북동부에 있는 지명으로 현재의 맹산군이다. 고려 초에는 鐵甕縣에 속하였으나, 고려 현종 10년(1019)에 孟州라 하여 防禦使를 두었다. 조선 태종 14년(1414)에는 德州와 합하여 德孟縣이 되었다가, 다음해 다시 분리하여 이름을 孟山縣으로 고쳤다.

것 같지는 않다. 종이는 온전히 닥나무만을 써서 만들지 않고 간혹 등나무를 섞어서 만든다. 다듬이질을 하여 모두 매끈하며, 높고 낮은 등급이 몇 개 있다.

고려의 과일 중에 밤은 크기가 복숭아만 하며 맛이 달고 좋다. 옛 기록에 여름에도 있다 하여 그 까닭을 물으니 질그릇에 담아서 흙 속에 묻으면 해를 넘겨도 상하지 않는다고 한다. 6월에는 앵두〔含桃〕도 있는데 맛이 초처럼 시고 개암〔榛〕·비자〔榧〕가 가장 많다고 한다. 일본에서 온 것으로 능금〔來禽〕,⁽⁶⁴⁾ 청리(靑李), 참외〔瓜〕, 복숭아, 배, 대추 등도 있는데, 맛이 약하고 모양이 작다. 연근(蓮根)과 연밥〔花房〕은 모두 감히 따지 않으니, 고려 사람이 이르기를 그것은 부처가 밟았던 꽃이기 때문이라 한다.

---

63) 猩猩은 類人猿科에 속하는 짐승이다. 사람과 가장 닮았으며 악어와 큰 뱀을 잡아 먹을 정도로 힘이 세다.
64) 來禽은 능금이다. 맛이 좋아 많은 날짐승〔禽〕을 불러들이므로 來禽이라고 한 것이다.

『선화봉사고려도경』권24

節仗

臣聞 春秋之法 王人雖微 序在諸侯之上 蓋尊王命也 然當是[1]時 周室紀綱圮壞 諸侯强大 有輕之之心 孔子託空言 以爲天下 後世臣子法尙諄諄如此 矧太平盛際 親遣王人 遠使外國 則彼之尊奉之禮 豈敢少懈哉 恭惟宋有天下 垂二百年 干戈浸[2]偃 夷[3]裔君長 不待詔告 而信順之誠 堅若金石 蓋自容成氏以來 未有太平如此之盛 宜乎 諸侯推尊王人 而禮文繁縟也 比年 使命每至麗國 聞其備竭儀物之華 兵衛之衆 以迓詔書 以導旄節 禮甚勤至 然是行也 適在王俁[4]衣制

---

1) 사고전서본에는 '是' 가 결락되어있다.
2) 사고전서본에는 '寖' 이라고 되어있다.
3) 사고전서본에는 '四' 라고 되어있다.
4) 지부족재본에는 '俁' 라고 되어있다.

未終 其鼓吹之類 皆執而不作 亦可謂知禮也已

사절의 행렬 [節仗]

신(臣)이 듣기에 『춘추(春秋)』 필법(筆法)은 왕인(王人)이[5] 아무리 미약하더라도 제후(諸侯)보다는 위에 있도록 하였으니, 왕명(王命)을 높이기 위해서 그랬을 것이다. 당시 기강이 무너진 주[周室]에서는 제후가 강대하여 왕실을 깔보는 마음이 있었다. 공자는 빈말[空言]에 기대서라도 천하를 다스리고자 했던 것이다.[6] (이 뜻을) 후세(後世)의 신하들은 이처럼 충직[諄諄]하게 본받았다. 하물며 태평성세에 (천자가) 왕인을 직접 골라 멀리 외국에 사절로 보내게 되면 (중국을) 높이고 떠받드는 그들의 예의가 어찌 조금이라도 소홀할 수 있겠는가?

우리 송이 천하를 차지한 지가 200년이 되었는데 전쟁은 사그러들었고[浸偃] 오랑캐[夷裔] 군장(君長)은 천자의 명령[詔告]을 기다리지 않고도 그 믿고 따르는 정성이 금석(金石)처럼 견고하였다. 용성씨(容成氏)[7] 이래로 이처럼 태평한 시대가 꽃피운 적은 없었다. 제후가 왕인을 높여서 의례[禮文]가 세밀한 것[繁縟]은 마땅한 일이다.

근래에 사절로 고려에 이를 때마다 화려한 의례 용구[儀物]와 많은 의장병을 모두 갖춘 채 조서(詔書)를 맞이하고 사절[旄節]을[8] 인도했으

---

5) 王人은 천자의 명을 받드는 사람을 뜻한다.
6) 공자가 『春秋』를 저술함으로써 제후를 다스리는 천자와 같은 역할을 하였다는 뜻이다.
7) 容成氏는 黃帝(중국 고대 三皇 가운데 한 명)의 신하로서 律曆을 처음으로 만들었다고 하는데, 본문에서는 '중국 역사가 시작된 이래'라는 의미로 쓰였다.
8) 旄節이란 사절이 지참하는 소 꼬리털이나 새 깃털[羽毛]로 장식한 물품을 말하는데, 본문에서는 사절이란 뜻으로 사용되었다.

니 그 의례가 매우 충실하다[勤至]고 들었다. 하지만 이번 행차는 예종[王俁]에 대한 상복을 입는 기간이 끝나지 않아서 북이나 피리 등을 지참하기만 하고 연주하지 않았으니, (고려는) 예(禮)를 알고 있다고 할 만하다.

初神旗隊

神舟旣抵禮成港 下矴訖 麗人具采舟來迎 使者奉詔書 登岸 三節步從入碧瀾亭 奉安詔書訖 退休于[9]所舍 明日質明 都轄提轄官 對捧詔書 入采輿 兵仗前導 諸仗之中 神旗爲先 自西郊亭 預建于[10]館前候詔書 至與餘仗相接 導衛入城 旗列十面 車載而行 每乘十餘人 自是之後 受詔拜表 則皆設於兵仗前也 靑衣龍虎軍 鎧甲戈矛 幾及萬卒 分爲兩序 夾道而行

맨앞 신기대[初神旗隊]

(사절이 탄) 신주(神舟)가[11] 예성항(禮成港)에 도착하여 닻을 내리면 고려인들이 채주(采舟)를[12] 타고 마중나온다. 사신이 조서를 받들고 뭍에 오르면 (사신단의) 삼절(三節 : 상절, 중절, 하절)은 걸어서 벽란정(碧瀾亭)으로 들어간다. 조서를 봉안한 후에 숙소에서 휴식을 취한다.

다음날 새벽[質明] 도할관(都轄官)과 제할관(提轄官)이 조서를 함께 받들고 채색 가마[采輿]에[13] 오르면 의장대[兵仗]는 앞에서 인도한다. 여

---

9) 지부족재본에는 '於' 라고 되어있다.
10) 지부족재본에는 '於' 라고 되어있다.
11) 神舟는 송에서 만든 사절용 배를 말한다. 본서 권34 神舟에 따르면 서긍 등의 사절단이 타고온 배는 두 척으로 '鼎新利涉懷遠康濟神舟' 와 '循流安逸通濟神舟' 라고 불렀다.
12) 采舟는 綵舟 즉 훌륭하게 장식한 작은 배를 말한다.

러 의장병 가운데 신기대(神旗)가 앞장을 선다. 서교정(西郊亭)에서부터는 (신기대를) 숙소에 미리 배치해둔다. (신기대는) 앞쪽에서 조서를 호위하는데 다른 의장대와 서로 맞닿을 정도로 붙어있다. 선도하고 호위하면서 성(城)에 들어가는데 깃발의 행렬은 열 부분으로 되어있다. 수레에 (깃발을) 실어 행차하는데 수레마다 10여 명이 탄다. 이때부터는 조서(詔書)를 받거나 표문(表文)을 올리는 예식은 모두 의장대 앞에서 행한다. 푸른 옷을 입은 용호군(龍虎軍)은 갑옷을 입고 창을 들었다(鎧甲戈矛). 1만 명 가량인 이들은 두 편으로 나뉘어 길을 끼고(夾道) 행진한다.

次騎兵

神旗之次 有錦衣龍虎親衛 旗頭一名 騎而前驅 執小紅旆[14] 其次 則領兵上將軍 其次 則領軍郎將 皆騎兵也 持弓矢 佩劍 飾馬之具 皆有鑾聲 馳驟甚亟 頗自矜耀

그 다음 기병(次騎兵)

신기대(神旗隊) 다음으로는 비단 옷을 입은 용호군(龍虎軍)이 친위(親衛)한다. 기두(旗頭: 책임자) 1인은 말을 타고 작고 붉은 기를 든 채 앞서 달린다. 그 다음으로는 병사를 거느리는 상장군(上將軍)이 있고, 그 다음으로는 군대를 이끄는 낭장(郎將)이 있는데 모두 기병(騎兵)이다. (이들은) 활과 화살을 지니고 칼을 찼으며 말(馬) 장식에서는 방울소리(鑾聲)가 난다. 아주 빠르게 달리는데 자부심이 대단하다.

---

13) 采輿는 장식이 되어 있어 채색 가마라고 부르는 듯한데, 본문에서는 조서를 실은 수레인 詔輿를 말한다.
14) 사고전서본에는 '旗'라고 되어있고, 지부족재본에는 '旆鄭刻旗'라고 되어있다.

次鐃鼓

騎兵之次 鳴笳之軍次之 鐃鼓之軍又次之 每百餘步 鳴笳軍必却行
面詔輿而合吹 聲止 則擊鐃鼓爲之節

그 다음 요고군〔次鐃鼓〕

기병 다음으로는 명가군(鳴笳軍)이[15] 있고 또 그 뒤에는 요고군(鐃鼓軍)이[16] 따른다. 100여 걸음을 갈 때마다 명가군은 반드시 물러나 조서를 실은 수레〔詔輿〕를 마주보면서 피리를 함께 부는데, 연주가 멈추면 징과 북을 쳐서 박자를 맞췄다〔節〕.[17]

次千牛衛

鼓角之次 即有儀物 貫革鐙杖 千牛軍衛執之 相比而行

그 다음 천우위〔次千牛衛〕[18]

북과 피리〔鼓角〕[19] 다음으로는 관혁(貫革)과[20] 등장(鐙杖)[21] 같은 의물(儀物)이 있다. 천우위〔千牛軍衛〕는 이것들을 들고 줄을 맞춰 행진한다.

---

15) 鳴笳軍은 귀인이 행차할 때, 갈대로 만든 피리〔笳〕를 불어 길을 여는 군인들이다.
16) 鐃鼓는 군대에서 사용하는 북으로 腰鼓 즉 장구처럼 생겼다. 군대에서 사용하는 북으로는 銅鼓, 戰鼓, 鐃鼓가 있다.
17) 節이란 節奏로서 음악의 高低 緩急을 조절하는 것을 말한다.
18) 『莊子』에 나오는 庖丁이 사용하던 칼이 千牛刀인데, 군주를 지키는 예리한 칼이라는 의미로 바뀌었다. 천우위는 後魏에서부터 禁衛 즉 숙위하고 시종하는 군대로 존재했다.
19) 鼓角이란 군대에서 호령에 사용되는 큰 북과 피리를 지칭하는데, 여기에서는 사절 행차에 동원되는 명가군과 요고군을 가리킨다.
20) 본서 권13 貫革에 설명이 있다. 貫革은 鞴鼓와 비슷한 모양으로, 양 가장자리는 가죽으로 만든 귀가 있어서 움직이면 소리가 난다.
21) 鐙杖은 鐙子(말에 올라탈 때 밟는 동그란 발걸이) 형태의 구리 장식을 단 긴 막대를 가리

次金吾衛

千牛衛之後 金吾仗衛軍次之 執黃幡豹尾儀戟華蓋 差開而行

그 다음 금오위〔次金吾衛〕[22]

천우위 다음으로는 금오위〔金吾仗衛軍〕가 뒤따른다. 노란 깃발에 표범 꼬리〔黃幡豹尾〕, 그리고 의식용 창에 화려한 덮개〔儀戟華蓋〕를[23] 든 채 약간 거리를 두고 행진한다.

次百戲

金吾仗衛之後 百戲小兒次之 服飾之類 略[24] 同華風

그 다음 백희소아대〔次百戲〕[25]

금오위〔金吾仗衛〕 다음으로는 백희소아대〔百戲小兒〕가 뒤따른다. 그 복식 등은 중국의 그것과 거의 같다.

次樂部

歌工樂色 亦有三等之服 而所持之器 閒有小異 其行 在小兒隊之後 比使者至彼 會俁[26] 衣制未除 故樂部 皆執其器而不作 特以奉詔命

킨다.
22) 金吾衛는 호위군을 말한다. 원래 金吾는 새 이름인데, 상서롭지 못한 것〔不祥〕을 피한다고 한다. 漢代에 이 새의 이름을 본따 執金吾를 만들어, 천자가 행차할 때 선도하면서 만일의 사태에 대비하도록 하였다.
23) 華蓋는 원래 천자가 사용하는 수레 덮개를 말한다.
24) 사고전서본에는 '畧'이라고 되어있다.
25) 百戲란 각종 유희를 펼치는 것을 말한다.
26) 지부족재본에는 '偎' 라고 되어있다.

不敢不設也

그 다음 악부〔次樂部〕

가공(歌工)과 악색(樂色)들도 3등급의 복장이 있는데 지참하는 악기는 약간 차이가 나기도 한다. 이들의 행렬은 백희소아대〔小兒隊〕 뒤에 자리잡는다. 근래에 사절이 그곳에 갔을 때는 마침 예종〔王俁〕에 대한 상복을 입는 기간이 끝나지 않았으므로 악부(樂部)에서는 악기를 지참하기만 하고 연주를 하지 않았다. (천자의) 조명(詔命)을 받들어야 하므로 부득이하게 준비했을 뿐이다.

次禮物

禮物之匣 大小不一 其面標[27)]題所賜之物名件 而皇帝信寶封之 麗人尊奉寵眷 乃盛以要舁 而罩以黃帕 每乘 用控鶴軍四人 服紫繡花袍 上折幞頭[28)] 其行 在樂部之次

그 다음 예물〔次禮物〕

예물 상자〔匣〕는 크기가 다양하다. 상자 표면에는 하사하는 물건의 명칭과 수량〔名件〕을 기입하고 황제의 옥새〔信寶〕로 봉인한다. 고려인들은 (천자의) 총애하는 뜻을 떠받들어 요여(要舁)에[29)] 싣고 노란 천으로 감싼다〔罩以黃帕〕. 수레마다 공학군(控鶴軍) 4명이 동원되는데, 그들은 자

---

27) 사고전서본과 지부족재본에는 '標' 라고 되어있다.
28) 上折幞頭 : 사고전서본과 지부족재본에는 '上折脚幞頭' 라고 되어있다.
29) 要舁는 腰輿를 가리키는 것으로 보인다. 腰輿는 손잡이를 허리 정도 높이로 들어올려 운반하는 수레이다. 가축의 힘을 이용하지 않고 손으로 들기 때문에 手輿라고도 부른다.

줏빛 수놓인 무늬 옷〔紫繡花袍〕을 입고 절각복두(折脚幞頭)를[30] 쓴다. 그 행렬은 악부 다음에 위치한다.

次詔輿

采輿之設 繢繡錦綺 五色間[31]錯 制作華巧 前一輿 安大金爐 次奉詔書幷祭王俁[32]文 次奉御書 亦以控鶴軍捧之 拜表歸館 則不用其中一輿耳

그 다음 조여〔次詔輿〕

채색 가마〔采輿〕는 수놓은 비단으로 제작되는데 오색(五色)으로[33] 군데군데 장식하며 화려하고 치밀하다. 앞의 채색 가마 한 대에는 큰 금향로〔大金爐〕를 안치하고, 다음 채색 가마에는 조서 및 예종〔王俁〕에 대한 제문(祭文)을 실으며, 그 다음 채색 가마에는 어서(御書)를 싣는데, 공학군이 채색 가마를 받들도록 한다. 표문을 올리는 의식을 마치고 객관으로 돌아오면 그 가운데 어떤 수레도 사용하지 않는다.

次充代下節

國朝故事 奉使高麗下節皆卒伍 比歲 稍許命官士人 藝術工技 以代其選 今使者之行也 人人仰體聖上懷徠之意 願爲執鞭 以觀異域之俗 又況陛辭之日 面奉聖語丁寧宣諭 人皆感泣 而不以海洋之生死

---

30) 折脚幞頭는 한쪽 모서리가 꺾인 모양의 모자이다.
31) 사고전서본과 지부족재본에는 '閒'이라고 되어있다.
32) 지부족재본에는 '俁'라고 되어있다.
33) 五色은 靑, 黃, 赤, 白, 黑의 다섯 색깔을 가리킨다.

爲憂也 故有若成忠郎周通 承信郎趙漑 登仕郎熊樗年尹京 文學江
大亨李訓唐浚 翰林醫學楊寅 進士 有若晁正之徐亨黃大本葉彥資
石[34] 懌陳興祖陶挺孟徽高伯益李銳崔世美顧大範金安止王居仁劉
緝熙 副尉 則有李暉王澤呂漸徐珙徐可言施祐鍾禹功 省府寺監胥
吏 則有若董琪牛敏年鄒[35]恭陳佐楊大同楊渙劉宗武孫洵王祐尹公
立孫琬曹裕王伯全陳惟漑王道深楊革張雩桂林范敏求舒障鄒琮志
張若朴范寧之朱彥康劉槖胡允升周郁鄭伯成 其服紫羅窄衫 烏紗帽
塗金雙鹿帶 分爲兩序 從詔興而行

그 다음 보충된 하절〔次充代下節〕

송〔國朝〕의 전례에 따르면 고려에 사절로 가는 하절(下節)은 모두 군졸〔卒伍〕들이었다. 근래에 들어서는 사인(士人 : 학문을 닦은 사람)을 관직에 임명하거나 예술인이나 장인〔藝術工技〕에게도 하절에 뽑히도록 조금씩 허락하였다.

이번 사절의 행차에는 고려인을 위로하고 살피라는〔懷徠〕 황제의 뜻을 모두 유념하였으므로〔仰體〕 누구나 길을 떠나〔執鞭〕 고려〔異域〕 풍속을 살피려고 하였다. 하물며 폐사(陛辭)하는[36] 날 돈독하게 깨우쳐주시는 천자의 말씀을 직접 듣게 되니, 모든 사람이 감동하여 항해 중에 죽고사는 문제를 걱정하지도 않았다.

(하절 중에는) 성충랑(成忠郎) 주통(周通), 승신랑(承信郎) 조개(趙漑), 등사

---

34) 사고전서본에는 '王'이라고 되어있고, 지부족재본에는 '石鄭刻王'이라고 되어있다.
35) 사고전서본에는 '鄭'이라고 되어있고, 지부족재본에는 '鄒鄭刻鄭'이라고 되어있다.
36) 陛辭란 외국으로 떠나는 사절이 계단〔陛〕 아래에서 황제를 알현하는 의식이다. 陛辭를 통해 출발을 보고하고 황제의 평안을 기원한다.

랑(登仕郞) 웅저년(熊樗年)·윤경(尹京), 문학(文學) 강대형(江大亨)·이훈(李訓)·당준(唐浚), 한림의학(翰林醫學) 양인(楊寅)이 있고, 진사(進士)로는 조정지(晁正之)·서형(徐亨)·황대본(黃大本)·섭언자(葉彦資)·석역(石懌)[37]·진흥조(陳興祖)·도정(陶挺)·맹휘(孟徽)·고백익(高伯益)·이예(李銳)·최세미(崔世美)·고대범(顧大範)·김안지(金安止)·왕거인(王居仁)·유집희(劉緝熙)가 있으며, 부위(副尉)로는 이휘(李暉)·왕택(王澤)·여점(呂漸)·서공(徐珙)·서가언(徐可言)·시우종(施祐鍾)·우공(禹功)이 있다. 각 성(省)·부(府)·시(寺)·감(監)의 서리(胥吏)로는 동기(董琪)·우민년(牛敏年)·담공(郯恭)[38]·진좌(陳佐)·양대동(楊大同)·양환(楊渙)·유종무(劉宗武)·손순(孫洵)·왕우(王祐)·윤공립(尹公立)·손완(孫琬)·조유(曹裕)·왕백전(王伯全)·진유개(陳惟漑)·왕도심(王道深)·양혁(楊革)·장우(張雩)·계림(桂林)·범민구(范敏求)·서장(舒障)·추종지(鄒琮志)·장약박(張若朴)·범영지(范寧之)·주언강(朱彦康)·유절(劉楶)·호윤승(胡允升)·주욱(周郁)·담백성(郯伯成)이 있다. 이들은 자줏빛 비단으로 만든 폭좁은 적삼(紫羅窄衫)을 입고 검은 깁으로 짠 모자를 쓰고 두 마리 사슴을 도금으로 장식한 허리띠(塗金雙鹿帶)를 찼는데, 두 편으로 나뉘어 조여(詔輿)를 따라 행진하였다.

次宣武下節

宣武下軍 明州土兵 共五十人 服飾 與充代不異 但褰裳而行 使錦繡彰施耳 使者初出都門 降賜塗金器皿從物 每[39]出節卽供給之 人

---

37) 石懌 : 사고전서본에 따른다면 이 사람 이름은 王懌이다.
38) 郯恭 : 사고전서본에 따른다면 이 사람 이름은 鄭恭이다.
39) 사고전서본과 지부족재본에는 '再'라고 되어있다.

各執于$^{40)}$前采$^{41)}$奪目$^{42)}$以示榮燿$^{43)}$于$^{44)}$外國焉

그 다음 무위(武威)를 드러내는 하절〔次宣武下節〕

선무하군(宣武下軍)은 명주(明州)의 토병(土兵 : 살고 있는 지역에서 징발한 군사) 총 50인으로 구성되었다. 복장은 충대하절〔充代〕과 다르지는 않지만 겉바지를 걷어 올린 채〔褰裳〕행진하여 아름다운 수(繡)를 드러내는 게 다르다. 사절이 처음으로 (송의) 도문(都門)을$^{45)}$ 나설 때 도금한 기명(器皿)과 딸린 물건〔從物〕을 하사하였다. 나갈 때마다 절(節)을 주었는데, 그것을 모든 사람이 채색 가마〔采輿〕앞〔前采〕에서 내보임으로써 타인의 이목을 끌어 외국에서 영예〔榮燿〕를 과시한다.

次使副

國信使副 從詔書入城 到公會$^{46)}$ 皆二馬齊驅 其服紫衣 御仙花金帶 仍佩金魚 高麗伴使騎馬 在副使之右數步 相比而行 屈$^{47)}$使$^{48)}$ 又次之

---

40) 지부족재본에는 '於'라고 되어있다.
41) 사고전서본과 지부족재본에는 '綵采'라고 되어있다.
42) 采奪目 : 사고전서본에는 '綵采奪目'이라고 되어있다.
43) 사고전서본과 지부족재본에는 '耀'라고 되어있다.
44) 지부족재본에는 '於'라고 되어있다.
45) 都門은 도성의 문으로서 수도를 의미하기도 하고, 거리에 있는 큰 문을 가리키기도 한다.
46) 到公會 : 사고전서본에는 '副闕公會'라고 되어있고, 지부족재본에는 '副公會'라고 되어있다.
47) 사고전서본에는 '闕'이라고 되어있다.
48) 使 : 지부족재본에는 '使鄭刻闕使案屈使凡再見未知孰是'라고 되어있다.

그 다음 정사와 부사〔次使副〕

사절단의 정사와 부사는 조서를 따라 성(城)으로 들어가는데, 공식 회합〔公會〕에 이를 때까지 (그들의) 두 마리 말은 모두 나란히 나아간다. 그들은 자줏빛 옷을 입고 어선화(御仙花)가 장식된 금대(金帶)를 두르고 금어(金魚)를 찬다. 고려측 접반사〔伴使〕의 말은 부사(副使) 오른쪽으로 몇 걸음 떨어진 곳에 위치해 나란히 가고 굴사(屈使)는[49] 그 뒤를 따른다.

次上節

上節 都轄 武翼[50]大夫忠州刺史兼閤門宣贊舍人吳德休 其服紫衣金帶 行馬 在正使之後 提轄 朝奉大夫徐兢 緋衣佩魚 行馬 在副[51]使[52]之後 法籙道官 太[53]虛大夫藻珠殿校籍黃大中 碧虛郎凝神殿校[54]籍陳應常 紫衣靑襈 佩金方符 書狀官 宣敎郎滕茂實崔嗣道 如提轄官之服 隨船都巡檢[55]吳敏 指使兼巡檢[56]路允升路逵傅叔承許興文管句[57]舟船王覺民黃處仁葛成仲舒紹弼賈垣 語錄指使劉昭慶武悗楊明 醫官李安仁郝洙 書狀使臣馬俊明李公亮 其服紫衣 塗金御仙花帶 引接荊珣孫嗣興 服綠 各以官序行馬 從詔書入城 其侍使副行 則戴席帽而執鞭 專遣行禮 則亦張靑蓋 彼國自有伴官相陪 多以引進官爲之

---

49) 屈使에 대해서는 본서 권21 丁吏에 설명이 있다.
50) 翼 : 지부족재본에는 '翊鄭刻翼'이라고 되어있다.
51) 副 : 사고전서본에는 '闕'이라고 되어있다.
52) 副使 : 지부족재본에는 '副使鄭刻闕使'라고 되어있다.
53) 사고전서본에는 '大'라고 되어있다.
54) 사고전서본에는 '挍'라고 되어있다.
55) 사고전서본에는 '撿'이라고 되어있다.
56) 사고전서본에는 '撿'이라고 되어있다.
57) 사고전서본과 지부족재본에는 '勾'라고 되어있다.

그 다음 상절[次上節]

상절 가운데 도할관(都轄官)은 무익대부 충주자사 겸합문선찬사인(武翼大夫 忠州刺史 兼閤門宣贊舍人) 오덕휴(吳德休)로서 자줏빛 옷을 입고 금대(金帶)를 차는데, 행차할 때는[行馬] 정사(正使) 뒤에 자리잡는다. 제할관(提轄官)은 조봉대부(朝奉大夫) 서긍(徐兢)으로서 붉은빛 옷을 입고 어대(魚袋)를 차는데, 행차할 때는 부사(副使) 뒤에 자리잡는다. 법록도관(法籙道官)은 태허대부 예주전교적(太虛大夫 蘂珠殿校籍) 황대중(黃大中)·벽허랑 응신전교적(碧虛郎 凝神殿校籍) 진응상(陳應常)으로서 푸른 가선[靑襈]이 달린 자줏빛 옷을 입고 금으로 만든 사각형 부절(符節)을 찬다. 서장관(書狀官)은 선교랑(宣敎郎) 등무실(滕茂實)[58]·최사도(崔嗣道)인데 제할관(提轄官)의 복장과 같다. 수선도순검(隨船都巡檢)은 오창(吳敞)이고 지사겸순검(指使兼巡檢)은 노윤승(路允升)·노규(路逵)·부숙승(傅叔承)·허흥문(許興文)이다. 관구주선(管句舟船)은[59] 왕각민(王覺民)·황처인(黃處仁)·갈성중(葛成仲)·서소필(舒紹弼)·가원(賈垣)이고 어록지사(語錄指使)는[60] 유소경(劉昭慶)·무완(武愰)·양명(楊明)이다. 의관(醫官)은 이안인(李安仁)·학수(郝洙)이고, 서장사신(書狀使臣)은 마준명(馬俊明)·이공량(李公亮)이다. 이들의 복장은 자줏빛 옷을 입고 어선화가 장식된 도금한 허리띠를 찼다. 인접(引接)은 형순(荊珣)·손사흥(孫嗣興)이며 녹색 옷을 입고 서열에 따라 말을 타고 조서를 따라 성에 들어갔다. 정사와 부사를 모시는 사람들의 행차에서는 등나무로 만든 덮개[席帽]를 쓰고 채찍을

---

58) 滕茂實은 宋 臨按 사람으로, 政和 연간에 進士가 되었으며 나중에 假工部侍郎에 이르렀다.
59) 管句舟船은 舟船 즉 사신의 배를 살피고 관리하는 사람을 말한다.
60) 사절로 외국에 갔을 때 오고간 이야기를 기록하여 보고하는 사람을 말한다.

잡는데, 정사와 부사만이 행차하는 의식에서는〔專遣行禮〕 푸른 가리개〔靑蓋〕도 펼친다. 고려〔彼國〕에서는 원래 (사신과) 짝이 되게〔相陪〕 하는 접반관〔伴官〕이 있는데 인진관〔引進官〕에게 그 임무를 맡기는 경우가 많다.

終中節

中節 管句[61]禮物官 承直郎朱明發 承信郎婁澤范攺[62] 迪功郎崔嗣仁劉璹 將仕郎吳太上御名[63] 行遣迪功郎汪忱 進士王處仁 占候風雲官 承信郎董之邵王元 書符禁呪[64]張洵仁 技術郭範司馬瑾 使副親隨徐閎張皓李機許興古 親從官王瑾魯蹲 宣武十將充代趙祐 正名程政 都轄親隨人吏 王嘉賓王仔 其服幞頭 紫窄衣 塗金寶瓶帶 其行馬 在上節之次

마지막 중절〔終中節〕

중절 가운데 관구예물관(管句禮物官)은 승직랑(承直郎) 주명발(朱明發), 승신랑(承信郎) 누택(婁澤)·범귀(范攺), 적공랑(迪功郎) 최사인(崔嗣仁)·유숙(劉璹), 장사랑(將仕郎) 오구(吳構),[65] 행견적공랑(行遣迪功郎) 왕침(汪忱), 진사(進士) 왕처인(王處仁)이다. 점후풍운관(占候風雲官)은 승신랑(承

---

61) 사고전서본과 지부족재본에는 '勾'라고 되어있다.
62) 지부족재본에는 '攽' 이라고 되어있다.
63) 太上御名 : 사고전서본에는 '構' 라고 되어있고, 지부족재본에는 '太上御名 構' 라고 되어 있다.
64) 書符禁呪 : 사고전서본에는 '闗符禁呪' 라고 되어있고, 지부족재본에는 '書符禁咒' 라고 되어있다.
65) 吳構 : 이 부분이 사고전서본에는 '構' 라고 되어 있는데, '太上御名' 이란 宋 高宗의 諱인 '構' 를 가리킨다. 휘종의 아홉째 아들인 고종은 자식이 없어서 재위 36년만에 孝宗에게 선위하고 太上皇帝가 되었다.

信郎) 동지소(董之邵)·왕원(王元), 서부금주(書符禁呪)[66] 장순인(張洵仁), 기술(技術) 곽범(郭範)·사마관(司馬瓘), 사부친수(使副親隨)는 서굉(徐閎)·장호(張皓)·이기(李機)·허흥고(許興古)이고, 친종관(親從官)은 왕근(王瑾)·노준(魯蹲), 선무십장충대(宣武十將充代)는 조우(趙祐), 정명(正名)은 정정(程政), 도할친수인리(都轄親隨人吏)는 왕가빈(王嘉賓)·왕자(王仔)이다. 의복은 복두를 쓰고 자줏빛 폭좁은 옷을 입고 보병(寶甁)을 장식한 도금한 허리띠를 찼다. 그들이 타는 말은 상절(上節) 다음에 위치한다.

---

[66] 書符禁呪라는 관직은 보이지 않는다. 書符는 護符 즉 부적과 같은 뜻이며, 禁呪는 주문을 통해 질병을 치료하는 것을 말한다.

『선화봉사고려도경』 권25

受詔

臣聞 周使宰孔 賜齊侯胙 將下拜 孔曰 且有後命 天子以伯舅耋老 加勞賜[1]一級 無下拜 對曰 天威不違顏咫尺 小白余 取貪天子之命 恐隕越于[2]下 以遺天子羞 敢不下拜 下拜登受 夫周室之衰 禮去其籍 僅有存者 齊候雖霸[3] 不敢廢禮 今天子威靈所被 震疊海表 而綏懷之意 情文腆縟 是宜麗人 恪恭明命 如瞻天表 不敢少怠 以虞隕越 今圖其趨事執禮之勤 以備觀考

---

1) 사고전서본에는 '加賜勞' 라고 되어있다.
2) 지부족재본에는 '於' 라고 되어있다.
3) 지부족재본에는 '伯' 이라고 되어있다.

조서를 받는 절차 [受詔]

신(臣)이 듣기에 주(周) (희공(僖公))이 재공(宰孔)을 시켜 제환공(齊侯)에게[4] 제사에 사용되었던 고기를 내렸다. (희공은 "천자인 나는 문왕·무왕에게 제사를 지내고, 사람을 보내 제사상에 올렸던 고기를 백구(伯舅)에게 하사한다"라고 말했다.) 제환공이 뜰로 내려가 절[下拜]하려 하자, 재공은 "또 뒤따르는 명령이 있는데, 천자는 백구(伯舅)가[5] 연로하므로 작(爵)을 한 등급 올려 위로하였으니 내려가서 절하지 말라."고 명했다. 제환공은 "하늘의 위엄이 내 얼굴 앞을 떠나지 않는데, 내(小白)가 천자의 명령을 빙자한다면 (예법은) 실추[隕越]되어 천자에게 수치가 될까 두려우니, 감히 내려가 절하지 않겠는가?"라고 말하고 내려가 절한 다음 올라가 고기를 받았다. 주 왕실(周室)이 쇠약해져 예법은 본래 원칙에서 벗어나 근근이 남아 있는 정도였다. 하지만 제환공은 패자(覇者)였어도 감히 예를 폐하지 않았다.

---

4) 당시 齊나라의 侯는 桓公(BC 685~BC 643)이었다. 그의 이름은 小白이며 춘추 5覇의 한 사람이다. 僖公의 아들로서 형인 襄公이 살해된 뒤 이복형 糾와 싸워 군주가 되었다. 규의 신하 管仲을 재상으로 기용, 그가 제시하는 정책을 실시하여 뛰어난 군주가 되었다. 대외적으로는 BC 651년 葵丘[河南省]에서 제후들과 동맹을 맺어 춘추 최초로 패자의 지위를 확립하였고 魯의 내란 평정을 도왔으며, 오랑캐의 침입으로 멸망한 邢을 夷儀[河北省]로, 衛를 楚丘[河南省]로 옮겨 부흥시켰다. 대내적으로는 군사력 강화 및 상업·수공업 육성 등 부국강병책을 실시했다. 그러나 그는 말년에 관중의 유언을 무시하고, 내쳤던 역아, 수조, 당무, 개방 등 전횡을 일삼는 신하를 재등용하여 결국 골방에 갇혀 죽음을 맞았고, 그것도 시신에서 나온 구더기로 말미암아 열하루가 지나서야 사람들이 그의 죽음을 알 수 있었다고 한다. 그가 죽고 나서는 齊도 약소국으로 몰락했다.

5) 천자가 부르는 제후의 명칭과 관련해서 『儀禮』에는 다음과 같이 되어있다. "大國을 다스리는 제후가 同姓일 경우에는 伯父라고 부르고 異姓일 경우에는 伯舅라고 부른다. 小邦을 다스리는 제후가 同姓일 경우에는 叔父라고 부르고 異姓일 경우에는 叔舅라고 부른다(同姓大國則曰伯父 其異姓則曰伯舅 同姓小邦則曰叔父 其異姓小邦則曰叔舅 : 『儀禮』觀禮)."

현재는 천자의 존귀하신 위엄이 세상에 미쳐서, 해외에서까지 두려워하여 떨고 있다. 세상 사람들을 잘 다스리고자[綏懷] 하는 취지와 방안[情文]은 풍부하고도 치밀하다[腆縟]. (따라서) 고려인들이 밝은 가르침[明命]을 받드는 것[恪恭]은 당연하다. 그들은 하늘[天表]을 우러르듯 조금도 게으름을 피우지 않고 실추될까봐 걱정한다. 이제 그들이 일을 처리하는 것[趨事]과 의례의 집행 과정을 그려서 관찰하고 생각할 근거를 마련하려 한다.

迎詔

使副奉詔 入順天館 十日內卜吉 王乃受詔 前期一日 先遣說儀官 與使副相見 次日遣屈⁶⁾使一員 至館 都轄提轄官 對捧詔入采輿內 儀仗兵甲 迎導前行 使副館伴屈⁷⁾使 同上馬 下節在其前步行 上中節 騎馬後隨 國官 先於館門外排立 候詔書出館 當道再拜訖 乘馬前導 至王府入廣化門 次入左同德門 至昇平門外 上中節下馬 引接指使等 馬前步行 上節後從入神鳳門 至閶闔門外 使副下馬 國王與國官 以次迎詔 再拜訖 采輿入止會慶殿門外

조서의 영접[迎詔]

정사와 부사가 조서를 받들고 순천관(順天館)으로 들어가면 10일 이내에 길일(吉日)을 택해 고려왕이 조서를 받는다. 조서를 받기 하루 전에 먼저 설의관(說儀官)을⁸⁾ 보내어 정사와 부사를 만나게 했다. 다음 날

---

6) 사고전서본에는 '闕'이라고 되어있고, 지부족재본에는 '鄭刻闕'이라고 細註로 되어있다.
7) 사고전서본에는 '闕'이라고 되어있고, 지부족재본에는 '鄭刻闕'이라고 細註로 되어있다.
8) 說儀官은 역대 중국의 관제에는 나타나지 않는다. 유사 용례로 '設儀'가 있는데, 이는 諸

굴사(屈使) 1명을 보내 순천관에 이르게 하면, 도할관과 제할관이 조서를 받들어 채색 수레(采輿)⁹⁾ 안으로 들어가고, 의장대가 이들을 앞에서 인도했다. 정사·부사·관반·굴사가 같이 말에 오르고, 하절(下節)이 그 앞에서 걸어가고, 상절과 중절은 말을 타고 뒤에서 따라갔다. 국관(國官)들은 순천관 문 밖에 먼저 나와 줄지어 선 채 조서가 순천관에서 나오기를 기다려 길에서 재배(再拜)한 후 말을 타고 앞에서 인도했다. 왕부(王府)에 이르러 광화문(廣化門)으로 들어가고, 다음으로 좌동덕문(左同德門)으로 들어가 승평문(昇平門) 밖에 이르렀다. 상절과 중절이 말에서 내리고, 인접(引接)·지사(指使) 등이 말 앞에서 걸어가고, 상절은 뒤를 따라 신봉문(神鳳門)으로 들어가 창합문(閶闔門) 밖에 이르렀다. 정사와 부사가 말에서 내렸고, 국왕과 국관들이 차례로 조서를 맞이하여 재배를 마쳤다. 그후 채색 수레가 들어가 회경전(會慶殿) 문 밖에 이르렀다.

導詔

采輿旣入止會慶殿門外 都轄提轄官 自輿中捧詔出 奉安于¹⁰⁾幕位 使副少憩 國王 復降門下 西嚮立 使副與國王竝行 導入中門 上節 禮物等 分兩序入會慶殿下 以侯國王受詔

조서의 인도(導詔)

채색 수레가 회경전 문 밖에 들어가 이르게 되면, 도할관과 제할관이 그 수레에서 조서를 받들고 나와 막위(幕位)에 봉안하고, 정사와 부

侯나 諸臣의 禮儀를 논의 결정하는 것을 말한다(大司馬之職掌 建邦國之九法以佐王平邦國 制畿封國以正邦國 設儀辨位以等邦國:『周禮』夏官 司馬).
9) 본서 권15 采輿에 설명이 있다.

사는 잠시 휴식을 취했다. 국왕이 문 아래로 다시 내려와 서쪽을 향해 서면 정사와 부사는 국왕과 나란히 간다. 중문으로 안내받아 들어갈 때는 상절과 예물관[禮物] 등은 양편으로 나누어 회경전 아래로 들어가서, 국왕이 조서 받기를 기다렸다.

拜詔

國王導詔 入會慶殿 廷下設香案 面西立 使副 位北上面南立 上節官 以次序 立[11]於使副之後 國官立班于[12]王之後 王再拜 躬問聖體 乃復位 舞蹈再拜已 國官拜舞 如王之儀 國信使稱有勅[13] 國王再拜起 躬聽口宣 乃搢笏跪 副使以詔授使 使以詔授王 詔曰 高麗國王王楷 泌聞嗣國 甫謹修[14]方 諒惟善繼之初 克懋統承之望 遽經變故 深劇傷摧 肆遣命使之華 往諭象賢之寵 載蕃賚之 併示哀榮 宜祗服於王靈 用永遵於侯度 今差通議大夫守尙書禮部侍郎元城縣開國男食邑三百戶路允迪 太中大夫中書舍人淸河縣開國伯食邑九百戶傅墨卿充國信使副 賜卿國信禮物等 具如別錄 至可領也 故玆詔示 想宜知悉 春喧 卿比平安好 遣書指不多及 王受詔乃授國官 出笏舞蹈 如初之儀 國官亦如之

조서 받을 때의 의례[拜詔]

국왕이 조서를 인도하여 회경전으로 들어가니 궁정 아래 향안(香案)

---

10) 지부족재본에는 '於'라고 되어있다.
11) 사고전서본에는 '位'라고 되어있다.
12) 지부족재본에는 '於'라고 되어있다.
13) 사고전서본에는 '勅'이라고 되어있고, 지부족재본에는 '敕'이라고 되어있다.
14) 지부족재본에는 '脩'라고 되어있다.

이[15] 마련되어 있었다. (국왕은) 서쪽을 향해 섰고, 정사와 부사는 북쪽에서 남쪽을 향해 섰고, 상절들은 서열에 따라 정사와 부사 뒤에 섰고, 국관들은 왕의 뒤에 반차에 따라 섰다.

국왕은 재배(再拜)하고 직접 황제의 안부를 묻고 자리로 돌아갔다. 재배가[16] 끝나면, 국관들도 국왕이 했던 것처럼 배례를 행했다.

국신사(國信使)가 조칙이 있음을 말하니, 국왕은 재배하고 일어나 구두로 전하는 조칙(口宣)을 직접 듣고 홀(笏)을 꽂고 꿇어앉았다. 부사가 조서를 정사에게 주고, 정사는 조서를 국왕에게 주었다.

조서의 내용은 다음과 같다. "고려국왕 왕해(王楷, 仁宗)는 멀리서 들으니 나라를 이어받아 매우 삼가며 나라를 다스린다고 한다. 진실로 잘 이루어진 즉위의 출발이니, 선왕을 잘 이으리라는 기대〔統承之望〕에 부응하도록 노력하라. 갑자기 변고를 당해 슬픔〔傷摧〕이 매우 깊을 듯하다. 이제 서둘러 사자에게 명하여 (왕위에 오른 것을) 빛나게 하고, 계승한 국왕〔象賢〕에게[17] 황제의 총애를 깨우치게 하고자 한다. (많은) 예물을 실어보내며, 슬퍼하는 뜻과 아울러 축하하는 뜻을 보이고자 한다. 황제의 위엄과 덕망〔王靈〕을 삼가 따르며〔祗服〕, 제후로서의 도리를 영원히 지키도록 하라. 이제 통의대부 수상서예부시랑 원성현 개국남 식읍 3백호 노윤적과 태중대부 중서사인 청하현 개국백 식읍 9백호 부묵경을 사신〔國信〕의 정사와 부사로 삼아 경(卿)에게 나라의 신서(信書)와 예물 등을 하사하고 그 구체적인 것은 별도의 목록〔別錄〕과 같이 갖추

---

15) 香案은 香爐 등을 놓기 위해 설치한 받침대를 가리킨다.
16) 舞蹈再拜는 朝拜 때 손을 휘젓고 발을 굴려 소리를 내며〔舞蹈〕再拜하는 儀禮이다. 이를 拜禮의 舞蹈 즉 拜舞라고 한다.
17) 象賢이란 왕위를 계승한 諸侯를 가리킨다. 『儀禮』에 의하면 "대를 이어서 제후를 세운 것이 象賢이다(繼世以立諸侯 象賢也 : 『儀禮』士冠禮)"라고 하였다.

었으니 받도록 하라. 이러한 내용을 조서로 밝히니 잘 알 수 있을 것이다. 봄이 완연한데 경도 이와 같이 평안하게 지내기를 바란다. 글을 이만 줄인다."

왕이 조서를 받아 국관에게 건네주고 홀을 꺼내 들고 배례의 의례를 행했는데, 이는 처음의 의례와 같았다. 국관들의 의례 역시 이와 같았다.

起居

使副旣導詔 至于[18]廷 王再拜 興避席 躬問聖體 使亦避席躬荅[19]曰 近離闕下 皇帝聖躬萬福 各復位 拜舞如受詔之儀 先是 自全抵廣 凡三州牧 問聖體 如王之儀 至其接送館伴官相見 亦如之

사절의 영접 [起居]

정사와 부사가 조서를 인도하는 것을 마치고 궁궐 뜰에 이르렀다. 왕이 재배하고 자리를 피해 일어나 황제[聖體]의 안부를 공손히 물었다. 정사 역시 자리를 피해 일어나 공손히 대답하기를, "우리가 얼마 전에 대궐을 떠났는데 황제는 만복을 누리고 있다."라고 하고 각자 자리로 돌아갔다. (이때 행하는) 배례의 의례는 조서를 받을 때의 의례와 같았다. 이에 앞서 전주(全州)에서 광주(廣州)에 이르는 3주의 목사가 황제의 안부를 왕이 한 의례대로 하며 물었다. 영접하거나 환송했던 관반관(館伴官)들을 만났을 때도 역시 그렇게 했다.

---

18) 지부족재본에는 '於'라고 되어있다.
19) 지부족재본에는 '答'이라고 되어있다.

祭奠

壬寅春二月 使副被旨 以國信使事行 夏四月 聞俁[20]薨 兼以祭奠弔慰 遵元豐制也 癸卯六月十三日甲午 使副到館 王旣受詔 越二日 王先遣人告辦都轄吳德休 往啓建佛事 次日 提轄官徐兢 押所賜祭奠禮物 陳列于[21]前 至日質明 使副與三節官吏 奉詔輿至長慶宮 三節休于[22]次 使副 易帶以烏犀 仍去式 候時至 入祭室 王楷 素服立于[23]東楹 使副再拜興 使跪宣御製祭文 曰維宣和五年 歲次癸卯三月甲寅朔十四日丁卯 皇帝 遣使通議大夫守尙書禮部侍郞元城縣開國男 食邑三百戶 路允迪 太中大夫中書舍人淸河縣開國伯食邑九百戶 傅墨卿 致祭于[24]高麗國王之靈 惟王躬有一德 嗣玆東土 孝友肅恭 惠迪神民 克紹于[25]前文人 四國是式 而忠誠夙著 義篤勤王 旅貢在廷 服[26]命惟謹 朕惟王外介[27]海隅 而能知役志于[28]享 乃心罔不在王室 嘉乃丕績 眷顧不忘 方將洊飭使人 往諭朕志 示鎭撫于[29]爾邦 孰謂天不慭遺 遽聞大故 邦國殄瘁 震悼于[30]懷 今錫爾恤[31]典用裒[32]乃顯德 以輯寧爾邦 尙其來止 歆我寵靈 永垂佑于[33]爾後人

---

20) 사고전서본에는 '俁' 라고 되어있다.
21) 지부족재본에는 '於' 라고 되어있다.
22) 지부족재본에는 '於' 라고 되어있다.
23) 지부족재본에는 '於' 라고 되어있다.
24) 지부족재본에는 '於' 라고 되어있다.
25) 지부족재본에는 '於' 라고 되어있다.
26) 사고전서본에는 '朕' 이라고 되어있다.
27) 사고전서본에는 '界' 라고 되어있다.
28) 지부족재본에는 '於' 라고 되어있다.
29) 지부족재본에는 '於' 라고 되어있다.
30) 사고전서본과 지부족재본에는 '於' 라고 되어있다.
31) 사고전서본에는 '卹' 이라고 되어있다.
32) 사고전서본에는 '褎' 라고 되어있고, 지부족재본에는 '裒' 라고 되어있다.

服休無斁 尙饗

예종 제례〔祭奠〕

임인년(1122, 仁宗 卽位年) 봄 2월에 정사와 부사는 황제의 부름을 받고 국신사의 임무를 맡아 출발하려 했다. 여름 4월에 고려 예종〔王俁〕이 훙거하였다는 소식을 듣고 (국신사의 임무와 함께) 제전(祭奠)과 조위(弔慰)의 임무를 겸하게 되었다. 이는 원풍관제(元豊官制)에[33] 따른 것이다.

계묘년(1123, 仁宗 元年) 6월 13일 갑오일에 정사와 부사가 순천관에 도착했다. 고려왕은 조서를 받고 나서 이틀이 지난 후, 먼저 사람을 보내어 도할관 오덕휴에게 불사(佛事)를 치를 준비가 되었음을 알렸다.

다음날 제할관 서긍이 제전(祭奠) 예물로 하사한 것을 확인하여 앞에 진열했다. 날이 밝자 정사·부사 및 삼절(三節)의 관리가 조여(詔輿)를 받들어 장경궁(長慶宮)에 이르렀다. 삼절은 잠시 쉬고 정사와 부사는 띠를 오서대(烏犀帶)로[35] 바꾸는데, 이는 옛날 방식이다. 때가 이르기를 기다려 제실(祭室)로 들어갔다. 고려 인종〔王楷〕은 소복을 입고 동쪽 기둥에 서고 정사와 부사는 재배하고 일어났다.

정사가 꿇어앉아 다음과 같이 송 황제가 지은 제문〔御製祭文〕을 읽었다. "선화 5년 계묘년〔癸卯〕 3월 갑인달〔甲寅朔〕[36] 14일 정묘일〔丁卯〕에 황제는 사신 통의대부 수상서예부시랑 원성현 개국남 식읍 3백호 노윤적과 태중대부 중서사인 청하현 개국백 식읍 9백호 부묵경을 보내 고

---

33) 지부족재본에는 '於'라고 되어있다.
34) 宋 神宗의 元豊 연간에 唐 貞觀 연간의 관제를 모범으로 전면적으로 개편된 官制로서 宋代 관제의 전형이 되었다.
35) 烏犀帶는 검은 무소뿔로 만든 허리띠를 말한다.
36) 초하루가 甲寅日인 달을 가리킨다.

려국왕의 영전에 제사를 드린다.

생각하건대 (훙거한) 고려왕은 한결같은 덕을 몸소 실천했고, 이 동쪽 땅의 왕위를 계승하였다. 효성과 우애가 있어 엄숙하고 공손하였고, 백성들〔神民〕에게 은혜를 베풀었고, 전대의 문물〔前文人〕을 이어받아 사방 여러 나라들의 모범이 되었다. 충성이 일찍부터 드러나, 돈독한 의(義)로 황제를 근실하게 섬겼고, (인질로 보낸) 자제가 (중국의) 조정에 (숙위로) 남아있고〔旅貢〕,[37] 명령에 복종하고 근엄했다.

짐(朕)이 생각하건대 고려왕은 바다 한 모퉁이에 끼어 있으면서도 헌상(獻上)하고자 하는 마음을 쓸 줄 알고, 마음은 황실과 항상 함께 있다. (경의) 큰 업적을 가상히 여기며 잊지 않고 돌아본다. 이제 사신을 신중히 뽑아〔涬飭〕 짐의 뜻을 알림으로써 그대 나라에 진무(鎭撫)를 드러낸다.

'하늘은 너무 뛰어난 사람을 그냥 남겨두지 않는다'고 누가 말했던가![38] 갑자기 큰 변고에 고려 사람들이 병이 나도록 슬퍼하였다는 것을 듣게 되어 가슴속으로 놀라고 슬퍼졌다. 이제 휼전(恤典)을[39] 내려 뚜렷한 덕을 포상하여 그대 나라를 화목하고 편안하게 하고자 한다. 그대는 여기 찾아와서 머무르며 나의 총애함을 받아들여, 그대 후대 사람에게 영원한 복을 드리우고 끝없이 아름다움을 누리게 하라. 상향(尙饗)."

---

37) 旅貢은 제후의 자제를 천자의 숙위로 임명함으로써 실제로는 볼모로 삼는 것을 말한다. 旅는 諸侯의 子弟를 의미한다.
38) 『詩經』에 "옛 신하를 하나라도 남겨 우리 임금을 지키게 하지 않으며(不憖遺一老 俾守我王 : 『詩經』 小雅 十月之交)"라고 보인다.
39) 喪事를 당한 고려국왕을 위문하기 위해 송 황제가 내리는 각종 조치를 말한다.

弔慰

是日 祭奠禮畢 少退 乃行弔慰禮 先於廷中 設香案 西望天闕 王楷 素服面西立 使位南面西上 副使又次之 副使詔[40]授使 使以詔授王 王磬折鞠躬 再拜跪受之 詔曰 高麗國王王楷 惟爾先王 祇今上御名[41] 明德 宜綏厥位 眇子一人 天命難諶 遽以訃諗 緬惟永慕[42] 諒劇傷 摧 纂嗣之初 踐修[43]是屬 勉思抑割 用副眷懷 今差國信使通議大夫 守尙書禮部侍郞元城縣開國男食邑三百戶路允迪 副使太中大夫中 書舍人淸河縣開國伯食邑九百戶傅墨卿 兼祭奠弔慰 幷賜祭奠弔慰 禮物等 具如別錄 至可領也 故玆詔示 想宜知悉 春喧 卿比平安好 遣書指不多及

조문〔弔慰〕

이날 제전의 예가 끝나고 잠시 물러나 있다가 조위(弔慰)의 예를 거행했다. 먼저 궁정 안에다 향안(香案)을 마련하고 서쪽으로 천자의 궁궐을 바라보았다. 인종〔王楷〕은 소복을 입고 서쪽을 향해 서고, 정사는 서쪽에서 남쪽을 향해 서고, 부사는 또 그 다음에 섰다. 부사가 조서를 정사에게 주니 정사는 이를 왕에게 넘겨주었다. 왕은 허리를 깊이 굽혀 예를 행하고〔磬折鞠躬〕[44] 재배하고서 꿇어앉아 조서를 받았다.

조서는 다음과 같다. "생각하건대 고려국왕 왕해(王楷, 仁宗)여. 그대

---

40) 사고전서본과 지부족재본에는 '以詔'라고 되어있다.
41) 사고전서본에는 '愼'이라고 되어있고, 지부족재본에는 '今上御名○愼'이라고 되어있다. 宋 徽宗의 이름이 愼이다.
42) 사고전서본과 지부족재본에는 '嘉'라고 되어있다.
43) 지부족재본에는 '脩'라고 되어있다.
44) 磬折鞠躬은 허리를 굽혀 취하는 儀禮를 말한다.

의 선왕(先王)은 큰 공경과 밝은 덕을 가지고 있어 왕위를 담당할 충분한 능력을 가졌고 (이를 통해) 나를 보좌했다. 하늘의 명령(天命)은 정말 가혹하여 갑자기 부고를 알려왔다. (나는) 아득한 심정으로 오래도록 잊지 않을 것이고, (이러한 일을 당한 그대는) 슬픔이 매우 클 것으로 생각된다. 왕위를 계승한 처음부터 통치하는 것은 그대의 의무이니 (슬픔을) 억제하고 (다스리는 것만) 힘쓰는 것이 (나의) 보살핌(睿顧)에 부응하는 것이다.

지금 국신사로 통의대부 수상서예부시랑 원성현 개국남 식읍 3백호 노윤적과 부사로 태중대부 중서사인 청하현 개국백 식읍 9백호 부묵경을 제전과 조위의 임무를 겸임시켜 보내고, 아울러 제전·조위의 예물 등 그 구체적인 것은 별도의 목록(別錄)과 같이 갖추었으니 받도록 하라. 이러한 내용을 조서로 밝히니 잘 알 수 있을 것이다. 봄이 완연한데 경도 이와 같이 평안하게 지내기를 바란다. 글을 이만 줄인다."

『선화봉사고려도경』권26

燕禮

臣聞 先王燕饗之禮 以其爵等 而爲隆殺之節 其酌獻有數 其酬酢有儀[1] 本朝講之詳矣 師古便今 不失先王之意 而高麗之制 執爵酌醴 膝行而前 所以薦賓客 乃有古人之遺風 諒其加厚於使華 以尊王人 施於其國者 未必槩如此也 具載于[2]圖 以志其向慕中國之意

연회 의례 [燕禮]

신(臣)이 듣기에 선왕(先王)의 연향(燕饗)하는 예는 작위의 등급에 따라 높이고 줄이는 절도가 있다. 그래서 술을 따라 올리거나 받은 잔을 되

---

1) 사고전서본에는 '饌' 이라고 되어 있다.
2) 사고전서본에는 '于' 라고 되어있고, 지부족재본에는 '於' 라고 되어 있다.

돌리는 데에도 그 횟수와 의례가 있다. 우리 송[本朝]은 그것을 상세히 익혀서 옛것을 본받고 지금에 편리하게 하여 선왕의 뜻을 잃지 않았다.

고려의 제도는 잔을 들고 술을 따를 때 무릎걸음으로 앞으로 나오는데, 이것은 빈객을 접대하기 위함으로 옛사람의 유풍(遺風)이다. 고려 사람들이 자기 나라에 파견된 왕인(王人)을 높이기 위해 사절[使華]을 후대하는 것을 살펴보니 반드시 그렇게 획일화할 필요는 없었다. 모두 그림으로 그려 그들이 중국을 사모하는 뜻을 기록하기로 한다.

私覿

王旣受詔已 王與使副 少休于[3]次 王位東 使副位西 贊者 以使副起居狀 告于[4]王 王遣介復命 引接官 分左右 引王與使副 出立于[5]會慶廷中 對揖訖 升殿 王立于[6]東楹 使副立于[7]西楹 各設褥位 王與使 相向再拜訖 各致躬稍前通問訖 復再拜 使少退 副使立于[8]使位 與王對拜如初禮 各復位 然後分立于[9]所占之席 立于[10]其側 上節官 通榜子參 都轄提轄以下 不拜 止躬揖王 王亦躬荅[11]之 退立于[12]東廊 次引中節 庭下參 四拜 王稍躬還揖訖 退立于[13]西廊 王與使副

---

3) 지부족재본에는 '於'라고 되어있다.
4) 지부족재본에는 '於'라고 되어있다.
5) 지부족재본에는 '於'라고 되어있다.
6) 지부족재본에는 '於'라고 되어있다.
7) 지부족재본에는 '於'라고 되어있다.
8) 지부족재본에는 '於'라고 되어있다.
9) 지부족재본에는 '於'라고 되어있다.
10) 지부족재본에는 '於'라고 되어있다.
11) 사고전서본과 지부족재본에는 '答'이라고 되어있다.
12) 지부족재본에는 '於'라고 되어있다.

就席坐 上中節亦然 次引下節幷舟人 亦庭下六幷 坐于[14]門之東西 分兩序 北面東上 然後酒行 其獻酬之禮 則見於別篇也[15]

사신단 접견〔私覿〕[16]

왕이 조서를 받고 나면 왕과 정사·부사는 자리에서 잠시 쉬는데, 왕은 동쪽에 정사·부사는 서쪽에 자리 잡는다. 찬자(贊者)가[17] 정사·부사의 기거상황을 왕에게 알리면 왕은 개(介)를[18] 보내 다시 말을 전한다〔復命〕. 이에 인접관(引接官)이 좌우로 나뉘어 왕과 정사·부사를 인도하여 회경전(會慶殿) 뜰로 나아가 선다. 마주보고 읍(揖)하는 일이 끝나면 회경전으로 오르고 왕은 동쪽 기둥에, 정사·부사는 서쪽 기둥에 서는데 각자의 자리〔褥位〕가[19] 마련되어있다. 왕과 정사(正使)가 서로 향해서 재배하고 나면 각자 몸을 조금 앞으로 내어 문안을 하고나서 다시 재배한다. 정사는 조금 물러난다. 부사(副使)는 정사의 자리에 서서 왕과 마주하여 배례하기를 처음의 예(禮)와 같이 한다. (정사와 부사가) 각자 자리로 돌아온 후에 원래 있었던 자리로 나뉘어 선다. 그 곁에 서있

---

13) 지부족재본에는 '於' 라고 되어있다.
14) 지부족재본에는 '於' 라고 되어있다.
15) 사고전서본과 지부족재본에는 '云' 이라고 되어있다.
16) 私覿이란 본문에서 나타나는 바와 같이 사신이 공식회담은 아니지만 상대방의 군왕 및 관료들과 접촉하는 것을 말한다.
17) 贊者는 예의를 행할 때 도와주는 사람을 말한다.『儀禮』에는 다음과 같이 되어있다. "主人은 贊者에게 읍을 하고, 손님에게 읍을 한 후 먼저 (집으로) 들어간다(主人揖贊者 與賓揖 先入 :『儀禮』士冠禮)."
18) 介는 손님과 주인 사이에서 말을 전달하는 사람이다.『禮記』에 다음과 같이 되어있다. "聘禮에 上公은 7介, 侯伯은 5介, 子男은 3介이니 貴賤을 드러내기 위해서 다른 것이다 (聘禮 上公七介 侯伯五介 子男三介 所以明貴賤也 :『禮記』聘義)."
19) 褥位란 요를 깔아서 만든 자리를 말한다.

던 상절관(上節官)은 문서〔榜子〕를[20] 내고 참여한다. 도할관(都轄官)과 제할관(提轄官) 이하는 배례하지 않고 다만 몸을 굽혀 왕에게 읍하고 왕 역시 공손하게 답례한다. (이들은) 물러나 동쪽 행랑에 선다. 다음은 중절(中節)을 인도하여 뜰 아래에서 사배(四拜)로 인사하면 왕은 몸을 조금 움직여 읍으로 답례한다. (이들은) 끝나면 물러나서 서쪽 행랑에 선다. 왕과 정사·부사는 좌석으로 가서 앉고, 상절·중절관 역시 그렇게 한다. 다음은 하절(下節)을 주인(卅人)과 함께 인도해오는데 역시 뜰 아래에서 육배(六拜)하고 문의 동서에 앉는다. 두 줄로 나누어 북쪽을 향해 앉는데, 동쪽이 상석이다. 그 후에 술을 돌리는데, 술잔을 주고받는〔獻酬〕예는 별편(別篇)에 나온다.

燕儀[21]

燕飮之禮 供張帟幕之屬 悉皆光麗 堂上施錦茵[22] 兩[23]廊藉[24]以緣[25]席 其酒味甘色重 不能醉人 果蔬豐腆 多去皮核 肴饌雖有羊豕 海錯而[26]勝之 卓面覆以紙 取其潔也 器皿 多以塗金 或以銀 而以靑陶器爲貴 獻酬之儀 賓主百拜 不敢廢禮 自令官國相向書以上 立于[27]殿之東榮 在王之後 餘官 以文武 分東西兩序 立于[28]廷[29]中 中立一

---

20) 上奏하기 위해 신하가 면담을 요청하면서 올리는 문서로 관직, 성명 등이 씌여있다.
21) 燕儀 : 사고전서본과 지부족재본에는 '燕飮'이라고 되어있다.
22) 錦茵 : 사고전서본에는 '闕二字'라고 되어있고, 지부족재본에는 '錦茵'이라고 되어있다.
23) 사고전서본에는 '西'라고 되어있고, 지부족재본에는 '兩鄭刻西'라고 되어있다.
24) 지부족재본에는 '籍'이라고 되어있다.
25) 지부족재본에는 '緣鄭刻綠'이라고 되어있다.
26) 사고전서본에는 '而'가 결락되어있다.
27) 지부족재본에는 '於'라고 되어있다.
28) 지부족재본에는 '於'라고 되어있다.

表$^{30)}$ 以著時刻 旁列綠衣人 搢笏執絳燭籠 立於$^{31)}$百官之前 復令衛軍 各執儀物 立於$^{32)}$其後 麗人 奉王甚嚴 每燕樂$^{33)}$行禮 所立$^{34)}$官吏兵衛 雖烈日驟雨 山立不動 亦未嘗改容 其恭肅 亦可尙云

주연〔燕儀〕

연음(燕飮)의 예에 사용되는 각종 장막류는$^{35)}$ 모두 광채가 나고 화려하다. 당(堂) 위에 비단방석을 펴놓았고 양쪽 행랑에는 단을 두른 자리〔緣席〕를 깔았다. 그 술은 맛이 달고 빛깔이 짙은데, 사람을 취하게 하지는 못한다. 과일과 채소는 풍성하게 차렸는데 대부분 껍질과 씨를 없앴다. 안주로는 양과 돼지고기가 있지만 많은 종류의 해산물〔海錯〕이 더 좋다. 탁자 표면에는 종이를 덮었는데, 이는 정결해 보이기 위해서이다. 그릇〔器皿〕은 대부분 도금한 것이고 간혹 은으로 된 것도 있으나, 청자가 가장 귀하다. 술잔을 주고받을〔獻酬〕 때는 빈객과 주인이 백번을 배례하여도 감히 예법에서 벗어나지 않는다.

영관(令官) · 재상〔國相〕 · 상서(尙書) 이상은 궁전 동쪽 처마〔榮〕 쪽에 서는데 왕의 뒤쪽에 위치해 있다. 나머지 관원들은 문무가 동서 양편으로 나뉘어 뜰에 선다. 뜰 가운데에는 하나의 푯말을 세워 시각을 나타낸다.

---

29) 지부족재본에는 '庭'이라고 되어있다.
30) 中立一表 : 사고전서본에는 '中立表'라고 되어있다.
31) 사고전서본에는 '于'라고 되어있다.
32) 사고전서본에는 '于'라고 되어있다.
33) 사고전서본에는 '飮'이라고 되어있고, 지부족재본에는 '樂鄭刻飮'이라고 되어있다.
34) 지부족재본에는 '列'이라고 되어있다.
35) 供張과 帟幕은 모두 장막을 가리킨다. 이에 대해서는 본서 권28 供張과 권29 帟幕에 설명이 있다.

곁에는 녹색 옷을 입은 사람(綠衣人)이 서 있는데, 띠에 홀(笏)을 꽂고 붉은 천으로 된 초롱을 잡고 백관(百官) 앞에 서 있다. 또 위군(衛軍)에게는 각각 의장물을 잡고 그 뒤에 서도록 한다.

고려인들은 왕을 받드는 것이 매우 엄하여 잔치(燕樂)의 예를 행할 때마다 늘어선 관리와 위병(兵衛)은 비록 뜨거운 햇빛과 소나기에도 산처럼 서서 움직이지 않고 결코 얼굴빛을 바꾸는 법이 없다. 그들의 공손하고 엄숙함은 역시 가상하다.

獻酬

王與使副 旣就席坐 王遣介告使副 日欲親起酌酒爲勤[36] 使者固[37] 辭 至于[38] 再三 乃從之 各避席起立 對揖訖 執事者 以使爵至王前 王跪執尊以酌 使者膝行而前 使亦跪授[39] 爵訖 復以爵授執事者 各復位 坐旣定飮訖 起躬身對揖 略[40] 敍謝意 王又親酌副使酒 如使之 禮 使副旣受王獻畢 復親酌酒 以酢王 如初禮 酒三行 乃如常儀 酒 十五行 乃中休于[41] 次 少頃 再就坐 自使副而下 送襲衣金銀帶 各 有差 酒再十餘行 夜分乃罷 王送使副出于[42] 殿門外 三節人 以序行 馬歸館

---

36) 사고전서본과 지부족재본에는 '勸'이라고 되어있다. 의미는 오히려 '勸'이 옳은 듯하다.
37) 사고전서본에는 '同'이라고 되어있고, 지부족재본에는 '固鄭刻同'이라고 되어있다.
38) 지부족재본에는 '於'라고 되어있다.
39) 사고전서본과 지부족재본에는 '受'라고 되어있다.
40) 사고전서본에는 '畧'이라고 되어있다.
41) 지부족재본에는 '於'라고 되어있다.
42) 지부족재본에는 '於'라고 되어있다.

주연의 절차〔獻酬〕

왕과 정사·부사가 자리에 가서 앉고 나면 왕은 개(介)를 보내 정사·부사에게 "몸소 일어나 술을 따라 권하고자 한다."라고 알린다. 정사〔使者〕는 두세 번 고사하고 나서야 그 말에 따른다. 각각 자리를 피해 일어서서 마주 읍한다. 끝나면 집사자(執事者)가 정사의 술잔을 들고 왕 앞에 온다. 왕이 꿇어 앉아 술병을 들어 정사의 술잔에 따른다. 정사가 무릎걸음으로 나오면 심부름꾼 역시 꿇어앉아 술잔을 준다. 끝나면 다시 술잔을 집사자에게 주고 각각 자리로 돌아간다. 자리가 정돈되면 마시고, 끝나면 일어나 몸소 마주 읍하고 간단한 사의(謝意)를 표한다. 왕은 또 친히 부사에게 술을 따라 주는데, 정사의 예와 같다.

정사·부사가 왕의 잔을 받는 일을 끝내면, 다시 친히 술을 따라 왕에게 드리기를 처음의 예와 같이 한다. 술이 세 차례 돌고나면 통상의 의례와 같이 한다. 술을 15차례 주고받으면 자리에서 중간 휴식을 취하고, 잠시 후에 다시 자리에 나가 앉는다.

정사·부사부터 그 아래 사람들까지 습의(襲衣)와[43] 금은대(金銀帶)를 각각 차등을 두어 선사하고 술이 다시 십여 차례 돌고 밤중이 되어서야 마친다. 왕은 정사·부사가 전문(殿門) 밖으로 나갈 때까지 전송한다. 삼절(三節)의 사람들은 차례대로 말을 타고 관사(館舍)로 돌아간다.

上節席

上節之席 西面北上 器用塗金 禮如使副差殺 而王不親酌 唯遣尚書郎 或卿監代之 先以其禮告於[44]王 王可其言 再拜而退 乃言於使人

---
43) 襲衣는 껴입는 웃옷으로 重衣라고도 한다.
44) 사고전서본에는 '于'라고 되어있다.

日王⁴⁵⁾遣某官 勸上節酒 都轄提轄而下 躬身荅⁴⁶⁾之 初坐再勸 晚燕 再就位⁴⁷⁾ 至于⁴⁸⁾三勸 皆易巨觥 酒盡乃退 所遣官 復再拜王于⁴⁹⁾殿 庭而退

상절의 좌석〔上節席〕

상절의 좌석은 서쪽을 향해 앉는데 북쪽이 상석이다. 용기〔器〕는 도금한 것을 사용하고 예법은 정사·부사의 경우와 같으나 조금 줄인다. 왕이 친히 술을 따르지는 않고 단지 상서랑(尙書郞)이나 경감(卿監)을 보내 대신하게 한다. 먼저 그 예(禮)를 왕에게 고하여 허락을 받으면 재배하고 물러난다. 사인(使人)에게 "왕께서 모관(某官)을 보내어 상절에게 술을 권하게 하였습니다."라고 말하게 한다. (이에) 도할관·제할관 이하는 몸을 굽혀 이에 답한다. 처음에는 앉은 채 2번 권하고 연회 끝 무렵〔晚燕〕에 다시 자리로 가서 3번 권한다. 모든 잔을 큰 뿔잔〔巨觥〕으로 바꾸고 술이 다 없어지면 물러난다. 보냈던 관원은 다시 궁전 뜰에서 왕에게 재배하고 물러간다.

中節席

中節之席 東面北上 與上節相向 其果肴器皿 又降上節一等 其遣官 勸酒 略如上節之儀

---

45) 사고전서본과 지부족재본에는 '主'라고 되어있다.
46) 사고전서본과 지부족재본에는 '答'이라고 되어있다.
47) 사고전서본에는 '位' 이하 中節席, 下節席 및 館會의 '唯從行'까지가 모두 결락되어 '原闕一頁'이라고 되어있다.
48) 지부족재본에는 '於'라고 되어있다.
49) 지부족재본에는 '於'라고 되어있다.

중절의 좌석〔中節席〕

중절의 좌석은 동쪽을 향하는데 북쪽이 상석으로 상절과 마주본다. 과일·안주·그릇은 상절보다 한 등급 떨어진다. 관원을 보내어 술을 권하는 것은 대략 상절의 의례와 같다.

下節席

下節之席 在殿門之內 北面東上 其席不施牀卓 唯以小俎 藉[50]地而坐 器用白金 果肴簡[51]略 而酒行之數差踈 視中節 又降殺數倍耳

하절의 좌석〔下節席〕

하절의 좌석은 전문(殿門) 안에 있고 북쪽을 향하는데 동쪽이 상석이다. 그 자리에는 의자〔牀〕와 탁자〔卓〕를 마련하지 않고 단지 작은 소반〔俎〕을 놓고 땅에 앉는다. 그릇은 은〔白金〕을 쓰고 과일과 안주는 간략하다. 술 돌리는 수는 조금 줄어들고, 중절에 비하면 몇 배나 적다.

館會

使者旣入館 王遣官辦燕 謂之拂塵會 自是之後 五日一會 遇節序稍加禮焉 使副居其中 自分左右位 國官伴筵與館伴 分東西居客位 都轄提轄以下 分坐 于[52]東西序 中下節以次堲于[53]兩廊 酒止十五行 夜分而罷 庭中不施燭籠 唯設明燎而已 又有過位之禮 館伴以書 延使副于

---

50) 지부족재본에는 '籍'이라고 되어있다.
51) 지부족재본에는 '簡'이라고 되어있다.
52) 지부족재본에는 '於'라고 되어있다.
53) 堲于 : 지부족재본에는 '坐於'라고 되어있다.

$^{54)}$其位 如燕之禮 三節不偕往 唯從行$^{55)}$引接指使之屬 以備使令 其後數日 使副延館伴官於所館之樂賓亭 用行庖之人 而果肴器皿 皆御府所給 四筵 列寶玩古器法書名畫異香奇茗 瑰瑋萬狀 精采奪目 麗人莫不驚歎$^{56)}$ 酒闌 隨所好 恣其所欲 取而予之

객관의 모임 〔館會〕

사신이 관사에 들어가면 왕은 관원을 보내 연회를 여는데, 그것을 불진회(拂塵會 : 먼 길을 온 손님을 위로하기 위해 여는 잔치)라고 한다. 이때부터는 5일에 한 번씩 연회를 차리는데, 절기(節期)와$^{57)}$ 겹치면 예(禮)가 조금 더해진다. 정사・부사가 그 가운데 있어 자리가 좌우로 나뉘고, 국관(國官)・반연(伴筵) 및 관반(館伴)은 동서로 나뉘어 손님자리〔客位〕에 앉고 도할관・제할관 이하는 동서(東西)로 나뉘어 앉으며, 중절・하절은 차례대로 양쪽 행랑에 앉는다. 술은 15차례 돌리는데 그치며, 밤중에 마친다. 뜰 안에는 초롱을 마련하지 않고 단지 횃불을 둘 뿐이다.

또 다른 이의 숙소를 둘러보는 예〔過位之禮〕가 있는데 관반이 서신으로 정사・부사를 자신의 숙소〔位〕로 초청하여 연음(燕飮)의 예와 같이 한다. 이때 삼절(三節)은 함께 가지 않고 다만 인접(引接)・지사(指使) 등을 데리고 가서 정사의 명령에 대비한다.

며칠 후에 정사・부사는 관반관(館伴官)을 그들이 묵고 있는 낙빈정(樂賓亭)으로 초청한다. 이때 요리사를 쓰는데, 과일・안주・그릇은 다

---

54) 지부족재본에는 '於' 라고 되어있다.
55) '唯從行' 까지가 사고전서본의 결락부분이다.
56) 사고전서본에는 '歎' 이라고 되어있고, 지부족재본에는 '嘆' 이라고 되어있다.
57) 節序란 '절기의 차례' 라는 뜻이므로 24절기의 순환을 의미한다. 즉 15일에 한차례씩 바뀌는 절기를 말한다.

송 조정〔御府〕에서 준 것들이다. 사방의 좌석에는 귀한 노리개〔寶玩〕·
고기(古器)·서첩〔法書〕·명화(名畫)·보기 드문 향료〔異香〕·진기한 차
〔奇茗〕를 늘여 놓는데, 오만가지 진귀한 것들이 정교하고 이채로워 눈
을 휘둥그레 만드는데 고려 사람들이 모두 경탄해 마지 않았다. 술자리
가 끝날 즈음 취향에 따라 원하는 대로 갖고 싶어하는 것을 주었다.

拜表

使者宣命禮畢 乃以書告行 欲赴天寧節上壽之意 王遣介 致書懇留
使者固辭 王卜日持書 告以拜附表章 至日 使副率三節人 至王府
王迎揖 至會慶殿 庭中設案列褥位 如受詔之儀 王望闕再拜訖 搢笏
跪 執事以表授王 王捧表膝行 奉于[58]使 使跪授[59]訖 以表授副使 置
表於引接官 然後就席 至會罷 乃以表匣 置采輿中 兵仗迎導 前行
歸館

표문을 올리는 의례(拜表)[60]

선명례(宣命禮)가[61] 끝나면 정사는 서신을 통해 귀국하여 천녕절(天寧
節 : 송 휘종의 생일로서 음력 10월 10일)에 황제의 장수를 기원〔上壽〕하려는
뜻을 (왕에게) 알린다. 왕은 개(介)를 보내 서신으로 (귀국을) 간곡히 만류
하지만 사신은 이를 굳이 사양한다.

왕은 날을 잡아 서신으로 표장(表章 : 고려국왕이 송 휘종에게 보내는 글)을

---

58) 지부족재본에는 '於'라고 되어있다.
59) 사고전서본에는 '受'라고 되어있다.
60) 고려국왕이 송 휘종에게 보내는 表文을 사신에게 전달하는 의식이다.
61) 송 휘종의 詔書를 고려국왕에게 전달하는 의식이다.

바칠 것을 알린다. 그 날이 되면 정사·부사가 삼절을 거느려 왕부(王府)에 이르고, 왕은 영접하여 읍하고 회경전(會慶殿)으로 간다. 뜰 가운데에 상을 늘여 놓고(案列) 자리(褥位)를 마련하였는데, 수조(受詔)의 의례와 같다. 왕은 송 황제의 궁궐을 바라보고 재배를 한다. 끝나면 홀(笏)을 띠에 꽂고 꿇어앉는다. 집사자가 표문을 왕에게 주면 왕은 표를 받고서 무릎걸음으로 가서 정사에게 건넨다. 정사는 꿇어앉아서 받고, 그것이 끝나면 표문을 부사에게 준다. 부사는 표문을 인접관(引接官)에게 준 뒤에 자신의 자리로 간다. (이 의례가 끝나면) 표문을 담은 갑(匣)을 채색 가마(采輿)에 넣고, 앞장서 인도하는 의장병을 따라 관사로 돌아간다.

門餞

拜表宴罷 乃於神鳳門 張帟幕 設賓主之位 王與使副 酌別 訖立于[62] 席之側 先引上節 立于[63]前 王親酌別酒一巨[64]觥 致辭而退 次引中節 立于[65]阼階 下節立于[66]階下 勸酒如上節之禮 退出門外 候使副 上馬 三節以次從行歸館

환송연[門餞]

배표연(拜表宴 : 표문을 바치는 의식에 뒤따르는 연회)이 끝나면 신봉문(神鳳門)에 장막을 치고 빈객과 주인의 자리를 마련한다. 왕은 정사·부사에

---

62) 지부족재본에는 '於'라고 되어있다.
63) 지부족재본에는 '於'라고 되어있다.
64) 酒一巨 : 사고전서본과 지부족재본에는 '酒巨'라고 되어있다.
65) 지부족재본에는 '於'라고 되어있다.
66) 지부족재본에는 '於'라고 되어있다.

게 이별주를 따라 준다. 그후 (정사와 부사는) 좌석 옆에 서는데, 먼저 상절이 인도하여 앞장선다. (다시) 왕이 친히 큰 뿔잔〔巨觥〕에 이별주를 따라 주고 상절은 하직 인사를 하고 물러난다. 다음에는 중절을 인도하여 층계〔阼階〕에[67] 세우고, 하절은 층계 아래에 세워 상절의 예와 같이 술을 권한다. 물러나 신봉문(神鳳門) 밖으로 나가 정사·부사가 말에 오르고 나면 삼절이 차례대로 관사로 돌아간다.

西郊送行

使副回[68]程 是日 早發順天館 未開 抵西郊亭 王遣國相 具酒饌[69]于其中 上中節 位于[70]東西廊 下節位于[71]門外 酒十五行 乃罷 使副與館伴 立馬于[72]門外 敍別 館伴就馬上[73] 親酌以勸 使者飮畢 各分袂 先是 與接送伴官 到館卽相別 及回[74]程 於此復與之相陪 以迄群山島放洋也

서교에서의 환송〔西郊送行〕

정사·부사가 돌아가는 날 순천관을 일찍 떠났다. 얼마 안 가서 서교정(西郊亭)에 이르렀다. 왕은 국상(國相)을 보내 서교정에 술과 안주를 마련한다. 상절·중절은 동서(東西)의 행랑에 자리 잡고, 하절은 문 밖

---

67) 阼階란 주인이 건물〔堂〕에 오르는 계단으로 동쪽에 있다.
68) 지부족재본에는 '囬'라고 되어있다.
69) 지부족재본에는 '於'라고 되어있다.
70) 지부족재본에는 '於'라고 되어있다.
71) 지부족재본에는 '於'라고 되어있다.
72) 지부족재본에는 '於'라고 되어있다.
73) 馬上 : 사고전서본에는 '上馬'라고 되어있다.
74) 지부족재본에는 '囬'라고 되어있다.

에 자리 잡으며 술이 15차례 돌고서 마친다. 정사·부사와 관반(館伴)이 문 밖에서 말을 세우고 작별 인사를 할 때, 관반은 말 위에서 친히 술을 따라 권한다. 정사가 나가시면 각각 헤어진다.

이보다 앞서 접반관(接伴官) 및 송반관(送伴官)과는 (입국할 때 개경의) 관사에 도착하자 곧 헤어졌었다. 귀로에 오르게 되면 이곳에서 다시 만나 모시게 하는데, 군산도(群山島)에서 먼 바다로 나갈 때까지 함께 간다.

『선화봉사고려도경』권27[1]

館舍[2]

臣聞 子産相鄭伯如晉 晉以魯喪 未之見也 子産使盡壞其館之垣 納車馬焉 晉人誚之 對曰 文公之爲盟主也 宮室卑庳 無觀臺榭 以崇大諸侯之館 館如公寢 庫廐[3]繕修[4] 車馬有取 賓僕有待 賓至如歸 晉有愧辭 謝不敏焉 然則諸侯之國 所以待四方賓客者 尙以授館爲

---

1) 사고전서본에는 권27의 내용이 뒤섞여 있다. 우선 館舍, 順天館, 書狀官位, 西郊亭 등은 완전히 결락되어있다. 다른 항목들도 배치 순서가 징강본이나 지부족재본과 다를 뿐만 아니라, 심지어 다른 항목과 함께 섞여 있는 부분조차 있다. 사고전서본 권27을 항목별로 정리하면 香林亭 뒷부분, 使副位, 都轄提轄位 앞부분, 館廳 뒷부분, 詔位, 淸風閣, 香林亭 앞부분, 碧瀾亭, 客館 등의 순서로 되어있다. 여기에서는 징강본의 순서에 따라 사고전서본과 지부족재본을 교감하도록 한다.
2) 館舍 : 사고전서본에는 館舍라는 제목만 있고, 본문은 '闕三百十二字'라고 되어있다.
3) 지부족재본에는 '寢'이라고 되어있다.
4) 지부족재본에는 '脩'라고 되어있다.

先 況外夷蕃服之於王人乎 惟麗人恭順有素 而朝廷綏撫有體 故其
建立使館 制度華[5]侈 有逾王居 臣嘉之 作館舍圖[6]

관사(館舍)

신(臣)이 듣기에 자산(子産)이 정(鄭) 군주(鄭伯)를 도와 진(晉)으로 갔을 때의 일이다.[7] 진에서 노 군주의 상(喪)이라는 핑계로 자산을 만나주지 않자, 자산은 관사(館舍) 담장을 완전히 허물게 한 후 (자신의) 거마(車馬)를 들어가게 하였다. 진 사람들이 비난하자, (자산은 다음과 같이) 대꾸하였다. "(진) 문공(文公)이 맹주(盟主)가 되었을 당시 궁실(宮室)에서는 창고를 허름하게 하고[卑庫][8] 전망대[臺榭]마저 볼만한 게 없었다. 하지만 제후의 객관은 크고 높게 지었다. 객관은 (진 문공의) 거처와 같게 하고[館如公寢][9] 창고 및 마굿간을 잘 수리함으로써 사용할 만한 거마와 시중들 만한 빈복(賓僕)이 있게 만드니 (사방의) 손님이 (자신의 집으로) 돌아가듯 (진으로) 몰려들었다." 진에서 부끄러워하면서 (사신 접대가) 재빠르지 못했던 것을 사과하였다.

그러므로 제후국에서 사방의 빈객(賓客)을 대우하는 방식은 관사를 제공하는 것을 우선시한다. 하물며 오랑캐·번복(蕃服)이[10] 왕인(王人)

---

5) 지부족재본에는 '革'이라고 되어있다.
6) 作館舍圖 : 지부족재본에는 '作館舍圖鄭刻脫此條'라고 되어있다.
7) 이 내용은 『春秋左氏傳』 襄公 31년 기사를 줄여서 실은 것이다.
8) 宮室에서 창고를 허름하게 하고[卑庫] : 『春秋左氏傳』 襄公 31년에 따른다면, '궁실을 허름하게 하고[宮室卑庫]'라고 되어야 한다.
9) 관사는 (진 문공의) 거처와 같게 하고[館如公寢] 원래 公寢은 천자 제후의 正寢인데, 본문에서는 晉文公의 客館이 문공 자신의 처소와 같다는 뜻이다.
10) 蕃服은 藩服 즉 천자의 영토 가운데 가장 외곽에 해당하는, 5천리 떨어진 지역을 다스리

을 대접함에 있어서랴. 고려 사람들은 원래 공손한데다〔恭順有素〕 송〔朝廷〕에서 체모 있게 위무하였다. 따라서 그들이 세운 사관(使館)은 규모가 화려하여 왕의 거처를 능가하기까지 하니, 신(臣)은 그것을 가상히 여겨 관사도(館舍圖)를 짓는다.

順天館[11]

使副旣奉詔 入城之宣義門 直北行三里許 至京市司 又轉北行五里許 至廣化門 復轉西行二里 過一崗甚峻稍 向北行一里 卽至順天館也 外門有榜 中門靑繡衣龍虎軍守之 惟作上中節上下馬之處 正廳九楹 規模壯偉 工制過於王居 外廊三十間[12] 不置他物 唯館會 則列中下節飮席焉 庭中有二小亭 當其中 作幕屋三間[13] 昔爲作樂之地 今以王俁[14]衣制未除 不復見 廳之後有過道 中建樂賓亭 左右翼兩位 以爲使副居室 內廊各十二位 上節分處之 西位之南 爲館伴官位[15] 其北以奉詔書 兩序以居道官 東位有堂 爲都轄提轄位 又東爲書狀官位 亦有廊屋甚廣 中下節以次舟人居之 以北爲上 使副而下 各給房子 以備使令 東位之南 當其中 爲淸風閣 西位之北 依山勢爲香林亭 皆開軒對山 淸流環遶[16] 喬松名卉 丹碧交陰 供張器皿 無一不備 先是 王徽建此 以爲別宮 自元豐朝貢之後 無以待中朝人使 故改爲館 而以順天名之[17]

는 제후를 말한다.
11) 順天館 : 사고전서본에는 順天館의 내용이 완전히 결락되어있다.
12) 지부족재본에는 '閒' 이라고 되어있다.
13) 지부족재본에는 '閒' 이라고 되어있다.
14) 지부족재본에는 '俁' 라고 되어있다.
15) 지부족재본에는 '仁' 이라고 되어있다.
16) 지부족재본에는 '繞' 라고 되어있다.

순천관(順天館)

조서를 받든 정사(正使)와 부사(副使)가 (고려) 왕성의 선의문(宣義門)에 들어와서 정북(正北) 방향으로 3리(里)쯤 가면 경시사(京市司)에 도착하게 된다. 다시 북쪽으로 5리쯤 가면 광화문(廣化門)에 이르며, 또다시 서쪽으로 2리를 가서 아주 높고 험한 산등성이를 넘어 북쪽으로 1리를 가면 곧 순천관에 도착하게 된다.

(순천관) 외문(外門)에는 방문(榜文)이 있으며, 중문(中門)은 푸른 색 수놓은 옷을 입은 용호군(龍虎軍)이 지키는데, 상절(上節)·중절(中節)이 말을 타거나 내리는 곳으로 이용된다. 기둥 아홉 개로 이루어진 정청(正廳)은 규모가 장대하며 건축기법(工制)은 왕의 거처를 능가한다. 외랑(外廊)은 30칸으로 다른 물건을 비치하지 않는데, 모임이 있을 때에만 중절(中節)·하절(下節)의 음석(飮席)을 배치한다.

뜰에는 자그만한 정자 두 개가 있다. 정자에는 장막을 친 3칸짜리 공간을 만들었는데 전에 음악을 연주하던 곳이다. 현재는 예종[王侯]에 대한 상복을 입는 기간이 끝나지 않았으므로 연주를 다시 볼 수는 없다.

정청 뒤편에는 지나가는 길[過道]이 있는데 가운데에는 낙빈정(樂賓亭)을 세웠으며, 그 좌익(左翼)과 우익(右翼)의 양위(兩位)는 정사와 부사의 거처로 삼았다. 내랑(內廊)의 12개 처소[位]는 상절이 나뉘어 거처하는 곳이고, 서쪽 처소[西位] 남쪽으로는 관반관(館伴官)의 처소이다. 그 북쪽에서 조서를 봉안하는데 양 곁채[兩序]에는 도관(道官)을 머물게 한다. 동쪽 처소[東位]에는 집[堂]이 있는데 도할관과 제할관의 처소로 사용한다. 또 그 동쪽은 서장관의 처소로 사용한다. 매우 넓은 낭옥(廊屋)이 있어 중절(中節)·하절(下節)에서 주인(舟人)까지 여기에 머무는데, 북쪽을 상석(上席)으로 친다. 정사·부사 이하에게는 심부름꾼[房子]을 각각 지급하여 부리도록 한다.

동쪽 처소 남쪽 방향에 청풍각(淸風閣)을 지었으며 서쪽 처소 북쪽으로는 산세를 따라 향림정(香林亭)을 만들었다. (청풍각과 향림정은) 모두 산을 마주보는 형태로 지었는데, 맑은 물길이 둘러싸고 흐르며 높은 소나무에 빼어난 초목이 있고, 울긋불긋한데다 그늘이 여러 겹 겹쳐 있다. 이바지하는 기명(器皿)은 하나라도 갖추지 않은 것이 없다. 예전에 문종〔王徽〕이 이곳을 세워 별궁으로 삼았는데, 원풍(元豐, 北宋 神宗의 年號, 1078~1085) 연간에 조공(朝貢)을 한 이후로 중국의 사신을 접대할 곳이 없었으므로 관사(館舍)로 바꾸고 순천(順天)으로 이름지었던 것이다.

館廳[18]

正廳五間[19] 兩廈各二間[20] 不設窓戶 通爲九楹[21] 榜曰順天之館 東西兩塔[22] 皆施欄楯 上張錦繡簾幕 其文多爲翔鸞團花 四面盆[23]張繡花圖障 左右置八角氷壺 惟與國官相見 館中飮會 則升廳焉 使副居其中 自爲[24]賓主 國官分東西 侍坐而已

---

17) 而以順天名之 : 지부족재본에는 '而以順天名之鄭刻脫此條'라고 되어있다.
18) 館廳 : 사고전서본에는 '正廳五間 兩廈各二間 不設窓戶 通爲九楹'이 결락되어있으며, 都轄提轄位 뒤에 실려 있고, 지부족재본에는 '館廳鄭刻脫標題'라고 되어있다.
19) 지부족재본에는 '間'이라고 되어있다.
20) 지부족재본에는 '間'이라고 되어있다.
21) 通爲九楹 : 지부족재본에는 '通爲九楹鄭刻脫以上十七字'라고 되어있다.
22) 사고전서본에는 '階'라고 되어있다.
23) 사고전서본과 지부족재본에는 '盡'이라고 되어있다.
24) 사고전서본과 지부족재본에는 '餘'라고 되어있다.

순천관 건물〔館廳〕

정청(正廳)은 5칸이며 양쪽 집〔兩廈〕은 각각 2칸인데 창호를 내지 않은 채 툭 터서 기둥 9개로 만들었다. 방문(榜文)에는 '순천지관(順天之館)'이라고 썼으며 동서(東西) 양쪽으로는 2개의 계단을 만들었는데, 모두 난간을 설치하였다. 그 위에는 수놓은 비단으로 된 장막〔簾幕〕을 펼쳤는데 그 문양으로는 날아가는 난새와 둥근 꽃송이를 그린 것〔翔鸞團花〕이 대부분이다. 4면에는 꽃을 수놓은 칸막이 판〔圖障〕을 펼치고 좌우에는 팔각형 빙호(氷壺)를[25] 두었다.

국관(國官)과 만나 관사(館舍)에서 음식을 먹으며 회동하는 경우에만 정청으로 올라간다. 정사·부사는 정청에 머물면서 자신들이 (건물의) 주인〔賓主〕 노릇을 하고, (고려의) 국관(國官)은 동서로 갈라져 그들을 모시고 앉았을 뿐이다.

詔位

詔書位 在樂賓之西 館伴位之北 小殿五間[26] 繪飾華煥 兩廊 昔爲押伴醫官之室 今以爲二道官位 各以官序 分居之 使副入館 先奉安詔書于[27]殿 俟王卜吉日受詔 其日 牽三節官 拜于[28]庭 都轄提轄對捧 上節前導出館 置采輿中 使副以次從行

조서를 봉안하는 곳〔詔位〕

조서를 봉안하는 곳은 낙빈정 서쪽이자 관반관 거처〔館伴位〕 북쪽에

---

25) 氷壺는 얼음을 담는 옥으로 만든 그릇을 말한다.
26) 지부족재본에는 '開'이라고 되어있다.
27) 지부족재본에는 '於'라고 되어있다.
28) 지부족재본에는 '於'라고 되어있다.

있는데, 5칸짜리 소전(小殿)으로 장식이 화려하다. 양랑(兩廊)은 전에 압반(押伴)과[29] 의관(醫官)의 방이었다. 현재는 도관(道官) 2인의 거처로 사용하는데, 각자의 서열[官序]에 따라 나뉘어 거처한다.

정사와 부사가 관사에 들어가게 되면 우선 그 소전(小殿)에 조서를 봉안한 후 왕이 길일을 골라 조서를 받드는 것을 기다린다. 조서를 받드는 날이 되면 삼절관(三節官 : 상절, 중절, 하절)을 거느리고 뜰에서 절을 한다. 도할관과 제할관은 (조서를) 마주 받들고[對捧], 상절은 앞에서 인도하여 관사를 나서서 채색 가마[采輿] 안에 (조서를) 안치하며, 정사와 부사는 (조서를) 따라 움직인다.

淸風閣

淸風閣 在館廳之東 都轄提轄位之南 其制五間[30] 下不施柱 唯以栱[31]斗架疊而成 不張幄幕 然而刻鏤繪飾 丹艧華侈 冠於他處 唯以貯所錫禮物 崇觀中 揭名凉風 今易此名耳

청풍각(淸風閣)

청풍각은 관청(館廳) 동쪽이자 도할관·제할관 거처의 남쪽에 있다. 규모는 5칸이며 아래에는 기둥 대신 두공(枓栱)만을 쌓아올려 만들었다. 휘장[幄幕]을 설치하지는 않았으나 조각과 그림[刻鏤繪飾]은 선명하게 붉고 화려한[丹艧華侈] 것이 다른 곳보다 월등하다. 이곳은 보내주는 예물(禮物)을 보관하는 곳일 뿐이다. 숭녕(崇寧, 宋 徽宗의 年號, 1102~

---

[29] 押班은 宋의 관직으로 班院에 소속되었다. 별다른 직분 없이 檢校官으로 겸직하였다가 나중에는 崇班 以上으로 충원되었다.
[30] 지부족재본에는 '閒'이라고 되어있다.
[31] 사고전서본과 지부족재본에는 '拱'이라고 되어있다.

1106)・대관(大觀, 宋 徽宗의 年號, 1107~1110)〔崇觀〕연간 중에는 양풍(凉風)이라고 이름을 내걸었지만 현재는 지금의 이름으로 바꾸었다.

香林亭[32]

香林亭 在詔書殿之北 自樂賓亭後 有路[33]登山 去館可百步 當半[34] 山之脊 而太上御名[35]之 其制 四稜[36]上爲火珠之頂 八面施欄楯 可以據坐 偃松怪石女蘿[37]葛蔓互相映帶 風至蕭然 不覺有暑氣 使副暇日 每與上節官屬 烹茶抨[38]棊[39]於其上 笑談終日 所以快心目 而却炎蒸也[40]

향림정(香林亭)

향림정은 조서전(詔書殿) 북쪽에 있다. 낙빈정(樂賓亭) 뒤로 산에 오르는 길이 있다. 관사에서 100보쯤 떨어진 산 중턱에 건물을 만든 것이다. 그 외관은 네 모퉁이 윗부분이 화주(火珠)[41] 꼭대기〔頂〕처럼 뾰족하

---

32) 香林亭 : 사고전서본에는 '在詔書殿之北 自樂賓亭後 有路' 까지만 내용이 징강본과 같고, 登山去館可百步 이하의 부분이 별도의 내용으로 되어있다.
33) 有路 : 지부족재본에는 '有路鄭刻有路下誤接碧瀾亭一條內詔書入於亭至視於此耳句止凡八十五字' 라고 되어있다.
34) 사고전서본에는 '竿' 이라고 되어있다.
35) 太上御名 : 사고전서본에는 '構' 라고 되어있고, 지부족재본에는 '太上御名●構' 라고 되어있다.
36) 사고전서본에는 '棱' 이라고 되어있다.
37) 사고전서본에는 '蘿' 라고 되어있다.
38) 사고전서본과 지부족재본에는 '枰' 이라고 되어있다.
39) 사고전서본과 지부족재본에는 '棋' 라고 되어있다.
40) 而却炎蒸也 : 지부족재본에는 '而却炎蒸也鄭刻登山云云至此誤入第二頁內竝失標題' 라고 되어있다.
41) 火珠는 불꽃 모양으로 계란처럼 가운데가 불룩한 硝子玉을 말한다. 火齊珠라고도 한다.

고 여덟 면에는 앉을 수 있도록 난간을 둘렀다. 누운 소나무, 괴석, 여라(女蘿 : 소나무에 기생하는 이끼), 칡덩굴 등이 서로 뒤덮고 얽혀 있으며, 바람은 고요하고〔蕭然〕 더위를 느끼지 못한다. 정사와 부사는 한가할 때마다 상절관(上節官) 등과 함께 거기에서 차를 마시고 바둑을 두며〔烹茶抨棊〕 종일토록 담소하니, 이것이 마음을 즐겁게 하고 더위를 쫓는 방법이다.

使副位

使副位 在正廳之後 中建⁴²⁾大亭 其制 四稜上出火珠 榜⁴³⁾曰樂賓 使位 在東 副使位在西 各占三間⁴⁴⁾ 中列塗金器皿⁴⁵⁾ 陳錦繡帷幄甚盛 庭中廣植花卉⁴⁶⁾ 正北一門 可以登山 卽過香林亭路也

정사와 부사의 거처〔使副位〕

정사와 부사의 거처는 정청(正廳) 뒤편에 있는데 큰 정자를 가운데에 세웠다. 그 외관은 네 모퉁이 윗부분이 화주(火珠)처럼 솟아있고 방문(榜文)에는 '낙빈(樂賓)'이라고 씌어있다. 정사의 거처는 동쪽에 있고 부사의 거처는 서쪽에 있는데 각각 3칸씩을 차지하고 있으며, 중간에는 도금한 그릇들〔塗金器皿〕을 배치하고 비단에 수놓은 장막〔錦繡帷幄〕을 걸어놓았는데 매우 성대하다. 뜰에는 넓게 꽃을 심었다. 정북 방향으로는 등산할

---

42) 中建 : 사고전서본에는 '闕二字'라고 되어있다.
43) 稜上出火珠 榜 : 사고전서본에는 '稜上爲火珠榜'이라고 되어있고, 지부족재본에는 '稜上爲火珠榜'이라고 되어 있다.
44) 지부족재본에는 '間'이라고 되어있다.
45) 지부족재본에는 '皿'이라고 되어있다.
46) 사고전서본에는 '草'라고 되어있다.

수 있는 문 하나가 있는데 바로 향림정으로 지나가는 길이다.

都轄提轄位

都轄提轄共處一堂 其制三間[47] 對闢二室 各以官序分居之 當其中 以爲會食見客之所 前垂靑幃 狀類酒帘 室中 各施文羅紅幕 舊不用 帳 今亦有之 榻上施錦茵[48] 復加大席 以錦爲緣 室中器皿如香奩酒 楂唾盂食匜 悉[49]以白金 貯水之具[50] 皆用銅 物物悉備 堂之後 甃石 爲池 溪流自山而下 入于[51]其池 滿乃引出于[52]書狀官位 活活有聲 供給之人 下使副一等 餘物稱是

도할관과 제할관의 거처〔都轄提轄位〕

도할관과 제할관은 건물 하나를 함께 이용한다. 건물 규모는 3칸으로 방 2개가 마주보는 형태인데〔對闢二室〕 자신들의 서열〔官序〕에 따라 나뉘어 거처한다. 그 가운데 공간은 회식하거나 손님을 접견하는 장소로 쓰이는데, 앞에는 주막깃발〔酒帘〕 같은 푸른 휘장을 드리웠다. 방안에는 무늬있는 비단과 붉은 장막을 각각 걸어두는데, 옛날에는 장막을 사용하지 않았으나 현재는 장막을 둔다. 평상〔榻〕 위에는 비단 자리를 깐 후 큼지막한 자리를 다시 깔며 비단으로 가장자리를 꾸몄다〔以錦爲 緣〕. 화장함〔香奩〕・술통〔酒楂〕・타구〔唾盂〕・식기〔食匜〕 같은 방 안 용기

---

47) 지부족재본에는 '閒'이라고 되어있다.
48) 사고전서본과 지부족재본에는 '裀'이라고 되어있다.
49) 지부족재본에는 '悉鄭刻脫以下五十七字'라고 되어있다.
50) 以白金 貯水之具 : 사고전서본에는 以白金 貯水之具 이하가 결락된 채 '闕三十五字'라고 되어있다.
51) 지부족재본에는 '於'라고 되어있다.
52) 지부족재본에는 '於'라고 되어있다.

들은 모두 은(白金)으로 만든다. 물을 담는 용기는 전부 구리로 만들며, 필요한 모든 물건들이 구비되어 있다.

집(堂) 뒤에는 벽돌(甃石)로 못(池)을 만들었다. 산에서 내려온 시냇물이 그 못으로 흘러들어와 가득 찬 후에 서장관(書狀官) 거처 쪽으로 빠져나가는데, 물소리가 콸콸(活活)하다. 시중을 드는 사람은 정사와 부사를 시중드는 사람보다 한 등급이 낮으며 나머지 물건들도 이에 짝한다.

書狀官位[53]

書狀官位 在都轄提轄位[54]之東 其堂三間[55] 其制差殺 亦分官序居之 後有一池 與西相通 餘流自東 出于[56]舘外 與溪流相合 室中簾幕之屬 與都轄提轄位略同 特易銀以銅耳[57]

서장관의 거처〔書狀官位〕

서장관의 거처는 도할관·제할관 거처의 동쪽에 있다. 건물은 3칸인데 규모는 비교적 작으며, 이 역시 서열(官序)에 따라 나뉘어 거처한다. 뒤편에 연못 하나가 있는데 서쪽으로 연결되며, 다른 물줄기는 동쪽에서 흘러들어와 관사 밖으로 흘러나가면서 계곡 물과 합류한다. 방 안의 발이나 장막(簾幕) 따위는 도할관·제할관 거처의 그것과 대체로 같은데, 은(銀)으로 되어있는 것을 구리로 만든 것이 다를 뿐이다.

---

53) 書狀官位 : 사고전서본에는 書狀官位의 내용이 완전히 결락되어있다.
54) 지부족재본에는 '位'가 결락되어있다.
55) 지부족재본에는 '閒'이라고 되어있다.
56) 지부족재본에는 '於'라고 되어있다.
57) 特易銀以銅耳 : 지부족재본에는 '特易銀以銅耳鄭刻脫此條標題亦缺'이라고 되어있다.

西郊亭[58]

西郊亭 在宣義門外五里許 庭廡雖高 而營治草創 不設寢室 唯具食頓而止 各有休憩之次 使者初[59]到 以迄回[60]程 而迎勞飲餞于[61]此 下節舟人 不能盡容 對門起大幕 列坐而飲之[62]

서교정(西郊亭)

서교정은 선의문 밖 5리쯤에 있다. 처마가 높기는 하지만 제작기술은 서툴다〔營治草創〕. 침실(寢室)을 만들지는 않고 식돈(食頓)[63]만을 갖추는데 그쳤을 뿐이며, (사신들이) 각각 휴식하는 곳이 있다. 사신이 처음 도착하여 되돌아갈 때까지 이곳에서 환영하고 송별한다. (하지만) 하절(下節)과 주인(舟人)까지 모두 수용할 수는 없으므로 문 맞은 편에 큰 장막을 세운 후 (그 아래에) 나란히 앉혀 먹게 한다.

碧瀾亭[64]

碧瀾亭 在禮成港岸次 距王城三十里 神舟旣抵岸 兵衛金鼓 迎導[65] 詔書 入于[66]亭 亭有二位 西曰右碧瀾亭 以奉詔書 東曰左碧瀾亭

---

58) 西郊亭 : 사고전서본에는 西郊亭의 내용이 완전히 결락되어있다.
59) 創 不設寢室 唯具食頓而止 各有休憩之次 使者初 : 지부족재본에는 '創 不設寢室 唯具食頓而止 各有休憩之次 使者初'가 결락되어있다.
60) 지부족재본에는 '囘'라고 되어있다.
61) 지부족재본에는 '於'라고 되어있다.
62) 列坐而飮之 : 지부족재본에는 '列坐而飮之云鄭刻脫此條標題亦缺'이라고 되어있다.
63) 食頓은 화덕을 가리키는 것으로 보인다.
64) 碧瀾亭 : 사고전서본에는 '在禮成港岸次 距王城三十里 神舟旣抵岸 兵衛金鼓迎導'가 결락되어있고, 그 다음인 '詔書 入于亭' 이하 부분은 향림정의 앞부분 다음에 놓여있다.
65) 迎導 : 지부족재본에는 '迎導鄭刻脫以上二十五字標題亦缺'이라고 되어있다.

以待使副 兩序有室 以處二節人 往來各一宿而去 直東西有道 通王城之路 左右居民十數家 蓋使節旣入城 衆舟皆泊于⁽⁶⁷⁾港中 舟人分番 以守視於此耳⁽⁶⁸⁾

벽란정(碧瀾亭)

벽란정은 예성항구의 옆에 있으며, 왕성(王城)에서 30리 떨어져 있다. 사신의 배〔神舟〕가⁽⁶⁹⁾ 항구에 닿으면 군사들이 금고(金鼓)를 울리며 조서를 호위하면서 맞아 벽란정에 들어간다. 벽란정은 두 채〔位〕로 되어 있는데, 서쪽의 것은 우벽란정(右碧瀾亭)이라 부르며 조서를 봉안하고, 동쪽의 것은 좌벽란정(左碧瀾亭)이라 부르며 정사·부사를 접대한다. 양쪽에는 모두 방이 있어서 이절〔二節人〕을 머물게 하는데, 오갈 때 하룻밤씩 머물고 간다.

동서(東西)를 관통하여 왕성으로 통하는 길이 나있다. (길) 좌우에 민가 10여 채가 있는데, 사절이 왕성으로 들어가게 되면 (사신들이 타고 온) 여러 배들은 예성항 내에 정박하게 되므로 주인(舟人)이 순서를 정해 이곳에서 배를 지킨다.

客館

客館之設 不一 順天之後 有小館十數間⁽⁷⁰⁾ 以待遣使報信之人 迎恩

---

66) 지부족재본에는 '於' 라고 되어있다.
67) 지부족재본에는 '於' 라고 되어있다.
68) 視於此耳 : 지부족재본에는 '視於此耳鄭刻自詔書入於亭至末誤入香林亭條自樂賓後有路句下' 라고 되어있다.
69) 본서 권34 神舟에 설명이 있다.
70) 지부족재본에는 '間' 이라고 되어있다.

館 在南大街興國寺之南 仁恩館 與迎恩相竝 昔曰仙賓 今易此名
皆前此所以待契丹使也 迎仙館 在順天寺北 靈隱館 在長慶宮之西
以待狄人女眞 興威館 在奉先庫之北 昔嘗以待醫官之所 自南門之
外 及兩廊 有館凡四 曰淸州 曰忠州 曰四店 曰利賓 皆所以待中國
之商旅 然而卑陋草創 非比順天也

객관(客館)

객관으로 만든 게 하나만은 아니다. 순천관 뒤편에 조그만 객관 10여 칸이 있어서 사절들[遺使報信之人]을 접대한다. 영은관(迎恩館)은 남쪽 큰 길 흥국사(興國寺)의 남쪽에 있다. 인은관(仁恩館)은 영은관과 나란히 있는데 예전에는 선빈관(仙賓)이라고 했다가 지금은 현재의 이름으로 바꾸었다. 이들은 모두 예전에 거란의 사신을 대접하던 곳이다. 영선관(迎仙館)은 순천사(順天寺) 북쪽에 있고 영은관(靈隱館)은 장경궁(長慶宮) 서쪽에 있는데, 오랑캐 여진[狄人女眞]을 대접하였다. 흥위관(興威館)은 봉선고(奉先庫) 북쪽에 있는데, 옛날 의관(醫官)을 대접하던 장소로 쓰였다. 남문(南門) 바깥에서 양랑(兩廊)까지는 객관이 모두 4개가 있는데 청주관(淸州館), 충주관(忠州館), 사점관(四店館), 이빈관(利賓館)이라고 부르며 모두 중국 상인들을 접대하는 곳이다. 하지만 모두 비루하고 엉성해 순천관에 비할 바는 아니다.

『선화봉사고려도경』권28

供張 一

臣聞 周官掌次 掌王次之法 以待張事 諸侯朝覲會同 則張大次小次 師田則張幕設案 夫王者之待諸侯 疑若其禮可簡[1] 然當朝覲會同師田之時 尙且供張次舍 如此勤至 又況海外小侯 尊奉王人 則鋪張辦設 豈可苟哉 高麗自王氏以來 世爲本朝藩屛 而主上所以鎭撫之者 恩德厚甚 故每使節適彼 而供張之具 極華煥也 蓼蕭澤及四海之詩 曰鞗革沖沖 和鸞雝雝 蓋卽其儀物之中禮 可以見其享上之心 今謹叙麗人所以祗待使華者 作供張圖

---

1) 지부족재본은 '簡'이라고 되어있다.

장막류〔供張〕 1

　신(臣)이 듣기에 『주례〔周官〕』에 장차(掌次)는 왕의 막사에 대한 법을 관장하여 장막을 치는 일에 대비하는데, 제후의 조회〔朝覲〕와 공식회합〔會同〕에는 대차(大次)와 소차(小次)를 치고,[2] 군대의 사열과 사냥〔師田〕을 행할 때에는 장막을 치고 상을 마련한다. 왕이 제후를 접대할 때에는 그 예(禮)가 간략한 듯하지만 왕의 조회와 회동, 군대의 사열과 사냥이 있을 때는 거처할 곳에 대한 준비가 이같이 세심했다. 하물며 바다 밖의 작은 제후가 왕인(王人)을 받들기 위해 장막을 펼치고 자리를 마련하는 것이 구차할 수 있겠는가.

　고려는 왕씨가 왕이 된 이래로 대대로 송의 울타리〔藩屛〕가 되었다. 그리고 송 황제〔主上〕의 진무하는 은덕이 매우 두터웠기 때문에 송 사절이 고려를 방문할 때마다 장막을 설치하는데 사용하는 도구들이 매우 화려하고 찬란했다. 은택이 온세상에 펼쳐진다는 내용의 『시경』의 요소(蓼蕭)편에 "가죽 고삐 드리우고, 방울소리 딸랑 딸랑〔鞗革沖沖 和鸞雝雝〕"이라고 했다.[3] 이와 같이 의례에 쓰인 물품〔儀物〕이 예의에 맞으니 황제를 즐겁게 하려는 고려인들의 마음을 알 수 있다. 이제 삼가 고려인들이 송의 사신을 후대한 것을 서술하여 공장도(供張圖)를 그린다.

---

2) 朝覲은 국외의 제후가 춘분 때 시행하는 조회에 참석하는 것을 말하고, 會同은 제후의 신하들이 조회에 참석하는 것을 말한다. 大次와 小次의 구분은 제후는 대차에서 조회를 하고, 제후 이하는 소차에서 조회를 한다는 점이다. 대차와 소차는 東門 밖에 설치한다.
3) "탐스러운 빵대쑥에 이슬이 젖어 번지르르하도다. 임을 뵙고 나서 가죽 고삐 드리우고, 방울소리 딸랑 딸랑 화락하니 만복이 함께 모이도다(蓼彼蕭斯 零露濃濃 既見君子 鞗革忡忡 和鸞雝雝 萬福攸同 : 『詩經』蓼蕭)."

■ 차(次) : 『예기도(禮器圖)』

纈幕

纈幕 非古也 先儒謂繁繒 染爲文者謂之纈 麗俗今治纈尤工 其質本文羅 花色卽黃白相閒[4] 爛然可觀 其花上爲火珠 四垂寶網 下有蓮臺花罣[5] 如釋氏所謂浮屠狀 然猶非貴人所用 惟江亭客館 於屬官位設之

염색비단 천막〔纈幕〕

염색비단 천막〔纈幕〕은 옛 제도에 없었으나, 옛사람〔先儒〕들은 여러 번 비단〔繁繒〕에 무늬를 염색으로 넣은 것을 '힐(纈)'이라고 했다. 고려 풍속은 요즘에 이르러 염색비단을 만드는 것〔纈〕이 정교해졌다. 그 바탕은 본래 무늬 비단으로, 그 빛깔은 황색과 백색이 서로 섞여 있어 화려한 것이 볼 만하다. 그 무늬 위에 불꽃 무늬〔火珠〕가 있고 염색비단

---

4) 사고전서본에는 '間'이라고 되어있다.
5) 사고전서본과 지부족재본에는 '座'라고 되어있다.

천막의 사방 끝은 덩쿨 문양(寶網)으로 드리웠다. 아래에는 꽃 봉우리의 연꽃 좌대가 있는데 불가(釋氏)에서 말하는 부도(浮屠) 모양과 같다. 하지만 이것은 사신(貴人)이 사용하는 것이 아니고 정자(江亭)나 객관(客館)에서 속관(屬官)의 자리에 설치한다.

繡幕

繡幕之飾 五采間錯而成 不爲橫縫 逐幅自上垂下 亦有鷄[6] 鶒[7] 翔鸞 花團等樣 而紅黃爲勝 其質 本文紅羅 唯[8] 順天館 詔殿正廳使副位 會慶乾德殿公會 則設之

수놓은 천막(繡幕)

수놓은 천막(繡幕) 장식은 오색을 섞어 만든 것이다. 가로로 꿰매지 않고 한 폭씩 위에서 아래로 드리운다. 여기에 원앙새(鷄鶒)·날고 있는 난새(翔鸞)·꽃 모둠(花團) 등의 문양(樣)이 있는데 붉은 색과 황색이 강하고, 그 바탕은 본래 무늬 있는 붉은 비단이다. (수놓은 천막은) 오직 순천관의 조전(詔殿)·정청, (중국의) 정사와 부사의 자리에 설치하고, 회경전(會慶殿)과 건덕전(乾德殿)에서 공식회합(公會)에서만 설치한다.

繡圖

繡圖 紅身綠襈 五采間[9] 錯 山花戲獸 工巧[10] 過於繡幕 亦有花竹翎

---

6) 사고전서본과 지부족재본에는 '鸂' 라고 되어있다.
7) 지부족재본에는 '鶨' 라고 되어있다.
8) 사고전서본에는 '惟' 라고 되어있다.
9) 사고전서본에는 '間' 이라고 되어있다.
10) 工巧 : 사고전서본에는 '闕二字' 라고 되어있다.

毛果實之類 各有[11]生意 國俗 張帟幕 每十餘幅 則挂一圖間[12]之 不以皆[13]當堂奧之中也

수놓은 그림〔繡圖〕

수놓은 그림〔繡圖〕은 붉은 바탕에 녹색으로 테두리를 둘렀고, 오색을 섞어 산 꽃〔山花〕과 놀고 있는 짐승을 수놓았다. 정교함이 수놓은 천막〔繡幕〕을 능가한다. 또한 여기에는 꽃과 대나무, 새와 짐승〔翎毛〕・과일 등의 그림도 있는데 하나같이 살아있는 것 같다. 고려의 습속은 장막〔帟幕〕을 칠 때 10여 폭마다 그림 하나씩을 걸어 사이를 두는데, 그림이 천막〔堂奧〕의 중심부에 위치하도록 하지 않는다.

坐榻

坐榻之制 四稜[14]無飾 其上鋪大席靑襈 而設於館中過道間[15] 蓋官屬從吏 憩息之具也

의자〔坐榻〕

의자〔坐榻〕는 네 모서리에 장식이 없는 모양이다. 의자 위에 푸른색으로 테두리를 두른 큰 자리를 얹어놓는다. 그것을 관사 안에 지나다니는 길 사이에 두었는데, 이는 관리〔官屬從吏〕들이 쉴 때 사용한다.

---

11) 各有 : 사고전서본에는 '闕二字'라고 되어있다.
12) 圖間 : 사고전서본에는 '闕二字'라고 되어있다.
13) 不以皆 : 사고전서본에는 결락되어있다.
14) 사고전서본에는 '棱'이라고 되어있다.
15) 사고전서본에는 '間'이라고 되어있다.

燕臺

燕臺之狀 如中國之有几案也 四角殺其銳 白藤穿花 面分四隔 而以
丹漆爲飾 益以塗金裝釘 復增紅羅繡幃 四面垂帶 相比如羽 惟王楷
以俁[16]未終制 易紅爲紫耳 坐牀之制 與中國同 而高大 多三分之一

연회상[燕臺]

연회상[燕臺]은 중국의 궤안(几案)과 같다. 네 모서리는 예리한 부분
을 없앴고, 흰 등나무 무늬[白藤穿花]가 있다. 면은 넷으로 나뉘어 붉은
칠로 장식했고 도금한 못으로 장식을 더한 후, 여기에 수놓은 붉은 비
단 보자기로 덮었다. (보자기의) 네 면에 드리워진 띠가 깃털처럼 즐비하
다. 하지만 인종[王楷]은 (선왕) 예종[俁]의 상기(喪期)가 끝나지 않아 (보
자기의) 붉은색을 자주색으로 바꾸었다. 책상[坐床]의 제도는 중국의 그
것과 유사하지만 높고 크다. 3분의 1 정도 큰 것이 대부분이다.

光明臺

光明臺 檠[17]燈燭之具也 下有三足 中立一幹 形狀如竹 逐節相承
上有一盤 中置一甌 甌中有[18]可以然[19]燭 若然[20]燈 則易以銅釭[21]
貯油立炬 鎭以小白石 而絳紗籠[22]之 高四尺五寸 盤面 闊一尺五寸
罩高六寸 闊五寸

---

16) 지부족재본에는 '俁' 라고 되어 있다.
17) 사고전서본과 지부족재본에는 '檠' 이라고 되어 있다.
18) 사고전서본에는 '有畾' 이라고 되어 있다.
19) 지부족재본에는 '燃' 이라고 되어 있다.
20) 지부족재본에는 '燃' 이라고 되어 있다.
21) 사고전서본과 지부족재본에는 '釭' 이라고 되어 있다.
22) 絳紗籠 : 사고전서본에는 '絡紅蒿' 라고 되어 있다.

광명대(光明臺)

광명대(光明臺)는 등불과 촛불을 받치는 기구이다. 아래에 발이 세 개 있다. 가운데에 기둥이 있는데 모양이 대나무같이 마디마디로 이어진다. 위에 쟁반 하나가 있고, 그 가운데에 작은 사발 하나가 놓여 있는데, 그 작은 사발 가운데서 촛불을 밝힐 수 있다. 등불을 켜려면 구리 등잔으로 바꿔 기름을 담고 심지를 세워 (불을 밝힌 다음) 작은 흰 돌로 눌러 놓는다. 초롱은 붉은 망사로 씌운다. 높이는 4자〔尺〕 5치〔寸〕이고, 쟁반의 너비는 1자 5치이며, 초롱은 높이가 6치이고, 너비가 5치이다.

丹漆俎

丹漆俎 蓋王官平日所用[23]也 坐於榻上 而以器皿登俎對食 故飮食以俎數多寡分尊卑 使副入館 日饋三食 食以五俎 其器皿 悉皆黃金塗之 凡俎從[24]廣三尺 橫二尺 高二尺五寸

붉은 칠 소반〔丹漆俎〕

붉은 칠 소반〔丹漆俎〕은 왕과 관료들이 보통 때 사용하는 것이다. 의자 위에 앉아서 그릇을 소반에 올려놓고 마주보며 먹는다. 이 때문에 마시고 먹을 때 소반 수의 다과(多寡)로 존비(尊卑)가 나누어진다. 정사와 부사가 관사에 들면 매일 세 끼 식사를 제공하는데, 매끼 식사로 다섯 소반이 나오고, 그 그릇은 모두 도금된 것이다. 소반은 세로가 3자, 가로가 2자, 높이가 2자 5치이다.

---

23) 日所用 : 사고전서본에는 결락되어있다.
24) 사고전서본과 지부족재본에는 '縱'이라고 되어있다.

黑漆俎

食俎之制 大小一等 特紅黑之異 都轄提轄及上節 館中日饋三食 食以三俎 中節二俎 下節則以連床[25] 每五人 竝一席而食之[26]

검은 칠 소반〔黑漆俎〕

식사에 사용되는 소반은 크기는 같으나 단지 붉은 색과 검은 색의 차이가 있을 뿐이다. 도할관(都轄官)과 제할관(提轄官) 및 상절(上節)이 관사에 머무를 때는 매일 세 끼 식사를 제공하는데, 매끼 식사로 소반 세 개가 나오고, 중절은 소반 두 개가 나온다. 하절은 상을 붙여놓고 다섯 사람씩 한자리에서 식사를 한다.

臥榻

臥榻之前 更施矮榻 三面立欄楯 各施錦綺茵褥 復加大席 莞簟之安 殊不覺有夷風[27] 然此特國王貴臣之禮 兼以待使華[28]也 若民庶 則 多爲土榻 穴地爲火坑臥之 蓋其國冬月極寒 復少纊絮之屬爾

침상〔臥榻〕

침상 앞에 낮은 걸상〔矮榻〕이 놓여 있는데, 3면으로 난간이 세워져 있다. 각각 무늬 비단 보료〔錦綺茵褥〕가 깔려 있다. 또 큰 자리가 놓여 있는데, (여기서 쓰이는) 왕골 돗자리는 편안하여 오랑캐 풍속이라는 느낌이 들지 않을 정도이다. 그러나 이것은 단지 국왕과 귀신(貴臣)에 대

---

25) 사고전서본과 지부족재본에는 '牀'이라고 되어있다.
26) 食之 : 사고전서본에는 '食'이라고 되어있다.
27) 殊不覺有夷風 : 사고전서본에는 '便適乃過內地'라고 되어있다.
28) 지부족재본에는 '華'가 결락되어있다.

한 예식과 중국 사신을 접대할 때만 사용될 뿐이다. 서민들은 대부분 흙 침상인데, 땅을 파서 온돌〔火坑〕을 만들고 그 위에 눕는다. 고려는 겨울이 매우 추운데다 솜옷〔纊絮〕 같은 것이 적다.

文席

文席 精粗不等 精巧者 施於床[29]榻 粗者 用以藉[30]地 織草性柔 摺屈不損 黑白二色 開[31]錯成文 青紫爲襈 初無定制

무늬 있는 돗자리〔文席〕

무늬 있는 돗자리〔文席〕는 고운 것과 거친 것이 (있어) 일정하지 않다. 정교한 것은 침상〔臥榻〕에 깔고, 거친 것은 땅을 덮는 데 쓴다. 돗자리에 사용되는 풀은 부드러워서 접거나 굽혀도 망가지지 않는다. 흑·백 두 색을 서로 섞어 무늬를 만들고, 푸른색과 자주색으로 테두리를 감싸는데 규정된 모양은 원래부터 없다.

門帷

門帷之制 青絹三幅 上有提襻 而橫木貫之 狀如酒旆[32] 蓋宮室之中 婦人用以映蔽之具也

---

29) 지부족재본에는 '牀' 이라고 되어있다.
30) 지부족재본에는 '藉' 이라고 되어있다.
31) 사고전서본에는 '間' 이라고 되어있다.
32) 사고전서본에는 '旗' 라고 되어있다.

문 위에 씌우는 휘장〔門帷〕

문 위에 씌우는 휘장〔門帷〕은 푸른 비단 세 폭으로 되어 있다. 위에 거는 고리가 있어 이곳에 가로로 나무를 꿴다. 모양은 술집의 깃발과 같다. 궁실 안에서는 부인들이[33] 해를 가리는 도구로 이것을 사용한다.

---

33) 본서 권22 女騎에서는 婦人이 公卿과 貴人의 妻를 지칭하였다.

『선화봉사고려도경』권29

供張 二

繡枕

繡枕之形 白紵爲囊 中實以香草 兩頭蹙金盤線 花文極巧 復以絳羅 裝飾 如蓮荷之狀 三節供給 其制一等

장막류〔供張〕 2

수놓은 베개〔繡枕〕

수놓은 베개는 흰 모시로 자루를 만들어 그 속에 향초(香草)를 채우고, 양쪽 끝을 금실로 빙돌려 무늬를 수놓았는데, 꽃무늬가 매우 정교하다. 또 붉은 비단을 연꽃 문양으로 장식하였다. 삼절(三節)에게 똑같은 것이 공급된다.

寢衣

寢衣之制 紅黃爲表 而以白紵裏之 裏大於表 四邊各餘一尺

잠옷〔寢衣〕

잠옷은 겉은 홍황색이고 속은 흰 모시이다. 속이 겉보다 크고 네 가장자리가 각각 1자〔尺〕가 넘는다.

紵裳

紵裳之制 表裏六幅 要[1]不用橫帛 而繫二帶 三節每位 各與紵衣同 設 以待沐浴之用

모시치마〔紵裳〕

모시치마는 겉과 안이 6폭이다. 허리에는 가로 두른 비단을 쓰지 않고 두 개의 띠를 매었다. 삼절의 모든 거처에 각각 모시옷〔紵衣〕과 함께 마련해주어 목욕할 때 쓰도록 한다.

紵衣

紵衣 卽中單也 夷[2]俗不用純領 自王至于[3]民庶 無男女悉服之

모시상의〔紵衣〕

모시상의란 속에 입는 홑옷이다. 고려의 풍속〔夷俗〕은 준령(純領)을[4]

---

1) 지부족재본에는 '腰' 라고 되어있다.
2) 사고전서본에는 '國' 이라고 되어있다.
3) 지부족재본에는 '於' 라고 되어있다.

쓰지 않고, 왕에서부터 서민에 이르기까지 남녀 구분없이 모두 모시상의를 입었다.

畫榻[5]扇

畫榻[6]扇 金銀塗飾 復繪其國山林人馬女子之形 麗人不能之 云是 日本所作 觀其所績[7]衣物 信然

화탑선(畫榻扇)[8]

화탑선은 금은칠로 장식하고 거기다 그 나라의 산림(山林)·인마(人馬)·여자(女子)의 형상을 그렸다. 고려인들은 만들지 못하고 일본에서 만든 것이라고 하는데, 수놓은 의복을 보니 정말 그랬다.

杉扇

杉扇 不甚工 惟以日本白杉木 劈削如紙 貫以采[9]組 相比如羽 亦可招風

삼선(杉扇)

삼선은 그리 잘 만들지 못한다. 일본의 백삼목(白杉木)을 쪼개서 종이처럼 만들어 채색 끈으로 꿰어 깃털처럼 즐비하게 만드니, 역시 바람을 낼 수 있다.

---

4) '純'은 가장자리에 두른 선이고, '領'은 옷깃이다.
5) 사고전서본과 지부족재본에는 '摺'이라고 되어있다.
6) 사고전서본과 지부족재본에는 '摺'이라고 되어있다.
7) 사고전서본과 지부족재본에는 '繢'라고 되어있다.
8) 징강본의 '榻'은 일반적으로 의자의 용례로 사용된다. 따라서 본문의 '畫榻扇'은 사고전서본과 지부족재본처럼 '畫摺扇'이 맞는 듯하다.

白摺扇

白摺扇 編竹爲骨 而裁藤紙鞔之 間¹⁰⁾用銀銅釘飾 以竹數多者爲貴 供給趨事之人 藏於懷袖之間¹¹⁾ 其用甚便

백접선(白摺扇)

백접선은 대를 엮어서 뼈대를 만들고 등지(藤紙)를 잘라 덮어씌우는데, 사이사이에 은못과 구리못으로 장식한다. 대의 숫자가 많은 것을 최고로 친다. 심부름꾼이나 바삐 움직이는 사람〔供給趨趨事之人〕들이 가슴이나 소매 속에 넣고 다니는데, 사용이 매우 간편하다.

松扇

松扇 取松之柔條 細削成縷 搥¹²⁾壓成線 而後織成 上有花文 不減 穿藤之巧 唯王府所遺使者㝡¹³⁾工

송선(松扇)

송선은 소나무의 부드러운 가지를 가져다가 가늘게 깎아서 줄〔縷〕을 만들고, 그것을 두드려 실로 만든 후에 짜낸 것이다. 위에는 꽃무늬가 있는데 등나무를 꿰뚫는 기교〔穿藤之巧〕에¹⁴⁾ 버금간다. 그런데 왕부(王府)에서 사신에게 준 것이 가장 잘 만들어졌다.

---

9) 사고전서본과 지부족재본에는 '縩' 라고 되어있다.
10) 사고전서본과 지부족재본에는 '閒' 이라고 되어있다.
11) 사고전서본과 지부족재본에는 '閒' 이라고 되어있다.
12) 지부족재본에는 '槌' 라고 되어있다.
13) 사고전서본과 지부족재본에는 '最' 라고 되어있다.
14) 본서 권28 燕臺의 '白藤穿花' 와 같은 뜻으로 뛰어난 기교를 묘사한 것이다.

草履[15]

草履之形 前低後印[16] 形狀詭異 國中無男女少長 悉履之

짚신〔草履〕

짚신은 앞쪽이 낮고 뒤쪽이 높아 그 모양이 괴이하나, 전국에서 남녀노소 할 것 없이 모두 신는다.

---

15) 사고전서본과 지부족재본에는 '履'라고 되어있다.
16) 사고전서본에는 '卬'이라고 되어있고, 지부족재본에는 '昂'이라고 되어있다.

『선화봉사고려도경』 권30

器皿 一

臣聞 前史稱東夷¹⁾器用俎 今高麗土俗猶然 觀其制作 古朴²⁾頗可愛
尙 至於他飮食器 亦往往有尊彛簠簋之狀 而燕飮陳設 又多類於莞
簟³⁾几席 蓋染箕子美化而仿佛⁴⁾ 三代遺風也 謹掇其槩 圖之

생활용기〔器皿〕 1

신〔臣〕이 듣기에 옛 기록에서는 동이족〔東夷〕이 소반〔俎〕을 사용한다
고 하였는데, 지금 고려의 풍속〔土俗〕에서도 여전히 그렇다. 제작한 것

---

1) 東夷 : 사고전서본에는 '高麗'라고 되어있다.
2) 지부족재본에는 '樸'이라고 되어있다.
3) 사고전서본과 지부족재본에는 '簟'이라고 되어있다.
4) 仿佛 : 사고전서본과 지부족재본에는 '彷彿'이라고 되어있다.

■ 『삼재도회(三才圖會)』

을 살펴보면 고졸(古拙) 소박(素朴)하여 매우 기꺼워할 만하다. 다른 음식용기[飮食器]에 있어서도 간혹 준이와 보궤[尊彝簠簋]⁵⁾ 같은 모양들이 있다. 잔치를 준비할[燕飮陳設] 때에도 왕골이나 버섯으로 만든 궤석(几席)과⁶⁾ 비슷한 것이 많다. 이것은 모두 기자(箕子)의 훌륭한 교화에 물들어 비슷하게 된 것으로 삼대(三代 : 중국 고대의 夏, 殷, 周)의 유풍(遺風)이다. 삼가 그 대략을 간추려 그림으로 그린다.

獸爐

子母獸爐 以銀爲之 刻鏤制度精巧 大獸蹲踞 小獸作搏攫之形 返視
張口 用以出香 惟會慶乾德公會 則置于⁷⁾兩楹之間⁸⁾ 迎詔焚麝香 公

---

5) 尊彝는 술을 담는데 사용되는 禮器이며, 簠簋는 제사에 쓰이는 쌀이나 기장 등을 담아놓는 그릇을 말한다. 모두 고대에 사용하던 儀器類이다.
6) 几란 제사나 잔치에서 犧牲을 담아 올리는 儀器이다.
7) 지부족재본에는 '於' 라고 되어있다.

會 則蒸篤耨龍腦旃檀沈水之屬 皆御府所賜香也 每隻 用銀三十[9]
斤 獸形連坐[10] 高四尺 闊二尺二寸

짐승 모양의 향로〔獸爐〕

어미와 자식이 함께 있는 짐승 모양의 향로〔子母獸爐〕는 은(銀)으로 만드는데 조각 기법〔刻鏤制度〕은 정교하다. 대수(大獸)는 웅크리고 소수(小獸)는 매달려 있는〔搏攫〕 형상인데, 뒤를 돌아보면서 입을 벌린 채로 향(香)을 뿜어낸다. 회경전(會慶殿)과 건덕전(乾德殿)에서 공식 회합이 있을 때면 양 기둥 사이에 놓아둔다. 조서를 맞이할 때는 사향(麝香)을[11] 피우고, (기타) 공식 회합일 때는 독누(篤耨)[12] · 용뇌(龍腦)[13] · 전단(旃檀)[14] · 침수(沈水)[15] 등을 피우는데 이것은 모두 송 조정〔御府〕에서 하사한 향들이다. (향로) 한 척(隻)마다 은(銀) 30근(斤)을 사용해 (만들었는데), 잇닿아 앉아있는 이 짐승 모양의 향로〔獸形〕는 높이가 4자〔尺〕이고 둘레〔闊〕는 2자 2치〔寸〕이다.

水瓶

水瓶之形 略[16]如中國之酒注也 其制如[17]銀三斤 使副與都轄提轄官

---

8) 사고전서본에는 '間'이라고 되어있다.
9) 사고전서본에는 '千'이라고 되어있고, 지부족재본에는 '十鄭刻千'이라고 되어있다.
10) 지부족재본에는 '座'라고 되어있다.
11) 사향노루에서 채취한 것으로 강한 향기가 있어 향료나 약용으로도 사용된다.
12) 漆樹科의 작은 喬木인데, 줄기에서 나오는 樹脂가 芳香이 풍부하고 약용으로도 쓰인다.
13) 龍腦香이라고도 부르는데, 높이가 170자〔尺〕에 달하는 열대의 교목에서 산출된다.
14) 경상북도 인동 등에서 자라는 香木이다.
15) 沈香이라고도 부르는데 瑞香科에 속하는 열대의 常綠亞喬木에서 만들어진다. 이 나무를 몇 년 동안 물에 담가 껍질 등을 부패시켜 얻은 단단한 심지 부분을 침향이라고 부른다.
16) 사고전서본에는 '畧'이라고 되어있다.

位設之 高一尺二寸 腹徑七寸 量容六升

물병[水瓶]

물병은 대체로 중국의 술주전자[酒注]와 비슷한 모양이다. 그것[其制]은 은 3근을 사용했는데, 정사 및 부사와 도할관·제할관의 숙소[位]에 비치한다. 높이는 1자 2치이고 배[腹]의 지름은 7치이며 용량은 6되[升]이다.

盤琖

盤琖之制 皆似中國 惟琖深而釦斂 舟小而足高 以銀爲之 間[18]以金塗 鏤花工巧 每至勸酒 則易別杯 第量容差多耳

반잔(盤琖)[19]

반잔은 중국의 그것과 흡사하다. 다만 잔의 깊이가 더 깊고 금테로 장식을 했으며[釦斂], 잔받침[舟]은 작고 (받침대) 다리는 긴[高] 편이다. 은으

반잔(盤琖):『삼재도회(三才圖會)』

로 만드는데 간혹 도금하기도 하였으며, 아로새긴 꽃은 정교하다. 술잔을 권할 때마다 새로운 잔으로 바꾼다. 다만 용량은 비교적 큰 편이다.

博山爐

博山爐本漢器也 海中有山 名博山 形如蓮花 故香爐取象 下有一盆

---

17) 사고전서본과 지부족재본에는 '用'이라고 되어있다.
18) 지부족재본에는 '開'이라고 되어있다.
19) 반잔이란 잔받침이 달린 옥잔이다.

■ 박산로(博山爐) : 『고고도(考古圖)』

作山海波濤魚龍出沒之狀 以備貯湯薰衣之用 蓋欲其濕氣相箸[20]煙[21]不散耳 今麗人所作 其上頂雖象形 而[22]下爲三足 殊失元制 但工巧可取

박산로(博山爐)

박산로는 원래 중국의 물품이었다. 바다 한가운데 박산(博山)이라고 부르는 산이 있는데, 연꽃 같은 산 모습을 따서 향로를 만들었다. 아래쪽에는 산과 바다에 파도가 넘실대고〔山海波濤〕물고기와 용이 출몰하는〔魚龍出沒〕모습을 장식한 동이〔盆〕같은 받침을 두어, 뜨거운 물을 담아 옷에 향기를 쬘 때〔貯湯薰衣之用〕를 대비한다. 대체로 습기(濕氣)를 한데 모아〔相箸〕연기가 흩어지지 않게 하려는 것이다.

현재 고려인들이 만든 박산로는 윗부분은 (산 모양의) 형태를 본받았지만, 아랫부분은 다리 세 개〔三足〕가 달려있다. (이것은 박산로) 원래의 모습과 완전히 달라졌지만 정교한 제작기법은 본받을 만하다.

酒榼

酒榼蓋提挈之器也 上爲覆荷 兩耳有流連環提紐 以金間[23]塗之 惟[24]

---

20) 사고전서본과 지부족재본에는 '箸'라고 되어있다.
21) 사고전서본에는 '烟'이라고 되어있다.
22) 사고전서본과 지부족재본에는 '其'라고 되어있다.
23) 지부족재본에는 '閒'이라고 되어있다.
24) 지부족재본에는 '唯'라고 되어있다.

勸酒則特用 而酒色味皆勝 其制 高一尺 闊八寸 提環 長一[25]尺二寸 量容七升

술통〔酒榼〕

술통은 대체로 휴대하고 다니는 용기(容器)이다. 윗부분 (뚜껑)은 뒤집어진 연꽃 모양〔覆荷〕이며, 양쪽 귀에는 고리 사슬로 된 끈이 있는데, 중간 중간에 도금하였다. 술을 권할 때에만 특별히 사용하는데 (여기에 담으면) 술의 색깔과 맛이 모두 빼어나다. 외관을 살펴보면 높이는 1자에 둘레는 8치이고, 늘어뜨린 끈의 길이는 1자 2치이며 용량은 7되이다.

烏花洗

銀花不常用 唯[26]使副私觀有之 點藥鏤花 烏文白質 輕重不等 面闊一尺五寸 量容一斗二升

검은 꽃 장식 물동이〔烏花洗〕[27]

은으로 장식한 꽃〔銀花〕은 항상 사용하는 것이 아니라 정사와 부사가 사적(私覿)을 행할 때만 사용한다. 유약을 점점이 찍어 꽃을 새겼는데〔點藥鏤花〕 하얀 바탕에 검은 무늬가 있으며〔烏文白質〕 무게가 각각 다르다. 표면 둘레는 1자 5치이고 용량은 1말〔斗〕 2되이다.

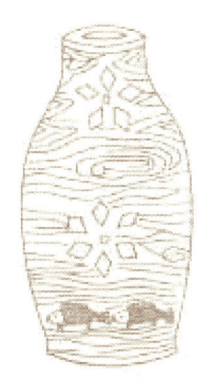

▬ 물동이〔洗〕:『삼례도(三禮圖)』

---

25) 사고전서본에는 '二'라고 되어있다.
26) 사고전서본에는 '惟'라고 되어있다.
27) 烏花洗의 洗는 물동이를 가리키는데 표면에 문양이 장식되어있다.

面藥壺

面藥壺 唯[28]使副都轄提轄位用銀 餘以銅爲之 圓腹脩[29]頸 蓋形稍銳 高五寸 腹徑三寸五分 量容一升

면약호(面藥壺)[30]

면약호는 정사·부사·도할관·제할관의 거처에서만 은으로 만든 것을 사용하고, 나머지 경우에는 구리로 만든 것을 사용한다. 둥근 배에 목은 길며 뚜껑의 형태는 조금 뾰족하다. 높이는 5치이고 배의 지름은 3치 5푼(分)으로 용량은 1되이다.

芙蓉尊

酒尊之形 上有蓋 如芙蓉花之方苞也 閒[31]金塗飾 長頸廣腹 高二尺 量容一斗二升

부용준(芙蓉尊)

(부용준이란) 술단지는 위에 뚜껑이 있는데 막 봉오리진 부용꽃처럼 생겼다. 군데군데 도금 장식을 하였는데 목은 길고 배는 넓다. 높이는 2자이고 용량은 1말 2되이다.

---

28) 사고전서본과 지부족재본에는 '惟'라고 되어있다.
29) 사고전서본에는 '修'라고 되어있다.
30) 안면에 엄습하는 寒熱을 막는 약을 담은 약단지이다.
31) 사고전서본에는 '間'이라고 되어있다.

提瓶

提瓶之狀 頭長而上銳 腹大而底[32]平 其制八稜[33] 閒[34]用塗金 中貯米[35]漿熟水 國官貴人 每令親侍挈以自隨 大小不等 大者容二升

휴대용 병[提瓶][36]

휴대용 병은 주둥이[頭]가 길고 윗부분은 날카로우며 배는 크고 숫돌처럼 평평하다[底平].[37] 그 모양은 팔각형인데 간혹 도금하였다. 안에는 미음이나 끓인 물[米漿熟水]을 담는다. 국관(國官)이나 귀인(貴人)은 언제나 시종들에게 이것을 들고 수행하도록 한다. 크고 작은 것에 따라 다르지만, 큰 것은 2되를 담는다.

---

32) 사고전서본과 지부족재본에는 '底'라고 되어있다.
33) 사고전서본에는 '棱'이라고 되어있다.
34) 사고전서본에는 '間'이라고 되어있다.
35) 사고전서본에는 '水'라고 되어있다.
36) 提瓶이란 '휴대용 병'을 의미한다. 고려에서 제병이라고 부르는 별도의 병이 있었던 것인지, 아니면 들고 다니는 병을 일반적으로 통칭한 것인지는 불분명하다.
37) 사고전서본과 지부족재본에 따른다면 '底平' 즉 '바닥은 평평하다'가 될 것이다.

『선화봉사고려도경』권31

器皿 二

油盎

油盎之狀 略¹⁾如酒尊²⁾ 白銅爲之 其上無蓋 恐其傾覆 而以木楔窒之 高八寸 腹徑三寸 量容一升五勺

생활용기〔器皿〕 2

기름 동이〔油盎〕

기름 동이〔油盎〕의 형태는 대체로 술그릇〔酒尊〕과 같은데, 백동으로

---

1) 사고전서본에는 '畧'이라고 되어있다.
2) 지부족재본에는 '罇'이라고 되어있다.

만들었다. 동이의 윗 주둥이에는 뚜껑이 없는데, 기울어져 (기름이) 엎어질까봐 나무 마개로〔木楔〕(윗 주둥이를) 막았다. 높이는 8치〔寸〕이고, 배〔腹〕의 지름은 3치이며, 용량은 1되〔升〕5작〔勺〕이다.

淨瓶

淨瓶之狀 長頸脩腹 旁有一流 中爲兩節 仍有轆轤 蓋頸中間[3] 有隔 隔之上 復有小頸 象簪筆形 貴人國官 觀寺民舍 皆用之 惟可貯水 高一尺二寸 腹徑四寸 量容三升

정병(淨瓶)[4]

정병은 긴 목에 불룩한 배〔腹〕모양인데, 곁에는 (물을) 따를 수 있는 주둥이가 하나 있다. (정병의) 가운데에 두 마디가 있는데, (이것이) 또한 줄을 맬 수 있는 고리〔轆轤〕역할을 한다. 뚜껑의 목 중간에는 턱이 있고, 턱 위에는 다시 작은 목이 있어 잠필(簪筆)의 형상을[5] 띤다. 귀인(貴人)과 국관(國官), 관사(觀寺)와 민가〔民舍〕에서 모두 사용하는데, 물만을 담을 수 있을 뿐이다. 높이는 1자〔尺〕2치이고, 배의 지름은 4치이며, 용량은 3되이다.

청자양각포류수금문정병(靑磁陽刻蒲柳水禽文淨瓶) : 국립중앙박물관

---

3) 사고전서본에는 '間'이라고 되어있다.
4) 淨瓶은 원래 부처 앞에 淨水를 바치는 데 사용한 용구이다. 주로 관세음보살이 손에 들거나 옆에 놓여 있으며 세상에서 가장 깨끗한 물을 담는 병이라고 한다.
5) 필요할 때 바로 쓰려고 붓을 머리에 꽂는 것을 말한다.

花壺

花壺之制 上銳下圓 略⁶⁾如垂膽 有方座⁷⁾ 四時貯水簪花 舊年不甚作 邇來 頗能之 通高八寸 腹徑三寸 量容一升

꽃병〔花壺〕

꽃병〔花壺〕은 위는 뾰족하고 아래는 둥굴어 마치 늘어진 쓸개 모양이다. 또 네모난 받침이 있다. 사계절 물을 담아 꽃을 꽂는다. 전에는 잘 만들지 못했는데, 요즘에는 꽤 잘 만든다. 전체 높이는 8치이고, 배의 지름은 3치이며, 용량은 1되이다.

水釜

水釜之形⁸⁾ 狀如鬲鼎 以銅鑄成 有二⁹⁾獸環 貫木¹⁰⁾可以負荷¹¹⁾ 麗人方言 無大小 皆謂之㐂僕射 館中諸房 皆給之 㐂高一尺五寸 闊三尺 量容一石二斗

물솥〔水釜〕

물솥〔水釜〕의 형태는 격정(鬲鼎)과 같은데, 구리로 만들었다. 짐승 모양의 고리가 두 개 있는데, (여기에) 나무를 꿰면 짊어질 수 있다. 고려 방언으로 크고 작은 것 구분없이 모두 요복야(㐂僕射)라고 하였다. 관

---

6) 사고전서본에는 '畧' 이라고 되어있다.
7) 사고전서본에는 '坐' 라고 되어있다.
8) 사고전서본과 지부족재본에는 '制' 라고 되어있다.
9) 사고전서본에는 '三' 이라고 되어있고, 지부족재본에는 '二鄭刻三' 이라고 되어있다.
10) 사고전서본에는 '不' 이라고 되어있다.
11) 사고전서본과 지부족재본에는 '持' 라고 되어있다.

청의 여러 방(房)에 모두 지급한다. 그것의 높이는 1자 5치이고, 둘레〔闊〕는 3자이며, 용량은 1섬〔石〕 2말〔斗〕이다.

水甖

水甖 如水釜之形而差小 仍有銅蓋 用以汲水 以象中國之水桶也 上有二耳 可以攀挈 麗俗 便於負戴 故此器最多 高一尺 腹徑一尺二寸 量容一斗二升

물항아리〔水甖〕

물항아리〔水甖〕는 물솥〔水釜〕과 같은 모양이나 약간 작다. 또 구리로 만든 뚜껑이 있다. 물을 긷는데 사용하는데, 중국의 수통 모양을 본떴다. 위에는 두 귀가 있어 (이를) 당겨 매달 수 있도록 하였다. 고려에서는 짊어지기에 편하기 때문에 이 용기가 가장 많다. 높이는 1자이고, 배의 지름은 1자 2치이며, 용량은 1말 2되이다.

湯壺

湯壺之形 如花壺而差匾 上蓋下座 不使泄氣 亦古溫器之屬也 麗人烹茶 多設此壺 通高一尺八寸 腹徑一尺 量容二[12]斗

보온병〔湯壺〕

보온병〔湯壺〕의 형태는 꽃병과 같으나 약간 납작하다. 위에는 뚜껑이, 아래에는 받침이 있어 온기(溫氣)를 빼앗기지 않게 했는데, 역시 옛

---

12) 사고전서본에는 '一'이라고 되어있고, 지부족재본에는 '二鄭刻一'이라고 되어있다.

보온기〔溫器〕의 일종이다. 고려 사람들은 차(茶)를 끓이기 위해 이 병을 많이 마련한다. 전체 높이는 1자 8치이고, 배의 지름은 1자이며, 용량은 2말이다.

白銅洗

白銅洗之形 與烏銀者相似 特無文采 而麗人謂之氷[13]盆 又有一等 赤銅者 制作差劣

백동 물동이〔白銅洗〕

백동 물동이〔白銅洗〕의 형태는 오은 물동이〔烏銀〕와 같은데, 단지 문채가 없다. 고려 사람들은 빙분(氷盆)이라 부른다. 또 같은 종류의 적동 물동이〔赤銅洗〕라는 것도 있는데, 그 모양은 약간 졸렬하다.

鼎爐

鼎爐之制 略[14]如博山 上無花 下有三足 惟觀寺神祠用之 高一[15]尺 頂闊六寸 下盤闊八寸

정로(鼎爐)

정로의 형태는 대체로 박산로(博山爐)와[16] 같으나, 위에는 꽃 모양의 뚜껑이 없고, 아래에는 세 발이 있다. 관사(觀寺)나 신사(神祠)에서만 사

---

13) 사고전서본에는 '水'라고 되어있다.
14) 사고전서본에는 '畧'이라고 되어있다.
15) 사고전서본에는 '二'라고 되어있고, 지부족재본에는 '一鄭刻二'라고 되어있다.
16) 본서 권30 博山爐에 그 내용과 그림이 소개되어있다.

용한다. 높이는 1자이고 머리 꼭대기 너비는 6치이며 밑받침의 너비는 8치이다.

溫爐

溫爐之形 如鼎而有偃脣 腹有三足 爲獸銜之狀 用以貯水置之几案 蓋冬月溫手之器也 面闊一尺二寸 高八寸

화로〔溫爐〕

화로는 정(鼎)처럼 생겼는데, 주둥이가 밖으로 말려있다. 배 아래에는 세 발이 있는데 짐승이 물고 있는 모양이다. 물을 담아 궤안(几案)에 올려놓고 사용하는데, 대체로 겨울철에 손을 따뜻하게 하는 용기이다. 면의 너비는 1자 2치이고, 높이는 8치이다.

巨鐘

大鐘 在普濟寺 形大而聲不揚 上有螭紐 中有雙飛仙 刻銘 曰甲戌年鑄 用白銅一萬五千斤 麗人云 昔者 置之重樓 聲聞契丹 單于惡之 今移於此 亮其誇大[17]之言 未必然也

거종(巨鐘)

큰 종은 보제사(普濟寺)에 있다. 형체는 크나 소리는 (그다지) 울려퍼지지 않는다. 위에는 이룡(螭龍) 모양의 고리〔螭紐〕가 있고, 가운데에는 한 쌍의 비선(飛仙)이 있다. 각명(刻銘)에 '갑술년에 주조했는데 백동 1만 5

---

17) 사고전서본에는 '大'가 결락되어있다.

천 근을 사용했다' 라고 되어있다. 고려 사람들은 "옛날에 2층 누각[重樓]에 두었는데, 소리가 거란에까지 들리자 선우[單于]가[18] 싫어하여 지금 이곳에 옮긴 것이다" 라고 하였다. 분명히 과장된 말로 반드시 그렇지는 않았을 것이다.

---

18) 單于는 원래 흉노·돌궐 등의 군주 칭호로써 중국에서 오랑캐의 군주를 일컫는 말이었다. 여기서는 거란 임금의 뜻으로 사용되었다.

『선화봉사고려도경』권32

器皿 三

茶俎

土産茶味苦澀 不可入口 惟貴中國臘茶 幷龍鳳賜團 自錫賚之外 商賈亦通販 故邇來頗喜飮茶 益治茶具 金花烏盞 翡色小甌 銀爐湯鼎 皆竊效中國制度 凡宴則烹於廷中 覆以銀荷 徐步而進 候贊者云 茶遍[1] 乃得飮 未嘗不飮冷茶矣 館中以紅俎 布列茶具於其中 而以紅紗巾羃之 日嘗三供茶 而繼之以湯 麗人謂湯爲藥 每見使人飮盡必喜 或不能盡以爲慢已 必怏怏而去 故常勉强爲之啜也

---

1) 지부족재본에는 '徧'이라고 되어있다.

생활용기〔器皿〕3

찻상〔茶俎〕

고려에서 생산되는 차〔土産茶〕는 맛이 쓰고 떫어 입에 댈 수 없을 정도이다. (고려사람들은) 중국의 납차〔蠟茶〕와 용봉단차〔龍鳳賜團〕를[2] 귀중하게 여긴다. 하사해 준 것 이외에도 상인들 역시 가져다 팔기 때문에 근래에는 차 마시기를 매우 좋아한다.

더욱이 고려사람들은 다구를 잘 만드는데, (예를 들어) 금색 꽃 무늬가 그려진 검은 잔〔金花烏盞〕, 비색의 작은 찻잔〔翡色小甌〕,[3] 은제 세발 화로〔銀爐湯鼎〕[4] 등은 모두 중국의 다구를 모방한 것이다. 대체로 연회 때는 궁궐 뜰 가운데서 차를 끓여서 은으로 만든 연잎 모양의 뚜껑을 덮어 천천히 걸어와서 내놓는다. 그런데 시중드는 사람〔候贊者〕이 '차를 다 돌렸다〔茶遍〕'라고 말한 뒤에야 마실 수 있기 때문에 항상 냉차〔冷茶〕를 마시게 된다.

숙소 안에 붉은 소반〔紅俎〕을 놓고 그 위에 다구를 두루 진열한 다음 붉은 망사 보자기〔紅紗巾〕로 덮는다. 매일 세 차례 차를 마시는데, 뒤이어 또 탕(湯)을 내놓는다. 고려사람들은 탕을 약(藥)이라고 하는데, 사신

---

2) 중국 복건성 建州에서 생산되는 차로 蠟面茶로 불린다. 唐代까지의 차는 찌는 방식이었지만, 五代 이후 발전한 납차는 차 잎을 갈아서 향료와 섞어 틀에 넣어 찍어낸 차이다. 납차는 12등급으로 나누는데 그 중 龍茶와 鳳茶가 최상품이고, 的乳茶, 白乳茶, 頭金茶, 蠟面茶, 頭骨茶, 次骨茶, 第三骨茶, 末骨茶, 山茶, 山鋌茶가 그 아랫등급이다. 이를 형태에 따라 다시 團片·狹片·闊片으로 나누는데, 龍茶·鳳茶는 團片이고, 石乳茶와 頭茶·乳茶는 모두 狹片이며 이름에 京·的·乳를 쓰는 것 중에도 闊片이 있지만 乳 이하는 모두 闊片이다.
3) 11~12세기 고려자기 가운데 대표적인 형태인 청자 다완을 말하는 것으로 보인다.
4) 은으로 만든 화로와 찻물을 끓이는 세발솥을 말한다.

■ 청자국형완(靑磁菊形碗) : 국립중앙박물관

들이 그것을 다 마시는 것을 보면 반드시 기뻐하고, 혹시라도 다 마시지 못하면 자기를 깔본다고 생각하면서 원망하며 가버리기 때문에 항상 억지로 그것을 다 마셨다.

瓦尊

國無秬[5]米 而以秔合麴而成酒 色重味烈 易醉而速醒 王之所飲曰 良醞 左庫清法酒 亦有二品 貯以瓦尊 而以黃絹封之 大抵麗人嗜酒 而難得佳釀 民庶之家所飲 味薄而色濃 飲歡自如 咸以爲美也

질그릇 술독〔瓦尊〕

고려에서는 찹쌀〔秬米〕이 없어서 멥쌀〔秔〕에 누룩을 섞어서 술을 만드는데, 빛깔이 짙고 맛이 진해 쉽게 취하고 빨리 깬다. 왕이 마시는 것을 양온(良醞)이라고 하는데 좌고(左庫)에[6] 보관하는 맑은 법주〔清法酒〕이다. 여기에는 두 종류가 있는데, 질그릇 술독〔瓦尊〕에 담아서 누런

---

5) 사고전서본과 지부족재본에는 '秬'라고 되어있다.
6) 良醞署에는 左庫와 右庫가 있었는데, 왕이 마시는 술은 좌고에서 맡았다.

비단〔黃絹〕으로 봉해둔다. 대체로 고려인들은 술을 좋아하지만 좋은 술을 구하기 어렵다. 서민〔民産〕의 집에서 마시는 것은 맛이 텁텁하고 빛깔이 진한데, 아무렇지도 않은 듯이 마시고 모두들 맛있게 여긴다.

藤尊

藤尊 乃山島州郡所饋也 中亦瓦尊 外以藤周纏之 舟中嵽屼[7] 相擊不損 上有封緘 各以州郡印文記之

등나무 술독〔藤尊〕

등나무 술독〔藤尊〕은 섬〔山島〕 주군(州郡)에서 바친 것이다. 속은 역시 질그릇 술독〔瓦尊〕이고 바깥은 등나무로 감쌌다. 배 안에서 흔들리다가 서로 부딪혀도 깨지지 않는다. 위에는 봉함이 있는데 주군(州郡)의 인장이 표시되어 있다.

陶尊

陶器色之青者 麗人謂之翡色 近年以[8]來 制作工巧 色澤尤佳 酒尊之狀如瓜 上有小蓋 面[9]爲荷花伏[10]鴨之形 復能作盌楪桮甌花瓶湯琖 皆竊放[11]定器制度 故略[12]而不圖 以酒尊異於他器 特著之

---

7) 지부족재본에는 '岏' 이라고 되어있다.
8) 지부족재본에는 '已' 라고 되어있다.
9) 지부족재본에는 '而' 라고 되어있다.
10) 사고전서본에는 '鵰' 이라고 되어있다.
11) 지부족재본에는 '倣' 이라고 되어있다.
12) 사고전서본에는 '畧' 이라고 되어있다.

도기 술병〔陶尊〕

도기(陶器)의 푸른 빛을 고려인은 비색(翡色)이라고 하는데, 근래에 들어 제작기술이 정교해져 빛깔이 더욱 좋아졌다. 술병의 모양은 참외와 같은데, 위에는 작은 뚜껑이 있고, 술병의 겉면에는 연꽃이나 엎드린 오리의 문양으로 되어 있다. 또 주발〔盌〕, 접시〔楪〕, 술잔〔桮〕, 사발〔甌〕, 꽃병〔花甁〕, 탕기〔湯〕, 옥잔〔琖〕도 만들 수 있으나 모두 (중국의) 그릇 만드는 법식〔定器制度〕을[13] 모방한 것들이기 때문에 그리는 것은 생략한다. 술병만은 다른 그릇과 다르기 때문에 특별히 기록한다.

— 청자과형병(靑磁瓜形瓶)
: 국립중앙박물관

陶爐

狻猊出香 亦翡色也 上爲[14]蹲獸 下有仰蓮以承之 諸器 惟此物最精絶 其餘 則越州古秘色 汝州新窯器 大槩相類

도기 향로〔陶爐〕

산예출향(狻猊出香)도 비색(翡色)이다. 위에는 짐승이 웅크리고 있고 아래에는 봉오리가 벌어진 연꽃 무늬〔仰蓮花〕가 떠받치고 있다. 여러 그릇 가운데 이 물건만이 가장 정교하고 빼어나다. 그 나머지는 월주

---

13) 국가나 개인이 사용하는 그릇의 형태·크기·모양·문양·재질·용도·제작에 일정한 규정이나 제한을 두는 것을 말한다.
14) 지부족재본에는 '有'라고 되어있다.

요[越州]의 옛날 비색[古秘色]이나 여주요[汝州]에서 [15)]요즘 생산되는 도자기[新窯器]와 대체로 유사하다.

食罩

公會供饌 下承以盤 上施靑罩 唯王與使副 加紅黃之飾 所以別精麤[16)]也

식탁보[食罩]

공식회합[公會]에서 음식을 내올 때는 아래를 소반으로 받치고 위에는 푸른 보자기를 덮어놓는다. 왕과 정사·부사의 보자기는 붉은색과 황색으로 장식하는데, 정교한 것과 거친 것을 구별하기 위함이다.

藤篚

古者幣帛 用箱篚 今麗俗不廢 其篚白藤織成 上有錯文 爲花木鳥獸之狀 裏用紅黃文綾拓之 大小相合 謂之一副 其直准[17)]白金一斤 惟王府所用最佳 蓋郡邑土貢 餘官民庶者 制作草草 備禮適用而已

등나무 광주리[藤篚]

옛날에 폐백(幣帛)을 드릴 때는 상자와 광주리를 사용하였는데, 지금

---

15) 汝州窯는 중국 河南省 臨汝縣에 있는 도요지이다. 북송의 대표적인 官窯로 궁중에서 사용하는 도자기를 제작했다. 여주요에서 제작된 도자기는 중국 고대 청동기를 본 뜬 형태의 도자기로 유명하다. 고려자기에서 중국 청동기 형태의 자기들이 보이는데 이는 여주요의 영향을 받은 것으로 보인다.
16) 사고전서본과 지부족재본에는 '麤'라고 되어있다.
17) 지부족재본에는 '準'이라고 되어있다.

고려 풍속에서 그것은 없어지지 않
았다. 광주리는 백등(白藤)으로 짜서
만든다. 광주리의 표면에는 교차한
무늬가 있는데 꽃과 나무, 새와 짐승
의 모양이다. 속에는 붉은색과 황색
무늬의 비단을 붙인다. 크고 작은 것
을 서로 합친 것을 한 부(副)라고 한
다. 그 값은 은(白金) 1근과 맞먹는
다. 왕부(王府)에서 사용하는 것이 가
장 좋은데 그것들은 군읍(郡邑)의 진
상품이다. 나머지 관원과 서민들이
사용하는 것들은 엉성하게 만들었는

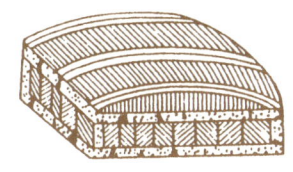
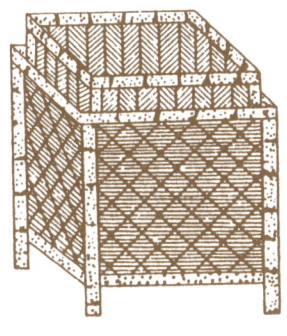

■ 비(篚):『예기도(禮器圖)』

데, 이는 예(禮)에 맞추기 위해 겨우 사용하는 데 불과하다.

鬻釜

鬻釜 蓋烹飪器也 以鐵爲之 其上有蓋 腹下三足 回[18]旋之文 細如
毛髮 高八寸 闊一尺二寸 量容二升五勺

죽솥[鬻釜]

죽솥[鬻釜]은 삶는[烹飪] 그릇인데 철로 만든다. 위에는 뚜껑이 있고
몸체[腹] 아래에는 세 발이 있다. 소용돌이 모양의 무늬는 머리털처럼
가늘다. 높이는 8치[寸]이고, 둘레는 1자[尺] 2치[寸]이며, 용량은 2되
[升] 5작[勺]이다.

18) 지부족재본에는 '囘' 라고 되어있다.

水瓮

水瓮 陶器也 廣腹歛頸 其口差敞 高六尺 闊四尺五寸 容三石二升 舘中 用銅瓮 惟[19]山島海道 以舟載水 相遺則用之

물항아리〔水瓮〕

물항아리〔水瓮〕는 도기이다. 몸체는 넓고 목쪽으로 가면서 줄어드는데 그 주둥이가 약간 넓다. 높이는 6자이고, 너비는 4자 5치인데, 3섬〔石〕 2되〔升〕가 들어간다. 관사 안에서는 구리 항아리〔銅瓮〕를 쓴다. 섬〔山島〕들 간에 배로 물을 실어 나를 때 이 물항아리를 사용한다.

草苫

草苫之用 猶中國之有布囊也 其形如絡 結草爲之 凡米麵[20]薪炭之屬 悉用以盛 山行不利車 多以騾馬 裝載而行

가마니〔草苫〕

가마니〔草苫〕의 용도는 중국에서 사용하는 포대와 같다. 그 형태는 망태기〔絡〕와 같은데, 풀을 엮어 만든다. 보통 쌀, 면(麵), 땔나무, 숯 같은 것들은 모두 여기에 담는다. 산길에서는 수레를 이용하기 힘들어 대부분 노새나 말에 싣고 가는 것이다.

刀筆

刀筆之鞘 刻木爲之 其制三隔 其一藏筆 其二藏刀 刀形犀利 一刀

---

19) 지부족재본에는 '唯' 라고 되어있다.
20) 사고전서본에는 '麵' 이라고 되어있고, 지부족재본에는 '麪鄭刻麵' 이라고 되어있다.

差短 散員而下官吏 祗應房子親侍 皆佩之

필기구〔刀筆〕

칼과 붓의 집〔刀筆之鞘〕은 나무를 깎아서 만든다. 그 모양은 세 칸으로 되어 있는데, 그 한 칸에는 붓을 넣고, 나머지 두 칸에는 칼을 꽂는다. 칼은 견고하고 예리하게 생겼고, 칼 하나는 약간 짧다. 산원(散員) 이하의 관리와 지응(祗應)[21]·방자(房子)·친시(親侍)가 모두 이것을 찬다.

---

21) 심부름으로 뛰어다니는 관원으로 祗候라고도 한다.

『선화봉사고려도경』 권33

舟楫

臣聞 風行水上 在卦爲渙 而舟楫之利 以濟不通 取象於此 後世聖知代作 百工加飾 故龍文鷁首 駕風截浪 一日千里 必使橫絶江河 如履平地 非特剞劂之簡¹⁾而已也 乃若麗人 生長海外 動涉鯨波 固宜以舟楫爲先 今觀其制度 簡²⁾略³⁾不甚工緻 豈其素安於水 而狃狎之耶 抑因陋就簡⁴⁾ 魯拙而莫之革耶 今謹卽所見列于⁵⁾圖

---

1) 지부족재본에는 '簡'이라고 되어있다.
2) 지부족재본에는 '簡'이라고 되어있다.
3) 사고전서본에는 '畧'이라고 되어있다.
4) 지부족재본에는 '簡'이라고 되어있다.
5) 지부족재본에는 '於'라고 되어있다.

배〔舟楫〕[6]

신〔臣〕이 듣기에 바람이 물 위를 스쳐가는 형상이 환괘(渙卦)인데,[7] 배를 이용하여 소통하지 못하는 물자를 건네주는 것은 이 괘에서 그 형상을 취한 것이다. 그런데 후세에 뛰어난 성인들〔聖知〕이 대를 이어 나타나고 백공(百工)이 장식을 더했기 때문에, 용의 무늬와 익새 머리를 한 선박이 바람을 타고 물결을 헤치며 하루에 천리를 가게 되었다. 그리하여 장강·황하〔江河〕를 횡단하는 것이 평지를 밟고 가듯이 하며, 배를 만드는 것은 나무를 쪼개 쓰는 간단함에 지나지 않았다.

고려인의 경우에 중국 밖〔海外〕에서 나고 자라므로 움직이려면 큰 물결을 건너게 되니, 본래 배를 앞세우는 것은 마땅한 일이다. 이제 그 제도를 살펴보니 간략하고 그리 정교하지 않다. 이것은 그들이 본래부터 물을 편안하게 여기기 때문인가? 아니면 누추한대로 간략함을 추구하면서 졸렬해도 고치지 않기 때문인가? 이제 삼가 본 것을 그림으로 나열한다.

巡船

高麗 地瀕東海 而舟楫之工 簡[8] 略[9] 特甚 中安一檣 上無棚屋 惟設
觿柂而已 使者入群山 門有此等巡船十[10]餘隻 皆揷旌旗 舟人邏卒

---

6) 舟楫은 배와 노이다. 뜻이 변하여 水運을 가리키기도 한다.
7) 『周易』의 64卦 중 59번째 卦이다. ䷺으로 물〔水〕을 뜻하는 坎卦(☵)가 아래에, 바람〔風〕을 뜻하는 巽卦(☴)가 위에 있기 때문에 '바람이 물위를 가는〔風行水上〕' 형상이다.
8) 지부족재본에는 '簡'이라고 되어있다.
9) 사고전서본에는 '畧'이라고 되어있다.
10) 사고전서본에는 '千'이라고 되어있고, 지부족재본에는 '鄭作千'이라고 되어있다.

— 배의 구조 : 『삼재도회(三才圖會)』

— 고려 동경(銅鏡)의 항해하는 배와 고려 배〔高麗船〕의 그림 : 이원식, 『한국의 배』

— 노(櫓)와 키(舵)

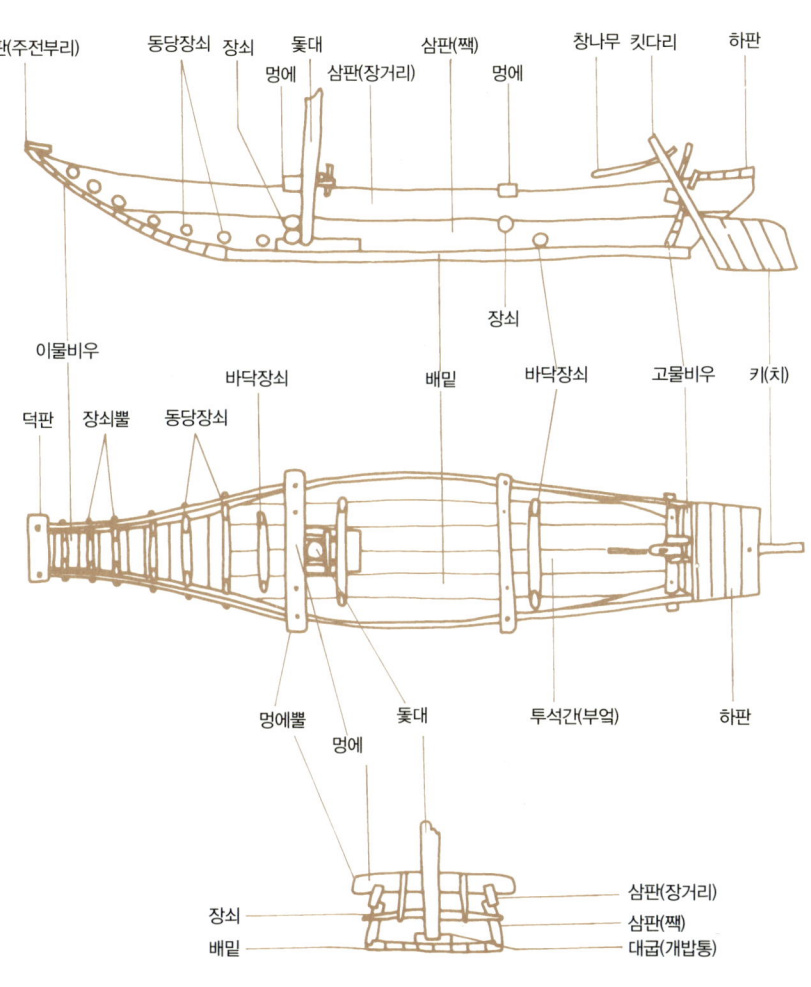

■ 배의 구조 : 이원식, 『한국의 배』

皆箸¹¹⁾青衣 鳴角擊鐃而來 各於檣之杪 建一小旆 書曰洪州都巡 曰
永新都巡 曰公州巡檢 曰保寧 曰懷仁 曰安興 曰暨川 曰陽城 曰慶
源 皆有尉司字 實捕盜官吏也 自入境 以迄回¹²⁾程 迎至餞行於群山
島 望神舟入洋 乃還其國

순라선〔巡船〕

고려는 땅이 동해(東海)에¹³⁾ 접해 있는데도 선박 건조 기술은 매우 단순하다. 중간에 돛대 하나를 세우고 위에는 누각〔棚屋〕이 없으며, 노〔艣〕와 키〔柂〕만을 두었을 뿐이다. 사신〔使者〕이 군산(群山)에 진입하면 해도의 관문(關門)에 이러한 순라선 10여 척이 있다.¹⁴⁾ 모두 정기(旌旗)를 꽂았고, 주인(舟人)과 나졸(邏卒)은 모두 푸른 옷〔青衣〕을 입었으며, 고동나팔〔角〕을 울리고 징을 치며 온다. 각각 돛대 끝에 작은 깃발¹⁵⁾ 하나씩을 세우고 거기에 홍주도순(洪州都巡), 영신도순(永新都巡), 공주순검(公州巡檢), 보령(保寧), 회인(懷仁), 안흥(安興), 기천(暨川), 양성(陽城), 경원(慶源) 등의 글씨를 썼다. 그리고 모두 '위사(尉司)'라는 글자가 있으나 사실은 포도관리(捕盜官吏)들이다. 국경에 들어올〔入境〕 때부터 돌아갈〔回程〕 때까지 군산도에서 영접하고 전송하는데, 신주(神舟)가¹⁶⁾ 먼 바다로 들어가는 것을 보고서야 자기 나라로 돌아갔다.

---

11) 사고전서본과 지부족재본에는 '著'라고 되어있다.
12) 지부족재본에는 '回'라고 되어있다.
13) 宋의 입장에서 東海를 말하는 것이므로 高麗의 경우는 西海 즉 황해를 가리킨다.
14) 사고전서본에는 '十'이 '千'으로 되어있으므로, 이를 따를 경우 '순라선 1,000여 척이 있었다'라고 해야한다.
15) 旆는 기폭의 끝이 갈라져 제비꼬리처럼 되어 있는 폭이 짧고 긴 깃발을 말한다.
16) 중국 사신을 태운 배를 높여 부르고 있다. 본서 권34 神舟에 설명이 있다.

官船

官船之制 上爲茅蓋 下施戶牖[17] 周圍欄檻 以橫木相貫 挑出爲棚 面闊於底[18] 通身不用板簀 唯以矯揉全木 使曲相比釘之 前有矴輪 上施大檣 布帆二十餘幅[19] 垂下 五分之一 則散開而不合縫 恐與風勢相拒耳 使者入境 自東而來 曰接伴 曰先排 曰管句[20] 曰公廚 凡十[21]餘舟 大小相若 惟接伴船 有陳設幄幕焉

관선(官船)

관선은 위에는 띠를 덮었고 아래는 문을 냈다. 주위에는 난간을 둘렀고 가로지른 나무를 서로 꿰어 치켜 올려서 누각을 만들었는데, 윗면이 밑바닥보다 넓다. 선박 몸체로는 판책(板簀)을 쓰지 않고, 통나무를 구부려 바로잡고 서로 잇대어 못을 박기만 했다. 앞에는 닻줄[矴輪]이 있고, 위에는 큰 돛대를 세워 포로 만든 돛[布帆] 20여 폭을 드리웠다. 돛의 5분의 1은 펼쳐서 꿰매지 않았는데, 바람[風勢]을 거스를까봐 그렇게 한 것이다. 사신[使者]이 고려 경내로 들어가면 동쪽에서 다가오는데, 접반(接伴)·선배(先排)·관구(管句)·공주(公廚)라[22] 부르는 총 10여 척의 배가 있다. 크기는 같은데 접반선(接伴船)에만 장막을 설치하였다.

---

17) 사고전서본에는 '扁'라고 되어있다.
18) 사고전서본과 지부족재본에는 '底'라고 되어있다.
19) 二十餘幅: 사고전서본에는 '一十五幅'이라고 되어있고, 지부족재본에는 '二十餘幅鄭刻一十五幅'이라고 되어있다.
20) 사고전서본과 지부족재본에는 '勾'라고 되어있다.
21) 사고전서본에는 '千'이라고 되어있고, 지부족재본에는 '十鄭刻千'이라고 되어있다.
22) 接伴·先排·管句·公廚 등은 각각 그 배에 탑승한 관원의 직책을 뜻하는 旗名이다.

松舫

松舫 群山島船也 首尾皆直 中爲舫屋五間[23] 上以茅覆 前後設二小室 安榻垂簾 中敞二間[24] 施錦茵褥 最爲華煥 唯[25]使副與上節乘之

송방(松舫)

송방은 군산도의 배이다. 선수(船首)와 선미(船尾)가 다 곧고, 가운데에 선실 5칸이 마련되어 있으며 위는 띠로 덮었다. 앞뒤에 작은 방 둘이 마련되어 있는데, 평상(榻)을 놓고 발(簾)을 드리웠다. 중간이 트여 있는 2칸에는 비단보료를 깔았는데 가장 화려하다. 정사·부사 및 상절(上節)만이 거기에 탄다.

幕船

幕船之設 三島皆有之 以待中下節使人也 上以靑布爲屋 下以長竿代柱 四阿各以采[26]繩係之

막선(幕船)

막선은 세 섬에 모두 두었는데, 그것으로 중절·하절(中下節) 사신들을 태운다. 위는 푸른 포(靑布)로 지붕을 삼고, 아래는 장대로 기둥을 대신하였으며 네 귀퉁이에는 각각 채색 끈을 매었다.

---

23) 지부족재본에는 '間' 이라고 되어있다.
24) 지부족재본에는 '開' 이라고 되어있다.
25) 사고전서본에는 '惟' 라고 되어있다.
26) 사고전서본과 지부족재본에는 '朱' 라고 되어있다.

餽食

使者入境 而群山島紫燕洲[27]三州 皆遣人餽食 持書之吏 紫衣幞頭 又其次則烏帽[28] 食味十餘品 而麵[29]食爲先 海錯尤爲珍異[30] 器皿多用金銀 而雜以靑陶 盤榼皆木爲之而黑漆 神舟泊不近島 必遣介乘舟 餽獻於使者 故事 送三日 若過期 風阻未行 則餽食不復至也

식사 접대 〔餽食〕

사신이 고려 경내로 들어오면 군산도, 자연주(紫燕洲), 삼주(三州)에서[31] 모두 사람을 보내 식사를 제공한다. 서찰을 가진 관리는 자주색 옷에 두건〔幞頭〕 차림이고, 그 다음 관리는 검은 모자〔烏帽〕 차림이다. 음식은 10여 종인데 국수가 먼저이고 해산물은 꽤 진기하다. 그릇은 금·은을 많이 쓰는데, 청색 도기도 섞여 있다. 쟁반·소반은 모두 나무로 만들어 옻칠을 했다. 신주(神舟)가 정박하여 섬 가까이 가지 않으면, 반드시 개(介)를 보내 배를 타고 사신에게 음식을 바친다. 예전에는 3일 동안 보내왔는데, 만일 기간이 지나 바람에 막혀 떠나지 못하더라도 식사를 더 이상 보내오지 않았다.

---

27) 사고전서본에는 '測'이라고 되어있고, 지부족재본에는 '州鄭刻測'이라고 되어있다.
28) 사고전서본에는 '帽'라고 되어있다.
29) 사고전서본과 지부족재본에는 '麴'이라고 되어있다.
30) 先海錯尤爲珍異 : 사고전서본에는 '闕六字'라고 되어있고, 지부족재본에는 '先海錯尤'라고 되어있다.
31) 서긍은 본서 권8 人物에서 刑部侍郎 知全州 吳俊和, 禮部侍郎 知靑州 洪若伊, 戶部侍郎 知廣州 陳淑이 그들 일행을 접대한 사실을 기록하였다. 이에 따른다면 三州는 全州·靑州·廣州를 말하는 것으로 보인다.

供水

海水 味劇鹹苦 不可口 凡舟船 將過洋 必設水櫃 廣蓄甘泉 以備食飲 蓋洋中不甚憂風 而以水之有無 爲生死耳 華人自西絶洋而來 旣已累日 麗人料其甘泉必盡 故以大瓮載水 鼓舟來迎 各以茶米酢[32]之

식수 제공〔供水〕

바닷물은 매우 짜고 써서 입에 댈 수 없다. 무릇 선박이 먼바다를 건너려면 반드시 물독을 마련하고 식수〔甘泉〕를 많이 비축하여 마실 것을 준비한다. 대체로 먼바다에서는 바람은 크게 걱정하지 않지만, 물의 유무로 생사가 판가름 난다. 중국 사람〔華人〕이 서쪽에서부터 먼바다를 횡단하여 오는데는 여러 날이 소요된다. 따라서 고려 사람들은 식수가 바닥났으리라 짐작하고서 큰 독에 물을 싣고 배를 저어 와서 맞이하는데, 각각 차와 쌀로 갚아준다.

---

32) 사고전서본과 지부족재본에서는 '酬' 라고 되어있다.

『선화봉사고려도경』권34

海道 一

臣聞 海母衆水 而與天地 同爲無極 故其量猶天地之不可測度 若潮汐往來 應期不爽 爲天地之至信 古人嘗論之 在山海經 以爲海鰌出入穴之度 浮屠書 以爲神龍寶之變化 竇叔蒙海嶠志 以謂水隨月之盈虧 盧肇海潮賦 以謂日出入于[1]海 衝擊而成 王充論衡 以水者 地之血脈 隨氣之進退 率皆持臆說 執偏見 評料近似而未之盡 大抵天包水 水承地 而一元之氣 升降於太空之中 地乘[2]水力以自持 且與元氣升降 互爲抑揚 而人不覺 亦猶坐於船中者 不知船之自運也 方其氣升而地沈 則海水溢上而爲潮 及其氣降而地浮 則海水縮下而爲汐 計日十二辰 由子至巳 其氣爲陽 而陽之氣 又自有升降 以運

---

1) 지부족재본에는 '於'라고 되어있다.
2) 지부족재본에는 '承'이라고 되어있다.

서긍의 여정 : 선화(宣和) 5년(1123)

〈고려 방문 여정〉
3/14 개봉(開封) 출발
5/16 명주(明州) 출발
5/26 정해현(定海縣) 심가문(沈家門) 출발
6/2 협계산(夾界山, 가거도) 지남
6/4 죽도(竹島, 안마군도) 정박
6/5 고섬섬(苦苦苫, 위도) 정박
6/6 군산도(群山島, 선유도) 정박 ← 全州牧使 방문
6/8 마도(馬島, 안흥항) 정박 ← 淸州牧使 방문
6/9 자연도(紫燕島, 영종도) ← 廣州牧使 방문
6/10 합굴(蛤窟, 장봉도) 정박
6/11 용굴(龍骨, 석모도) 정박
6/12 예성항(禮成港) 입항

〈귀국 여정〉
7/15 예성항(禮成港) 출발
7/16 합굴(蛤窟, 장봉도) 정박
7/17 자연도(紫燕島, 영종도) 6일 정박
7/22 마도(馬島, 안흥항) 정박
7/24 군산도(群山島, 선유도) 14일 정박
8/8 고섬섬(苦苦苫, 위도) 정박
8/10 군산도(群山島, 선유도) 6일 정박
8/16 죽도(竹島, 안마군도) 3일 정박
8/20 협계산(夾界山, 가거도) 지남
8/27 정해현(定海縣) 도착

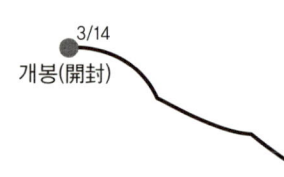

3/14
개봉(開封)

乎晝 由午至亥 其氣爲陰 而陰之氣 又自有升降 以運乎夜 一晝一
夜 合陰陽之氣 凡再升再降 故一日之間[3] 潮汐皆再焉 然晝夜之晷
繫[4]乎日 升降之數 應乎月 月臨於子 則陽氣始升 月臨於午 則陰氣
始升 故夜潮之期 月皆臨子 晝潮之期 月皆臨午焉 又日之行遲 月
之行速 以速應遲 每二十九度過半 而月行及之 日月之會 謂之合朔
故月朔之夜潮 日亦臨子 月朔之晝潮 日亦臨午焉 且晝 卽天上而言
之 天體西轉 日月東行 自朔而往 月速漸東 至午漸遲 而潮亦應之
以遲于晝 故晝潮 自朔後迭差 而入于[5]夜 故所以一日午時 二日午
末 三日未時 四日未末 五日申時 六日申末 七日酉時 八日酉末也
夜卽海下而言之 天體東轉 日月西行 自朔而往 月速漸西 至子漸遲
而潮亦應之 以遲於夜 故夜潮 自朔後迭差 而入于[6]晝 此所以一日
子時 二日子末 三日丑時 四日丑末 五日寅時 五日寅末 七日卯時
八日卯末也 加以時有交變 氣有盛衰 而潮之所至 亦因之爲大小 當
卯酉之月 則陰陽之交也 氣以交而盛出 故潮之大也 獨異於餘月 當
朔望之後 則天地之變也 氣以變而盛出 故潮之大也 獨異於餘日 今
海中有魚獸 殺取皮而乾之 至潮時 則毛皆起 豈非氣感而類應 本於
理之自然也 至若波流而漩伏 沙土之所凝 山石之所峙 則又各有其
形勢 如海中之地 可以合聚落者 則曰洲 十洲之類是也 小於洲而亦
可居者 則曰島 三島之類是也 小於島則曰嶼 小於嶼而有草木 則曰
苫 如苫嶼而其質純石 則曰焦 凡舫舶之行 旣出于海門 則天地相涵

---

3) 지부족재본에는 '開'이라고 되어있다.
4) 지부족재본에는 '係'라고 되어있다.
5) 지부족재본에는 '於'라고 되어있다.
6) 사고전서본과 지부족재본에는 '於'라고 되어있다.

上下一碧 旁無雲埃 遇天地晴霽時 皓日[7]中天 遊[8]雲四斂 恍然如游[9]
六虛之表 既不可以言喻 及風濤間[10]發 雷雨晦冥 蛟螭出沒 神物變
化 而心悸膽落 莫知所說 故其可紀錄者 特山形潮候而已 且高麗海
道 古猶今也 考古之所傳 今或不覩 而今之所載 或昔人所未談 非
固爲異也 蓋航舶之所通 每視風雨之向背 而爲之節 方其風之牽乎
西 則洲島之在東者 不可得而見 惟[11]南與北 亦然 今既論潮候之大
槩 詳于[12]前 謹列夫神舟 所經島洲苫嶼 而爲之圖

바닷길[海道] 1

신(臣)이 듣기에 바다는 모든 물의 모체(母體)로 천지와 같이 끝이 없
다고 한다. 따라서 바다의 양(量)은 천지와 마찬가지로 측량할 수 없다.
밀물과 썰물이 교차하는 것은 기일에 맞춰 어긋남이 없는데, 이것은
천지간의 더없는 믿음이다. 옛사람들은 일찍이 밀물과 썰물을 논하였

---

7) 사고전서본에는 '月'이라고 되어있다.
8) 지부족재본에는 '游'라고 되어있다.
9) 사고전서본에는 '遊'라고 되어있다.
10) 지부족재본에는 '開'이라고 되어있다.
11) 지부족재본에는 '唯'라고 되어있다.
12) 지부족재본에는 '於'라고 되어있다.
13) 중국 고대의 지리서로 모두 18권이며, 五藏山經, 海外四經, 海內四經, 大荒四經, 海內
經의 5부로 되어 있다. 2세기 이전에 만들어진 것으로 추정된다. 전하는 것 중 가장 먼저
이 책을 정리한 前漢 말의 劉秀의 기록에 따르면, 이 책은 禹와 益의 치수사업에서 만들
어진 것이라 하는데 작자는 알 수 없다. 지금 전해오는 책은 東晉의 郭璞이 주석을 단 18
권본이다. 洛陽을 중심으로 동서남북의 지리 산맥 하천 등의 모양을 기록하였는데 산물
풍속 怪獸 요괴 신 등에 대한 기록도 있고, 특히 崑崙山과 西王母 이야기 등이 유명하다.
본문의 海鰌와 관련된 내용은 현재 전해지는 책에는 나와있지 않고, 酈道元의 水經註에
보인다.

는데, 『산해경(山海經)』에서는[13] 해추(海鰌)가 굴[穴]에 출입하는 회수[度]로 여겼다. 『부도서(浮圖書)』에서는 신룡보(神龍寶)의 변화로 간주했다. 두숙몽(竇叔蒙)의 『해교지(海嶠志)』에서는 달의 차고 기우는 것에 물이 따르는 것이라고 했다. 노조(盧肇)의 『해조부(海潮賦)』에서는 해가 바다에서 뜨고 지는 충격 때문이라고 했다. 왕충(王充)의 『논형(論衡)』에서는[14] 물은 천지의 혈맥으로 그 기(氣)의 진퇴에 따라 (밀물과 썰물이 있는 것으로) 기술되어 있다. 이 모든 논의는 억설(臆說)과 편견에 사로잡힌 것으로 생각은 그럴 듯하나 미진하다.

대개 하늘은 물을 감싸고 물은 땅을 받드는데, 근원이 되는 기운[一元之氣]은 하늘과 물 사이를[太空之中] 오르내린다. 땅은 물의 힘을 타서 스스로 지탱하고 또 원기(元氣)와 함께 오르내리는데, 이에 따라 (땅과 원기가) 서로 눌렀다 올라갔다 한다. 사람들이 (그것을) 깨닫지 못하는 것은 배 안에 앉아있는 자가 배의 움직임을 알지 못하는 것과 같다. 이제 그 기운이 올라가고 땅이 가라앉는다면 바닷물은 넘쳐올라서 밀물[潮]이 되고, 그 기운이 내려가고 땅이 떠오른다면 바닷물은 줄어내려가서 썰물[汐]이 된다.

하루[十二辰]를 헤아려보면, 오후 11시~오전 1시 사이[子時]에서 오전 9시~오전 11시 사이[巳時]까지는 그 기운이 양(陽)인데, 양의 기운은 스스로 오르내리면서 낮에 움직인다. 오전 11시~오후 1시 사이[午時]에서 오후 9시~오후 11시 사이[亥時]까지는 그 기운이 음(陰)인데, 음의

---

14) 중국 後漢의 사상가 王充의 저서이다. 내용은 단편을 모은 것이지만 일관되게 전편에 흐르고 있는 내용은 時勢비판이다. 그의 비판은 극히 통렬하며, 모든 객관적 관찰법을 기초로 하여 이루어졌다. 일례로 自然篇에서 그는 "天은 자연에 존재하는 것이며, 세계의 변화와는 아무 관계도 없고, 세계의 변화는 세계 자신의 변화"라고 하였다. 왕충은 이러한 사상에 기인하여 밀물과 썰물의 교차를 설명하고 있다.

기운은 스스로 오르내리면서 밤에 움직인다. 하루 낮과 하루 밤에 음양의 기를 합하여 재차 오르내리기 때문에 하루에 밀물과 썰물이 모두 두 차례씩 있는 것이다.

그러나 낮과 밤의 시간은 해와 관계있고, (밀물과 썰물이) 들고나는 횟수는 달에 호응한다. 달이 자시(子時)에 이르면 양기가 비로소 오르고, 오시(午時)에 이르면 음기가 비로소 오른다. 따라서 밤의 밀물 때 달은 모두 자시에 이르고, 낮의 밀물 때 달은 모두 오시에 이른다. 또 해의 움직임은 더디고 달의 움직임은 빠르다. 빠른 것에 더딘 것이 응하려면 29도 반을 지나야 하는데, 그 때마다 달의 움직임이 (해에) 미친다. 해와 달의 (움직임이) 만나는 것을 합삭(合朔)이라고 한다. 그러므로 초하루[月朔] 밤의 밀물 때에는 해 또한 자시에 이르고, 초하루 낮의 밀물 때에는 해 또한 오시에 이른다.

또한 낮이란 하늘 위에서 보면[天上而言之] 천체가 서쪽으로 움직이고 해와 달은 동쪽으로 움직이는 것이므로 초하루 이후부터는 달이 빨라져 점점 동쪽으로 가고 오시에 이르면 점점 더디게 간다. 밀물 역시 이에 조응하여 낮에 더디게 된다. 따라서 낮 밀물은 초하루 이후부터 차이가 생겨 (조수의 더딘 상태로) 밤이 된다. 그러므로 첫째 날은 오전 11시에서 오후 1시이고[午時], 둘째 날은 오후 1시가 다 되어서이며[午末], 셋째 날은 오후 1시에서 3시이고[未時], 넷째 날은 오후 3시가 다 되어서이며[未末], 다섯째 날은 오후 3시에서 5시이고[申時], 여섯째 날은 오후 5시가 다 되어서이며[申末], 일곱째 날은 오후 5시에서 7시이고[酉時], 여덟째 날은 오후 7시가 다 되어서인[酉末] 것이다. 밤은 곧 바다에서 보면[海下而言之] 천체가 동쪽으로 움직이고 해와 달은 서쪽으로 움직이는 것이므로 초하루 이후부터는 달이 빨라져 점점 서쪽으로 가고 자시에 이르면 점점 더디게 간다. 밀물 역시 이에 조응하여 밤에 더디게 된다. 따라서 밤 밀물은 초하루 이후부터 차이가 생겨 (조수의 더딘 상태로) 낮이 된다. 그러므로 이것이 첫째 날은 오후 11시에서 오전 1시이고 [子時], 둘째 날은 오전 11시가 다되어서이며 [子末], 셋째 날은 오전 1시에서 3시이고 [丑時], 넷째 날은 오전 3시가 다되어서이며 [丑末], 다섯 째 날은 오전 3시에서 5시이고 [寅時], 여섯 째 날은 오전 5시가 다되어이며 [寅末], 일곱 째 날은 오전 5시부터 7시이고 [卯時], 여덟째 날은 오전 7시가 다되어서인 [卯末] 이유이다.

여기에 때마다 변화가 일어나고 기운에는 성쇠가 있어, 밀물이 이르는 것 역시 그로 말미암아 크거나 작아진다. 묘(卯)·유(酉) 달은 음양이 교차된다. 기운은 교차될 때 세차게 나오기 때문에, 밀물의 대단함은 특히 다른 달과 다르다. 초하루와 보름 [朔望] 후가 되면 천지가 변한다. 기운은 변화될 때 세차게 나오기 때문에 밀물의 대단함이 유독 다른 달과 다르다. 시험삼아 [令] 바다 짐승 [魚獸]을 죽여 가죽을 벗겨 말리면, 밀물 때는 그 털이 모두 일어난다. (이것은) 기운의 감응이 자연의 이치에서 비롯되었기 때문이 아니겠는가.

물결이 흘러 소용돌이 치고, 사토(沙土)가 엉키고, 산석(山石)이 치솟는 것 또한 각각 그 형세가 있다. 사람이 살 수 있는 [聚落] 바다 한가운데 땅을 주(洲)라 한다. 십주(十洲)와 같은 것이 그것이다. 주(洲)보다 작지만 역시 거처할 수 있는 곳을 도(島)라 한다. 삼도(三島)와 같은 것이 그것이다. 도(島)보다 작은 것을 서(嶼)라 한다. 서(嶼)보다 작지만 초목이 있는 것을 섬(苫)이라 한다. 섬과 서와 같으나 돌로만 이루어져 있으면 초(焦)라 한다.

선박의 행렬이 해문을 벗어나면, 하늘과 땅이 서로를 머금고 있어 위아래 모두 푸르름 일색이고 주위에는 구름 한 점 없다. 천지가 갤 때는 밝은 해가 중천에 뜨고, 움직이는 구름은 사방으로 들어가니 육허(六虛)를 벗어나 노니는 것 같은 황홀함을 이루 형언할 수 없다. 바람과 파도가 간간이 일고 우뢰와 비로 먹먹해지면 교룡과 이룡이 출몰하고 신령한 짐승(神物)이 변화하면서 간담이 서늘해져(心悸膽落) 할 말을 잃게 된다. 그러므로 기록할 만한 것은 산의 형태와 조류의 움직임일 따름이다.

또한 고려의 바닷길(海道)은 예나 지금이나 같다. 예전에 전하는 것을 살피면 지금 간혹 보이지 않는 것도 있고, 지금 실려있는 것 중 옛사람이 말하지 않은 것도 있다. 그러나 본래부터 달랐던 것은 아니다. 대체로 항로(航舶之所通)는 매번 비바람의 향방을 살펴 조절하는 것이다. 바람이 서쪽으로 끌어당기게 되면 동쪽에 있는 섬(洲島)은 볼 수 없게 된다. 남쪽과 북쪽의 경우 역시 그렇다. 조류 움직임의 대개는 이미 논했으므로, 이제 삼가 신주(神舟)가 경과한 도주(島洲)와 섬서(苫嶼)를 차례대로 그린다.

神舟

臣側聞 神宗皇帝 遣使高麗 嘗詔有司 造巨艦二 一曰凌虛致遠安濟神舟 二曰靈飛順濟神舟 規模甚雄 皇帝嗣服 羹墻[15]孝思 其所以加惠麗人 實推廣熙豊之績 爰自崇寧 以迄于[16]今 荐使綏撫 恩隆禮厚 仍詔有司 更造二舟 大其制而增其名 一曰鼎新利涉懷遠康濟神舟 二曰循流安逸通濟神舟 巍如山嶽 浮動波上 錦帆鷁首 屈服蛟螭 所

---

15) 사고전서본과 지부족재본에는 '牆' 이라고 되어있다.
16) 지부족재본에는 '於' 라고 되어있다.

以暉赫皇華 震慴海外[17] 超冠今古 是宜麗人 迎詔之日 傾國聳觀 而歡呼嘉嘆[18]也

신주(神舟)

신(臣)이 얻어 듣기에 신종황제가 고려에 사신을 보낼 때 유사(有司)에게 조(詔)를 내려 거함 두 척을 건조케 한 적이 있다고 한다. 하나는 '능허치원안제신주(凌虛致遠安濟神舟)'라 했고, 또 하나는 '영비순제신주(靈飛順濟神舟)'라 했는데, 그 규모가 매우 웅장했다.

(휘종) 황제께서는 보위에 오르신 후에 선황제(신종)를 추모하는 효성스런 마음이 있었다. 황제가 고려인에게 은혜를 더욱 두터이 한 것은 실로 희령(熙寧, 宋 神宗의 年號, 1068~1077)과 원풍(元豊, 宋 神宗의 年號, 1078~1085)(熙豊)의 치적을 넓힌 것이다. 그러므로 숭녕 연간으로부터 지금에 이르기까지 거듭 사신을 보내 위무하였고 그 은혜는 융숭하고 예는 두터웠다.

이에 유사에게 조를 내려 다시 배 두 척을 건조케 하였는데, 그 규모를 크게 하고 이름도 거창하게 하였다. 하나는 '정신이섭회원강제신주(鼎新利涉懷遠康濟神舟)'이고, 또 하나는 '순류안일통제신주(循流安逸通濟神舟)'이다. 산악과 같이 높은 그 배들이 물 위에 떠 움직일 때 비단 돛에 익조(鷁鳥) 모양의 선수는 교룡과 이룡을 굴복시켰다. 이로 인해 빛나는 황제의 사신(皇華)이 해외에 그 위엄을 떨치게 되니, 이는 고금에 으뜸이었다. 따라서 고려인들은 조서를 맞이하던 날 온 나라가 우러러보고 환호하며 감탄했던 것도 당연한 일이었다.

---

17) 사고전서본에는 '海外'라고 되어있다.
18) 사고전서본에는 '歎'이라고 되어있다.

客舟

舊例 每因朝廷遣使 先期 委福建兩浙監司 顧募客舟 復令明州裝飾 略[19]如神舟 具體而微 其長十餘丈 深三丈 闊二丈五尺 可載二千斛粟 其制 皆以全木巨枋 攙疊而成 上平如衡 下側如刃 貴其可以破浪而行也 其中 分爲三處 前一倉 不安艎板 惟於底 安竈與水櫃 正當兩檣之間[20]也 其下 卽兵甲宿棚 其次一倉 裝作四室 又其後 一倉謂之㡣屋 高及丈餘 四壁施窓戶 如房屋之制 上施欄楯 朶[21]繪華煥 而用帟幕增飾 使者官屬 各以階序分居之 上有竹篷 平時積疊 遇雨則鋪蓋周密 然舟人極畏㡣高 以其拒風 不若仍舊爲便也 船首兩頰柱中 有車輪 上絡藤索 其大如椽 長五百尺 下垂矴石 石兩旁夾以二木鉤 船未入洋 近山抛泊 則放矴箸[22]水底 如維纜之屬 舟乃不行 若風濤緊急 則加游[23]矴 其用如大矴 而在其兩旁 遇行則卷其輪 而收之 後有正柂 大小二等 隨水淺深更易 當㡣之後 從上插下二桿 謂之三副柂 唯[24]入洋則用之 又於舟腹兩旁 縛大竹爲橐 以拒浪 裝載之法 水不得過橐 以爲[25]輕重之度 水棚 在竹橐之上 每舟十艣 開山入港 隨潮過門 皆鳴艣而行 篙師跳躑號叫 用力甚至 而舟行 終不若駕風之快也 大檣高十丈 頭檣高八丈 風正則張布颿五十幅 稍偏則用利篷 左右翼張 以便風勢 大檣之巓 更加小颿十幅 謂之野狐颿 風息則用之 然風有八面 唯當頭不可行 其立竿以鳥羽

---

19) 사고전서본에는 '畧'이라고 되어있다.
20) 사고전서본과 지부족재본에는 '間'이라고 되어있다.
21) 사고전서본에는 '朱'라고 되어있다.
22) 사고전서본과 지부족재본에는 '著'라고 되어있다.
23) 사고전서본과 지부족재본에는 '遊'라고 되어있다.
24) 사고전서본에는 '惟'라고 되어있다.
25) 사고전서본에는 '鬩'이라고 되어있고, 지부족재본에는 '爲'가 결락되어있다.

候風所向 謂之五兩 大抵難得正風 故布帆之用 不若利篷 翕張之能
順人意也 海行 不畏深 惟懼淺閣 以舟底不平 若潮落則傾覆不可救
故常以繩垂鉛硾以試之 每舟 篙師水手 可六十人 惟恃首領 熟識海
道 善料天時人事 而得衆情 故若[26]一有倉卒之虞 首尾相應如一人
則能濟矣 若夫神舟之長闊高大什物器用人數 皆三倍於客舟也

객주(客舟)

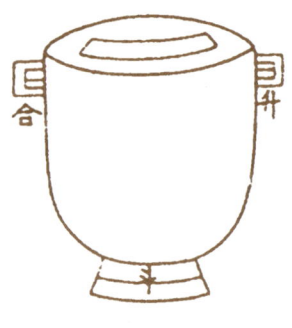

곡(斛) : 『삼례도(三禮圖)』

구례(舊例)에 (중국) 조정에서 사신을 파견할 때마다 기일에 앞서 복건(福建)과 양절(兩浙)의 감사에게 객주의 고용을 위임하고, 다시 명주(明州)에 영을 내려 장식하게 했다. 대략 신주(神舟)의 형태를 갖추었지만 (상대적으로) 작다. 그 길이는 10여 길〔丈〕이고, 높이〔深〕는 3길이며, 너비는 2길 5자〔尺〕로 2천여 곡(斛)의 곡식을 실을 수 있다.

객주는 통나무와 커다란 박달나무〔枋〕를 엮어 만들었다. 위는 저울대처럼 평평하고 아래는 칼날처럼 기울어졌는데, (이러한 모양은) 풍랑(風浪)을 헤치고 항해하는데 적합하기 때문이다. 그 가운데는 세 부분으로 나뉘어졌는데, 앞의 한 선창〔倉〕에는 황판(艎板)을 설치하지 않고, 단지 바닥에 화덕과 물독을 안치하니, 바로 두 돛대 사이에 해당한다. 그 아래는 군사가 묵고 병기를 놓아두는 곳이다. 그 다음 선창에는 네 개의

---

26) 지부족재본에는 '若'이 결락되어있다.

방을 만들었다. 또 그 뒤 선창은 교옥(庨屋)이라 하였는데, 높이는 1길 남짓 되고 네 벽에는 방옥(房屋)처럼 창호를 설치했다. 위에 난간을 설치했는데, 채색 그림이 화려한데다 장막을 이용해 장식을 더했다.

사자와 관속들은 각각 서열에 따라 나뉘어 거처했다. 위에는 대나무 뜸[竹篷]이 있는데 평상시에는 말아 두었다가, 비가 오면 조밀하게 펼쳐 덮는다. 그러나 주인(舟人)들은 교옥(庨屋)이 높아지는 것을 매우 싫어한다. (그 이유는) 교옥이 바람을 막아 옛날에 편리하게 바람을 이용했던 것만 못하기 때문이다.

선수(船首)의 양 옆 기둥의 가운데에는 수레바퀴가 있고, 그 위에는 등나무 동아줄이 있는데 서까래처럼 크고 길이가 5백 척이었다. 그 아래에는 닻돌[矴石]을[27] 내려뜨렸는데, 닻돌 양 곁에는 두 개의 나무 갈고리를 끼웠다. 배가 먼바다로 들어가지 않고 산 근처에 정박하게 되면 닻을 풀어 물 바닥에 닿게 하고, 닻줄 등을 묶어 놓으면 배는 나아가지 않는다. 만약 풍랑이 크게 일면 유정(游矴)을 더하는데, 그 사용법은 대정(大矴)과 같으며, 그 닻의 양 옆에 둔다. 항해할 때는 그 바퀴를 감아서 거두어들인다. 뒤에는 크고 작은 정타(正柂) 2개가 있는데, 물이 얕고 깊음에 따라 교체한다. 교옥 뒤에는 삼부타(三副柂)라고 부르는 위에서부터 아래로 꽂은 노가 2개 있는데, 먼바다로 나아갈 때만 사용한다.

또 배 가운데 부분의 양편에는 커다란 대나무를 묶어 자루로 만들어 파도를 막는다. (그것을) 장치하는 이유[法]는 물이 자루를 넘지 못하게

---

27) 얕은 바다에서 배를 정박시킬 때 사용하는 繫船具를 말한다. 옛날의 배는 밧줄 끝에 무거운 돌을 매달아 그것을 물 속에 내려 놓고, 배가 다른 곳으로 떠내려가지 않도록 하였다. 그 돌을 정(碇)이라 하였고, 배가 닻을 내리고 머무는 것을 정박이라 하였다.

하는 것으로써 (배의) 무게를 조절하기 위해서이다. 수붕(水棚)은 대나무 자루 위에 있다. 배마다 10개의 노(艣)가 있다. 산을 헤치고 항구에 들어가며 조류를 따라 바다 관문을 넘을 때는 모두 노를 힘껏 저어간다. 고사(篙師)들이 몸을 요동치고 소리지르며 온 힘을 다해 배를 저어가도 바람을 타고 빨리 가는 것만 못하다.

대장(大檣)은 높이 10길〔丈〕이고, 두장(頭檣)은 높이 8길로 순풍〔風正〕이 불면 포범(布颿) 50폭을 펼치고, 조금 치우쳐 바람이 불면 이봉(利篷)을 사용해 좌우를 날개처럼 쫙 펴서 바람의 세기를 편리하게 이용한다. 대장의 꼭대기에는 다시 작은 범(颿) 10폭을 덧대는데, 이를 야호범(野狐颿)이라 한다. 이는 바람이 그치면 사용한다. 그러나 8면에서 불어오는 바람 가운데, 오직 앞머리에서 불어오면 나아갈 수 없다. 장대〔竿〕를 세워 새 깃털로 바람의 방향을 알아보는데, 이를 오량(五兩)이라고 한다. 대개 순풍을 만나면 어려우므로 포범(布帆)을 사용하는데, (이는) 사람의 뜻대로 접었다 펼칠 수 있는 이봉만 못하다.

항해할 때에는 바다가 깊은 것을 두려워하지 않고 오직 얕아서 박히는 것을 두려워한다. 배의 바닥이 평평하지 않기 때문이다. 만약 조수가 빠지면 기울어 쓰러져 구할 수 없기 때문에 항상 끈에 납추〔鉛碓〕를 늘어뜨려 (바다 깊이를) 헤아려 본다. 배마다 고사(篙師)와 수수(水手)가 60명이 되는데, 다만 수령만을 믿는다. (수령은) 바닷길에 익숙하고, 하늘의 때와 사람의 일을 잘 헤아려 대중의 마음을 얻는 자이다. 때문에 갑자기 어려운 때에 처하더라도 모두가 서로 응해서 혼연일체가 되어 이겨낼 수 있다. 신주의 길이·너비·높이·크기·집기·용기·인원수는 모두 객주의 3배다.

招寶山

宣和四年壬寅春三月 詔遣給事中路允迪中書舍人傳墨卿 充國信使副 往高麗 秋九月 以國王俁[28]薨 被旨 兼祭奠弔慰而行 遵元豐故事也 五年癸卯春二月十八日壬寅 促裝治舟 二十四日戊申 詔赴睿謨殿 宣示禮物 三月十一日甲子 赴同文館 聽誡諭 十三日丙寅 皇帝 御崇政殿臨軒 親遣傳旨宣諭 十四日丁卯 錫[29]宴于[30]永寧寺 是日 解舟出汴 夏五月三日乙卯 舟次四明 先是 得旨以二神舟六客舟兼行 十三日乙丑 奉禮物入八舟 十四日丙寅 遣拱[31]衛大夫相州觀察使直睿思殿關弼 口宣詔旨 錫宴于明州之聽[32]事 十六日戊辰神舟發明州 十九日辛未 達定海縣 先期遣中使武功大夫容彰年 建道場於摠[33]持院 七晝夜 仍降御香 宣祝于[34]顯仁助順淵聖廣德王祠 神物出現 狀如蜥蜴 實東海龍君也 廟前十餘步 當鄞江窮處 一山巍然出於海中 上有小浮屠 舊傳海舶 望是山 則知其爲定海也 故以招寶名之 自此方謂之出海口 二十四日丙子 八舟 鳴金鼓 張旗幟 以次解發 中使關弼 登招寶山 焚御香 望洋再拜 是日 天氣晴快 巳刻乘東南風 張篷鳴艣 水勢湍急 委蛇而行 過虎頭山 水浹港口七里山 虎頭山 以其形似名之 度其地 已距定海二十里矣 水色與鄞江不異 但味差鹹耳 蓋百川所會至此 尤[35]未澄徹[36]也

---

28) 지부족재본에는 '俁' 라고 되어있다.
29) 사고전서본에는 '賜' 라고 되어있다.
30) 지부족재본에는 '於' 라고 되어있다.
31) 사고전서본과 지부족재본에는 '供' 이라고 되어있다.
32) 사고전서본과 지부족재본에는 '廳' 이라고 되어있다.
33) 사고전서본과 지부족재본에는 '總' 이라고 되어있다.
34) 지부족재본에는 '於' 라고 되어있다.
35) 사고전서본에는 '猶' 라고 되어있다.

초보산(招寶山)

선화 4년(1122) 임인년 봄 3월에 급사중(給事中) 노윤적(路允迪)과 중서사인(中書舍人) 부묵경(傅墨卿)을 국신사(國信使)와 부사(副使)로 임명하여 고려에 가게 했다. 가을 9월에 고려왕 예종[王俁]이 돌아가니 황제의 뜻을 받아 제전(祭奠)과 조위(弔慰)의 임무를 띠고 갔는데, 이는 원풍(元豊, 宋 神宗의 年號, 1078~1085) 연간의 고사를 따른 것이다. (선화) 5년(1123) 계묘년 봄 2월 18일 임인일에 장비와 배를 재촉하여 갖추고, 24일 무신일에 조칙으로 예모전(睿謨殿)에 가 예물을 살피고[宣示], 3월 11일 갑자일에 동문관(同文館)에 가 경계해야할 일들을 들었다. 13일 병인일에 황제가 숭정전(崇政殿)의 헌(軒)에 친히 납시어 몸소 전지(傳旨)를 보내 선유(宣諭)했다. 14일 정묘일에 영녕시(永寧寺)에서 연회를 베푸셨다. 이 날 배를 타고 변경(汴京)에 나아갔다. 여름 5월 3일 을묘일에 배가 사명(四明)에서 머물렀다. 이에 앞서 황제의 명령으로 2척의 신주(神舟)와 6척의 객주(客舟)로 함께 나아갔다. 13일 을축일에 예물을 받들어 8척의 배에 실었다. 14일 병인일에 공위대부 상주관찰사 직예사전(拱衛大夫 相州觀察使 直睿思殿) 관필(關弼)을 보내 조칙을 내리고, 명주(明州)의 청사(廳事)에서 연회를 베풀었다. 16일 무진일에 신주가 명주를 출발했다. 19일 신미일에 정해현(定海縣)에 도착했다.

기일에 앞서 중사(中使) 무공대부(武功大夫) 용팽년(容彭年)을 보내 총지원(摠持院)에서 7일 낮과 밤 동안 도량을 열었다. 이에 어향(御香)을 내려 현인조순연성광덕왕사(顯仁助順淵聖廣德王祠)에서 기원하니, 신물(神物)이 출현했다. 모양은 도마뱀 같았는데, 실제로는 동해의 용군(龍

---

36) 지부족재본에는 '澂'이라고 되어있다.

君)이었다. 묘(廟) 앞 10여 보쯤 은강(鄞江)이 끝나는 곳에 우뚝하게 산 하나가 바다 속에서 솟구쳐있는데, 산 위에는 작은 부도가 있었다. 예로부터 전하기를 항해하는 배에서 이 산을 바라보면 그곳이 정해(定海)임을 알았다 한다. 때문에 초보(招寶)라 이름했다. 이로부터 비로소 바다로 나아가는 입구라 한다.

24일 병자일에 8척의 배가 금고(金鼓)를 울리고 깃발을 휘날리며, 차례로 배를 풀고 출발했다. 중사 관필은 초보산에 올라 어향을 피우고, 바다를 바라보고 재배했다. 이날 날씨가 쾌청했다. 오전 11시가 다되어〔巳刻〕동남풍(東南風)을 타고, 뜸범(篷)을 펼치고 노를 저으니, 물살이 급하여 이리저리〔委蛇〕나아갔다. 호두산(虎頭山)을 지나니 항구에 있는 칠리산이 물에 잠긴 것 같다. 호두산은 그 모양을 본떠 이름지은 것이다. 그곳을 헤아려보니 이미 정해(定海)에서 20리 거리였다. 물색이 근강과 다르지 않았는데, 다만 맛이 약간 짠 편이었다. 대개 모든 내〔百川〕가 이곳에서 모이므로 여전히 맑아지지 않았다.

虎頭山

過虎頭山 行數十里 卽至蛟門 大抵海中 有山對峙 其間[37]有水道 可以通舟者 皆謂之門 蛟門 云蛟蜃所宅 亦謂之三交門 其日申末刻 遠望大小二謝山 歷松柏灣 抵蘆浦抛矴 八舟同泊

호두산(虎頭山)

호두산을 지나 수십 리 가면 교문(蛟門)에 이른다. 대체로 바다 가운

---

37) 사고전서본과 지부족재본에는 '閒'이라고 되어있다.

데 두 산이 마주보고 있는데, 그 사이 물길로 배가 통과할 수 있는 곳을 모두 문(門)이라고 한다. 교문은 교룡과 이무기가 머무는 곳이라고 하는데, 삼교문(三交門)이라고도 한다. 그날 오후 5시가 되어〔申末〕 멀리 대사산(大謝山)과 소사산(小謝山)을 바라보며 송백만(松柏灣)을 지나 노포(蘆浦)에 다다라 닻을 던지고 8척의 배가 함께 정박하였다.

沈家門

二十五日丁丑辰刻 四山霧合 西風作張蓬[38] 委蛇[39]曲折 隨風之勢 其行甚遲 舟人 謂之㩽[40]風 巳刻霧散 出浮稀頭白峯窄額門石師顔 而後 至沈家門抛泊 其門山 與蛟門相類 而四山環擁 對開兩門 其勢連亘 尙屬昌國縣 其上漁人樵[41]客 叢居十數家 就其中 以大姓名之 申刻 風雨晦冥 雷電雨雹欸至 移時乃止 是夜 就山張幕 掃地而祭 舟人 謂之祠沙 實岳瀆主治之神 而配食之位甚多 每舟 各刻木爲小舟 載佛經糗粮[42] 書所載人名氏 納於其中 而投諸海 蓋禳[43]之術一端耳

심가문(沈家門)

25일 정축일 오전 8시쯤〔辰刻〕 사방의 산이 안개로 덮였고, 서풍이 불어 뜸범〔蓬〕을 펼치니 바람의 영향때문에 이리저리〔委蛇曲折〕 가느라 항

---

38) 사고전서본과 지부족재본에는 '篷' 이라고 되어있다.
39) 사고전서본에는 '地' 라고 되어있다.
40) 사고전서본과 지부족재본에는 '㩽' 라고 되어있다.
41) 지부족재본에는 '漁' 라고 되어있다.
42) 糗粮 : 사고전서본에는 '糧糗' 라고 되어있고, 지부족재본에는 '糗糧' 이라고 되어있다.
43) 사고전서본과 지부족재본에는 '厭' 이라고 되어있다.

해가 매우 더뎠다. 주인(舟人)은 이를 '구풍(颶風)'이라 하였다. 오전 10시쯤〔巳刻〕에 안개가 흩어지고 희두백봉(稀頭白峯) 착액문(窄額門) 석사안(石師顔)을 나간 후 심가문(沈家門)에 다다라 정박했다. 심가문(沈家門)의 산은 교문의 그것과 같은 모양인데, 사방의 산이 둥그렇게 안고 있으며 두 문을 마주 열고 있다. 그 산세가 연이어 걸쳐있는데, 여전히 창국현(昌國縣)에 속했다. 그 주변에 어부와 나무꾼〔樵客〕 10여 가가 모여 사는데, (심가문이라는 이름은) 그 가운데 큰 성〔大姓〕의 이름을 취한 것이다.

오후 4시쯤〔申刻〕에 비바람이 몰아쳐 캄캄해지고, 우뢰와 번개, 우박이 갑자기 들이치다가 얼마 뒤에 그쳤다. 이날 밤 산에 올라가 장막을 치고, 땅을 깨끗이 쓸고 제사지냈다. 주인들은 이것을 사사(祠沙)라 한다. 실제로는 악독(岳瀆)을 다스리는 신이고, 배양하는 신위도 매우 많다. 배마다 나무를 깎아 작은 배를 만들어 불경과 양식을 싣고, 배에 탄 사람의 성명을 써서 (작은 배) 안에 넣어 바다에 흘려보낸다. 대체로 일종의 푸닥거리로서 (마음을) 편안하게 하는 술법의 일단이다.

梅岑

二十六日戊寅 西北風勁甚 使者率三節人 以小舟登岸入梅岑 舊云 梅子眞棲隱之地 故得此名 有履迹瓢痕 在石橋上 其深麓中 有蕭梁 所建寶陁院 殿有靈感觀音 昔新羅賈人 往五臺 刻其像 欲載歸其國 暨出海遇焦 舟膠不進 乃還置像於焦上 院僧宗岳者 迎奉於殿 自後 海舶[44]往來 必詣祈福 無不感應 吳越錢氏 移其像於城中開元寺 今 梅岑所尊奉 卽後來所作也 崇寧使者 聞于[45]朝 賜寺新額 歲度緇衣

---

44) 지부족재본에는 '泊'이라고 되어 있다.
45) 지부족재본에는 '於'라고 되어 있다.

而增飾之 舊制 使者於此請禱 是夜 僧徒 焚誦歌唄甚嚴 而三節官
吏兵卒 莫不虔恪作禮 至中宵 星斗煥然 嵐幡搖動 人皆懽躍云 風
已回[46]正南矣 二十七日己卯 舟人 以風執[47]未定 尙候其孰 海上以
風轉 至次日 不改者 謂之孰 不爾 至洋中 卒爾風回[48] 則茫然不知
所向矣 自此 卽出洋 故審視風雲天時 而後進也 申刻 使副與三節
人 俱還八舟 至是 水色稍澄 而波面微蕩 舟中 已覺骪脆[49]矣

매잠(梅岑)[50]

26일 무인일에 서북풍이 아주 심해졌다. 정사〔使者〕가 삼절인(三節人
; 上節官·中節官·下節官)을 거느리고 작은 배를 이용해 연안에 올라 매
잠(梅岑)에 들어갔다. 예전부터 매자진(梅子眞)이 은거하는 지역이라고
전해와 이름을 매잠이라고 했다. 신발 자국과 표주박 흔적이 돌다리
위에 있다. 깊은 산기슭에는 소량(蕭梁)이 세운 보타원(寶陁院)이 있고,
전(殿)에는 신령스럽게 감응하는〔靈感〕 관음〔觀音〕이 모셔져 있다.

옛날 신라 상인이 (중국의) 오대산에 가서 그 상을 조각해 본국으로 실
어가고자 바다에 나갔으나, 암초를 만나 배가 붙어 나아가지 않았다.
이에 암초 위에 관음상을 도로 올려놓았다. 보타원의 승려 종악(宗岳)
이라는 자가 전(殿)에 다시 맞아 봉안하였다. 그 이후 항해하는 선박은
반드시 이곳에 이르러 복을 빌었는데, 감응하지 않는 때가 없었다. 오

---

46) 지부족재본에는 '囘' 라고 되어있다.
47) 사고전서본과 지부족재본에는 '勢' 라고 되어있다.
48) 지부족재본에는 '囘' 라고 되어있다.
49) 사고전서본에는 '杌' 이라고 되어있다.
50) 沈家門 바로 앞에 있는 '梅岑' 은 중국의 고지도와 현재의 지명에 '梅岑' 으로 나타나있
다. 판각 과정에서 나타난 오류로 보인다.

월(吳越)의 전씨(錢氏)는 그 상을 성 안의 개원사(開元寺)에 옮겼다. 지금 매잠에서 받들어 모시는 것은 후대에 와서 만든 것이다. 숭녕(崇寧, 송 휘종의 연호, 1102~1106) 연간에 사신이 조정에 알려 절에 새로운 편액을 내리고, 해마다 승려 수를 헤아려 늘려주었다. 옛 제도에 따르면 사신은 이곳에서 기도를 드린다.

이날 밤 승려들이 분향과 송경, 범패(梵唄)를 매우 엄숙하게 부르니, 삼절의 관리와 병졸들도 삼가하면서 성심껏 예를 다했다. 한밤중에 별이 빛나고 깃발이 바람에 나부끼니, 사람들이 모두 뛸 듯이 기뻐하며 "바람이 이미 정남(正南)으로 바뀌었다."라고 했다.

27일 기묘일에 주인(舟人)은 바람의 기세가 안정되지 않아 숙풍〔孰〕이 불기를 기다렸다. 해상의 바람이 바뀌어서 그 다음 날까지 변하지 않는 것을 '숙(孰)'이라 한다. 숙풍이 아닐 때 움직인다면 바다 가운데서 갑자기 바람의 방향이 바뀌면서 향하는 곳을 망연히 알지 못하게 된다. 따라서 먼바다로 나아갈 때는 바람과 구름과 하늘의 때를 잘 살핀 후에 (바다로) 나아가는 것이다. 오후 4시쯤〔申刻〕 정사와 부사는 삼절인(三節人)과 함께 8척의 배 안으로 모두 돌아갔다. 이 때에 이르러 바다 색이 조금 맑아졌으나 물결이 조금 일었는데, 배안에서 위태함을 느낄 수 있을 정도였다.

海驢焦

二十八日庚辰 天日淸晏 卯刻 八舟同發 使副具朝服 與二道官 望闕再拜 投御前所降神霄玉淸九陽總眞符籙 幷風師龍王牒 天曹直符引五嶽眞形 與止風雨等十三符 訖 張篷而行 出赤門 食頃 水色漸碧 四望山島[51] 稍稀 或如斷雲 或如偃月 已後 過海驢焦 狀如伏

驢 崇寧間[52] 舟人有見海獸出沒波間[53] 狀如驢形 當別是一物 未必
因焦石而有驢也

해려초(海驢焦)

28일 경진일 하늘이 맑았다. 오전 6시쯤〔卯刻〕 8척의 배가 동시에 출발하였는데, 정사와 부사는 조복(朝服)을 갖춰입고 2명의 도관(道官)과 함께 궁궐을 향하여 재배하고, 어전(御前)에서 내린 신소옥청구양총진부록(神霄玉淸九陽總眞符籙)과 풍사용왕첩(風師龍王牒), 천조직부인오옥진형(天曹直符引五獄眞形), 그리고 지풍우(止風雨) 등 13부적〔符〕을 던졌다. (이 일을) 마친 후 돛범〔蓬〕을 펼치고 나아가 적문(赤門)을 지났다.

한식경을 지난 후 물빛이 점점 푸른색을 띠었다. 사방의 산과 섬을 바라보니 점점 사라지는데, 끊긴 구름이나 기운 달 같았다. 그 후 해려초를 지났는데 모양이 엎드린 당나귀 같았다. 숭녕 연간에 주인(舟人)이 파도 사이에서 출몰하는 바다 짐승〔海獸〕을 보았는데, 그 모양이 당나귀 같았다고 한다. 당연히 다른 사물이었을 것이고, 반드시 초석(焦石)에 당나귀가 있지는 않았을 것이다.

蓬萊山

蓬萊山 望之甚遠 前高後下 峭拔可愛 其島 尙屬昌國封境 其上極廣 可以種蒔 島人居之 仙家三山中 有蓬萊 越弱水三萬里 乃得到 今不應指顧間[54]見 當是今人 指以爲名耳 過此則不復有山 惟見連[55]

---

51) 사고전서본과 지부족재본에는 '島'라고 되어있다.
52) 사고전서본과 지부족재본에는 '間'이라고 되어있다.
53) 사고전서본과 지부족재본에는 '間'이라고 되어있다.
54) 지부족재본에는 '間'이라고 되어있다.

波起伏 噴⁵⁶⁾ 豗淘⁵⁷⁾涌 舟楫振撼 舟中之人 吐眩顚仆 不能自持 十八九矣

봉래산(蓬萊山)

봉래산을 바라보면 매우 멀다. 산의 앞은 높고 뒤는 내려갔으며 가파르게 치솟아 있는 것이 마음에 든다. (봉래산이 있는) 섬은 여전히 창국현〔昌國〕의 경계에 속해있다. 그곳은 매우 넓어 농사를 지을 수 있으므로〔種蒔〕 섬 사람들이 거주한다.

선가(仙家)의 삼산(三山) 중에 봉래산이 있는데, 약수(弱水) 3만 리를 넘어가서야 도달할 수 있다. 그런데 지금 사방을 둘러봐도 지칭할 만한 곳이 없다. 그러므로 지금 사람들이 (이것을) 가리켜 (봉래산이라) 이름지었을 것이다. 이곳을 지나면 또 다른 산은 없다. 파도가 연이어 출렁거리며 내리쳤다 용솟음치는 것만을 볼 수 있을 뿐이다. 배가 흔들리며 요동쳐 배 안 사람들은 십중팔구 구토와 현기증으로 쓰러져 제 몸을 가누지 못했다.

半洋焦

舟行過蓬萊山之後 水深碧 色如玻璃 浪勢盆大 洋中有石 曰半洋焦 舟觸焦則覆溺 故篙師最畏之 是日午後 南風盆急 加野狐颿 制颿之意 以浪來迎 舟恐不能勝其勢 故加小颿於大颿之上 使之提挈而行 是夜 洋中不可住 惟⁵⁸⁾視星斗前邁 若晦冥 則用指南浮針 以揆南北

---

55) 사고전서본에는 '遠'이라고 되어있다.
56) 지부족재본에는 '噴'이라고 되어있다.
57) 사고전서본과 지부족재본에는 '淘'이라고 되어있다.
58) 사고전서본과 지부족재본에는 '維'라고 되어있다.

入夜奉火 八舟皆應 夜分 風轉西北 其勢甚亟 雖已落篷 而颱動颶搖 瓶盎皆傾 一舟之人 震恐[59]膽落 黎明稍綏 人心向寧 依前張䩢而進

반양초(半洋焦)

배가 봉래산을 지난 후에는 물이 깊어 유리와 같이 푸른 빛을 띤다. 풍랑의 기세는 더욱 사나와진다. 먼바다 가운데 돌이 있는데, 반양초(半洋焦)라고 했다. 배가 암초에 부딪히면 뒤집혀 물에 빠지므로 고사(篙師)들은 그것을 가장 두려워했다. 이날 오후에 남풍(南風)이 더욱 세져 야호범(野狐䩢)을 덧댔다. 돛[䩢]을 만드는 이유는 풍랑에 대비하기 위해서이다. (배가) 그 기세를 이기지 못할까 두려워 큰 돛[大䩢]의 위에 작은 돛[小䩢]을 덧대어 그것들이 서로 이끌고 가게 하였다.

이날 밤 바다 가운데 머무를 수 없어 오직 별만을 보고 앞으로 가다가, 별조차 보이지 않게 어두워지자 나침반[指南浮針]을 써서 남북을 헤아렸다. 밤이 되어 불을 밝히자, 8척의 배가 모두 호응했다. 한밤중에 바람이 서북(西北)으로 바뀌었는데, 그 기세가 매우 세져서 뜸범[篷]을 내렸는데도 파도에 흔들려 요동쳤다. 병과 항아리는 모두 쓰러지고, 온 배의 사람들은 놀라고 두려워 벌벌 떨었다. 동이 틀 무렵이 되어서야 좀 가라앉아 사람들의 마음이 안정되어 이전처럼 돛[䩢]을 올리고 나아갔다.

---

59) 사고전서본에는 '懼' 라고 되어있다.

白水洋

二十九日辛巳 天色陰翳 風勢未定 辰刻 風微[60]且順 復加野狐颿 舟行甚鈍 申後[61]風轉 酉刻 雲合雨作 入夜乃止 復作南風 入白水洋 其源出靺鞨 故作白色 是夜擧火 三舟相應矣

백수양(白水洋)

29일 신사일에 하늘은 어둡고, 바람의 움직임은 정해지지 않았다. 오전 8시쯤〔辰刻〕에 바람이 잦아지고 순해져 다시 야호범(野狐颿)을 덧댔으나, 항해 속도는 매우 느려졌다. 오후 5시가 다되어〔申後〕바람이 바뀌더니, 오후 6시쯤〔酉刻〕에 구름이 일어 비가 내렸다가 밤이 되어서야 그쳤다. 다시 남풍(南風)이 일어 백수양으로 들어갔다. 그 근원이 말갈(靺鞨)에서 나왔기 때문에 흰빛을 띠었다. 이날 밤 불을 드니, 배 3척이 서로 호응했다.

黃水洋

黃水洋 卽沙尾也 其水渾濁且淺 舟人云 其沙自西南而來 橫於洋中千餘里 卽黃河入海之處 舟行至此 則以鷄黍祀沙 蓋前後行舟遇[62]沙 多有被害者 故祭其溺死[63]之魂云 自中國適句驪 唯明州道則經此 若自登州版橋以濟 則可以避之 比使者回[64]程至此 第一舟幾遇淺 第二舟午後 三柂併折 賴宗社威靈 得以生還 故舟人[65]每[66]以過

---

60) 사고전서본에는 '颷'이라고 되어있다.
61) 지부족재본에는 '行'이라고 되어있다.
62) 사고전서본과 지부족재본에는 '過'라고 되어있다.
63) 사고전서본에는 '水'라고 되어있다.
64) 지부족재본에는 '囘'라고 되어있다.

沙尾爲難 當數用鉛硾 時其深淺 不可不謹也

황수양(黃水洋)

황수양은 모래지대의 끝부분[沙尾]이다. 그 물은 혼탁하고 (깊이가) 얕다. 주인(舟人)이 말하기를 그 모래는 서남쪽으로부터 와서 먼바다 가운데 1,000여 리에 가로 놓여진 것으로, 곧 황하가 바다로 들어가는 곳이라고 한다. 배의 항로가 이곳에 이르면 닭과 수수로 모래에 제사지낸다. 이는 왕왕[前後] 항해 중 모래를 만나 피해를 입은 자들이 많았으므로, 익사(溺死)자들의 혼을 달래주는 것[祭]이라 한다.

중국에서 고려[句驪]로 가는 (해로 중) 명주(明州) 항로만이 이곳을 지나간다. 만약 등주(登州)의 판교(版橋)로부터 건너간다면 이곳을 피해갈 수 있다. 근래에[比] 사신(使者)이 돌아올 때 이곳에 이르러 첫 번째 배가 얕은 곳에 거의 박힐 뻔하였고, 두 번째 배는 오후에 3개의 키를 모두 부러뜨렸으나, 종묘 사직의 위령 덕분에 살아서 돌아왔다. 때문에 주인은 사미(沙尾)를 지나는 것을 어렵게 여긴다. 여러번 납추[鉛硾]를 사용하여 수시로 깊고 얕음을 살피지 않으면 안된다.

黑水洋

黑水洋 卽北海洋也 其色點湛淵淪 正黑如墨 猝然視之 心膽俱喪 怒濤噴薄 屹如萬山 遇夜則波間⁶⁷⁾熠熠 其明如火 方其舟之升在波上也 不覺有海 惟⁶⁸⁾見天日明快 及降在窪中 仰望前後水勢 其高蔽

---

65) 사고전서본에는 '入'이라고 되어있다.
66) 사고전서본과 지부족재본에는 '海'라고 되어있다.
67) 사고전서본과 지부족재본에는 '閒'이라고 되어있다.

空 腸胃騰倒 喘息僅存 顚仆吐嘔 粒食不下咽 其困臥于[69]茵褥上者 必使四維隆起 當中如槽 不爾則傾側輾轉 傷敗形體 當是時 求脫身 於萬死之中 可謂危矣

흑수양(黑水洋)

흑수양은 북쪽 바다이다. 점점 깊숙이 들어갈수록 물빛은 진한 먹처럼 검은색이었다. 갑자기 그것을 보면 정신과 담력을 모두 잃게 된다. 성난 파도가 뿜어내는 것이 우뚝 솟은 만산과 같고, 밤이 되면 파도 사이가 불처럼 밝게 빛난다. 배가 파도 위로 올라갈 때는 바다가 있음을 느끼지 못하고 오직 밝은 해만 볼 수 있을 따름이다. 그러나 배가 내려가 파도 밑에 있을 때는 전후의 수세를 바라보면 높이 하늘을 가리며 위장이 뒤집히고, 헐떡거리는 숨만이 겨우 남아있어 쓰러져 구토하고, 먹은 음식[粒]은 목구멍으로 넘어가지 않는다. 요 위에 피곤해 누워있을 경우에는 반드시 사방을 높이 올려 구유[槽]와 같게 한다. 그렇지 않으면 기울어져 이리저리 굴러 몸을 다치게 된다. 이 때에 몸이 만번 죽을 수 있는 고비에서 벗어나길 바라니, 위험하다 할 만하다.

---

(68) 지부족재본에는 '唯'라고 되어있다.
(69) 사고전서본에는 '於'라고 되어있다.

『선화봉사고려도경』권35

海道 二

夾界山

六月一日壬午 黎明 霧昏乘平[1] 南風 巳刻稍霽 風轉西南 益張野狐
颿 午正風厲 第一舟大檣 砉然有聲 勢曲欲折 亟以大木附之 獲全
未後 東北望天際 隱隱如雲 人指以爲半托伽山 不甚可辨 入夜風微
舟行甚緩 二日癸未 早霧昏曀 西南風作 未後澂霽 正東望一山如屏
卽夾界山也 華夷[2] 以此爲界限 初望隱然 酉後逼[3]近 前有二峰 謂
之雙髻山 後有小焦數十 如奔馬狀 雪浪噴激 遇山濺瀑尤高 丙夜風
急雨作 落帆徹蓬[4] 以緩其勢

---
1) 사고전서본과 지부족재본에는 '東'이라고 되어있다.
2) 사고전서본에는 '高麗'라고 되어있다.
3) 사고전서본에는 '遇'라고 되어있다.
4) 사고전서본과 지부족재본에는 '篷'이라고 되어있다.

바닷길 [海道] 2

협계산 (夾界山)

6월 1일 임오일 해뜰 무렵, 안개가 자욱한데 배는 동남풍을 탔다. 오전 10시쯤 [巳刻] 조금 개였고 바람이 서남풍으로 바뀌어 야호범(野狐颿)을 더 보탰다. 정오에 바람이 사나와져서 첫째 배의 큰 돛대[大檣]가 우두둑 소리를 내며 휘어져 부러지려고 하자, 급히 큰 나무를 덧대어 붙여 온전하게 넘어갔다. 오후 3시가 다되어 [未後] 동북쪽 하늘 끝을 바라보니 구름 같이 은은한 것이 있었다. 사람들은 그것을 가리쳐 반탁가산(半托伽山)이라고 하였으나 그리 분명하게 구별할 수 없었다. 밤이 되자 바람이 약해 배가 매우 느리게 움직였다.

2일 계미일에 아침 안개가 자욱하고 서남풍이 불다가 오후 3시가 다되어 [未後] 맑게 갰다. 정동(正東)쪽으로 병풍 같은 산 하나가 보이는데 그것이 협계산이다.⁵⁾ 중국[華]과 오랑캐[夷]는 이 산으로 경계를 삼는다. 처음 바라볼 때는 희미했으나, 오후 7시가 다되어 [酉後] (그 섬에) 가까이 다가가니 앞에 두 개의 봉우리가 있다. 이를 쌍계산(雙髻山)이라고 부른다. 뒤에는 작은 암초 수십 개가 있는데 달리는 말의 형상이다. 눈[雪] 같은 물결을 거세게 뿜는데, 그것이 산을 만나면 더욱 높게 튀어 오른다. 오후 11시에서 오전 1시 사이 [丙夜]⁶⁾에 바람이 세지고 비가 와서 돛을 내리고 뜸[蓬]을 걷어 그 기세를 늦추었다.

---

5) 夾界山은 대체로 小黑山島의 독실산으로 추정된다.
6) 丙夜는 三更이라고도 부르며 子時에 해당한다.

五嶼

五嶼 在處有之 而以近夾界者爲正[7] 定海之東北 蘇州洋內 群山馬島 皆有五嶼 大抵篙工 指海山上小山爲嶼 所以數處五山相近 皆謂之五嶼矣 三日甲申 宿雨未霽 東南風作 午後 過是嶼 風濤噴激久之 嶰崒巇巖 亦[8]甚可愛

오서(五嶼)[9]

오서는 여러 곳에 있지만 협계산 가까이에 있는 것이 정확한 것이다. (중국의) 정해현〔定海〕의 동북쪽 소주(蘇州) 앞 바다〔洋內〕의 군산(群山)과 마도(馬島)에도 오서가 있다. 대개 뱃사공들〔篙工〕은 바다에서 작은 산이 있는 섬을 가리켜서 '서(嶼)'라고 한다. 이 때문에 여러 곳에 다섯 산이 서로 근접해 있는 것들을 모두 '오서'라고 부르는 것이다.

3일 갑신일에 계속 내리는 비는 그치지 않고 동남풍이 불었다. 오후에 이 오서를 지나갔다. 오랫동안 바람과 파도가 거세게 솟구치니 그 깎아지른 듯 웅장한 광경은 볼만한 것이었다.

排島

是日巳刻 雲散雨止 四顧澂霽 遠望三山竝列 中一山如堵 舟人指以爲排島 亦曰排垜山 以其如射垜之形耳

배도(排島)

이날 오전 10시쯤〔巳刻〕에 구름이 흩어지고 비가 그쳐 사방을 돌아보

---

7) 사고전서본에는 '主'라고 되어있다.
8) 巇巖 亦 : 사고전서본에는 '闕三字'라고 되어있다.

니 맑게 갰다. 멀리 바라보니 세 개의 산이 나란히 늘어서 있고 그 가운데의 산은 담장[堵] 같았다. 주인(舟人)들은 그것을 가리켜 '배도'라고 하고 배타산(排垜山)이라고도 하는데, 그것이 화살받이 모양[射垜之形]과 같아 그렇게 부른다.

白山

是日午後 東北望一山 極大連亘如城 日色射處 其白如玉 未後風作 舟行甚快

백산(白山)

이날 오후에 동북쪽으로 산 하나를 바라보았다. 성(城)에 담장이 둘러쳐진 것처럼 매우 컸는데, 햇빛 비치는 곳은 옥처럼 희었다. 오후 3시가 다 되어[未後] 바람이 불어 배의 속도가 매우 빨라졌다.

黑山

黑山 在白山之東南 相望甚邇 初望極高峻 逼[10]近見山勢重複 前一小峯 中空如洞 兩間[11]有澳[12] 可以藏舟 昔海程 亦[13]是使舟頓宿之地 舘舍猶存 今取道更不拋泊 上有民居聚落 國中大罪得貸死者 多流竄於此 每中朝[14]人使舟至 遇夜於山顚[15] 明火於逢燧 諸山次第

---

9) 소흑산도 서북쪽의 다섯 개의 섬으로 추정된다.
10) 사고전서본에는 '遇'라고 되어있다.
11) 지부족재본에는 '間'이라고 되어있다.
12) 사고전서본에는 '溪'라고 되어있다.
13) 사고전서본과 지부족재본에는 '云'이라고 되어있다.
14) 中朝 : 사고전서본과 지부족재본에는 '中國'이라고 되어있다.
15) 사고전서본에는 '巓'이라고 되어있다.

相應 以迄王城 自此山始也 申後舟過

흑산(黑山)

흑산은 백산 동남쪽에 있어 서로 바라볼 정도로 가깝다. 처음 바라보면 매우 높고 험준하다. 가까이 다가가면 첩첩이 쌓인 산세를 볼 수 있다. 앞의 작은 봉우리 가운데가 동굴같이 비어 있고 양쪽 사이에 움푹 들어간 곳이 있는데 배를 감출 정도이다.

옛날 바닷길에서 이곳은 사신의 배가 묵었던 곳이어서 관사가 아직 남아 있다. 이번 여정에서는 여기서 정박하지 않았다. 거기에는 주민들이 사는 마을이 있다. 고려[國中]에서 큰 죄인이지만 죽음을 면한 사람 대부분은 이곳으로 유배되어 온다. 중국 사신의 배가 이를 때마다 밤에는 산 정상에서 봉화를 밝히고 여러 산들이 차례로 서로 호응하여 왕성까지 이르는데, 이것이 이 산에서부터 시작된다. 오후 5시가 다 되어[申後] 배가 이곳을 지나갔다.

月嶼

月嶼二 距黑山甚遠 前日大月嶼 回[16] 抱如月 舊傳上有養源寺 後日 小月嶼 對峙如門 可以通小舟行

월서(月嶼)

월서는 둘인데 흑산에서 아주 멀다. 앞의 것은 대월서(大月嶼)라고 하는데 달[月]과 같이 둥글게 감싸고 있는 모양이다.[17] 옛날부터 전하는

---

16) 지부족재본에는 '囘'라고 되어있다.
17) 초승달 모양의 하태도와 이를 마주한 하의도에 대한 설명으로 보인다.

말에 따르면 이곳에 양원사(養源寺)가 있었다고 한다. 뒤의 것을 소월서
(小月嶼)라고 하는데, 문같이 마주보고 있어 작은 배가 통행할 수 있다.

蘭山島

蘭山島 又曰天仙島 其山高峻 遠望壁立 前二小焦 如龜鱉之狀

난산도(蘭山島)

난산도는 천선도(天仙島)라고도 한다. 산이 높고 험하며, 멀리서 바라
보면 벽처럼 서 있다. 앞의 작은 두 암초는 거북과 자라 모양이다.

白衣島

白衣島 三山相連 前有小焦附之 偃檜積蘇 蒼潤可愛 亦曰白甲苫

백의도(白衣島)

백의도는 세 개의 산이 연이어 있고 앞에는 작은 암초가 붙어 있다.
늘어진 회나무와 무성한 차조기풀은 푸르고 윤기가 있어 볼 만하다.
이곳을 백갑섬(白甲苫)이라고도 한다.

跪苫

跪苫 在白衣島之東北 其山特大於衆苫 數山相連 碎焦環遶 不可勝
　　數 夜潮衝激 雪濤奔薄 月落夜昏[18]而濺沫之明 如火熾也

---

18) 사고전서본과 지부족재본에는 '夜昏'이 본문과 같은 크기의 글씨로 되어있다.

궤섬(跪苦)

궤섬은 백의도 동북쪽에 있는데, 그 섬(苦)은 여러 섬들보다 훨씬 크다. 여러 산이 이어져 있고 둘러싸고 있는 부서진 암초들은 이루 헤아릴 수 없다. 밤 밀물이 세차게 쳐 올라 눈〔雪〕 같은 파도가 부서져 흩어졌으며, 달은 지고 밤은 깊은데 물거품〔濺沫〕은 불길 같이 밝았다.

『선화봉사고려도경』권36

海道 三

春草苫

春草苫 又在跪苫之外 舟人呼爲外嶼 其上皆松檜之屬 望之鬱然 夜分風靜 舟行益鈍

바닷길〔海道〕3

춘초섬(春草苫)

춘초섬은 역시 궤섬 밖에 있는데, 주인(舟人)들은 그곳을 외서(外嶼)라고 부른다. 거기에는 모두 소나무와 회화나무 등이 모두 자라는데, 바라보니 울창하다. 밤중에는 바람이 고요하여 배의 속도가 더욱 느려졌다.

檳榔焦

檳榔焦 以形似得名 大抵海中之焦 遠望多作此狀 唯春草苫相近者 舟人謂之檳榔焦 夜深潮落 舟隨水退 幾復入洋 舉舟恐懼亟鳴櫓 以助其勢 黎[1]明 尚在春草苫 四日乙酉 天日晴霽 風靜浪平 俯視水色 澄碧如鑑 可以見底 復有海魚數百 其大數丈 隨舟往來 夷猶鼓鬣 洋洋自適 殊不顧有舟楫過也

빈랑초(檳榔焦)

빈랑초는 빈랑(檳榔)과 비슷한 모양이어서 그런 이름이 붙여졌다.[2] 대체로 바다 가운데의 암초는 멀리서 바라보면 대부분 이런 형상을 하고 있지만, 주인(舟人)들은 춘초섬과 가까운 것만을 빈랑초라고 한다. 밤이 깊어 밀물이 빠져서 배가 물을 따라 물러나 다시 먼바다로 거의 빠져나갈 지경이 되자 모든 배가 두려워서 급히 노를 저어 (먼바다로 빠져나가지 못하도록) 애썼다. 그리하여 동틀 무렵까지도 여전히 춘초섬에 있었다.

4일 을유일에 날씨는 맑게 개었고, 바람은 고요하며 물결은 잔잔했다. 바닷물을 내려보니 거울처럼 푸르고 맑아서 밑바닥을 볼 수 있었다. 또 크기가 여러 길〔數丈〕이나 되는 고래〔海魚〕 수백 마리가 배를 따라 오락가락하는데, 느긋하게〔夷猶〕 지느러미를 움직이고 유유자적하면서 배〔舟楫〕가 지나가도 전연 아랑곳하지 않는다.

---

1) 사고전서본 및 지부족재본에는 '黎'라고 되어있다.
2) 檳榔은 종려과에 속하는 常綠喬木이다.

菩薩苫

是日午後 過菩薩苫 麗人謂其上 曾有顯異 因以名之 申後風靜 隨潮寸[3]進

보살섬(菩薩苫)

이날 오후에 보살섬을 지나갔다. 고려사람들이 그곳에서 기이한 일〔異〕이 나타난 적이 있으므로 그렇게 이름 붙인 것이라고 한다. 오후 5시가 다되어〔申後〕바람이 고요하여 밀물을 따라 조금 전진하였다.

竹島

是日酉後 舟至竹島拋泊 其山數重 林木翠茂 其上亦有居民 民亦有長 山前有白石焦數百塊 大小不等 宛如堆玉 使者回[4]程至此 適值中秋月出 夜靜水平 明霞映帶 斜光千丈 山島林壑 舟楫器物 盡作金色 人人起舞弄影 酌酒吹笛 心目欣快 不知前有海洋之隔也

죽도(竹島)

이날 오후 7시가 다되어〔酉後〕배가 죽도에 이르러 정박하였다. 그 산은 여러 겹이고 숲의 나무들은 푸르고 무성하였다. 그곳 역시 주민들이 있고 그 중에는 우두머리〔長〕도 있었다. 산 앞에는 흰 돌로 된 암초 수백 덩어리가 있는데 크기가 같지 않은 것이 흡사 쌓아 놓은 옥과 같았다.

귀로에 사신〔使者〕이 이곳에 이르렀을 때 마침 추석 보름달이 떠올랐

---

3) 사고전서본과 지부족재본에는 '而'라고 되어 있다.
4) 지부족재본에는 '囘'라고 되어 있다.

다. 밤은 고요하고 물결은 잔잔한데 밝은 노을이 비치고 비낀 달빛이
1,000길[千丈]이나 되어, 섬과 골짜기와 배와 물건들이 온통 금빛이 되
었다. 모든 사람이 일어나 춤추고 그림자를 희롱하며, 술을 따르고 피
리를 부니 마음과 눈이 즐거워서 앞에 먼바다가 놓여 있는 사실도 잊
을 정도였다.

苦苫苫[5]

五日丙戌 晴明 過苦苫苫 距竹島不遠 其山相類 亦有居人[6] 麗俗謂
刺蝟毛爲苦苫苫 此[7]山林木 茂盛而不大 正如蝟毛 故以名之 是日
抛泊此苫 麗人挐舟載水來獻 以米謝之 東風大作 不能前進 遂宿焉

고섬섬(苦苫苫)

5일 병술일에 날씨는 청명하였다. 고섬섬을 지나가는데 죽도에서 멀지 않았다. 산들은 모두 엇비슷하였고 주민들도 있었다. 고려에서는 찌를 듯한 고슴도치 털의 모양을[刺蝟毛]을 고섬섬이라 한다. 이 산의 나무들이 무성하나 크지 않아 바로 고슴도치 털 같기 때문에 그렇게 이름 붙인 것이다. 이날 이 섬에 정박하자 고려사람들이 배에 물을 싣고 와 바치므로 쌀로 사례하였다. 동풍이 크게 불어서 전진할 수가 없기 때문에 결국 여기서 묵었다.

---

5) 苦苫苫 : 사고전서본에는 '苦苫'이라고 되어있고, 지부족재본에는 '苦苫苫鄭刻作苦 按 三十九卷禮成港條亦作苦苫苫'이라고 되어있다.
6) 지부족재본에는 '民'이라고 되어있다.
7) 지부족재본에는 '此鄭刻此苫苫'이라고 되어있다.

群山島

六日丁亥 乘早潮行 辰刻 至群山島拋泊 其山十二峰相連 環遶[8]如城 六舟來迓 載戈甲 鳴鐃歔角爲衛 別有小舟 載綠袍吏 端笏揖於舟中 不通姓字而退 云群山島注事也 繼有譯語官 閤門通事舍人沈起來參同接伴金富軾 知全州吳俊和 遣使來投遠迎狀 使副以禮受之 揖而不拜 遣掌儀官相接而已 繼遣荅[9]書 舟旣入島 沿岸秉[10]旗幟列植者 百餘人 同接伴以書送使副及三節早食 使副 牒接伴送國王先狀 接伴遣采舫 請使副上群山亭相見 其亭瀕海 後倚兩峰 相竝特高 壁立數百仞[11] 門外有公廨十餘間[12] 近西小山上 有五龍廟資福寺 又西有崧山行宮 左右前後居民十數家 午[13]後 使副乘松舫至岸 三節導從入館 接伴郡守趨廷 設香案拜舞 望闕拜舞 恭問聖體畢 分兩阼升堂 使副居上 以次對再拜訖 少前敍致 復再拜就位 上中節堂上序立 與接伴揖 國俗皆雅揖 都轄前致辭再拜 次揖郡守如前禮 退就席其位 使副俱南向 接伴郡守 東西相向 下節舟人聲喏于[14]庭 上節分坐堂上 中節分兩廊 下節坐門之兩廂 舟人坐于[15]門外 供張極齊肅 飮食且豐腆 禮貌恭謹 地皆設席 蓋其俗如此 亦近古也 酒十行 中節下節 第降殺之 初坐 接伴親斟以奉 使者復醻之 酒半 遣人

---

8) 사고전서본에는 '繞'라고 되어있다.
9) 지부족재본은 '答'이라고 되어있다.
10) 사고전서본이나 지부족재본은 '乘'이라고 되어있다.
11) 數百仞 : 사고전서본은 '有數仞'이라고 되어있고, 지부족재본은 '數百仞鄭刻有數仞'이라고 되어있다.
12) 지부족재본은 '閒'이라고 되어있다.
13) 사고전서본은 '干'라고 되어있다.
14) 지부족재본에는 '於'라고 되어있다.
15) 지부족재본에는 '於'라고 되어있다.

致勸 三節 皆易大䑹 禮畢 上中節 趨揖如初禮 使副登松舫 歸所乘 大舟

군산도(群山島)

6일 정해일 아침 밀물을 타고 항해하여 오전 8시쯤(辰刻)에 군산도에 정박하였다. 그 산은 12봉우리가 서로 이어져 성(城)처럼 원형으로 둘러쳐 있다.

6척의 배가 와서 맞이했는데, 무장한 병사를 싣고 징을 울리고 고동 나팔(角)을 불며 호위하였다. 또 다른 작은 배에는 녹색 도포 차림의 관리(綠袍吏)를 실었다. 그는 홀을 바로잡고 배 안에서 읍을 하였다. 통성명을 하지 않고 물러갔는데 군산도의 주사(注事)라고 한다. 이어 역관(譯語官)인 합문통사사인(閣門通事舍人) 심기(沈起)가 와서 동접반(同接伴) 김부식(金富軾)과[16] 합류하였다. 지전주(知全州) 오준화(吳俊和)가 사자를 보내와 원영장(遠迎狀)을 내놓자 정사와 부사가 예를 차려 그것을 받았다. 그러나 읍만 하고 배례하지는 않았고 장의관(掌儀官)을 보내 접촉시켰을 따름이다. 이어 답서(答書)를 보냈다.

배가 섬으로 들어가자 연안에는 군기(旗幟)를 잡고 늘어선 자가 1백여 인이나 되었다. 동접반이 서신과 함께 정사·부사 및 삼절(三節)의 조반을 보내왔다. 정사·부사는 접반에게 이첩하여 국왕선장(國王先狀)을 보내자,[17] 접반이 채색 배(采舫)를 보내어 정사·부사에게 군산정(群山亭)으로 와 만나기를 청했다. 그 정자는 바닷가에 있고 뒤로 두 봉우리에 의지하였는데, 그 두 봉우리는 나란히 우뚝 서 있어 절벽을 이루

---

16) 金富軾에 대해서는 본서 권8 人物에 설명이 있다.
17) 고려 國王에게 자신들(宋 使臣 一行)의 訪問을 미리 알리는 書狀을 말한다.

고 수백 길[仞]이나 치솟아 있다. 관문 밖에는 관아[公廨] 10여 칸이 있고, 서쪽 가까운 작은 산 위에는 오룡묘(五龍廟)와 자복사(資福寺)가 있다. 또 서쪽에 숭산행궁(崇山行宮)이 있고, 좌우 전후에는 주민 10여 가(家)가 있다.

오후에 정사·부사는 송방(松舫)을[18] 타고 해안에 이르렀고, 삼절은 시종 인원을 이끌고 관사로 들어갔다. 접반과 군수가 뜰로 달려와 향로를 놓은 상[香案]을 마련하고 배례하였다. 다시 송 황제가 있는 궁궐을 바라보고 배례[拜舞]하고서 공손하게 황제[聖體]의 안부를 물었다.

그 일이 끝나자 양쪽 층계로 나뉘어 당(堂)으로 올라가 정사·부사가 상석에 있으면서 차례로 만나 재배하였다. 끝나면 조금 앞으로 순서대로 나가 다시 재배하고 원래 자리로 갔다. 상절·중절[上中節]은 당(堂) 위에 차례로 서서 접반과 읍하였다. 이 나라의 습속은 모두 아읍(雅揖)한다.[19] 도할관은 앞으로 나가 인사말[致辭]을 하고 재배하였다. 그 다음 군수에게는 앞서 한 예와 같이 읍하고 물러나 자기 위치로 돌아간다. 정사·부사는 모두 남쪽을 향하고, 접반과 군수는 동서로 마주 향하고, 하절과 주인(舟人)은 뜰에서 인사한다. 상절은 당(堂) 위에 나뉘어 앉고, 중절은 양쪽 행랑[廊]에 나뉘어 앉고, 하절은 문의 양쪽 곁채[廂]에 앉고, 주인(舟人)은 문밖에 앉는다.

펼쳐진 막사는 매우 가지런하고 엄숙하였다. 음식 또한 풍성하고 예모는 공손하고 근엄했으며, 바닥에는 모두 자리를 깔았다. 대체로 이

---

18) 상륙을 위해 큰배에서 갈아타는 작은 배를 말한다. 이에 대해서는 본서 권33 松舫에 설명이 있다.

19) 雅拜는 한쪽 무릎을 꿇고 하는 절[拜]이다『周禮』春官宗伯第三 大祝 辨九拜 중 七日 奇拜의 注). 이에 따른다면 雅揖은 한쪽 무릎을 꿇고 하는 揖을 말하는 것이다.

와 같은 풍속은 (중국의) 옛 제도와 비슷한 것이다. 술이 10차례 돌아가
는데 중절과 하절의 경우 그 횟수가 줄어들 뿐이다. 처음 앉을 때에는
접반이 친히 술을 따라 바치고, 정사〔使者〕는 다시 그것을 따라 준다.
주연이 반쯤 진행되었을 때 사람을 보내 술을 권하고, 삼절은 모두 큰
술잔으로 바꾼다. 예가 끝나면 상절·중절은 처음의 예와 같이 종종걸
음으로 읍하고, 정사·부사는 송방을 타고 자신들의 큰배로 돌아간다.

橫嶼

橫嶼 在群山島之南 一山特大 亦謂之案苫 前後有小焦數十繞之 石
脚一洞 深可數丈 高闊稱之 潮至拍水 聲如雷車

횡서(橫嶼)

횡서는 군산도의 남쪽에 있는데, 산 하나가 매우 크며 안섬(案苫)이
라고도 한다. 앞뒤에 작은 암초 수십 개가 둘러쳐 있다. 바위 아래쪽의
동굴 하나는 그 깊이가 여러 길〔數丈〕이나 되는데 높고 넓은 것으로 유
명하다. 밀물에 물이 들이치면 그 소리가 우레〔雷車〕와 같다.

『선화봉사고려도경』권37

海道 四

紫雲苫

七日[1]戊[2]子 天日晴快 早全州守臣 致書備酒禮 曲留使者 使者 以書固辭 乃已 惟受所饋蔬茹魚蛤等 因以方物酬之 午刻解舟 宿橫嶼

八日己丑 早發 南望一山 謂之紫雲苫 橫巘差疊 其後二山尤遠 宛如雙眉凝翠焉

---

1) 사고전서본에는 '月'이라고 되어있다.
2) 사고전서본과 지부족재본에는 '戍'라고 되어있다.

바닷길〔海道〕 4

자운섬(紫雲苫)

7일 무자일에 날씨는 쾌청했다. 아침 일찍 전주를 다스리는 관리가 서신과 함께 술〔酒禮〕을 갖추어 곡진하게 (중국) 사신〔使者〕을 머물게 하였다. 사신이 서신을 통해 고사하자 그는 그만 두었다. 하지만 그가 보내온 채소와 생선류〔蔬茹魚蛤〕 등은 받고 특산물〔方物〕로 보답했다. 정오〔午刻〕에 배 (의 닻)를 풀고 횡서(橫嶼)에서 하루를 묵었다.

8일 기축일에 일찍 떠났다. 남쪽으로 자운섬(紫雲苫)이라는 산 하나가 보였는데 여러 봉우리〔橫巘〕가 들쭉날쭉하였다. 그 뒤편의 산 두 개는 조금 더 멀리 있었는데 마치 눈썹이 나란히 붙은〔凝翠〕 모습이었다.

富用山

是日午後 過富用倉山 卽舟人所謂芙蓉山也 其山 在洪州境內 上有倉廩 積穀且多 云以備邊鄙非常之用 故以富用名之

부용산(富用山)

이날 오후에 부용창산(富用倉山)을 지나갔는데[3] 주인(舟人)들이 부용산(芙蓉山)이라고 부르는 곳이다. 그 산은 홍주(洪州) 경내에 있는데, 산 위에 곡식을 많이 저장한 창고〔倉廩〕를 설치하였다. 변방〔邊鄙〕의 비상시 수요를 대비하기 위한 것이어서 부용(富用)이라고 이름붙였다고 한다.

---

3) 芙蓉倉은 지금의 전라남도 영광군 芙蓉浦에 있었다고 한다(國初南道水郡置十二倉…靈光日芙蓉 : 『高麗史』 卷79 志33 食貨2 漕運).

洪州山

洪州山 又在紫雲苫之東南數百里 州建其下 又東一山産金 盤踞如虎 謂之東源 小山數十 環拱如城 其山上有一潭淵 澄可鑒[4]不可測 是日申刻 舟過

홍주산(洪州山)

홍주산 역시 자운섬에서 동남쪽으로 수백리 떨어진 곳에 있는데 홍주(州)는 그 산 아래에 세워졌다. 또 동쪽으로는 금(金)을 산출하는 산이 하나 있어 호랑이처럼 웅크리는 형상인데 동원산(東源)이라고 부른다. 자그마한 산 수십개가 성(城)처럼 빙 둘러싸고 있다. 그 산 위에는 깊은 연못이 하나 있다. 모습을 비출 수 있을 정도로 맑은 데다 깊이를 측량할 수 없을 정도이다. 이날 오후 4시쯤(申刻) 배가 (이곳을) 지나갔다.

鴉[5]子苫

鴉[6]子苫 亦名軋子苫 麗人謂笠爲軋 其山形似之 因以得名 是日酉刻 舟過

아자섬[7](鴉子苫)

아자섬은 알자섬(軋子苫)이라고도 부른다. 고려 사람들은 삿갓(笠)을 알(軋)이라고 부르는데, 그 산 모양이 삿갓과 비슷하므로 그런 이름을

---

4) 사고전서본과 지부족재본에는 '鑑'이라고 되어있다.
5) 사고전서본에는 '鵶'라고 되어있고, 지부족재본에는 '鴉'라고 되어있다.
6) 사고전서본에는 '鵶'라고 되어있고, 지부족재본에는 '鴉'라고 되어있다.
7) 『新增東國輿地勝覽』이나 『高麗史』 등에는 보이지 않는다.

얻게 된 것이다. 이날 오후 6시쯤〔酉刻〕에 배가 (이곳을) 지나갔다.

馬島

是日酉後 風勢極大 舟行如飛 自軋子苫 一瞬之間[8] 卽泊馬島 蓋淸州境也 泉甘草茂[9] 國中官馬無事 則群牧於此 因以爲名 其主峰渾厚 左臂環抱 前一石觜入海 激水回[10]波 驚湍洶涌 千奇萬怪 不可名狀 故舟過其下 多不敢近 慮觸暗礁也 有客館曰 安興亭 知淸州洪若伊 遣介紹與譯語官陳懿同來 如全州禮 岸次迓卒旗幟 與群山島不異 入夜 然大火炬 熒煌[11]照空 時風政作惡 舟中搖蕩 幾不可坐 使者扶持 以小舟登岸 相見如群山亭之禮 惟不受酒禮 夜分還使舟

마도(馬島)

이날 오후 7시가 다 되어〔酉後〕바람이 아주 빨라져 배는 날듯이 항해하였다. 알자섬에서부터 눈 깜짝할 사이에 마도(馬島)로 와서 정박하였다.[12] 이곳은 청주(淸州) 경내인 듯하다. 샘물은 달고 초목은 무성하여〔泉甘草茂〕고려 관마(官馬)를 평상시에 이곳에서 무리지어 방목하므로 마도(馬島)라는 이름을 얻은 것이다.

(섬의) 주봉(主峰)은 크고 깊은데〔渾厚〕, 왼쪽 팔〔左臂〕로 둥그렇게 감싸

---

8) 사고전서본과 지부족재본에는 '間'이라고 되어있다.
9) 사고전서본과 지부족재본에는 '茂'라고 되어있다.
10) 지부족재본에는 '囘'라고 되어있다.
11) 사고전서본에는 '惑'이라고 되어있다.
12) 馬島는 海美縣 서쪽 陽陵浦 기슭에 있으며 목장지로서 안흥정이라는 객관이 있다고 되어있다(『新增東國輿地勝覽』卷20 海美縣).

안은 형국이다. 앞으로는 바위(石觜) 하나가 바다로 잠겨들어 있어, 격렬한 파도는 회오리 치고(激水回波) 들이치는 여울은 세찬 것이(驚湍㵫涌) 매우 기괴한 모습을 뭐라고 표현할 수가 없다. 그러므로 그 아래를 지나가는 배들이 감히 가까이 접근하지 않는 경우가 대부분이다. 암초(暗焦)에 부딪힐까 염려하는 것이다. (그곳에) 안흥정(安興亭)이라는[13] 객관(客館)이 있다.

지청주(知淸州) 홍약이(洪若伊)가 개소(介紹)와 통역관 진의(陳懿)를 함께 보내왔는데 전주(全州)에서의 예법과 같았다. 언덕을 따라 깃발을 든 환영 군졸들이 도열하였는데 군산도의 경우와 다르지 않았다.

밤이 되자 큰 횃불을 태워 밤하늘을 휘황하게 밝혔는데, 마침 바람이 아주 거세져서(風政作惡) 배가 흔들리자 거의 앉아있을 수 없을 지경이었다. 사신이 부축을 받아 작은 배로 해안에 올라 군산정(群山亭)의[14] 예에 따라 서로 인사하였다. 하지만 술(酒禮)은 받아 마시지 않고 밤이 깊어 사신의 배로 돌아왔다.

九頭山

九日庚寅 天氣淸明 南風甚勁 辰發馬島 巳刻 過九頭山 其山云有九峯 遠望不甚詳 然而林木叢茂淸潤可喜

---

13) 安興亭은 海美縣 동쪽 11리 지점에 있다고 되어있다(『新增東國輿地勝覽』 卷20 海美縣). 文宗 31년(1077) 宋과의 교류가 시작되면서 李唐鑑의 건의에 따라 중국사신을 迎送하기 위해 洪州에 安興亭을 세웠다고 되어있다(『高麗史』 世家 卷9 文宗3).
14) 群山亭은 군산도 근처에 위치하며 萬頃縣에 소속된 것으로 되어있다(『新增東國輿地勝覽』 卷34 萬頃縣).

구두산(九頭山)

9일 경인일에 날씨는 청명했다. 남풍(南風)이 아주 강했으므로 오전 8시쯤[辰]에 마도에서 출항하여 오전 10시쯤[巳刻]에 구두산을 지났다. 그 산에는 봉우리가 9개 있다고 하는데 멀리서 봐서 아주 분명하지는 않다. 하지만 수풀은 무성한 데다 맑고 윤택한 것[淸潤]이 볼 만하였다.

『선화봉사고려도경』권38

海道 五

唐人島

唐人島 未詳其名 山與九頭山相近 是日午刻 舟過島下

바닷길[海道] 5

당인도(唐人島)

당인도는 그 이름은 자세하지 않으나 그 섬과 구두산은 가깝다. 이 날(6월 9일) 낮 12시 쯤[午刻]에 배가 이 섬 옆을 지나갔다.

雙女焦[1]

雙女焦[2] 其山甚大 不異島嶼 前一山 雖有草木 但不甚深密 後一山

頗小 中斷爲門 下有暗焦 不可通舟 是日巳刻 舟³⁾自唐人島 繼過此 焦 風勢愈㴁⁴⁾ 舟行益速

쌍녀초(雙女焦)

쌍녀초는 그 산이 매우 커서 도서(島嶼)와 다름없다. 앞산에는 초목이 있지만 그리 깊고 조밀하지 않다. 뒷산은 좀 작다. 두 산 가운데가 끊어져 문(門)처럼 되어있으나 아래에 암초가 있어 배가 지나가지는 못한다. 이날 오전 10시쯤[巳刻]에 배가 당인도를 거쳐 이 암초(焦)를 지나갔는데, 바람이 매우 강해져 배의 속도가 더욱 빨라졌다.

大靑嶼

大靑嶼 以其遠望 鬱然如凝黛 故麗人作此名 是日午刻 舟過

대청서(大靑嶼)[5]

대청서는 멀리서 바라보면 울창한 것이 진한 눈썹과 같다고 해서 고려인들이 이런 이름을 붙인 것이다. 이날 낮 12시 쯤[午刻]에 배가 이곳을 지나갔다.

---

1) 雙女焦 : 사고전서본에는 '雙文焦'라고 되어있고, 지부족재본에는 '雙女焦鄭刻雙文焦'라고 되어있다.
2) 雙女焦 : 사고전서본에는 '雙文焦'라고 되어있다.
3) 사고전서본에는 '舟'가 결락되어있다.
4) 사고전서본에는 '急'이라고 되어있다.
5) 大靑島는 京畿道 甕津郡 白翎島 아래쪽에 위치하고 있다. 고려 때는 白翎鎭의 관할 하에 있는 도서였다(『高麗史』 卷58 志12 地理3).

和尙島

和尙島 山勢重疊 林壑深茂 山中多虎狼 昔嘗[6]有學佛者居之 獸不
敢近 今葉老寺 乃其遺迹也 故麗人謂之和尙島 是日未刻 舟過其下

화상도(和尙島)

화상도는 산세가 중첩되어 있어 골짜기와 숲이 깊다. 산 속에는 호랑이와 이리가 많다. 옛날 불도를 배우는 자(學佛者)가 그곳에 살았는데, 짐승이 감히 접근하지 못하였다고 한다. 지금의 엽로사(葉老寺)가 그 유적이다. 이런 까닭에 고려인들은 그것을 화상도라고 한 것이다. 이날 오후 2시쯤(未刻) 배가 그 옆을 지나갔다.

牛心嶼

牛心嶼 在小洋中 一峰特起 狀類覆盂 而中稍銳 麗人謂之牛心 它
處皆見之 形肖此山而差小者 亦謂之雞[7]心嶼 是日未正 舟過此嶼
南風小雨

우심서(牛心嶼)

우심서는 조금 떨어진 바다(小洋) 가운데 있다. 봉우리 하나가 특히 솟아나 그 모양이 엎어놓은 사발(盂)과 닮았는데 가운데가 좀 뾰족하다. 고려인들은 그것을 '우심(牛心)'이라 하는데, 다른 곳에서도 이같은 것을 흔히 볼 수 있다. 또 모양이 이 산과 비슷하나 약간 작은 것은 계

---

6) 지부족재본에는 '常'이라고 되어있다.
7) 지부족재본에는 '鶲'라고 되어있다.

심서(鷄心嶼)라고 한다. 이날 오후 2시쯤〔未正〕에 이 섬을 지나갔는데 남풍이 불며 비가 조금 내렸다.

聶公嶼

聶公嶼 以姓得名 遠視[8] 甚銳 逼近如堵 蓋其形匾 縱橫所見各異 是日未末 舟過其下

섭공서(聶公嶼)

섭공서는 성씨(姓氏) 때문에 이러한 이름을 얻은 것이다. 멀리서 보면 아주 뾰족한데 가까이 다가가 보면 담장과 같다. 대체로 납작한 그 모습은 종횡에 따라 각각 달리 보인다. 이날 오후 3시가 다되어〔未末〕 배가 그 옆을 지나갔다.

---

8) 사고전서본과 지부족재본에는 '視'라고 되어있다.

『선화봉사고려도경』권39

海道 六

小青嶼

小青嶼 如大青嶼之形 但其山差小 而周圍多焦石 申初舟過 雨埶[1] 稍密

바닷길[海道] 6

소청서(小青嶼)

소청서는 대청서의 형상과 같다. 다만 산이 약간 작고 주변에는 암초[焦石]가 많다. 오후 3시를 막 지나[申初]에 배가 지나가는데 비가 조금 세게 쏟아졌다.

---

1) 사고전서본과 지부족재본에는 '勢'라고 되어있다.

紫燕島

是日申正 舟次紫燕島 卽廣州也 倚山爲館 榜曰慶源亭 亭之側 爲幕屋數十間[2] 居民草舍亦衆 其山之東一嶼 多飛燕 故以名之 接伴尹彦植 知廣州陳淑 遣介紹與譯官卓安 持書來迎 兵仗禮儀[3]加厚 申後雨止 使副與三節 登岸到館 其飮食相見 如全州禮 夜漏下二刻 歸舟 十日辛卯辰刻 西北風 八舟不動 都轄吳德休 提轄徐兢 同上節 復以采舟詣館 過濟物寺 爲元豊使人故左班殿直宋密 飯僧畢歸舟 巳刻 隨潮而進

자연도(紫燕島)

이날 오후 4시쯤〔申正〕 배가 자연도에 머무르니, 이곳이 곧 광주(廣州) 경내이다. 산에 의지하여 관사〔館〕를 지었는데, '경원정(慶源亭)'이라는 방문〔榜〕이 있다. 경원정 곁으로는 임시막사〔幕屋〕 수십 칸이 있으며, 주민〔居民〕들의 초가집도 많다. 그 산 동쪽에 섬 하나가 있는데, 제비가 많이 날아다니기 때문에 그렇게 〔자연도라〕 이름했다.

접반 윤언식(尹彦植)과 지광주(知廣州) 진숙(陳淑)이 개소(介紹)와 역관 탁안(卓安)에게 서신을 가지고 와서 영접하도록 했는데 의장대의 의례〔兵仗禮儀〕가 매우 두터웠다. 오후 5시가 다되어〔申後〕 비가 그쳐 정사·부사가 삼절(三節)과 함께 육지에 올라 관사에 이르렀다. 그 음식과 상견례는 전주에서의 예(禮)와 같았다. 오후 10시쯤〔二刻〕을[4] 지나자 배로 돌아갔다.

---

2) 지부족재본에는 '閒'이라고 되어있다.
3) 禮儀 : 지부족재본에는 '儀禮'라고 되어있다.
4) 二刻이란 二更(亥時)의 가운데 시간을 말한다.

10일 신묘일 오후 8시쯤[辰刻] 서북풍이 불어 8척의 배가 움직이지 못했다. 도할관 오덕휴(吳德休)와 제할관 서긍(徐兢)은 상절을 모시고 다시 채주(采舟)를 타고 관사에 갔다가 제물사(濟物寺)에 들렀다. (제물사에서) 원풍 연간의 사신인 고(故) 좌반전직(左班殿直) 송밀(宋密)을[5] 위해 반승(飯僧)을[6] 마친 후 배로 돌아갔다. 오전 10시쯤[巳刻]에 조류[潮]를 따라 전진하였다.

急水門

是日未刻 到急水門 其門不類海島 宛如巫峽江路 山圍屈曲 前後交鎖 兩間[7] 卽水道也 水埶[8]爲山峽所束 驚濤拍岸 轉石穿崖 喧豗如雷 雖千鈞之弩 追風之馬 不足喩其湍急也 至此 已不可張蓬[9] 惟以櫓棹 隨潮而進

급수문(急水門)

이날 오후 2시쯤[未刻] 급수문에 도달하였다. 그 관문은 섬[海島]과 다른 것이 흡사 무협(巫峽)의[10] 강흐름[江路] 같았다. 산으로 둘러싸여 굴곡을 이루면서 앞뒤로 맞물려[交鎖] 있는데, 그 양쪽 사이가 물길이다. 물의 형세가 산골짜기[山峽]에 묶여 놀란 파도가 해안을 치고 구르

---

5) 본서 권18 道敎·釋氏에 설명이 있다.
6) 寺刹에서 제사를 지내고 나서 僧侶를 접대하는 것을 말한다.
7) 지부족재본에는 '閒' 이라고 되어있다.
8) 사고전서본과 지부족재본에는 '勢' 라고 되어있다.
9) 사고전서본과 지부족재본에는 '篷' 이라고 되어있다.
10) 중국 四川省에 있는 揚子江의 최대 峽谷인 三峽(巫峽·瞿塘峽·西陵峽) 중의 하나이다.

는 돌이 벼랑을 뚫는데, 우레처럼 요란하고 천균(千鈞)의[11] 쇠뇌〔弩〕와 바람을 쫓아가는 말이라 해도 그 급한 물살을 설명하기에 부족하다. 이곳에 이르면 뜸〔篷〕을 펼쳐서는 안 되고 다만 노를 저어 조류를 따라 전진한다.

蛤窟

申後 抵蛤窟抛泊 其山不甚高大 民居亦衆 山之脊有龍祠 舟人往還 必祀之 海水至此 比之急水門 變黃白色矣

합굴(蛤窟)

오후 5시가 다되어〔申後〕 합굴에 정박하였다. 그 산은 그리 높거나 크지 않았으므로 주민도 많았다. 산등성이에 용사(龍祠)가 있는데, 주인(舟人)들이 오고갈 때마다 제사를 드린다. 바닷물이 여기까지 들어오는데, 급수문의 물빛과 비교하면 황백색으로 변하였다.

分水嶺

分水嶺 卽二山相對小海 自此分流之地 水色復渾 如梅岑 時十一日 壬辰 早雨作 午刻潮落 雨益甚 國王遣劉文志[12]持先書 使者以禮受之 酉刻 前進至龍骨抛泊

분수령(分水嶺)

분수령은 곧 두 산이 마주보고 있는 작은 바다인데 여기서부터 바닷

---

11) 鈞은 30斤이다. 千鈞은 대단히 무거운 무게를 일컫는다.
12) 사고전서본에는 '忠'이라고 되어있다.

물이 나뉘어진다. 물빛은 다시 매잠(梅岑)을 지날 때처럼 흐렸다. 11일 임진일 아침에 비가 내리고 낮 12시쯤〔午刻〕밀물이 빠지며 비가 더욱 심해졌다. 국왕이 유문지(劉文志)를 시켜 선서(先書)를 보냈는데, 정사〔使者〕가 예를 갖추어 받았다. 오후 6시쯤〔酉刻〕전진하여 용골(龍骨)에 이르러 정박하였다.

禮成港

十二日癸巳 早雨止 隨潮至禮成港 使副遷入神舟 午刻 使副率都轄 提轄官 奉詔書于[13]采舟 麗人以兵仗甲馬旂幟儀物 共萬計 列於岸 次 觀者如堵墻[14] 采舟及岸 都轄提轄 奉詔書入于[15]采輿 下節前導 使副後從 上中節以次隨之 入于[16]碧瀾亭 奉安詔書訖 分位少愒 次 日 遵陸入于[17]王城 臣竊惟海道之難甚矣 以一葉之舟 泛重溟之險 惟恃宗社之福 當使波神效順以濟 不然則豈人力所能至哉 方其在 洋也 以風颿爲適從 若或暴橫 轉至他國 生死瞬息 又惡三種險 日 癡風 日黑風 日海動 癡風之作 連日怒號不已 四方莫辨 黑風則飄 怒不時 天色晦冥 不分晝夜 海動則徹底沸騰 如烈火煮湯 洋中遇此 鮮有免者 且一浪送舟 輒數十餘里 而以數丈之舟 浮波濤間[18] 不啻 豪[19]末之在馬體 故涉海者 不以舟之大小爲急 而以操心履行爲先

---

13) 지부족재본에는 '於'라고 되어있다.
14) 사고전서본과 지부족재본에는 '牆'이라고 되어있다.
15) 지부족재본에는 '於'라고 되어있다.
16) 지부족재본에는 '於'라고 되어있다.
17) 지부족재본에는 '於'라고 되어있다.
18) 지부족재본에는 '間'이라고 되어있다.
19) 사고전서본에는 '毫'라고 되어있다.

若遇危險 則發於至誠 虔祈哀懇 無不感應者 比者 使事之行 第二
舟 至黃水洋中 三柂併折 而臣適在其中 與同舟之人 斷髮哀懇 祥
光示現 然福州演嶼神 亦前期顯異 故是日 舟雖危 猶能易他柂 旣
易 復傾搖如故 又五晝夜[20] 方達明州定海 比至登岸 擧舟臚頜 幾
無人色 其憂懼可料而知也 若以謂海道非難 則還朝復命 不應受重
賞 以爲必[21]死 則自祖宗以來[22] 累遣使命 未嘗有飄溺不還者 惟恃
國威靈 仗[23]忠信 可以必其無虞耳 今敍此以爲後來者之勸 比者 使
人之行 去日以南[24]風 歸日以北風 初發明州 以其年五月二十八日
放洋得順風 至六月六日 卽達群山島 及回[25]程 以七月十三日甲子
發順天館 十五日丙寅 復登大舟 十六日丁卯 至蛤窟 十七日戊辰
至紫燕島 二十二日癸酉 過小青嶼和尙島大青嶼雙女[26]焦唐人島九
頭山 是日泊馬島 二十三日甲戌 發馬島 過軋子苫 望洪州山 二十
四日乙亥 過橫嶼 入群山門 泊島下 至八月八日戊子 凡十四日風阻
不行 申後 東北風作 乘潮出洋 過苦苫苫[27] 入夜不住 九日己丑 早
過竹島 辰巳望見黑山 忽東南風暴 復遇海動 舟側欲傾 人大恐懼
卽鳴鼓招衆舟 復還 十日庚寅 風埶[28]益猛 午刻 復還群山島 至十

---

20) 사고전서본에는 '夜'가 결락되어있다.
21) 사고전서본에는 '以'라고 되어있다.
22) 祖宗以來……去日以南 : 사고전서본에는 '闕七十一字'라고 되어있다. 그러나 징강본 원문에 의하면 사고전서본에서 탈락된 글자가 71자가 아니라 51자만 기록되어있다. 지부족재본은 징강본 원문에서 '仗忠信'이 '憑仗忠信'으로 되어 있기에 52자가 기록되어있다.
23) 지부족재본에는 '憑仗'이라고 되어있다.
24) 去日以南 : 사고전서본에는 여기까지 결락되어있다.
25) 지부족재본에는 '回'라고 되어있다.
26) 사고전서본에는 '文'이라고 되어있다.
27) 苫苫苫 : 사고전서본에는 '苫苫風'이라고 되어있다.
28) 사고전서본과 지부족재본에는 '勢'라고 되어있다.

六日丙申 又六日矣 申後 風正 卽發洋 夜泊竹島 又二日風阻不行 至十九日己亥午後 發竹島 夜過月嶼 二十日庚子 早過黑山 次過白山 次過五嶼夾界山 北風大作 低篷以殺其埶[29] 二十一日辛丑 過沙尾 午間[30] 第二舟三副柂折 夜漏下四刻 正柂亦折 而使舟與他舟皆遇險不一 二十三日壬寅 望見中華秀州山 二十四日癸卯 過東西胥山 二十五日甲辰 入浪港山過潭頭 二十六日乙巳 早過蘇州洋 夜泊栗港 二十七日丙午 過蛟門望招寶山 午刻 到定海縣 自離高麗 到[31]明州界 凡海道四十二日云

예성항(禮成港)

12일 계사일 아침에 비가 그쳤다. 조류를 따라 예성항에 이르자, 정사·부사는 신주(神舟)로 옮겨 탔다. 낮 12시쯤〔午刻〕 정사·부사가 도할관·제할관을 거느리고 채주(采舟)로 조서(詔書)를 봉안했다. 1만 명 되는 고려인들이 병기·갑마(甲馬)·기치(旂幟)[32]·의장물(儀物)을 가지고 해안가에 늘어서 있고 구경꾼이 담장같이 둘러섰다. 채주가 해안에 이르자 도할·제할관이 조서를 채색 가마〔采輿〕에 봉안했다. 하절이 앞에서 인도하고 정사·부사는 뒤에서 따라갔으며 상절·중절은 그 다음으로 따라갔다. 벽란정(碧瀾亭)으로 들어가서 조서를 봉안하고 그 일이 끝나자 지위에 따라 나뉘어 잠시 휴식을 취했다. 다음날(13일) 육로를 따라 왕성(王城)으로 들어갔다.

신이 생각하건대 바닷길은 매우 험난하였다. 일엽편주로 험난한 바

---

29) 사고전서본과 지부족재본에는 '勢'라고 되어있다.
30) 지부족재본에는 '間'이라고 되어있다.
31) 사고전서본에는 '到'가 결락되어있다.
32) 旂는 交龍을 그리고 방울을 단 붉은 기로 諸侯가 세우는 기이다.

다에 떠가는데, 오직 종묘사직의 복에 의지하여 파도신〔波神〕을 유순하게 함으로써 건넜다. 그렇지 않았다면 어찌 사람의 힘으로 도달할 수 있었겠는가? 먼바다에서는 바람의 힘으로〔風颷〕 항해를 하는데, 만약 폭풍〔暴橫〕을 만나 다른 나라로 흘러 들어가면 생사가 순식간에 달라졌을 것이다.

또 세 가지 난관을 꺼리는데, 치풍(癡風)과[33] 흑풍(黑風)과[34] 해동(海動)이[35] 그것이다. 치풍이 일면 연일 성난 목소리가 그치지 않아 사방을 분간하지 못한다. 흑풍이 불면 회오리바람이 성낸 듯 수시로 불고 하늘이 어두컴컴하여 낮과 밤을 구분하지 못한다. 해동이 일어나면 바다에서부터 솟구쳐 오르는 것이 마치 거센 불로 물을 끓이는 것과 같다.

먼 바다 가운데서 이것들을 만나면 죽음을 면하기가 어렵다. 또한 물결 한번에 배가 수십 리나 밀리니, 몇 길〔丈〕의 배로 파도 사이에 떠 있는 것은 말〔馬〕의 털끝 정도도 되지 못한다. 그래서 바다를 건너는 자는 배의 크기를 제일로 삼을 것이 아니라 조심해서 행동하는 것을 최선으로 삼아야 한다. 만약에 위험을 만났을 때 지성에서 우러나와 경건하고 간절하게 기도하면 감응하지 않은 적이 없다.

근래 사신의 행차에 두 번째 배가 황수양(黃水洋) 가운데에 이르러 세 개의 키가 다 부러졌을 때 신(臣)이 마침 그 속에 있었는데, 같은 배의 사람들과 머리를 자르고 애절하게 빌었더니 상서로운 빛이 나타났다. 그런데 복주(福州)의 연서신(演嶼神)이 이에 앞서서 기적〔異〕을 드러냈으

---

33) 癡風은 福建省 泉州·福州·興化 等地에 陰曆 7·8月에 부는 동북풍을 말한다.
34) 黑風은 하늘이 흐려진 뒤에 부는 폭풍〔狂風〕을 말하는데, 주로 음력 섣달〔臘月〕에 黃海에서 발생하는 바람을 말한다.
35) 海動은 바다의 지진〔海震〕에 뒤이어 일어나는 바닷물의 진동과 해일〔海立〕, 즉 쓰나미〔津波〕를 말한다.

므로 이날 배가 비록 위태로웠으나 다른 키로 바꿀 수 있었던 것이다. 이미 바꾸었는데도 다시 예전처럼 기울고 흔들렸으며 5일이 지나서야 비로소 명주(明州)의 정해(定海)에 도달하였다. 상륙할 때가 가까워지자 온 배의 사람들이 초췌하여 거의 산사람의 기색이 없었으니, 그들의 근심과 두려움을 헤아려 알 수 있을 것이다.

만약에 바닷길이 험난한 것이 아니라고 하면, 조정에 돌아와 복명(復命)하고서[36] 후한 상을 받을 수는 없다. 반드시 죽음을 각오했으므로 조종(祖宗) 이래로 누차 사절을 파견했지만 표류하고 익사하여 돌아오지 않은 경우는 없었다. 오직 나라의 위령(威靈)을 믿고 충신(忠信)에 의지하면 걱정거리가 없는 것이 분명하다. 이제 이 점을 서술하여 뒤에 오는 이들을 격려하는 바이다.

근래 사절의 행차는, 떠날 때에는 남풍을 이용하고 돌아올 때는 북풍을 이용했다. 처음 명주를 출발한 것은 그해 5월 28일이었다. 먼 바다로 나가서는 순풍을 타고 6월 6일 군산도에 도달하였다. 귀로에 올라서는 7월 13일 갑자일에 순천관(順川館)을 출발, 15일 병인일에 다시 신주(大舟)에 올랐다. 16일 정묘일에 합굴(蛤窟)에 이르렀고, 17일 무진일에 자연도(紫燕島)에 이르렀다. 22일 계유일에 소청서(小靑嶼)·화상도(和尙島)·대청서(大靑嶼)·쌍녀초(雙女焦)·당인도(唐人島)·구두산(九頭山)을 지나, 이 날 마도(馬島)에 정박하였다. 23일 갑술일에 마도를 떠나 알자섬(軋子苫)을 지나 홍주산(洪州山)을 바라보았으며, 24일 을해일에 횡서(橫嶼)를 지나 군산문(群山門)에 들어가 군산도 부근(下)에서 정박하였다. 8월 8일 무자일까지 무릇 14일 동안 바람에 막혀 가지 못하

---

36) 復命은 使命을 띤 사람이 그 일을 마치고 돌아와서 아뢰는 것이다.

다가, 오후 5시가 다되어〔申後〕 동북풍이 불어 조류를 타고 먼바다로 나가 고섬섬(苦苫苫)을 지났으며 밤이 되어도 멈추지 않았다. 9일 기축일 아침에는 죽도(竹島)를 지났고, 오전 7시에서 11시 사이에는〔辰巳〕 흑산(黑山)을 바라보았는데, 갑자기 동남풍이 사나와지고 또 해동(海動)을 만나 배가 한쪽으로 기울어지려 하자 사람들이 몹시 두려워했다. 곧 북을 울려 주변의 여러 배를 부르고 나서야 배가 다시 원래대로 안정되었다. 10일 경인일에는 풍세가 더욱 맹렬해져 낮 12시쯤〔午刻〕 다시 군산도로 돌아갔다. 16일 병신일까지 또 6일이 지났다. 그날 오후 5시가 다되어〔申後〕 순풍을 만나자〔風正〕 곧 먼 바다로 떠나 밤에 죽도에 정박하였으나, 다시 이틀 동안 바람에 막혀 가지 못했다. 19일 기해일에 이르러, 오후에 죽도를 떠나 밤에 월서(月嶼)를 지났다. 20일 경자일 아침에는 흑산(黑山)을 지났고 차례로 백산(白山), 오서(五嶼), 협계산(夾界山)을 지났는데, 북풍이 크게 불자 뜸〔篷〕을 낮춰 그 기세를 누그러뜨렸다. 21일 신축일에 사미(沙尾)를 지나는데, 오전 11시에서 오후 1시 사이〔午間〕에 두번째 배의 보조키〔副柂〕 세 개가 부러졌고, 밤 3시를 지나자〔夜漏下四刻〕[37] 정타(正柂) 역시 부러졌다. 정사의 배 및 다른 배들도 모두 위험에 처한 것이 한 두 번이 아니었다. 23일 임인일에[38] 중국〔中華〕의 수주산(秀州山)이 멀리서보였고 24일 계묘일에 동서서산(東西胥山)을 지나 25일 갑진일에 낭항산(浪港山)으로 들어가 담두(潭頭)를 지났다. 26일 을사일 아침에는 소주양(蘇州洋)을 지나 밤에 율항(栗港)에 정박하

---

37) 夜漏는 밤의 시간을 말하며, 四刻은 申時(오전 1시에서 3시)를 말한다. 四刻을 지난 시각이므로 밤 3시 이후가 된다.

38) 원문에는 '二十三'이라 되었으나, 22일이 옳다. 바로 앞의 21일이 辛丑이었고, 그 다음 날은 壬寅이다. 따라서 干支가 옳다면 壬寅日이 22일이 된다. 이후 24일은 23일로, 25일은 24일로, 26일은 25일로, 27일은 26일의 오기인 듯하다.

였고 27일 병오일에 교문(蛟門)을 지나 초보산(招寶山)을 바라보며 낮 12시쯤 정해현(定海縣)에 도착하였다. 고려를 떠나서 명주(明州) 경계까지 오는 데 무릇 바닷길로 42일이 걸렸다.

『선화봉사고려도경』권40

同文

臣聞 正朔 所以統天下之治也 儒學 所以美天下之化也 樂律 所以導天下和也[1] 度量權衡 所以示天下之公也 四者雖殊 然必參合乎天子之節 然後太平之應備焉 聖人之興 必建歲正 定國是 新一代之樂 而同律度量衡 蓋以至一 而正群動 其道當如此 仰惟國家大一統 以臨萬邦 華夏蠻貊 罔不率俾 雖高句驪[2] 域居海島 鯨波限之 不在九服之內 然稟受正朔 遵奉儒學 樂律同和 度量同制 雖虞舜之時日東協 伯禹之聲敎南曁 不足云也 古人所謂書同文車同軌者 于[3]今見之 且圖志之作 所以紀異國之殊制 若其制或同 則丹靑之作 何事乎

---

1) 導天下和也 : 사고전서본과 지부족재본에는 '導天下之和也' 라고 되어있다.
2) 사고전서본과 지부족재본에는 '麗' 라고 되어있다.
3) 지부족재본에는 '於' 라고 되어있다.

贅疣[4] 謹條其正朔儒學樂律度量之同乎中國者 作同文記 而省其繪畫云

동일한 문물[同文]

신(臣)이 듣기에 정삭(正朔)은[5] 천하의 다스림을 통할하기 위한 것이고, 유학(儒學)은 천하의 교화를 아름답게 하기 위한 것이며, 음악[樂律]은 천하의 화합을 이끌기 위한 것이고, 도량형[度量權衡]은 천하의 공정함을 과시하기 위한 것이다. 이 네 가지는 비록 다르지만 천자의 통치 절목(節目)으로 포함된[參合] 다음에야 태평성대가 이루어질 수 있다. 성인이 나타나면 반드시 한 해의 첫 달[歲正]을 세우고 (유학으로) 국시(國是)를 정하며, 당대(當代)의 음악을 새롭게 하고 도량형을 동일하게 만든다. 대체로 하나의 근본 원칙[至一]으로써 뭇움직임[群動]을 바로잡는 것이니 (천하를 다스리는) 방법[道]은 이와 같아야 한다. 우러러보건대 우리 송[國家]이 크게 통일하여 만방에 임하므로 중국이 앞서고 오랑캐가 따르지 않는 경우가 없었다.

비록 고려 땅[高句驪]이 바다 넘어[海島]에 위치하여 큰 파도가 막고 있어 구복(九服)의[6] 땅 안에 있는 것은 아니지만, 정삭(正朔)을 받고 유

---

4) 사고전서본에는 '疣'이라고 되어있다.
5) 正朔은 正月과 朔日, 즉 한 해의 시작이 되는 달과 한 달의 시작이 되는 날을 가리키는데, 주로 曆法이라는 의미로 사용된다. 옛날에 새로 건국을 하면 새로운 역법을 제정하여 반포하였다. 예를 들어 夏는 요즘의 음력 1월을 정월로 정하였지만, 殷은 12월을, 周는 11월을 정월로 제정하였다. 동일한 曆法을 사용한다는 것은 같은 지배 영역 내에 포섭됨을 의미한다.
6) 九服은 周에서 天子가 다스리던 영토를 거리에 따라 9개로 구분한 것으로, 天子에게 복종한다는 뜻으로 服을 사용한 것이다. 직접 다스리던 王畿를 제외하고 侯服·甸服·男服·采服·衛服·蠻服·夷服·鎭服·蕃服을 말한다.

학을 받들며 음악은 한결같이 조화롭고 도량형은 그 제도가 똑같다. 순임금〔虞舜〕이 정한 사계절과 날짜는 동쪽을 바로잡았고 우임금〔伯禹〕의 교화〔聲敎〕는 남쪽에 미쳤지만 (고려에 대해서는) 부족하다 할 것이다. (그렇지만) 옛 사람이 "글에서는 문자가 같고 수레에서는 바퀴 사이의 너비가 같다〔書同文車同軌〕"고[7] 말한 것을 이제는 (고려에서) 보겠다. 또한 그리고 쓰는〔圖志〕 행위는 다른 나라의 독특한 제도를 기록하고자 하는 것인데, 그 제도가 같다면 그림 그리는 것〔丹靑之作〕을 어찌 불필요하게 〔贅疣〕 붙들고 있겠는가. 삼가 고려의 정삭·유학·음악·도량형 가운데 중국과 같은 것을 조목으로 잡아 동문기(同文記)를 작성하고 그 그림은 생략하기로 한다.

正朔

唐劉仁軌 爲方州刺史 乃請所頒曆[8] 及宗廟諱日 當削平遼海 班示本朝正朔 及戰勝以兵 經略[9]高麗 帥其酋長 赴登封[10]之會 卒如初言 史臣壯之 然仁軌特服其力耳 未必其本心也 何以言之 臣觀麗人之事中國 其請降尊號 班正朔 勤勤懇懇 不絶于[11]口 及爲强虜[12]所迫 革面從之 而乃心朝廷 葵傾蟻慕 終不解於胸次 豈用兵之與用德 固自有次第哉 雖然 近則易服 遠則難懷 若麗境之望帝封 邈在大海之外 當其來也 泛巨航 駕便風 晝夜兼行十數日 始達四明 風或稍

---

7) 『禮記』의 中庸을 인용한 구절이다(今天下 車同軌 書同文 行同倫:『禮記』卷31 中庸).
8) 사고전서본과 지부족재본에는 '歷'이라고 되어있다.
9) 사고전서본에는 '畧'이라고 되어있다.
10) 사고전서본에는 '對'라고 되어있다.
11) 지부족재본에는 '於'라고 되어있다.
12) 사고전서본에는 '契丹'이라고 되어있다.

戾 驚濤山涌 竈釜傾蕩 涓滴之水不留 且不可爨 舟人往往絕粒 甚
則柁折檣摧 傾覆之變 生於瞬息 亦已危矣 然自建隆開寶間[13] 願
效臣節 不敢少懈 以迄于[14]今 至與北虜[15] 則封境之相距 纔一水耳
虜[16]人朝發馬 夕已飲水於鴨綠矣 嘗大敗衂 始臣事之 用其年號 終
統和開泰 凡二十一年 至王詢 大破北虜[17] 復通中國 乃於眞宗皇帝
大中祥符七年 遣使請班正朔 朝廷從之 彼[18]遂用大中祥符之號 易
去北虜開泰之名 至天禧中 北虜[19]復破高麗 殺戮其民幾盡 王詢至
棄國 而逃於蛤堀[20] 虜[21]留城中八月 會西北山萬松 皆作人聲 始駭
懼引去 仍强頒[22]正朔於詢 詢以力屈 不得已而用之 自太平二年 終
十七年 至重熙 終二十二年 淸寧 終十年 咸雍 終十年 太康 終十年
大[23]安 終十年 壽昌 終六年 乾統 終十年 天慶 至八年 凡一百年
而耶律爲大金所困 高麗 遂去北虜[24]之號 又以未請命于[25]朝 不敢
輒用正朔 故但以歲次紀年 而將有請焉耳 本朝之於高麗 如彼之遠
北虜[26]之於高麗 如此其近 然而附北虜[27]者 常以困於兵力 伺其稍

---

13) 지부족재본에는 '開'이라고 되어있다.
14) 지부족재본에는 '於'라고 되어있다.
15) 사고전서본에는 '敵'이라고 되어있다.
16) 사고전서본에는 '敵'이라고 되어있다.
17) 사고전서본에는 '敵'이라고 되어있다.
18) 사고전서본과 지부족재본에는 '後'라고 되어있다.
19) 사고전서본에는 '敵'이라고 되어있다.
20) 사고전서본과 지부족재본에는 '窟'이라고 되어있다.
21) 사고전서본에는 '敵'이라고 되어있다.
22) 사고전서본과 지부족재본에는 '班'이라고 되어있다.
23) 사고전서본에는 '太'라고 되어있다.
24) 사고전서본에는 '敵'이라고 되어있다.
25) 지부족재본에는 '於'라고 되어있다.
26) 사고전서본에는 '敵'이라고 되어있다.
27) 사고전서본에는 '敵'이라고 되어있다.

弛 則輒拒之 至于²⁸⁾尊事聖宋²⁹⁾ 則終始如一 拳拳傾戴 雖或時有牽
制 不能如願 而誠意所向 堅如金石 有以見累聖 綏之以仁 懷之以
德 內有以得其心 固異乎北虜³⁰⁾之强暴 徒以力制其外也 書曰 協
時月正日 今北虜³¹⁾已滅 佇見³²⁾高麗之使以正朔爲請 而萬邦之時
月日³³⁾ 可協而正矣

역법제도〔正朔〕

당(唐) 유인궤(劉仁軌)가 방주자사(方州刺史)가 되어 반포해 줄 역법과 종묘의 묘호(廟號)를 청하면서, "마땅히 요해(遼海)를 평정하여 우리 조정의 정삭을 반포하겠다. 병사를 동원해 승전하여 고려 땅을 경략하고 그 우두머리〔酋長〕를 이끌고 등봉의 모임〔登封之會〕에 이르겠다"고 하였다. (그 결과가) 처음에 말한 것과 같았으므로 사신(史臣)이 이를 장하게 여겼다. 하지만 유인궤는 고려의 힘을 꺾었을 뿐 그들의 본심까지 장악한〔必〕 것은 아니었다. 왜 그렇게 말하는가. 신이 보건대 고려인들이 중국을 섬겼는데 존호를 하사하고 정삭을 반포해달라고 청하는 것이 정성스럽고 간절하여 입에서 끊이지 않았다. 강한 오랑캐들이 핍박하자 겉으로는 따르는 척하면서 마음으로는 중국〔朝廷〕에 복종하는 것이 해바라기가 해를 따라 기울 듯 개미가 한결같이 따르듯 하였으나〔葵傾蟻慕〕 가슴〔胸次〕에 (응어리를) 끝내 풀지 못하였다. (그러므로) 어찌 군대를

---

28) 지부족재본에는 '於' 라고 되어있다.
29) 지부족재본에는 '朝' 라고 되어있다.
30) 사고전서본에는 '敵' 이라고 되어있다.
31) 사고전서본에는 '敵' 이라고 되어있다.
32) 사고전서본에는 '是' 라고 되어있다.
33) 月日: 사고전서본에는 '日月' 이라고 되어있다.

동원하는 것이 덕으로 포용하는 것과 비교하면 더 낫다고 하겠는가.

그렇기는 하지만 가까우면 복속시키기 쉽고 멀면 회유하기 어려운 것이니 고려 땅에서 (송) 황제의 영토를 바라보면 큰바다〔大海〕 너머 멀리 있다. 그들이 올 때는 커다란 배를 띄워 순풍〔便風〕을 타고 밤낮으로 10여일을 항해해야 중국〔四明〕에[34] 겨우 도착한다. 바람이 조금이라도 사나워져서 놀란 물결이 산처럼 치솟으면〔驚濤山湧〕 솥마저 뒤집어져서〔竈釜傾蕩〕 물이 전혀 남아있지 않아 취사조차 못하여 뱃사람들은 끼니를 거르기도 한다. 심한 경우에는 키가 부러지고 돛대가 꺾여 (배가) 뒤집어지는 참변이 순식간에 일어나니 위험하다고 할 수 있다. 하지만 건륭(建隆, 宋 太祖의 年號, 960~963)에서 개보(開寶, 宋 太祖의 年號, 968~976) 사이에 신하노릇을 다하기를 원하여 감히 조그마한 나태함도 없이 지금까지 이르렀다.

거란〔北虜〕과는 국경이 겨우 강 하나〔一水〕에 불과하다. 오랑캐들이 아침에 말을 타고 떠나면 저녁에는 압록강에서 물을 마시게 된다. (고려는) 전에 크게 패배하자 신하로서 섬기기 시작하면서 그 연호를 사용하였는데, 통화(統和, 遼 聖宗의 年號, 983~1011)와 개태(開泰, 遼 聖宗의 年號, 1012~1021)에 걸치는 총 21년이다. 현종〔王詢〕에 이르러 거란〔北虜〕을 크게 무찌르고 다시 중국과 통교하여, 진종(眞宗) 황제의 대중상부(大中祥符, 宋 眞宗의 年號, 1008~1016) 7년(1014, 고려 현종 5년)에 사신을 파견하여 정삭을 반포해줄 것을 청하니 (중국) 조정에서 이를 따랐다. 마침내 고려에서는 대중상부라는 연호를 사용하면서 거란의 개태(開泰, 遼 成宗의

---

34) 四明은 明州의 별칭이다. 高麗 文宗代 高麗와 宋의 정식 외교관계가 성립될 무렵, 山東省 登州가 황하의 범람에 따른 토사의 유입으로 이용이 어려워지자 明州는 宋의 대표적인 항구〔海港〕로 부상했다.

年號, 1012~1020)라는 연호를 버렸다.

천희(天禧, 宋 眞宗의 年號, 1017~1021) 연간에 이르러 거란이 다시 고려를 격파하고 그 백성을 거의 다 죽일 정도로 살육하였다. 현종이 나라를 버리고 합굴(蛤堀)로 도망가자, 오랑캐들이 도성〔城〕 안에 머문 것이 8개월이었다. 그때 서북산(西北山)의 수많은 소나무〔萬松〕가 모두 사람 목소리를 만들어냈다.[35] 그들이 놀라고 두려워 (도성을) 떠나면서 강제로 현종에게 정삭을 반포하였다. 현종이 힘에 굴복하여 부득이하게 그 정삭을 사용하였다. 태평(太平, 遼 成宗의 年號, 1021~1031) 2년(1022, 고려 현종 13년)부터 시작하여 그 17년에[36] 마쳤으며, 중희(重熙, 遼 興宗의 年號, 1032~1055)에 이르러서는 22년,[37] 청녕(淸寧, 遼 道宗의 年號, 1055~1064)은 10년, 함옹(咸雍, 遼 道宗의 年號, 1065~1074)은 10년, 태강(太康, 遼 道宗의 年號, 1075~1084)은 10년, 대안(大安, 遼 道宗의 年號, 1085~1094)은 10년, 수창(壽昌, 遼 道宗의 年號, 1095~1101)은 6년, 건통(乾統, 遼 天祚帝의 年號, 1101~1110)은 10년, 천경(天慶, 遼 天祚帝의 年號, 1111~1120)은 8년에 이르렀으니 모두 100년 동안이었다.

거란〔耶律〕이 금〔大金〕에게 곤욕을 당하게 되자,[38] 고려에서는 마침내 거란〔北虜〕의 연호를 폐지하였다. 하지만 (송) 조정에 (정삭을) 명해줄 것을 미처 청하지 못했으므로 (송) 정삭을 감히 사용하지는 못하였다. 그러므로 간지〔歲次〕로써만 해를 표시할 뿐이어서 곧 정삭에 관한 요청이

---

35) 이에 대해서는 본서 권17 崧山廟에 설명이 있다.
36) 太平 年間은 1021~1030으로 10년간이다. 太平 2년에서 重熙 이전까지는 10년이므로, 본문의 17년은 서긍의 誤記이다.
37) 興宗의 重熙 年間(1032~1055)은 24년이므로 22년은 誤記이다.
38) 耶律은 契丹 왕족의 姓이다. 睿宗 10년(1115) 阿骨打가 契丹을 물리치고 金을 건국한 사건을 말한다.

있게 된 것이다. 우리 조정에서 고려를 보자면 저토록 멀지만, 거란에서 고려를 보자면 이처럼 가깝다. 하지만 거란에 복속했던 것(附)은 항상 무력(兵力)에 의해 곤란을 당했을 때였으며, 거란의 느슨함을 엿보다가 (그들이 약해지면) 곧바로 항거하였다. 성스러운 송(宋)을 섬기게 되자 한결같이 간절하고 충직하였으며(拳拳傾戴) 견제 때문에 원하는 바와 같을 수 없을 때에도 정성스런 뜻이 금석(金石)처럼 견고하였다. 누대의 성제(聖帝)들이 인(仁)으로 안심시키고 덕(德)으로 품어주어 안에서부터 그들의 마음을 얻었음을 보여주는 것이다. 이것은 강폭(强暴)한 거란이 힘으로 외양만을 제압하는 것과는 진정 다르다.『서경(書經)』에서 "계절과 달을 맞추고 날을 바로잡았다〔協時月正日〕"고 말하였다.[39] 현재 거란은 이미 망했는데,[40] 고려 사신이 정삭을 요청하였음을 가만히 보니〔仔見〕, 이것은 만방의 계절〔時〕, 달〔月〕, 날〔日〕을 함께 맞추어 바로잡는 일에 해당한다.

儒學

東夷[41]性仁 而其地有君子不死之國 又箕子所封 朝鮮之境 習俗素稔八條之敎 其男子 出於禮義 婦人 由於正信 飮食以豆籩 行路者相遜 固異乎蠻貊雜類 押頭胼趾 辮髮橫幅[42] 父子同寢 親族同㮣僻怪也 自漢武帝列置四郡 臣妾內屬 而中華政化所嘗漸被 雖更魏歷晉 視[43]時汙[44]隆 乍離乍合 然義理之根諸中者 未嘗泯也 唐正[45]

---

39) 曆에 관한 기사이다(協時月正日 同律度量衡 :『書經』舜典).
40) 서긍이 고려를 방문한 것은 仁宗 元年(1123)이고 거란이 멸망한 것은 仁宗 3년(1125)이다.
41) 사고전서본에는 '國'이라고 되어있다.
42) 辮髮橫幅 : 사고전서본에는 '辮闕三字幅' 이라고 되어있다.
43) 사고전서본에는 '雖更闕三字視' 라고 되어있다.

觀初 太宗用魏鄭公之一言 以仁義爲治 恢廣學校 崇尙師儒 當是時 與議大臣 猶有疑 而未知其爲益者[46] 彼國 乃遽遣其英秀子弟 請敎 京師 後長慶中 白居易善作歌行 雞[47]林之人 引領嘆慕 至以[48]一金 易一篇 用爲規範 則其用心可知矣 觀夫倭辰餘國 或橫書 或左畫 或結繩爲信 或鍥木爲誌 各不同制 而麗人 乃摹寫隷法 取正中華 至於貨泉之文 符印之刻 擧不敢妄有增損字體者 是宜文物之美 侔 於上國焉 炎宋肇興 文化遠被 稽首扣關 請爲藩臣 其使者 每至來 朝 觀國之光 歆豔晏粲 歸而相語 人益加勉 淳化二年 廷試天下士 彼亦賓貢其人 來獻文藝 太宗皇帝 嘉之 用擢其數內王彬崔罕等 進 士及第 授將仕郞守秘書省校書郞 津遣還國時 國王治上表 致謝詞 甚感戢 神宗皇帝 憫俗學之弊 命訓釋三經 以發天下薾蒙 特詔賜其 書本 俾之獲見大道之純全 主上丕承先志 推廣舍法 又賜其來學子 弟金端等科名以歸 於是 靡然風從 勃然雨化 闇闇秋秋[49] 服膺儒學 雖居燕韓之左僻 而有齊魯之氣韻矣 比者 使人到彼 詢知臨川閣 藏 書至數萬卷 又有淸燕閣 亦實以經史子集四部之書 立國子監 而選 擇儒官[50] 甚備 新敞黌舍 頗遵太學月書季考之制[51] 以[52]第諸生 上

---

44) 지부족재본에는 '汚'라고 되어있다.
45) 사고전서본에는 '貞'이라고 되어있다.
46) 사고전서본에는 '闕未知其爲益者'라고 되어 있다.
47) 지부족재본에는 '鷄'라고 되어있다.
48) 易一篇……於是 靡然: 사고전서본에는 '至以闕一百字'라고 되어있어 '一金 易一篇' 부터 '於是 靡然'까지가 결락되어있다. 지부족재본에는 '至以鄭刻云下闕一百字案抄本亦 空白五行'이라고 되어있어 '一金 易一篇'부터 '於是 靡然'까지가 결락되어있다. 그런 데 징강본에 의하면 '至以'에서 '於是 靡然'까지는 253자이다.
49) 사고전서본과 지부족재본에는 '秩秩'이라고 되어있다.
50) 사고전서본에는 '而闕二字儒官'이라고 되어있다.
51) 사고전서본에는 '月書季闕二字制'라고 되어있다.

而朝列官吏 閑威儀而足辭采 下而閭閻陋巷間[53] 經館書社 三兩相望 其民之子弟未昏者 則群居而從師授經 旣稍長 則擇友 各以其類 講習于[54]寺觀 下逮卒伍童穉 亦從鄕[55]先生學 於虖[56]盛哉 且諸侯之就功 實假天子之威靈 諸侯之作德 實循天子之風化 麗人之於中國 海隅 侯伯之邦爾 今也 文物之富如此 蓋自漸摩所致 不亦偉乎 譬猶日月三辰 假元氣 以成列 而其照燿[57]著見[58] 乃所以爲天之明 草木百寶 資元化 以敷華[59] 而其葳蕤蘴靡 乃所以爲地之文也 若夫其國 取士之制 雖規範本朝 而承聞循舊 不能無小異 其在學生 每歲試于[60]文宣王廟 合格者 視貢士 其擧進士 間[61]歲 一試于[62]所屬 合格偕貢者 合三百五十餘人 旣貢 又命學士摠[63]試于[64]迎恩館 取三四十人 分甲乙丙丁戊五等 賜第 略[65]如本朝省闈之制 至王親試官之 乃用詩賦論三題 而不策問時政 此其可嗤也 自外 又有制科宏辭之目 雖文具而不常置 大抵 以聲律爲尙 而於經學未甚工 視其文章 髣髴唐之餘弊云

---

52) 사고전서본과 지부족재본에는 '次'라고 되어있다.
53) 사고전서본에는 '閒'이라고 되어있고, 지부족재본에는 '閒'이라고 되어있다.
54) 지부족재본에는 '於'라고 되어있다.
55) 사고전서본에는 '鄒'라고 되어있다.
56) 사고전서본에는 '戲'라고 되어있다.
57) 지부족재본에는 '耀'라고 되어있다.
58) 사고전서본에는 '而其照耀闕見'이라고 되어있다.
59) 사고전서본에는 '資元化闕二字華'라고 되어있다.
60) 지부족재본에는 '於'라고 되어있다.
61) 사고전서본과 지부족재본에는 '閒'이라고 되어있다.
62) 지부족재본에는 '於'라고 되어있다.
63) 사고전서본과 지부족재본에는 '總'이라고 되어있다.
64) 지부족재본에는 '於'라고 되어있다.
65) 사고전서본에는 '畧'이라고 되어있다.

유학(儒學)

고려 사람(東夷)들의 본성은 어질며 그 땅에는 군자가 끊이지 않는다 (其地有君子不死之國). 또한 기자(箕子)가 조선 땅에 봉해졌으니, 그 습속은 팔조(八條)의 가르침을⁽⁶⁶⁾ 평소에도 잘 익히고 있다. 그곳 남자는 예의를 바탕으로 행동하고 부인은 정신(正信)을 지표로 삼는다. 음식은 두변(豆籩)에⁽⁶⁷⁾ 담아 먹고 길을 오가는 사람들은 서로 양보하니 다른 오랑캐(蠻貊雜類)와는 정말 다르다. (하지만) 머리를 눌러 (띠를 두르고) 발을 묶어 (버선을) 신거나(押頭胼趾)⁽⁶⁸⁾ 상투를 틀고 옷을 중국과 다르게 마감하며(辮髮橫幅), 부자(父子)가 잠자리를 함께 하고 친척이 같은 곳에 묻히는 것은 몹시 괴상(僻怪)하다.

한(漢) 무제(武帝)가 사군(四郡)을 나란히 설치한 이래 신하로 중국에 속하여(臣妾內屬) 중국의 교화가 일찍부터 이루어졌다. 위(魏)와 진(晉)으로 바뀌면서 때때로 침체되거나 발전하고(視時汙隆) (중국과) 소원해지거나 긴밀해지기도 하였지만 그 한 가운데 뿌리내린 의리는 사라진 적이 없다.

당 정관(正觀·貞觀, 唐 太宗의 年號, 627~649) 초에 태종(太宗)이 (당시 재상이었던) 위징(魏徵, 魏鄭公)의 건의(一言)에 따라 인의(仁義)로 정치의 근본을 삼고 학교를 증설하며 유학자(師儒)를 떠받들었다.⁽⁶⁹⁾ 이때에 여러

---

66) 『後漢書』에 箕子의 八條法禁에 관한 내용 일부가 전한다(『後漢書』 卷85 東夷列傳75 濊).
67) 豆籩은 나무와 대나무로 각각 만든 용기를 말한다. 원래는 祭器로 사용되었다.
68) 押頭는 匶頭와 같은 의미로 頭蓋骨의 변형, 혹은 띠 등으로 머리를 묶는 것을 말한다. 胼趾는 엄지발가락과 검지발가락을 하나로 묶은 것을 말한다. 서긍이 표현한 胼趾는 버선을 말하는 것으로 보인다.
69) '貞觀의 治'라는 理想化한 政治理念은 魏徵에 의해 마련되었다. 이는 『貞觀政要』를 통해 정리되어있다(『舊唐書』 卷71 列傳21; 『新唐書』 卷97 列傳22 魏徵).

대신들과 의논하였는데 (대신들은) 오히려 의심을 품고 그 정책이 이로운 것을 미처 몰랐다. (그런데) 저 나라에서는 돌연 뛰어난 자제를 파견하여 (중국) 수도에서 가르쳐줄 것을 요청하였다. 나중에 장경(長慶, 唐 穆宗의 年號, 821~824) 연간에 백거이(白居易)가 가행(歌行)을 잘 지었는데 신라(雞林) 사람들이 목을 길게 빼고 감탄 흠모하여 금덩이(金) 하나로 글 한 편을 바꾸어 전범으로 삼기에 이르렀으니 그들의 마음 씀씀이를 알 수 있다. 저 왜(倭)나 진(辰) 등의 나라를 살펴보면 옆으로 글씨를 써나가기도 하고 왼편부터 그림을 그리기도 하며, 새끼줄을 묶어 신표(信標)로 삼거나 나무에 새겨 표식(標式)으로 삼기도 하는 등 모두 제도가 다르다. 하지만 고려 사람들은 정자체(隸法)를 모사(摹寫)하면서 중국의 그것을 표준으로 삼았다. 화폐의 글자나 도장(符印)의 새김에 이르기까지 모두 글자체를 함부로 늘이거나 줄이지 않았다. 그러므로 아름다운 문물이 중국과 나란한 것도 마땅하다.

  송(炎宋)이 처음 일어나서 교화(文化)가 널리 퍼지자 머리를 숙이고 중국에 들어와(稽首扣關)[70] 번신(藩臣)이 되기를 청하였다.[71] 고려의 사신은 내조(來朝)하러 올 때마다 송(宋) 문물의 뛰어남을 둘러보고(觀國之光) 부러워하며 좋게 여겼는데(飮豔宴粲) 귀국하여 말을 전하니 사람들이 더욱 (본받기를) 힘썼다. 순화(淳化, 宋 太宗의 年號, 990~994) 2년(991, 고려 성종 10년)에 천하 선비들을 시험(廷試)하는데 저들 역시 자기 출신들을 보내오고(賓貢) 문예(文藝)있는 자를 바쳐왔다. 태종(太宗) 황제가 기꺼워하며 그 가운데 왕빈(王彬)·최한(崔罕) 등을 발탁하여 진사(進士)로 급

---

70) 扣關은 다른 나라에 입국하는 허가를 받기 위해 국경의 문을 두드리는 것을 말한다.
71) 고려가 宋과의 본격적인 교류를 시작한 것은 光宗 13년(962) 廣評侍郎 李與祐 등을 파견면서부터이다(『高麗史』 卷2 世家2 光宗 13年).

제시켜 장사랑(將仕郎)과 수비서성교서랑(守秘書省校書郎)을 주었다.[72] 바닷길로 파견하거나[津遣] 환국할 때에 국왕 성종[治]은 표를 올려 감사하고 매우 감격하였다.

신종(神宗) 황제는 속된 학문의 폐해를 근심하여 삼경(三經)을 훈석(訓釋)하여 천하의 우매함[蔽蒙]을 계발(啓發)할 것을 명하였다. 특별히 조서를 통해 그 도서를 하사하여 순전(純全)한 대도(大道)를 얻어 볼 수 있도록 하였다. (현재) 휘종[主上]이 선왕의 뜻을 크게 받들어 사법(斯法)을 넓혔다[推廣斯法]. 또한 공부하러 온 자제인 김단(金端) 등에게 과명(科名)을 하사하여 귀국시켰다.[73] 이에 선선하게[靡然] 바람대로 따르듯이, 단비에 성큼[勃然] 곡물이 자라듯이, 화기애애하고 춤추듯이[闓闓秋秋] 유학을 항상 가슴에 품게 되었다[服膺儒學]. (따라서) 연(燕)이나 한(韓)처럼 동쪽 변방[左僻]에 위치하더라도 제(齊)나 노(魯)와 같은 기운(氣韻)을 가지고 있는 것이다.

근래에 사신이 고려에 갔을 때 현종[詢]이 임천각을 운영하고[知] 있었는데 장서가 수만 권에 이르렀으며 또 청연각(淸燕閣)이 있어서 경사자집(經史子集) 사부(四部)의 책으로 채웠다. 국자감(國子監)을 세워 유관(儒官)을 뽑고 (제도를) 잘 갖추었고 학교를 새로 만들어[新敝黌舍], 매달 배운 책을 확인하고 계절별로 시험 보던 태학의 제도를 열심히 본받아 여러 유생을 급제시켰다. 위로는 조정에 관리들이 포진하여 위의(威儀)를 넉넉히 하면서도 문장[辭采]은 여유 있었고 아래로는 여염집[閭閻]

---

72) 成宗 5년(986) 崔罕과 王彬을 파견했다(『高麗史節要』 卷2 成宗 5年條; 『宋史』 卷487 太宗 雍熙 3年 10月).
73) 睿宗 10년(1115)에 進士 金端・甄惟底・趙奭・康就正・權適 5명을 宋의 大學에 입학시켰다. 睿宗 12년(1117)에 進士 權適・趙奭・金端 등은 宋의 관작을 받고 귀국했다 (『高麗史』 卷14 世家14 睿宗 10年・12年).

과 누추한 거리〔陋巷〕에 경서와 책을 파는 서사(書肆)〔經館書社〕들이 두 셋씩 마주보고 있다. 결혼하지 않은 백성 자제는 함께 거처하면서 스승을 좇아 경서를 익혔으며〔授經〕 조금 더 커서는 벗을 골라 비슷한 부류끼리 절과 도관(道觀)에서 강습하였다. 아래로는 평민〔卒伍〕의 어린 아이들〔童穉〕까지도 시골 선생을 찾아가 배웠다.

아아, 훌륭하구나. 제후가 공(功)을 이루는 것은 사실 천자의 위령(威靈)에 기댄 결과이고 제후가 덕을 행하는 것은 사실 천자의 교화〔風化〕를 따르는 것이다. 고려 사람들은 중국으로 따지자면 바닷가 귀퉁이에 있으니 제후국〔侯伯之邦〕일 뿐이다. (하지만) 현재 문물(文物)이 이처럼 번성한 것은 그들 스스로 (천자의 교화대로) 조금씩 단련한 결과이니 과연 훌륭하지 않은가. 비유하자면 해와 달 등 삼신(三辰 : 日·月·星)은 원기(元氣)를[74) 빌려 나란히 펼쳐지지만 그 밝게 드러나는 현상이 곧 하늘의 밝음이 되는 것과 같다. 그리고 초목 등 수많은 보초(寶草)가 원화(元化)에[75) 기대어 화려함을 뽐내지만 그 무성한 모습〔葳蕤薈靡〕이 곧 땅의 현상〔文〕이 되는 것과 같다.

저 나라로 말하자면 관리 선발 제도〔取士之制〕는 송〔本朝〕을 본받으면서도 (다른 한편으로는) 들은 대로 따르고 옛 것을 준수하였으니 자그마한 차이도 없을 수는 없다. (국자감) 재학생 가운데 해마다 문선왕묘(文宣王廟)에서 시험을 보고 그 합격자는 공사(貢士)로 간주한다. 뽑힌 진사(進士)는 격년마다〔間歲〕 소속된 곳에서 한차례 시험 보는데, 합격해서 함께 공사가 된 사람〔合格偕貢者〕은 총 350여 명이다. 공사〔貢〕가 되면 학사에게 영은관(迎恩館)에서 총시(摠試)하도록 명을 내려 30~40명을 뽑

---

74) 元氣는 萬物의 根本이 되는 天地의 氣運을 말한다.
75) 元化는 帝王의 德化를 말한다.

되 갑을병정무(甲乙丙丁戊)의 5등급으로 나누어 급제를 하사한다. (이것은) 대략 송의 제도[本朝省闈之制]와⁷⁶⁾ 같다. 왕이 친시(親試)하여 관리를 선발하는 경우에는 시부론(詩賦論) 세 가지를 이용할 뿐 시정(時政)을 책문(策問)하지는 않는다. 이것은 웃기는 일이다. 그 외에도 제과(制科)와⁷⁷⁾ 굉사(宏辭)의⁷⁸⁾ 경우도 있는데, 그 규정은 있지만 항상 시행한 것은 아니다. 대체로 (시부(詩賦)의) 성률(聲律)을 숭상할 뿐 경학(經學)에는 깊이 힘쓰지 않으니, 그들의 문장(文章)을 보면 당(唐)의 폐단[餘弊]과 비슷하다.

樂律

大⁷⁹⁾樂與天地同和 而五聲之發 原於五行 八音之辨 生於八風 淸濁高下 皆出於一氣 而手舞足蹈 有不期然而然者 則蕢桴土鼓 皆足以寓其聲而吐其和 故自葛天氏之時 牛尾之歌 已見於載籍 後世 聖人作樂崇德 而以金石土革匏木絲竹之物 制爲鐘⁸⁰⁾磬鞉鼓塤篪⁸¹⁾笙竽柷敔琴瑟管籥之器 以作 以止 以詠 以間⁸²⁾ 以合天地之和 而致神示⁸³⁾祖考之格 至於夷蠻戎狄之音⁸⁴⁾ 亦用合奏 有鞮師 以掌其樂 有旄人 以陳其舞 有鞻鞮⁸⁵⁾氏 以合其歌歟 凡以與衆樂樂 而樂以天下初無間⁸⁶⁾於夷夏⁸⁷⁾ 則兼收博采 所以示吾德之廣運也 詩云 以雅以

---

76) 省闈는 宮闕을 가리킨다.
77) 制科는 임시로 실시하는 科擧를 말한다.
78) 宏辭는 唐에서 文章 3편을 시험했던 관리 선발 방식이다.
79) 사고전서본에는 '夫'라고 되어있다.
80) 지부족재본에는 '鍾'이라고 되어있다.
81) 사고전서본에는 '箎'라고 되어있다.
82) 지부족재본에는 '問'이라고 되어있다.
83) 지부족재본에는 '祇'라고 되어있다.
84) 사고전서본에는 '至於寄象鞮譯之音'이라고 되어있다.
85) 사고전서본에는 '鞻'라고 되어있다.

南 以籥不憯[88] 說者謂雅爲夏樂 南爲夷樂 二者合奏 以成和 而協
天地之中聲 然後爲備樂 然四方異域 飲食異和 衣服異制 器用異宜
則樂亦不得而同 故東方曰靺 南方曰任 西方曰侏離 北方曰禁 各有
其義 而不可以混淆 若麗人 則東夷之國 樂其本於靺乎 且三代之制
商曰大濩 周曰大武 箕子以商之裔 而受周封於朝鮮 則革其靺樂之
陋者 當有濩武之遺音 廣襲制作 經今千載 調聲應律 宜[89]有可采者
熙寧中 王徽嘗奏請樂工 詔往其國 數年乃還 後人使來 必齎貨 奉
工技爲師 每遣就館敎之 比年 入貢 又請賜大晟雅樂 及請賜燕樂
詔皆從之 故樂舞益盛 可以觀聽 今其樂 有兩部 左曰唐樂 中國之
音 右曰鄕樂 蓋夷音也 其中國之音 樂器皆中國之制 惟其鄕樂 有
鼓版[90]笙竽觱篥[91]空侯五絃琴琵琶箏笛 而形制差異 瑟柱膠而不移
又有簫管 長二尺餘 謂之胡琴 俯身先吹之 以起衆聲 若女伎 則謂
之下樂 凡三等 大樂司 二百六十人 王所常用 次管絃坊 一百七十
人 次京市司 三百餘人 亦有柘枝抛毬之藝 其百戲數百人 聞皆敏捷
特甚 然以時王俁[92]衣制未終 工人執其器 而不作 聲律之度 不可得
而考也

음악[樂律]

큰 음악[大樂]이란[93] 천지와 같이 조화로우니 오성(五聲)의[94] 발생은

---

86) 사고전서본과 지부족재본에는 '開'이라고 되어있다.
87) 사고전서본에는 '中外'라고 되어있다.
88) 사고전서본에는 '僭'이라고 되어있고, 지부족재본에는 '僭'이라고 되어있다.
89) 사고전서본에는 '雖'라고 되어있다.
90) 지부족재본에는 '板'이라고 되어있다.
91) 사고전서본에는 '栗'이라고 되어있다.
92) 지부족재본에는 '俁'라고 되어있다.

오행(五行)에[95] 근원을 두고 있고 팔음(八音)의[96] 분별은 팔풍(八風)에서[97] 비롯한다. 청음과 탁음,[98] 고음과 저음[淸濁高下]은 모두 똑같은 기운[一氣]에서 나오며 손발이 춤추는 것[手舞足蹈]은 그렇게 하려고 하지 않아도 그렇게 되는 것이다. (고대의) 흙으로 만든 북채와 북[蕢桴土鼓]은 모두 그 소리를 담아 화음을 토해내기에 충분한 것이었다. 그러므로 갈천씨(葛天氏)의 시대부터 우미가(牛尾歌)가 이미 기록[載籍]에 보인다.[99] 나중에 성인이 음악을 만들어 덕을 높일 때 쇠[金]·돌[石]·흙[土]·가죽[革]·박[匏]·나무[木]·실[絲]·대나무[竹] 등으로 종(鐘)·경(磬)·도(鞉)·고(鼓)·훈(塤)·지(篪)·생(笙)·우(竽)·축(柷)·어(敔)·금(琴)·슬(瑟)·관(管)·적(籧) 등의 악기를 제작하여, 연주하였다가 멈추고 읊조렸다가 쉬면서 천지의 조화와 합치시키고 신이나 조상들과 같은 격(格)에 이르게 하였다[致神示祖考之格].

　오랑캐의 음악에서도 합주를 이용하는데 말사(韎師)를 두어 그 음악을 관장하게 하고,[100] 모인(旄人)을 두어 춤추게 만들며,[101] 제구씨(鞮鞻

---

93) 사고전서본에 따른다면 '대저 음악이란'이라고 번역되어야 한다.
94) 五聲은 宮·商·角·徵·羽의 5음계를 말한다.
95) 五行은 만물을 구성하는 질료이자 그 운동원리이기도 한 木·火·土·金·水를 말한다.
96) 八音은 악기를 만드는 재료에 해당하는 金·石·絲·竹·匏·土·革·木을 말하며, 악기라는 뜻으로 사용되기도 한다.
97) 八風은 8개의 방위로서 東北·東·東南·南·西南·西·西北·北을 가리킨다.
98) 淸濁은 12律呂 가운데 고음과 저음으로 구분한 것이다. 즉 淸은 蕤賓에서 應鐘에 해당하며, 濁은 黃鐘에서 中呂에 해당한다.
99) 갈천씨는 중국 고대의 제왕인데 말하지 않아도 신의가 있었고 교화하려 하지 않아도 잘 다스려졌다. 당시 세 사람이 소 꼬리[牛尾]를 잡고 가면서 노래를 불렀다고 한다.
100) 韎師[韎師]는 韎樂祭祀를 관장하는 官名이다(韎師掌教韎樂祭祀則帥其屬而舞之:『周禮』卷3 春官).
101) 旄人은 舞散樂舞夷樂을 관장하는 官名이다(旄人掌教舞散樂舞夷樂:『周禮』卷3 春

氏)가 있어 노래와[102] 연주[歌篇]를 합치시킨다.[103] 무릇 여러 사람들과 음악을 즐겨 천하 사람들과 함께 화락(和樂)하여 원래 오랑캐와 중국 사이에는 구분이 없었다. 널리 음악을 채집하여 거두어들인다는 것은 우리의 덕이 널리 퍼짐[廣運]을 보여 주는 것이다. 『시경(詩經)』에서 "아악을 연주하고 남쪽 음악을 연주하며 피리춤을 함께 해도 어긋나지 않네[以雅以南以籥不僭]"라고 하였다.[104] 설명하는 이들은 아(雅)는 중국 음악[夏樂]이고 남(南)은 오랑캐 음악[夷樂]인데 둘이 합주를 해서 조화를 이루며 천지의 중성(中聲)을 합한[協] 이후에야 음악을 갖춘 것이라고 한다. 하지만 사방의 다른 지역들 사이에는 음식의 맛[和]이 다르고 의복의 제도가 다르고 용기[器用]들의 적당함이 다르니 음악 역시 같을 수는 없는 것이다. 그러므로 (음악을) 동방(東方)은 말(靺), 남방(南方)은 임(任), 서방(西方)은 주리(侏離), 북방(北方)은 금(禁)이라고 하는데 각각 독특한 뜻이 있어서 섞일[混淆] 수는 없다.

고려 사람들로 말하면 동이(東夷)에 해당하므로 그 음악은 말(靺)에 근본하였을 것이다. 또한 삼대(三代)의 (음악)제도에 상(商)은 대호(大濩)라고 하고 주(周)는 대무(大武)라고 하였는데, 기자(箕子)는 상의 후예로서 주에 의해 조선에 봉해졌으니 비루한 말악(靺樂)을 혁파하였을 것이며 대호·대무의 남겨진 흔적이 마땅히 있었을 것이다. 그것을 이어 제작한 것이 현재 1,000년이 되었으니 조화된 음악[調聲應律] 가운데에는 채택할 만한 것이 당연히 있을 것이다. 희령(熙寧, 宋 神宗의 年號,

---

官).
102) 鞮鞻氏[鞮履氏]는 四夷의 음악을 관장하는 官名이다(鞮鞻氏掌四夷之樂與其聲歌 : 『周禮』 卷3 春官).
103) 籥師는 國子舞를 관장하는 官名이다(籥師掌敎國子舞羽吹籥 : 『周禮』 卷3 春官).
104) 『詩經』 小雅에서 인용되었다(以雅以南 以籥不僭 : 『詩經』 小雅 谷風之什 鼓鍾).

1068~1077) 연간 중에 고려 문종[王徽]이 악공을 주청(奏請) 하니 조서를 통해 고려로 가게 하였는데, 수년만에 귀국하였다. 나중에 사신이 올 때마다 재화를 가져와 공기(工技)를 스승으로 받들었는데, (황제가) 매번 그 숙소로 보내어 사신을 가르치도록 하였다. 근년에 입공(入貢)해서는 또다시 대성아악(大晟雅樂 : 공식적인 행사에서 사용되는 음악)과 연악(燕樂 : 연회에서 사용되는 음악)의 하사를 청하자 조서를 통해 모두 허락하였다. 이 때문에 악무(樂舞)가 더욱 성해져서 보고들을 수 있게 되었다.

현재 고려의 음악은 양부(兩部)로 되어 있는데 왼편에 있는 것은 당악(唐樂)으로 중국 음악이고, 오른편에 있는 것은 향악(鄕樂)으로 대체로 오랑캐 음악이다. 그 중국 음악의 경우에는 악기가 모두 중국의 제도와 같으며, 향악의 경우에는 고(鼓)・판(版)・생(笙)・우(竽)・필률(觱篥)・공후(空侯)・오현금(五絃琴)・비파(琵琶)・쟁(箏)・적(笛)이 있는데 형태와 제작[形制]에 약간 차이가 있다. 거문고의 경우에는 기러기발[柱]에 아교를 붙여 움직이지 못한다. 또 소관(簫管)이 있는데 2자[尺] 남짓한 길이로서 호금(胡琴)이라고 부른다. 몸을 숙여 먼저 불어 다른 악기 소리를 일깨운다. 여기(女伎)는 하악(下樂)이라고 부르는데 모두 3등으로 되어있다. 대악사(大樂司)는 260명으로 구성되었고 왕이 항상 부린다. 다음으로는 관현방(管絃坊)이 있는데 170명으로 구성되었고, 다음으로는 경시사(京市司)인데 300여 명으로 구성되었고 자지무[柘枝 : 北魏의 춤 이름]나 포구악[抛毬 : 연회 중에 합창하는 악곡] 같은 기예도 있다. 백희(百戲)를 펼치는 수백 명은 모두 매우 민첩하다고 들었다. 하지만 예종[王俁]에 대한 상복 입는 기간이 아직 끝나지 않아서 공인(工人)들은 자신들의 악기를 쥐고만 있을 뿐 연주하지는 않았다. 따라서 성률의 절도(聲律之度)에 대해서는 듣고 평가할 수 없었다.

權量

戴記曰 制禮樂 頒度量 而天下大服 魯語曰 謹權量 審法度 四方之政行焉 蓋王者之統御諸侯 雖本乎德化刑威 而所以一其政者 尤以權量爲先 三代盛時 必自王府出嘉量等器 頒于[105]邦國 掌之以其官 平之以其時 至於巡守[106] 又協而同之 使無內外遠近之殊制 然後爲天子之政舉 苟四方諸侯 於此三者一有小易 則黜削誅廢在法無赦 孰謂其器用之末而可忽耶[107] 夫五度之制 別於分 忖於寸 蒦於尺 張於丈 信於伸 于[108]以度度[109]物之短長 五量之制 躍於龠 合於合 登於升 聚於斗 角於斛 于[110]以量度[111]物之多寡 五權之制 始於銖 兩於兩 明於斤 均於鈞 終於石 于[112]以權度[113]物之重輕 然皆必以銅範之者 乃取其同 而不異 所以同天下 而齊風俗耳 惜乎 周道東轍 政失其柄 晉之協律者 作長尺考鐘[114] 而失樂之中聲 齊之相國者 以大斗給民 而市己之私恩 唐之考曆[115]者 失玉衡璇璣之制 則無以參天道三辰之行 是其於耳目之近 猶不能審其同於法度之中 又況遠在海外之國 隔鯨波 而涉蠻島 欲冀其一 而同之 豈不猶推舟於陸耶[116] 高麗爲國 去中華三千餘里 自帝王極治 亦在羈縻之域 未聞

---

105) 지부족재본에는 '於'라고 되어있다.
106) 지부족재본에는 '狩'라고 되어있다.
107) 사고전서본에는 '邪'라고 되어있다.
108) 사고전서본과 지부족재본에는 '於'라고 되어있다.
109) 지부족재본에는 '庶'라고 되어있다.
110) 사고전서본과 지부족재본에는 '於'라고 되어있다.
111) 지부족재본에는 '庶'라고 되어있다.
112) 지부족재본에는 '於'라고 되어있다.
113) 지부족재본에는 '庶'라고 되어있다.
114) 지부족재본에는 '鍾'이라고 되어있다.
115) 사고전서본에는 '歷'이라고 되어있고, 지부족재본에는 '曆'이라고 되어있다.

有頒度量權衡 而協其同者 我宋龍興 德符高厚 而際天所覆 極地所
載 罔不臣妾 以故麗人稽首面內 願爲藩屛 取正中國 度量權衡 用
爲標的 斯所謂仁恩橫流 能懷帝者之未懷 武誼遐騖 能制王者之不
制也[117] 乃者 使人銜命適彼 燕饗獲其賂遺之禮 舟人適市 售其貿易
之貨 默識其長短之式 多寡之數 輕重之等 陰以較中國之法 無或少
若毫髮之差者 盍賞其誠至也 夫謹於耳目之所及者 或慢於耳目之所
不及 畏於刑威之所制者 或侮於刑威之所不制 今高麗 道涂[118]迂[119]
篤國都跨遠 旣非耳目所可及 而主上含洪光大 待夷狄[120] 以寬典 又
非規規然尙刑威 以制之 彼乃能遵用度量權衡若此 其謹蓋其心悅
誠服 非勉强而爲然 書不云乎 關石和鈞 王府則有 夫以關石和鈞
惟王府之有 則其在私不敢改作 而惟我法度之同亦宜矣

도량형[權量][121]

『예기(戴記)』에서는 "예악(禮樂)을 제정하고 도량형을 반포하여 천하

---

116) 사고전서본에는 '邪'라고 되어있다.
117) 사고전서본에는 '也'가 결락되어있다.
118) 사고전서본과 지부족재본에는 '途'라고 되어있다.
119) 사고전서본에는 '迂'라고 되어있고, 지부족재본에는 '汚'라고 되어있다.
120) 사고전서본에는 '麗人'이라고 되어있다.
121) 度量衡은 길이·부피·무게의 단위를 각각 의미한다. 가장 많이 쓰인 길이의 단위로는 分-寸-尺-丈-引이 사용되었고 부피의 단위로는 龠-合-升-斗-斛이 사용되었으며 무게의 단위로는 累-銖-兩-斤-鈞-石이 사용되었다.
도량형은 인간의 신체를 이용한 것에서 시작되었는데, 점차 엄밀함이 필요해지자 객관적인 사물[黃鐘]을 표준으로 삼게 되었다. 그런데 인간의 신체는 개인마다 다르며, 황종 역시 보존되지 않았으므로 제작할 때마다 그 크기가 달라질 수밖에 없었다. 또한 생산력의 발전에 따라 기존의 단위로 측정하는데 한계가 있었으며, 지배층에서 수취를 강화하기 위해 단위를 계속 키워왔으므로 도량형은 시대별로 차이가 날 수 밖에 없었다. 이처럼 도량형의 단위가 끊임없이 변동한 결과 중국에서는 隋唐代부터 척도의 분화가

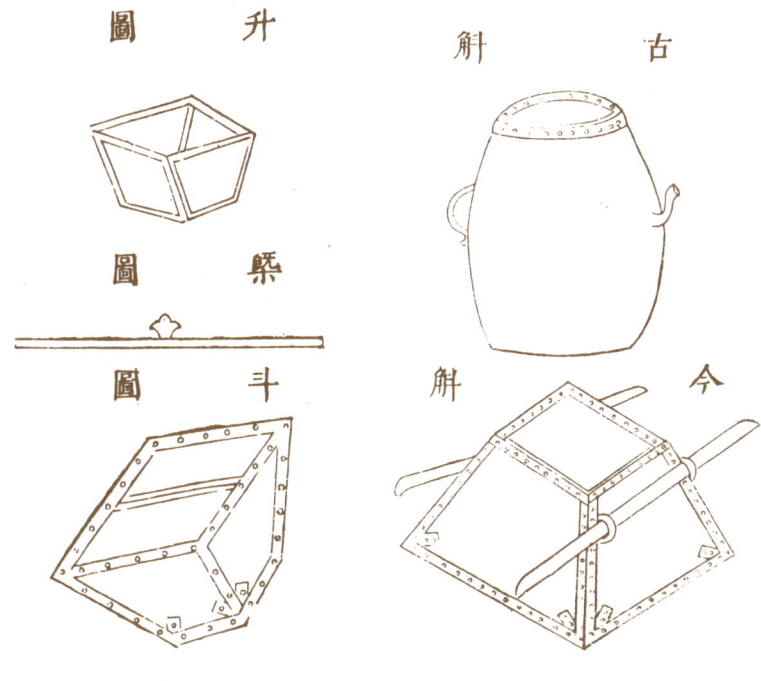

■ 도량형〔權量〕:『삼재도회(三才圖會)』

가 크게 복속했다."고 하였고,[122] 『논어〔魯語〕』에서는 "도량형을 삼가고 법도를 헤아리니 사방의 정치가 행해졌다"고 하였다.[123] 대체로 왕자가

> 나타났다. 常用尺은 계속 커졌던데 반해 天文尺은 연구의 연속성 때문에 그 크기가 계속 23cm 정도로 고정되었다. 그리고 건축을 위한 營造尺에서도 어느 정도의 기술적 통일성을 지킬 필요 때문에 常用尺과는 별도로 운용되게 되었는데, 시대에 따라 변하기는 하되 변화의 주기를 길게 잡았던 것이다. 樂律尺이나 布帛尺 역시 이러한 분화와 관계되는 것이었다.
> 고려도 이러한 중국의 도량형제도를 받아들여 사용한 것으로 보이는데 그 자세한 내용은 전하지 않아 알 수 없다.

[122] 『禮記』의 내용이다(六年 朝諸侯於明堂 制禮作樂 頒度量 而天下大服 :『禮記』明堂位).
[123] 『論語』의 내용이다(謹權量 審法度 修廢官 四方之政行焉 :『論語』堯曰).

제후를 통어(統御)하는 것은 덕화(德化)와 형정[刑威]을 토대로 하지만 그 정치를 하나로 만드는 방법은 도량형 제도가 특히 우선이다. 삼대(三代 : 夏·殷·周)가 융성했을 때는 반드시 왕부(王府)에서 가량(嘉量)[124] 등의 용기가 반출되어 제후국[邦國]에 반포되었다. 담당 관리로 하여금 (도량형을) 책임지게 하고 적당한 때에 고르게 하였으며 순수(巡守)할 때는 맞추어서[協] 같도록 만들었다. 내외(內外)와 원근(遠近)에 따른 차이가 없도록 한 이후에야 천자의 정치가 거행되었다. 사방의 제후들이라도 이 세 가지 가운데 하나를 조금이라도 바꾸면 관위를 박탈하거나 주살하되[黜削誅廢] 결코 사면하지 않았으니 누가 도량형[器用]이 지엽적인 것이라 하면서 소홀할 수 있겠는가.

오도(五度)의 제도란[125] 푼[分]에서 구별되어[別於分] 치[寸]에서 나뉘어지고[忖於寸] 자[尺]에서 헤아리며[蒦於尺] 길[丈]에서 확장되고[張於丈] 신(伸)에서 신뢰를 얻어[信於伸] 모든 물건[度物]의 길이를 헤아리게 된다. 오량(五量)의 제도란[126] 약(龠)에서 뛰기 시작하여[躍於龠] 홉[合]에서 합해지고[合於合] 되[升]에서 올라와[登於升] 말[斗]에서 모여[聚於斗] 곡(斛)에서 귀를 지어[角於斛] 모든 물건[度物]의 용량을 헤아리게 된다. 오권(五權)의 제도란[127] 수(銖)에서 시작하여[始於銖] 양(兩)에서 나누어지고[兩於兩] 근(斤)에서 밝혀져서[明於斤] 균(鈞)에서 고르게 되고[均於鈞] 석(石)에서 마치게 되니[終於石] 모든 물건[度物]의 무게를 헤아리게 된다. 그런데 (도량형기를) 모두 구리[銅]로 표준을 제작하는 것은 그 같음을 취하여 다르지 않게 함이니 천하를 공유하여 풍속을 가지런히 하

---

124) 嘉量은 周에서 표준으로 사용한 도량형 용기의 이름이다.
125) 五度는 길이 단위인 分·寸·尺·丈·引을 말한다(『通典』 卷144 樂4 權量).
126) 五量은 부피 단위인 龠·合·升·斗·斛을 말한다(『通典』 卷144 樂4 權量).
127) 五權은 무게 단위인 銖·兩·斤·鈞·石을 말한다(『通典』 卷144 樂4 權量).

는 것이다.

애석하도다. 주(周)의 도(道)가 동쪽으로 밀려나면서〔周道東轍〕정치는 그 권병(權柄)을 잃게 되었다. (따라서) 진(晉)에서 (도량형을 재편하여 기준에서 벗어난) 장척(長尺)과 여러 종류의 척도〔考鐘〕가 제정되자 도량형〔樂〕의 기준〔中聲〕이 흔들려 혼란하게 되었고,[128] 제(齊)의 재상〔相國〕은 대두(大斗)를[129] 백성에게 지급하여 자신의 사사로운 은혜를 사들였다. 당(唐)에서 역법을 살피는 자가 옥형선기(玉衡璇璣)의 제도를 잃어버림에 천도삼신(天道三辰)의 움직임에 참여할 수가 없게 되었다.[130] 이에 따라 듣고 볼 정도로 가까이 있어도 그 법도에 맞는지 여부를 살필 수 없게 되었다.

하물며 (고려는) 큰 파도가 가로막고 있고 신기루 같은 섬〔蜃島〕을 지나야 할 정도로 먼 나라인데 (도량형 제도가) 같기를 바란들 같아질 수 있겠는가. (비유하자면) 어찌 육지에서 배를 항해하는 것과 다르랴. 고려는 중국과 3,000여 리가 떨어져있는데 제왕(帝王)이 정치를 다스린 이후에도 기미(羈縻)하는[131] 지역에 머무를 뿐 도량형〔度量權衡〕을 반포하여 통일시켰다는 말을 들어본 적이 없다. 우리 송(宋)이 용(龍)처럼 일어나 덕화〔德符〕가 크고 두터우니 하늘이 덮고 있는 곳 어디나, 땅이 싣고 있는 곳 어디나 신하가 아님이 없었다. 이 때문에 고려인들은 머리를 숙이고 중국〔內〕을 향하여 번병(藩屏)이 되기를 바랐으며 중국을 기준으로

---

128) 晉 懷帝(307~311) 末年 張華 등의 건의로 도량형을 개편한 것을 말한다(『通典』卷143 樂3 歷代製造).
129) 10合을 1升, 10升을 1斗, 10斗를 1斛이라고 하는데, 3升을 大升이라 하고, 3斗를 大斗라고 한다(『通典』卷6 食貨6 賦稅下 大唐).
130) 唐 貞觀 年間 중에 도량형을 개편하여 玉尺과 玉衡의 규모를 줄인 것이다(以今常用度量校之 尺當六之五 衡皆三之一:『通典』卷143 樂3 歷代製造).
131) 羈縻는 말고삐를 통해 말을 부리듯이 간접적으로 통치한다는 뜻이다.

삼아 그 도량형을 표적(標的)으로 삼고자 하였다. 이것이 이른바 자애로운 은혜가 흘러 넘쳐 옛 제왕이 미처 품지 못한 것을 품어내고, 무력〔武誼〕이 멀리까지 내달려 옛 왕이 다스리지 못한 것을 다스린다는 것이다. 지난 번에 사신이 명을 받들고 고려에 가서 잔치〔燕饗〕에서 접대〔賂遺〕하는 예의를 겪어보았고, 뱃사람들이 시장에 가서 매매하는 물건을 팔아보았다. 속으로 고려의 길이에 대한 법식, 숫자의 다과(多寡), 무게의 경중(輕重)을 몰래 살피고 중국의 그것과 비교했더니 터럭만한 차이도 없었다. 더욱 고려인들의 지극한 정성을 칭찬하게 되었다.

대체로 남의 이목(耳目)때문에 성실한 척하는 사람들은 그 이목을 벗어나면 태만하기도 한다. 또한 형벌〔刑威〕의 대상이 됨을 두려워하는 경우에는 형벌이 미치지 않는 때에는 무시하기도 한다. 지금 고려는 길은 멀고 험하며〔道涂迂鴛〕서울은 멀찌감치 떨어져 이목이 미칠 수 있는 곳이 아닌데다, 황제〔主上〕께서 광대한 뜻을 품고 키워〔含洪光大〕오랑캐들을 은혜로 대우하였으므로 엄격하게 형벌을 숭상하여 제압한 것도 아니었다. (그런데) 저들이 이처럼 도량형을 준용(遵用)하니 그들이 삼가는 것은 대체로 마음에서 기뻐하며 정성스레 복종하는 것이지 억지로 그렇게 되는 것은 아니다. 『서경(書經)』에서도 "관세(關稅)와 도량형〔石〕이 고르고 균등하여 왕의 창고가 넉넉하도다〔關石和鈞 王府則有〕"라고 하지 않았던가.[132] 대체로 관세와 도량형이 고르고 균등하여 왕의 창고가 넉넉하다는 것은 사사롭게 함부로 고치지 않았음이니 우리 법도와 똑같은 것도 당연하다고 하겠다.

---

132) 『書經』의 내용이다(關石和鈞 王府則有 : 『書經』 夏書 五子之歌).

『선화봉사고려도경』 '행장(行狀)

宋故尙書刑部員外郎徐公行狀

曾祖爽 皇任祕書省校書郎 贈金紫光祿大夫 曾祖母葉氏 贈建安郡太夫人 祖師回[1] 皇任朝議大夫 贈光祿大夫 祖母林氏 贈咸寧郡太夫人 父闕中 皇任朝請大夫直祕閣 贈少保 母葛氏 贈衛國夫人 公名兢 字明叔 姓徐氏 上世建州甌寧縣人 自光祿 始徙居和州之歷陽 祕閣爲鄂州法曹 夜夢與黃冠師游[2] 大澤中 探懷出小削 以授祕閣而去 讀之 蓋丁令威華表所留語也 後五日 大水冒城郭 官府悉遷避 祕閣寓家[3] 黃鶴樓上 是夜 實生公 公生數月 見字畫 輒色喜踊躍 至十餘歲 穎異不群 作擧子業 詞原[4]浩然 識者器之 年十八 入太學

---

1) 지부족재본에는 '囘'라고 되어있다.
2) 사고전서본과 지부족재본에는 '遊'라고 되어있다.
3) 사고전서본과 지부족재본에는 '居'라고 되어있다.
4) 사고전서본과 지부족재본에는 '源'이라고 되어있다.

較埶[5]數占高等 試大比輒挫 政和甲午歲 以父任補將仕郎 授通州司刑曹[6]事 尙書郎徐禋被旨措置東南九路 坑冶寶貨 辟公爲幹辦公事 靜江有黃麟者 引大禮[7]國入貢 朝廷疑之 詔禋覈實 麟交通中貴人 權傾五嶺 靜江帥周 穜憂懼失措 禋以屬公 公曰 是固易辦耳 呼其部曲來前 以立國歲月山川風俗 雜詰之 皆喑不能對 詐狀遂白 雍丘闕宰 以朝命攝事 邑有兄弟交訟者 久繫不決 公至飭守者 設一席 俾偕坐臥 食必共器 閱旬日 乃感悟 相持以泣 曰令君敎我至矣 願自新安 敢計曲直 其後 更以友愛稱里 閭化之 獄訟衰止 京西部使者 以佞倖 進遣逃卒二百輩 築室邑中 肆爲暴盜 一邑大擾 公捕治之 使者託上冢得旨抵邑 縱其徒 鼓噪[8]入獄 盡解所縛以出 公曰 位無高卑 遵三尺法 奉天子均也 否則吾欺君矣 欺君媚人 吾不忍爲 於是 密掩其室 復得凶[9]黨 聞所屬實之法 無一人得逸者 治譽著聞 移攝鄭州原武縣事 單車造官 時提擧炭事者 挾其弟貴勢 要功肆虐 建委 沿流造舟 威震郡邑 械繫滿道 檄公治後至者與慢令者 公歎曰 令不賢 不能庇民 其忍至此極邪[10] 乃疏其害 聞諸朝 願以身贖無辜害因訖息 舊令貪虐病民 公摩拊備至 邑人詣闕冀公 卽眞爭具車馬 迎公家屬 祕閣不欲懇[11]白相國乃已 燕國鄭公謂同列曰 使縣令皆如徐兢 天下其有不治者乎 調濟州司士曹事 未書考 丁內艱 服除 監元豊庫 宣和六年 高麗入貢 請于[12]上 願得能書者至國中 繼遣給

---

5) 사고전서본과 지부족재본에는 '勢'라고 되어있다.
6) 사고전서본에는 '瓤'라고 되어있다.
7) 사고전서본과 지부족재본에는 '理'라고 되어있다.
8) 사고전서본과 지부족재본에는 '譟'라고 되어있다.
9) 지부족재본에는 '㐫'이라고 되어있다.
10) 사고전서본과 지부족재본에는 '刑'이라고 되어있다.
11) 사고전서본과 지부족재본에는 '懇'이라고 되어있다.

事中路允迪 報聘 卽以公爲國信所提轄人船禮物官 因譔高麗圖經四十卷 詔給札上之 其所自敍曰 漢張騫使月氏[13] 十有三年而後歸 僅能言其所歷之國地形物産而已 臣在高麗月餘 館有兵衛 出才五六 至於馳驅車馬之間[14] 獻酬尊俎之上 耳目所及 非若十三歲之久 而其建國立政之體 風俗事物之宜 繪畫紀次殆無遺者 非敢矜博 洽飾浮夸 以塵上聽 蓋撫其實 庶幾報器使之萬一 徽宗皇帝 覽其書大說[15] 召對便殿 賜同進士出身 擢知大宗正丞事兼掌書學 遷尙書刑部員外郞 時相冊免 坐親嫌 謫監池州永豐監 丁外艱 服除 授沿江制置司參謀官 匄[16]奉祠 主管南京鴻慶宮 自是 三領台州崇道觀 公資明銳 遇事立悟 撥煩濟劇 出於譚笑 機張鍵閉 人莫得而窺測 孝悌出[17]天性 自虜[18]犯淮甸 徙家信之弋陽 自以先隴隔絶 不勝悲思 而光祿嘗佐饒 祕閣又嘗漕江東 有祠在德興縣靑雲佛宇 公歲時造祠下 烝[19]嘗不少怠 母兄 今敷文閣直學士林 坐牾[20]時宰 南遷莆陽 公不遠千里 走省之 久之不忍去 曰傷在手足 何暇顧妻孥哉 公俶儻好施 視貨財如糞土 周人之難 急於謀身 河南少尹許滂偕公渡彭蠡 滂舟覆 公拯之 全其家二百指 且厚致饋 滂後遣謝 公一無所取 故人宋浦 以事下大理 當償錢四十六萬 行匄[21]於市 公褚[22]中有

---

12) 지부족재본에는 '於'라고 되어있다.
13) 사고전서본과 지부족재본에는 '氏'라고 되어있다.
14) 지부족재본에는 '閒'이라고 되어있다.
15) 사고전서본과 지부족재본에는 '悅'이라고 되어있다.
16) 사고전서본에는 '匄'가 결락되어있고, 지부족재본에는 '匂'라고 되어있다.
17) 사고전서본과 지부족재본에는 '自'라고 되어있다.
18) 사고전서본과 지부족재본에는 '敵'이라고 되어있다.
19) 사고전서본과 지부족재본에는 '蒸'이라고 되어있다.
20) 坐牾 : 사고전서본과 지부족재본에는 '至忤'라고 되어있다.
21) 사고전서본에는 '匄'가 결락되어있고, 지부족재본에는 '匂'라고 되어있다.

茶劵 適及其數 捐以與之 浦獲免 凡疏戚遠近 孤獨困窮 公脫之於 憂患 助之以婚姻葬斂者 蓋不可以一二計也 公鄙章句學 而漁獵古 今 探頤提要 下至釋老孫吳盧扁之書 天[23]經地誌方言小說 靡不貫 通 在貴人前 抵掌論事 常傾一坐 文詞雋敏 立就下筆 袞袞不能自 休 尤長於歌詩 過西楚霸王廟 留二十八字 中書舍人韓駒見之 曰後 人殆不可措筆矣 畫入神品 山水人物二俱冠絕 嘗戲爲平遠 題長句 其側 以遺駒 駒每出以示人 曰明叔詩爲畫邪 畫爲詩邪 雖濡豪[24]嗽 [25]墨 成於須臾 而張絹素 或經歲不顧 世人所藏 多出他手 或公所 指授云 公處事 無大小 皆妙有思致 他人窮智慮 莫能及 洞曉音律 且善嘯 閒[26]命倚笛和之 聲嘹然猶出其上 塵飛幕動 殆若鸞鳳 群集 飮酒 至二斗不亂 與客對 必引滿先釂 酒半譚辯風生 或游[27]戲翰墨 吹簫拊瑟 超然疑其爲神仙中人也 天下士聞公名 率願納交 賤微[28] 小夫及門 遇之 亦必盡禮 有所求 無細大響應 人之有善 喜若己[29] 有 故所至 人翕然親愛之 雖蠻貊[30]行焉 治圃數十畝 名洗硯池 幽 勝 聞江南 自號自信居士 奉祠者二十年 安於間[31]退 若無足動其心 者 唯[32]眷戀墳墓不置 紹興辛未歲 還歷陽 焚黃告歸 及吳門 被病

卒 嗚呼 以公抱負如此 而自壯歲去國拓落 無所施 雖公處之裕然
而有志之士 蓋爲時嗟惜者 或至於涕流[33]也 公生以元祐六年五月八
日 終以紹興二十三年五月二十日[34] 享年六十有三 累官至朝散大夫
賜三品服 娶陳氏 封宜人 後公五年卒 子男三人 曰集 早卒 曰葳[35]
右承直郎江南西路轉運司幹辦公事 繼從兄朝奉郎喆之後 後公十三
年卒 曰葳[36] 右迪功郎監淮西江東總領所戶部大軍庫 女二人 長適
右奉議郎知臨江軍新淦縣事馮[37]師文 次適右宣教郎知福州懷安縣
事李栞 孫男六人 曰元老 右修職郎 曰同老 曰明老 曰洋老 曰籍 將
仕郎 其一未名 孫女八人 長適左迪功郎鄂州州學教授劉壁 次適進
士朱縉卿 次適將仕郎俞[38] 餘未行 諸孤奉公之柩 以是年閏十二月
初一日乙酉 葬于[39]弋陽玉亭鄕龜峯之吉原 公家舊多騎省遺物 世父
贈光祿大夫 時中寶一硯 旁著鼎臣二字 嘗謂群兒 曰有能紹素業者
當以是與之 時公始結髮 能知憤激 刻意篆籀[40] 世父舉以授公 而公
之生有于[41]歲 來歸之兆 故人謂公爲騎省後身 初少保命公題咸寧
墓碑 不能成 禱於佛 取般若心經 習書之 至實字 偶見風幡飛動
因悟體執[42] 自此擅天下重名 徽宗尤所愛賞 嘗召至禁中 書進德脩
業四字 袤丈許 至業字 公特出奇變 行筆之敍 留中畫 最後落脩勁

端直 如圓石墜千仞 上駭異稱善 左右皆失聲 其運筆精熟 周旋曲折 雖夜屛鐙燭[43] 無豪[44]釐差 眞行遒麗超逸 褚薛顔柳衆體兼備 晩好作草 尤逼懷素[45] 天下言書者 以公爲宗 小學家之論 曰自李斯 變小篆 而秦漢閒[46] 無能繼者 碑碣所傳 非特筆法無取 而偏旁亦復舛誤 由魏晉迄唐 唯李陽冰號獨步 豈以此學中絶 故陽冰得以冒此名邪 元次山之甥李康叔靜書浯溪峿臺二銘 頗得秦法 其視陽冰霄壤[47]矣 而名不大顯 事固有幸不幸哉 騎省兄弟 祖述李斯 小學奥雅 克配叔重 而公又繼之 其原深矣 斯之遺迹 火於嶧山 自唐已不存 歐陽文忠公集天下金石刻 甚備 而泰山之詔 僅有數十字 大觀閒[48] 河閒[49]劉跂 登山顚 周視刻石 始得其全 然距靖康之亂 才十餘歲 墨本之在人閒[50]者 固無幾 學者謬謂法斯 果嘗多見也哉 公獲是刻 寶蓄而諦玩之 旣盡得斯法 而又考按三代鎛鍾[51]鼎彝之器 訓釋欵[52]識 悉有依據 至於大篆 筆力奇古 其沈箸[53]處 不異鑽刻 若非豪[54]楮所能成 且復陶鎔醖釀 變入小篆 離析偏旁 胗合制字本意 縱橫馳騁 其用無窮[55] 嗚呼 前古名筆 固屈指可數矣 九原不作 後來 尙有

---

43) 사고전서본과 지부족재본에는 '漏'라고 되어있다.
44) 사고전서본과 지부족재본에는 '毫'라고 되어있다.
45) 尤逼懷素 : 사고전서본과 지부족재본에는 '尤逼懷素 夭橫馳騁 其用無窮'이라고 하여 '夭橫馳騁 其用無窮'이 첨가되어 있다.
46) 사고전서본에는 '間'이라고 되어있다.
47) 지부족재본에는 '攘'이라고 되어있다.
48) 사고전서본에는 '間'이라고 되어있다.
49) 사고전서본에는 '間'이라고 되어있다.
50) 사고전서본에는 '間'이라고 되어있다.
51) 사고전서본에는 '鐘'이라고 되어있다.
52) 사고전서본과 지부족재본에는 '款'이라고 되어있다.
53) 사고전서본과 지부족재본에는 '著'라고 되어있다.
54) 사고전서본에는 '毫'라고 되어있다.

繼⁵⁶⁾之者邪 公歿 迨今十五年 其葬也 遽未⁵⁷⁾及銘 孝伯世家歷陽 且 託姻公門 敢述⁵⁸⁾公行事大略 以竢作者紀而詩⁵⁹⁾之鑱石寘墓上 謹狀 乾道三年四月初十日 左迪功郎寧國府宣城縣主簿主管學事 張孝伯狀⁶⁰⁾

송(宋) 고(故) 상서형부 원외랑(尙書刑部 員外郎) 서공(徐公) 행장(行狀)

증조 서상(徐爽)은 황임(皇任)⁶¹⁾ 비서성 교서랑(祕書省 校書郎)으로서 금자광록대부(金紫光祿大夫)로 증직(贈職)되었고, 증조모 섭씨(葉氏)는 건안군 태부인(建安郡 太夫人)으로 증직되었다. 할아버지 서사회(徐師回)는 황임(皇任) 조의대부(朝議大夫)로서 광록대부(光祿大夫)로 증직되었고, 할머니 임씨(林氏)는 함녕군 태부인(咸寧郡 太夫人)으로 증직되었다. 아버지 서굉중(徐閎中)은 황임(皇任) 조청대부 직비각(朝請大夫 直秘閣)으로서 소보(少保)로 증직되었고, 어머니 갈씨(葛氏)는 위국부인(衛國夫人)으로 증직되었다.

공(公)의 이름은 긍(兢), 자(字)는 명숙(明叔), 성(姓)은 서씨(徐氏)이다. 그 조상은 건주(建州) 구녕현(甌寧縣) 사람이었는데, 조부[光祿]대에 비로소 화주(和州)의 역양(歷陽)으로 이주하였다.

아버지 서굉중[秘閣]이 악주(鄂州)의 법조(法曹)였을 때의 일이다. 어

---

55) 縱橫馳騁 其用無窮 : 사고전서본과 지부족재본에는 결락되어있다.
56) 사고전서본에는 '鬘'라고 되어있다.
57) 사고전서본에는 '冰'이라고 되어있다.
58) 敢述 : 사고전서본과 지부족재본에는 '散迹'이라고 되어있다.
59) 사고전서본과 지부족재본에는 '誌'라고 되어있다.
60) 乾道三年四月初十日 左迪功郎寧國府宣城縣主簿主管學事 張孝伯狀 : 사고전서본에는 '張孝伯撰'이라고 되어있다.
61) 皇任은 관직명이 아니라 황제가 임명하였다는 뜻이다.

느 밤 꿈에서 도사[黃冠師]와 큰 못[大澤]에서 놀았는데, (도사가) 품 안을 뒤져 소삭(小削)을⁽⁶²⁾ 서굉중에게 주고는 가버렸다. 읽어보니 정령위(丁令威)가 화표(華表)에서 남겼다는 말이 있었다.⁽⁶³⁾ 5일 뒤 홍수가 성곽(城郭)을 덮쳐 관청[官府]을 모두 옮기게 되자 그는 황학루(黃鶴樓)⁽⁶⁴⁾ 위에 가족들을 머물게 하였는데, 바로 이날 밤에 공(公)을 낳았다.

공은 태어난 지 몇 달 만에 글씨와 그림을 보면 좋아하면서 펄쩍 뛰었다. 10여 세가 되자 남달리 빼어났고 과거를 준비하였는데[作擧子業]⁽⁶⁵⁾ 문장[詞原]이⁽⁶⁶⁾ 유려하였으므로 식자(識者)들은 그를 큰 그릇으로 여겼다. 18세에 태학(太學)에 입학한 후 실력을 겨룰 때는 여러 차례 성적이 높았으나[較執數占高等] 과거[大比]에는 응시할 때마다 낙방하였다.

정화(政和) 갑오년(1114)에 아버지 (음서) 덕분에 장사랑(將仕郎)으로 보임되어 통주(通州)에서 형조(刑曹)의 책임을 부여받았다. 교지(敎旨)를 받은 상서랑(尚書郎) 서인(徐禋)이 동남 9로(東南九路)에 배치되어 보화(寶貨)를 채굴 제련하게 되자 공을 불러 간판공사(幹辦公事)로⁽⁶⁷⁾ 삼았다. 정강

---

62) 小削은 약간 다듬었다는 뜻인데, 본문에서는 글을 적은 투박한 나뭇조각을 말하는 것으로 보인다.
63) 丁令威는 漢의 遼東人으로서 靈虛山에 들어가 도술을 배워 신선이 되었다는 전설상의 인물이다. 나중에 그는 鶴으로 변하여 고향으로 돌아와 華表 기둥에 앉았다. 어떤 소년이 쏘려고 하자, 날아가면서 사람 목소리로 다음과 같은 시를 남겼다.
"새가 있으니 새가 있으니 바로 정령위로다. 집을 떠난 지 천 년, 이제야 비로소 돌아온다. 성곽은 옛 그대로인데 사람들은 아니어라. 어찌하여 선술(仙術)을 배우지 않고, 무덤만 저리 많은가(有鳥有鳥丁令威 去家千年今始歸 城郭如故人民非 何不學仙塚纍纍:『搜神後記』卷1)."
64) 黃鶴樓는 湖北省 武昌縣에 있는 樓閣의 이름인데 神仙이 된 蜀의 費文禕가 黃鶴을 탈 때마다 이곳에서 쉬었으므로 황학루라고 부르게 되었다고 한다.
65) 擧子는 관리가 되기 위해 과거에 응시하는 사람을 가리킨다.
66) 詞原[詞源]은 물이 넘쳐흐르듯 문장이 계속 흘러나오는 것을 말한다.
67) 幹辦은 宋의 官職으로 主幹辦理의 줄임말이다.

(靜江)의 황인(黃麟)이라는 사람이 대례국(大禮國)을[68] 이끌고 입공(入貢)하자, 조정에서 의심하면서 서인에게 조서를 내려 조사하도록 하였다. 중앙의 귀인(貴人)과 교류하던 황인이 그 권세로 오령(五嶺)을[69] 호령하므로 정강(靜江)의 장수인 주동(周穜)은 실수할까 걱정하였고 서인은 공에게 부탁하였다. 공은 "이것은 쉽게 알 수 있다"고 대답하였다. 그 무리[部曲]를 불러 와 건국한 때와 역사[歲月]를 비롯하여 산천 및 풍속 등을 뒤섞어 물었다. 모두 잘 몰라서 대답을 못하다가 드디어 속였던 사실을 털어놓았다.

읍재(邑宰)가 비게 된 옹구(雍丘)를 조정의 명에 따라 대리(代理)하게 되었다. 그 읍에 송사(訟事)를 벌이는 형제가 있었는데 송사는 결말을 짓지 못한 채 질질 끌었다. 공이 (이들에게) 꼭 지키도록 지시한 것은 자리[席] 하나를 마련하여 함께 앉거나 누우면서 먹을 때는 반드시 식기를 같이 쓰도록 한 것이었다. 열흘이 지나자 깨달은 그들은 서로 붙들고 울면서 "영군(令君)이[70] 우리를 가르친 것이 대단합니다. 이제부터 우리는 새로워지려고 하니, 감히 (형제간에) 시비[曲直]를 가리려 하겠습니까?"라고 하였다. 그후 (그들은) 다시 우애로 동네에 이름이 났으며, 백성들[閭]이 거기에 감화되어 옥송(獄訟)은 점차 그치게 되었다.

총애[佞倖]를[71] 믿는 경서부(京西部)의[72] 사자[使者]가 도졸(逃卒)[73] 200

---

[68] 大禮國은 현재의 雲南省 있던 나라이다. 唐 玄宗代인 750년에 南詔蒙이 이곳에 근거하여 大蒙國이라고 불렸는데 859년 大禮國이라고 국호를 바꾸었다. 五代에 들어서는 段思平이 근거하여 大理國이라고 불렸고 宋 哲宗代인 1086년에는 高氏가 代立하여 大中國이라고 부르기도 하는 등 변화가 많았는데 1252년 元 憲宗에 의해 멸망당했다.
[69] 五嶺은 嶺으로 들어가는 다섯 가지의 길을 말하는데, 그중 하나는 全州로부터 靜江으로 들어가는 길이다. 본문은 귀인이 정강 지역을 호령하였다는 뜻으로 보인다.
[70] 슈君의 슈은 아릅답다[美]는 뜻으로 존칭으로 사용된다. 여기에서는 서긍을 높여 부른 것이다.

명을 풀어 읍에 집을 짓게 하니, 멋대로 폭도가 되어 읍 전체가 아주 소란해졌다. 공이 체포하여 처벌하니 사자가 윗사람〔上家〕이 교지를 얻었음을 빙자하여 읍에 이르러 자신의 무리를 풀었다. 그 무리가 북을 울리며 옥에 들어가 결박되어 있던 자들을 모두 풀어 나오게 하였다. 공이 말하기를, "지위의 높고 낮음에 상관없이 법률〔三尺法〕[74] 준수는 천자를 받드는 사람에게는 똑같이 통용되는 것이다. 그렇지 않다면 내가 천자〔君〕를 속이는 것이다. 천자를 속이고 다른 이에게 아첨하는 일을 나는 차마 못하겠다"라고 하였다. 이에 그 집을 몰래 덮쳐 흉당(凶黨)을 다시 체포하여 소속을 묻고 법으로 다스리니 한 사람도 풀려나지 못했다. 잘 다스린다는 평판이 널리 퍼지게 되었다.

정주(鄭州)의 원무현(原武縣)으로 전보되어 대리(代理)로 다스릴 때는 수레 한 대만으로 부임하였다. 이때 탄사(炭事)를 맡은 자가 자기 동생의 귀세(貴勢)를 끼고 공(功)을 세우고자 멋대로 방자하게 굴었다〔肆虐建冣〕. 물길을 따라 배를 만들고〔沿流造舟〕 그 위세는 군읍(郡邑)을 울렸으며, 체포된 사람들은 길에 가득하고, 공에게 공문을 보내와〔檄公〕 늦게 온 자와 명령을 태만히 여기는 자를 다스리도록 하였다. 공이 "현령(縣令)이 어질지 못하니 그 백성들을 보호할 수 없구나. 잔혹함이 어찌 이리 심한가"라고 탄식하면서 그 해악을 상소하여 조정에 알리기를, 무고(無辜)한 자 대신 자기가 책임지겠다고 하니〔身贖〕 그 폐해가 이로써 진정되었다. 옛 현령이 탐욕스럽고 백성을 학대하는 데 비해 공은 정

---

71) 佞倖은 아첨하여 총애를 얻은 것을 말한다.
72) 京西部는 京西路를 말하는 것으로 보인다. 宋代에 설치된 京西路는 현재의 河南 洛陽 서쪽과 黃河 남쪽 지역에 해당하는데 1府, 16州, 2軍을 거느렸다.
73) 逃卒은 유리도산하던 백성을 끌어모아 만든 私軍으로 보인다.
74) 三尺法은 법률을 가리킨다. 옛날에 三尺의 竹簡에 법률을 기록한 것에서 비롯되었다.

성스레 어루만지니 읍인(邑人)들이 대궐에 나아가 (현령으로) 공을 원하였다[詣闕冀公]. 곧 진정으로 앞다투어 수레와 말을 갖춰 공의 가속(家屬)을 맞아들였으나, (공의) 아버지 서굉중[祕閣]은 원하지 않았으므로 상국(相國)에게 간절하게 아뢰고 나서야 그쳤다. 연국(燕國) 정공(鄭公)이 동료들에게 "현령이 누구나 서궁과 같다면 천하가 어찌 다스려지지 않으랴"라고 말하였다.

제주(濟州)에 사조(士曹 : 郡의 工役을 담당하는 관리)를 맡도록 발령[調]났으나, 미처 고과를 작성하기도 전에[未書考][75] 어머니의 상을 당하였다[丁內艱].[76] 상기(喪期)를 마친 뒤[服除][77] 원풍고(元豐庫)의 책임자[監]가 되었다.

선화(宣和) 6년(1124) 고려에서 입공(入貢)하여 황제에게 아뢰어 글씨에 능숙한 자를 구하여 고려[國中]에 돌아가고자 하였다. 이어서[繼] 급사중(給事中) 노윤적(路允迪)을 파견하여 답방[報聘]하게 되자 곧바로 공을 국신소 제할인선예물관(國信所 提轄人船禮物官)으로 삼았다. 이에 『고려도경(高麗圖經)』 40권을 편찬하니 조서로서 명령[札 : 아랫사람에게 내리는 공문서]을 내려 (그 책을) 바치도록 하였다.

그가 쓴 서문에 의하면, "한(漢) 장건(張騫)은 대월지[月氏]에 사신으로 파견되었다가 13년 뒤에야 귀국해서는 자신이 지나쳤던 나라들의 지형과 물산에 대해 겨우 이야기를 할 수 있을 뿐이었다. 신(臣)은 고려(高麗)에 머문 기간이 기껏 한 달 남짓이었고 (고려의) 객관에서는 위병(衛兵)이 지키는데다 (객관을) 나선 게 대여섯 번이었다. 수레가 달리는 동

---

75) 考는 考課 즉 관리의 근무성적을 정기적으로 평가하는 것을 말한다.
76) 丁內艱이란 어머니의 喪을 당한 것을 말한다. 아버지의 喪은 丁外艱이라고 한다.
77) 服除는 喪을 지키는 기간을 채운 것을 말한다.

안이나 연회(獻訓尊俎)하는 도중에 이목(耳目)이 미친 부분에서는, 13년이나 오래 머문 것과 같지는 않지만, 고려의 건국(建國) 및 정치(立政) 체제와 풍속(風俗) 및 사물(事物) 중 그럴듯한 것에 대해 빠뜨림 없이 그림을 그리고 배열하였다. 감히 박학을 자랑하여 과장함이나 경박함(治飾浮剽)으로써 황제의 귀를 더럽히려는 것은 아니며, 고려의 실정을 수집하여 사신(器使)의[78] 임무에 만분의 일이라도 보답하고자 한다"라고 하였다.

휘종황제(徽宗皇帝)가 그 책을 보고 매우 기뻐하며 편전(便殿)으로 불러 면담하고 동진사출신(同進士出身)을 하사하고 지대종정승사 겸장서학(知大宗正丞事 兼掌書學)으로 발탁하고 상서형부 원외랑(尙書刑部 員外郞)으로 자리를 옮겨주었다.

당시 재상이 면직(册免)당하자[79] 친혐(親嫌)에 연좌되어 지주(池州) 영풍감(永豐監)의 책임자로 좌천되었다가(謫) 아버지의 상기(喪期)를 당했다. 상기(喪期)를 마친 후에는 연강제치사 참모관(沿江制置司 參謀官)을 제수받았지만 봉사(奉祠)가 되기를[80] 요청하여 남경(南京) 홍경궁(鴻慶宮)을 주관하였다. 이로부터 대주(台州) 숭도관(崇道觀)을 세 번 맡았다.

공은 총명하고 번뜩이는(明銳) 자질로 경험한 일마다 곧바로 (이치를) 깨달았다. 번다하고 힘든 일들을 잘 다스리고 웃으며 처리하였다. 삼가고 조심하니(機張鍵閉)[81] (공의 도량을) 헤아리는 사람이 없었다. (공

---

78) 器使란 그릇에 맞게 임무를 맡기는 것을 말한다.
79) 册免은 詔書를 發布하여 大臣을 免職하는 것을 말한다.
80) 奉祠란 宋代에 설치한 祠祿官을 말한다. 도교의 宮觀을 관장하는 여러 관직으로 되어 있으며 宰相이나 執政에게 겸임시켜 우대하는 뜻을 보이는 경우가 많았지만 늙거나 병든 관리에게도 수여하여 크게 하는 일 없이 녹봉을 지급받도록 하기도 하였다. 제사를 관장하는 임무이므로 奉祠라고도 부른 것이다.
81) 機張은 활 시위를 당기는 것을 말하며, 鍵閉는 열쇠와 자물쇠로서 문단속하는 것을 가리

의) 효성스럽고 우애깊은 것은 천성에서 비롯된 것이었다. 오랑캐가 회전(淮甸)을 침범함에 집안을 신주(信州)의 익양(弋陽)으로[82] 옮겼는데, 선영[先壟 : 先塋, 즉 선조의 묘소]과 멀어지자 슬픔을 이기지 못하였다. 증조가 요주(饒州)에서 벼슬을 한데다 아버지 역시 강동(江東)에서 조운을 담당했으므로 그 사우(祠宇)가 홍덕현(德興縣)의 청운사[靑雲佛宇]에 있었다. 세시(歲時)마다 공은 사우에 나아가 제사[烝嘗]를[83] 모시면서 조금도 태만하지 않았다. 동복 형[母兄]이 현재 부문각 직학사(敷文閣 直學士) 서림(徐林)인데 당시 재상의 뜻을 거스린 것 때문에 남쪽으로 보양(莆陽)에 귀양갔다. 공은 천릿길을 마다않고 달려가서 안부를 살폈으며, 오래토록 차마 떠나지 않고 "내 손발을 다쳤는데[傷在手足] 어느 겨를에 가솔[妻孥]을 돌보랴"라고 하였다.

비범한데다[俶儻] 베풀기를 좋아했던 공은 재물을 분토(糞土)처럼 여겨 다른 사람의 곤란함을 구하는 걸 자기 몸 돌보는 것보다 우선시하였다. 하남 소윤(河南 少尹) 허방(許滂)이 공과 함께 팽려호(彭蠡湖)를 건넌 적이 있었다. 허방의 배가 전복되자 공은 그를 건져내고 그 가족 20명[二百指]을 온전하게 해주었으며 배부르게 먹여 보냈다. 허방이 나중에 사례를 보내왔으나 공은 하나도 취하지 않았다. 옛 친구 송포(宋浦)가 어떤 일 때문에 하옥되어[下大理][84] 46만 전을 물어내야 했으므로 시장에서 구걸하고 있었다. 공의 주머니 안[褚]에 있던 다권(茶券)이[85] 마침 그 수에 맞아서 꺼내 주니, 송포는 처벌을 면하였다. 친소(親疎)를

킨다.
82) 弋陽은 信州의 서쪽에 있다.
83) 겨울에 모시는 제사를 烝이라고 하고, 가을에 모시는 제사를 嘗이라고 한다.
84) 大理는 감옥을 담당하는 관리이다.
85) 茶券이란 宋代에 일정한 양의 茶를 국경 밖으로 반출하는데 필요한 官給 證明書였다.

막론하고 누구든 홀로 남겨지거나 곤궁할 때, 공이 그 우환에서 구해주고 혼인이든 장례이든 도와준 것이 한두 번이 아니었다.

공은 장구학(章句學)을[86] 무시하고 고금(古今)의 문장을 섭렵하면서 깊은 뜻을 추구하였으며 아래로는 불교, 도교, 병가〔孫吳 : 孫武와 吳起〕, 의가〔盧扁 : 명의로 유명한 盧國의 扁鵲〕의 책과 천문지리〔天經地誌〕및 방언소설(方言小說)까지도 통달하지 않은 것이 없었다. 귀인(貴人) 앞에서 손바닥을 치며〔抵掌〕일을 논하면 항상 자리 전체가 (그에게) 쏠렸으며, 재빨리 문장을 짓고 금방 써내려갈 때는 끊임이 없어 멈추지 않았다.

시가〔歌詩〕에는 더욱 뛰어났다. 항우(項羽)의 묘〔西楚霸王廟〕를[87] 지나면서 28자를 남긴 적이 있었는데, 중서사인(中書舍人) 한구(韓駒)가 보더니 "뒷사람은 더 이상 붓을 댈 수가 없다"고 하였다. 그림은 신품(神品)의 경지에 들었는데, 산수화(山水畵)와 인물화(人物畵) 두 가지 모두 탁월하였다.

한 번은 장난삼아 평원(平遠 : 넓은 땅이 멀리까지 펼쳐진 모습을 묘사한 그림)을 그리고 칠언고시〔長句 : 唐에서 주로 유행한 七言古詩〕를 그 옆에 화제(畵題)로 적어 구(駒)에게 준 적이 있었다. 구(駒)는 그림들을 꺼내어 사람들에게 보여줄 때마다 "명숙(明叔 : 서긍의 자)은 시로 그림을 그리는 것인가, 그림으로 시를 짓는 것인가"라고 하였다. 비록 붓에 먹을 적시기만 하면 금방 완성하였지만 흰 비단〔絹素 : 글씨나 그림을 그릴 때 사용하는 흰 비단〕을 펼친 채 일년이 지나도록 돌아보지 않는 경우도 있었다. 세상 사람들이 소장하고 있는 작품은 다른 이의 손에서 만들어진 것이 많다. 하지만 공이 가르쳐 준 것이라고 말하기도 하였다.

---

86) 글자 하나하나의 뜻을 따지므로 章句學이라고 한 것이다.
87) 項羽는 秦이 망한 후 스스로 西楚霸王이 되어 漢을 건국한 劉邦과 천하를 다투었다.

크고 작은 일을 가릴 것 없이 공의 처사는 그 생각과 뜻이 모두 절묘해서 다른 이가 아무리 궁리해봐도 따를 수가 없었다. 음악에도 정통한데다 휘파람도 잘 불었다. 간간이 피리를 이용해 화음을 맞추도록 하기도 하였는데 멀리 퍼지는 (휘파람) 소리가 피리소리를 능가하여 티끌이 날리고 휘장이 펄럭이는 것이 마치 난새나 봉황[鸞鳳]이 나는 듯하였다.

여럿이 더불어 술 마실 때는 두 말[斗]을 마셔도 취하지 않았다. 손님과 대작할 때는 반드시 술잔을 가득 채워[引滿] 먼저 마셨고, 술을 절반은 마신 뒤에야 이야기가 바람처럼 피어올랐다. 간혹 필묵[翰墨]을 희롱하거나 퉁소나 거문고를 연주하였으니, 그 초연함은 신선의 한 사람이 된 듯하였다. 공의 이름을 들은 천하의 선비들은 누구나 교류를 원하였는데 미천한 소부(小夫)라도 집에 찾아오면 반드시 예를 다해 대접하였다. 또한 누군가가 구하는 게 있으면 크고 작음[細大]을 따지지 않고 부응하였고 다른 사람이 잘한 것을 자신이 그렇게 한 것처럼 기뻐하였다. 그러므로 가는 곳마다 사람들이 공을 기꺼이 좋아하였으니 오랑캐 나라에서도 통용될 만한 것이었다[雖蠻貊行焉].[88]

농사짓던 수십 무(畝)를[89] 세연지(洗硯池)라고 불렀는데 깊은 곳에 자리잡고 경관이 빼어났으므로 강남(江南)에서 소문이 자자하였다. 공은 자신거사(自信居士)라고 스스로 호를 지었으며 사우(祠宇)에서 제사를 모신 게 20년이었다. (관직에서) 물러나 한가롭게 지내는 것을 편안하게 여기니 (그 무엇도) 마음을 움직일 수 없는 듯하였다. 조상의 묘소만은

---

[88] 『論語』에 나오는 표현이다. "자장이 실행[行]에 대해 묻자, 공자께서 '忠信된 말과 篤敬한 행동은 오랑캐 나라에서도 실행된다'고 대답하였다(子張問行 子曰 言忠信 行篤敬 雖蠻貊之邦 行矣 : 『論語』 衛靈公)."
[89] 畝는 토지 면적을 나타내는 단위이다. 사방 6자[尺]가 1步이고 100보가 1畝이다.

잘 살펴[眷戀] 소홀하지 않았다.

　소흥(紹興) 신미년(1151)에 역양(歷陽)으로 물러났다가 벼슬을 버리고 돌아가겠다고 하고[焚黃告歸]⁹⁰⁾ 오문(吳門)으로 이르자 병에 걸려 세상을 떠났다. 아아, 공의 포부는 이와 같았지만 장년[壯歲] 이후에는 조정과는 너무 떨어졌음으로[去國拓落] (뜻을) 펼 수가 없었다. (이런 상황에서도) 공의 처세는 비록 너그러웠지만 당대를 걱정하던 뜻있는 선비들은 눈물을 흘리기도 하였다.

　공은 원우(元祐) 6년(1091) 5월 8일에 태어나서 소흥 23년(1153) 5월 20일에 세상을 마쳤으니⁹¹⁾ 향년 63세였다. 관직은 조산대부(朝散大夫)에 이르렀으며 3품복(三品服)을 하사받았다. (공은) 진씨(陳氏)와 혼인하였는데 (진씨는) 의인(宜人)에 봉해졌다가 공이 죽은 지 5년 뒤에 사망하였다.

　자식은 아들이 셋이었다. (첫째는) 집(集)인데 어려서 죽었다. (둘째는) 침(葴)인데 우승직랑 강남서로전운사 간판공사(右承直郎 江南西路轉運司 幹辦公事)로서 사촌형[從兄]인 조봉랑(朝奉郎) 철(喆)의 후사를 이었고 공이 죽은 지 13년 뒤에 사망하였다. (셋째는) 성(茂)인데 우적공랑 감회서 강동총령소 호부대군고(右迪功郎 監淮西江東總領所 戶部大軍庫)였다.

　딸은 둘이었다. 첫째는 우봉의랑 지임강군신감현사(右奉議郎 知臨江軍 新淦縣事)인 풍사문(馮師文)에게 시집갔고, 둘째는 우선교랑 지복주회안현사(右宣敎郎 知福州懷安縣事)인 이간(李栞)에게 시집갔다.

　손주는 남자가 여섯이었다. 우수직랑(右修職郎)을 지낸 원로(元老), 동로(同老), 명로(明老), 양로(洋老), 장사랑(將仕郎)을 지낸 적(籍)이며, 나머

---

90) 宋에서는 관리에 대한 임명장을 黃紙로 만들었기 때문에 黃牒이라고 불렀다. 본문에서 焚黃이라는 것은 황첩을 불태워 벼슬을 버렸다는 뜻이다.
91) 二十日 : 사고전서본과 지부족재본에는 '二十一日'이라고 되어있다.

지 한 명의 이름은 채 짓지도 못했다.

　손녀는 여덟이었다. 첫째는 좌적공랑 악주주학교수(左迪功郞 鄂州州學教授)인 유벽(劉壁)에게 시집갔고, 둘째는 진사(進士)인 주진경(朱縉卿)에게 시집갔으며, 셋째는 장사랑(將仕郞)인 유(兪)에게 시집갔고 나머지는 시집가지 못했다.

　여러 후손들[諸孤]이⁹²⁾ 공의 영구[柩]를 모시고 이 해 윤12월 초하루 을유일에 익양(弋陽) 옥정향(玉亭鄕)에 있는 귀봉(龜峯)의 좋은 자리[吉原]에 장사를 지냈다.

　공의 집에는 예로부터 기성(騎省)의⁹³⁾ 유물이 많았다. 광록대부로 추증된 큰아버지[世父]가 마침 옆면에 '정신(鼎臣)'⁹⁴⁾ 두 글자가 씌여진 벼루 하나를 수중에 얻어 보물처럼 간직하였다. 그는 여러 아이들에게 "가업[素業]을⁹⁵⁾ 이을 수 있는 아이에게 주겠다"고 말하였다. 이때 공이 막 성년[結髮]이⁹⁶⁾ 되었을 때인데, 분발[憤激]할⁹⁷⁾ 줄 알아서 글씨에 강한 뜻을 보이니[刻意篆籀]⁹⁸⁾ 큰아버지가 벼루를 공에게 주었다. 공이 몇 살 안되었을 때지만[有于歲]⁹⁹⁾ 많은 사람이 몰려들 징조[來歸之兆]였으

---

92) 諸孤란 원래 많은 고아를 말하지만, 본문에서는 서긍의 사후에 남은 여러 후손을 말한다.
93) 騎省은 徐鉉을 말한다. 서현은 字가 鼎臣으로, 문장이 일세에 탁월하고 시 역시 명성이 자자했다. 특히 그는 小篆과 隷書를 잘 썼는데, 文名을 날렸던 동생 徐鍇와 함께 二徐라고 불리기도 하였다. 『騎省集』은 宋 徐鉉의 문집으로, 30권으로 되어있다.
94) 鼎臣은 앞의 역주에서 말한 바와 같이 徐鉉의 字이므로, 서현이 사용하던 벼루라는 뜻이다.
95) 素業은 평생의 業이나 이전부터 해오던 일을 말하는데, 여기에서는 '家業' 즉 서현처럼 학문에 정진하는 것을 말한다.
96) 結髮은 상투를 틀어 성년이 되었다는 뜻이다.
97) 憤激은 발끈하여 분노하고 자극받는 것을 말한다.
98) 籒篆體는 옛 서체의 하나로서, 본문은 서법에 열의를 보였다는 뜻이다.
99) 사고전서본과 지부족재본을 따른다면, '10세'라고 될 것이다.

므로 사람들은 공을 기성(騎省)의 후신(後身)이라고 말하였다.

애당초 소보(少保 : 아버지 徐鬩中을 말함)가 공에게 할머니의 묘비〔咸寧墓碑〕를[100] 쓰도록 명하였으나 제대로 완성할 수 없었다. (이에) 부처에게 기도하고 반야심경(般若心經)을 얻어 글씨를 연습하였다. '실(實)' 자에 이르러 바람에 깃발이 날아갈 듯 펄럭이는 모습을 우연히 보고 서체(書體)의 이치를 깨달았다. 이로부터 천하에 이름을 날리게 되었다.

그의 글씨를 특히 좋아한 휘종이 그를 궁궐에 불러들여 '진덕수업(進德脩業)' 네 글자를 쓰게 한 적이 있다. 글자 길이〔袤〕는 한 길 남짓이었다. '업(業)' 자를 쓰게 되자 공은 특별히 솜씨를 드러냈다〔特出奇變〕. 붓을 놀리면서 중간에 잠시 멈추었다가 맨 마지막에는 둥근 바위〔圓石〕가 천 길 위에서 떨어지는 듯 굳세고 반듯하게 내리그으니, 황제는 놀라며 칭찬을 하고 좌우 사람들도 모두 할 말을 잃었다.

그의 운필(運筆)은 능숙하면서도 군더더기가 없었으며〔精熟〕 돌아나가는 글자 획은 밤에 촛불〔鐙燭〕을[101] 가리고 쓰더라도 조금도 흐트러짐이 없었다. 진행체(眞行體)는[102] 단단하면서도 우아하였고 탁월하며 빼어났다. 저수량(褚遂良),[103] 설직(薛稷),[104] 안진경(顔眞卿),[105] 유공권(柳公權)[106] 등 여러 사람의 서체를 겸비하였다. 늙어서는 초서 쓰기를 좋아

---

100) 함녕은 지금의 湖北省 武昌縣 남쪽에 있는 縣의 이름이다. 행장 앞부분에 나온 바와 같이 함녕군 태부인(咸寧郡 太夫人)으로 증직된 조모 임씨(林氏)의 묘지명을 가리킨다.
101) 鐙燭은 燈燭의 오자로 보인다.
102) 眞行體는 眞書 즉 楷書를 서체의 근간으로 하면서 行書體를 약간 섞은 서체이다.
103) 褚遂良은 唐代 사람으로 字는 登善이다. 文史에 밝았다. 楷書를 잘 썼는데, 특히 雁塔聖敎序는 역대 해서 작품 가운데에서도 최고의 걸작으로 꼽힌다.
104) 薛稷은 唐代 사람으로 字는 嗣通이다. 글씨과 그림 모두에 뛰어났다.
105) 顔眞卿은 唐代 사람으로 字는 淸臣이다. 博學한데다 문장을 잘 지었으며, 특히 草書를 잘 썼다.
106) 柳公權은 唐代 사람으로 字는 誠懸이다. 經學에 능통하였고 글씨를 잘 썼다.

하여 회소(懷素)와[107] 비슷하였다. 글씨를 이야기하는 천하 사람들은 공을 종조(宗祖)로 삼았다.

소학가(小學家)의[108] 글에서는 다음과 같이 논하였다. "이사(李斯)로부터[109] 소전(小篆)으로 바뀌었는데 진한(秦漢) 대에는 계승하는 자가 없었다. 비석(碑碣)을 통해 전해진 것들에는 취할 만한 필법이 없었을 뿐만 아니라 글자의 편방(偏旁)에도[110] 착오(舛誤)가 있었다. 진위(魏晉)에서 당(唐)에 이르기까지 이양빙(李陽氷)만이[111] 독보(獨步)로 불렸다." (하지만) 소학[學] 중간에 끊어졌으니 어찌 이양빙이 이러한 명예를 얻을 수 있겠는가. 원차산(元次山)의[112] 조카 강숙 이정(李康叔靜)은 오계(浯溪)와[113] 어대(峿臺)의 두 글(銘)을 쓰면서 제법 진의 필법(秦法)을 얻었는데 이양빙과 비교하면 훨씬 뛰어나지만(霄壤),[114] 이름은 크게 드러나지 않았으니 일에는 원래 다행(多幸)과 불행(不幸)이 있는 법인가.

기성(騎省) 형제는[115] 이사(李斯)를 추종하면서 소학(小學)에는 아주 밝아(奧雅) 허신(叔重)과[116] 짝할 만하였는데, 공 역시 그것을 계승하였으

---

107) 懷素는 唐의 高僧으로 字는 誠懸이다. 草書에 능숙하였으며 『草書千字文』을 썼다.
108) 小學은 문자의 형태, 의미, 음운 등을 연구하는 학문으로 현재의 文字學이나 訓詁學에 해당한다.
109) 李斯는 秦의 사람으로 秦始皇이 천하를 통일하는데 크게 기여하였으며, 이후 丞相이 되어 郡縣制度를 정비하고 禁書目錄을 규정하였다. 그리고 이전의 문자들을 통일하였는데, 바뀐 새로운 서체를 小篆이라고 불렀다.
110) 偏旁(偏傍)은 한자를 구성하는 양쪽 부분을 말한다. 하나의 한자를 나누어 볼 때, 글자의 왼쪽에 해당하는 부분을 偏이라고 하고 오른쪽에 해당하는 부분을 傍이라고 한다.
111) 李陽氷은 唐代 사람으로 字는 少溫이며 李白의 從叔이기도 하다. 篆書를 잘 썼다.
112) 元次山은 唐의 元結의 字이다. 원결은 문장이 뛰어났는데, 당시 유행하던 六朝騈儷의 문체를 바꾸어 古文을 부흥시키는데 크게 공헌하였다. 『元次山文集』을 썼다.
113) 浯溪는 元結이 지은 浯溪銘序를 말한다.
114) 霄壤은 天地를 가리키며, 매우 현격한 차이를 뜻한다.
115) 서긍의 선조인 徐鉉과 그 동생 徐鍇를 말한다.

니 그 뿌리가 깊다. 이사(李斯)의 유적(遺迹)은 역산(嶧山)에서 불태워졌 으므로〔火於嶧山〕[117] 당 이래로 이미 전해지지 않았다. 구양수(歐陽脩) 가[118] 모은 천하의 금석문〔金石刻〕은 매우 잘 갖추어진 편이지만 태산의 조명(詔命)은[119] 겨우 수십 자만 남아 있었다. 대관(大觀, 宋 徽宗의 年號, 1107~1110) 연간에 하한(河間 : 河北省 河間縣)의 유기(劉跂)가[120] 산 정상에 올라 각석을 잘 살피고서야 비로소 그 온전한 (비문을) 얻게 되었다. 하 지만 정강(靖康)의 난(亂)(1127)에서 겨우 10여 년 차이가 날 뿐인데다 사 람들이 가진 묵본(墨本)은 많지 않았으니 학자들이 이사의 서법(書法)을 본받는다고 멋대로 말하면서도 실제로 많이 볼 수가 있었겠는가.

공은 이 석각을 얻어 보물처럼 간직하면서 연구〔諦玩〕하였다. 이사의 서법을 완전히 익힌 다음에는 다시 삼대(三代 : 중국 고대의 夏, 殷, 周)의 종〔鎛鍾〕, 솥〔鼎〕, 그릇〔彝〕 등을 살펴 문장〔款識〕을[121] 해석함으로써 서 법의 연원을 완전히 파악하였다〔悉有依據〕. 대전체〔大篆〕에서는[122] 그 필

---

116) 叔重은 後漢代 許愼의 字이다. 經籍을 널리 공부했던 허신은 『說文解字』를 써서 후세 의 문자학에 큰 영향을 주었다.
117) 嶧山은 중국 山東의 鄒縣 근처에 있는 산의 이름이다. 秦始皇 28년에 진시황은 산에 올라 돌에 진의 공적을 새겼는데, 이 비를 嶧山碑라고 불렀다. 그 후 이 산에 올랐던 魏 의 太武帝가 이 비를 넘어뜨려 파괴했다. 그후 徐鉉이 이 비의 탁본을 얻어 글씨가 전 해지게 되었다. 본문의 불태워졌다는 표현은 역산비가 파손되었다는 뜻으로 보인다.
118) 歐陽脩는 宋代 사람으로 字는 永叔이며, 諡號는 文忠이다. 唐宋八大家의 한 사람으 로 꼽힐 만큼 글로 이름이 높았다.
119) 李斯가 썼다고 하는 秦山刻石을 가리킨다. 천하를 통일한 秦始皇이 자신의 업적을 드 러내기 위해 돌에 새겨 태산 정상에 세웠으므로 태산각석이라고 부르는데, 처음 발견된 宋代에 이미 마멸이 심하였다. 이 각석은 땅속에 다시 묻혔다가 明代에 발굴되었는데, 겨우 29자만 남아 있었다. 그후 1740년에 불에 타서 10자만 남게 되었다.
120) 劉跂는 宋代 사람으로 字는 斯立이며, 『學易集』을 썼다.
121) 고대의 종, 솥, 그릇 등에 새겨진 글씨를 말한다. 款〔款〕이란 오목새김〔陰刻〕된 글씨를 말하고, 識란 돋을새김〔陽刻〕된 글씨를 가리킨다.
122) 大篆은 이사가 문자를 小篆으로 통일하기 이전의 서체를 말한다.

력(筆力)이 독특한데다 옛스러웠는데, 그의 좋은 작품(沈箸)은[123] 옛날 전각의 서법과 다르지 않았으며, 만약 종이와 붓(豪楮 : 毫楮 즉 붓과 종이)으로 이룰 수 없다면 계속 연습하였다(陶鎔醞釀).[124] 서체를 바꾸어 소전에 있어서는 글자의 구성을 분석하여 글자가 만들어진 원래의 뜻에 꼭 맞추었다. (그러므로) 말 달리듯 종횡으로 글씨를 써나가도 그 응용은 무궁하였다. 아아, 전고(前古)의 명필은 사실 손가락으로 헤아릴 정도이며 죽은 자는 살아나지 않으니(九原不作)[125] 후대에 누가 계승할 수 있겠는가.

공이 죽은지 이제 15년이다. 그 장례에 묘비명을 세우지 못하였다. 나(孝伯)는 대대로 역양(歷陽)에 산데다 공의 집안과 혼인을 맺었음을 기화로 감히 공의 삶(行事)의 대략을 적음으로써 후세의 작자가 (공을) 기록하고 돌(鑱石)에[126] 새겨(詩)[127] 묘 언저리에 두기를 기다린다. 삼가 올린다.

건도(乾道) 3년(1167) 4월 초10일 좌적공랑 영국부선성현주부 주관학사(左迪功郞 寧國府宣城縣主簿 主管學事) 장효백(張孝伯)이 쓰다.

---

123) 沈箸는 沈著 즉 진중한 곳이나 귀결점을 말한다.
124) 陶鎔은 교화하고 가르치다는 뜻이며, 醞釀은 인격 등을 닦고 조화시키는 것을 말한다.
125) 九原이란 戰國時代 晉의 卿大夫들이 묻히던 묘지였다. 九原不作이란 한번 죽은 사람은 다시 살아나지 못한다는 뜻이다.
126) 鑱石은 원래 병 치료에 사용하던 石針을 말한다.
127) 사고전서본과 지부족재본의 '誌' 가 해석상 옳을 듯하다.

『선화봉사고려도경』 '발문(跋文)'[1]

仲父 旣以書上御府 其副藏家 靖康丁未春 里人徐周賓乞[2] 觀 未歸而寇至 失書所在 後十年 家君漕江西 弭節于[3]洪 仲父來省 或謂郡有北醫上官[4]生 實獲此書 亟訪之 其無恙者 特海道二卷耳 仲父嘗爲藏言 世傳余[5]書 往往圖亡 而經存 余追畫之 無難也 然不果就 嘻 蓋棺 事乃已矣 姑刻是 留徵[6]江郡齋 來者 尙有考焉 乾道三季[7] 夏至日 左朝奉郞權發遣江陰軍主管學事 徐藏書

작은 아버지(仲父)는 이 책을 어부(御府)에 진상한 후 부본(副本)은 집

---

1) 사고전서본에는 이 발문이 책 서두에 실린 서긍의 서문 다음에 들어있다.
2) 사고전서본과 지부족재본에는 '借'라고 되어있다.
3) 지부족재본에는 '於'라고 되어있다.
4) 사고전서본과 지부족재본에는 '宜'라고 되어있다.
5) 지부족재본에는 '子'라고 되어있다.
6) 사고전서본과 지부족재본에는 '澂'이라고 되어있다.

에 보관하였다. 정강(靖康) 정미년(1127) 봄에 동네 사람 서주빈(徐周賓)이 빌려다 보았는데, 미처 반납하기도 전에 도적들이 이르러[8] 책의 행방을 잃어버렸다.

10년 뒤 아버지[家君]가 강서(江西)에서 조운(漕運)을 담당하다가 홍주(洪州)에[9] 머물렀는데[弭節][10] 작은 아버지가 와 보았다. 어떤 사람이 군(郡)에 북의(北醫)가 있는데 그 상관생(上官生)이 사실 그 책을 가지고 있다고 하였다. 서둘러 그곳에 가보니 멀쩡한 부분은 해도(海道) 2권뿐이었다.

작은 아버지는 나[蕆]에게, "세상에 전해지는 내 책은 왕왕 그림은 없어지고 문장[經]만이 남아 있는데, 내가 추가로 그림을 그리는 것은 어렵지 않다"고 말씀하였다. 하지만 실행하지는 못하였다. 아아, 관(棺) 뚜껑을 덮으면[蓋棺][11] 모든 게 끝나는 법이다. 급한대로 이것을 판각(板刻)하여 징강(澂江)의[12] 군재(郡齋)에[13] 보관함으로써 후세 사람이 살필 수 있도록 한다.

건도(乾道) 3년(1167) 하지(夏至) 좌조봉랑 권발견강음군 주관학사(左朝奉郎 權發遣江 軍 主管學事) 서천(徐蕆)이 쓰다.

---

7) 사고전서본과 지부족재본에는 '年'이라고 되어있다.
8) 이른바 '靖康의 變'을 말한다. 1126년 金의 공격을 받은 宋에서는 다량의 재화를 바치고 금을 伯父라고 호칭하기로 함으로써 두 나라 사이에 화의가 성립되었다. 하지만 조약을 지키지 않고 금의 내부 교란을 꾀하던 송은 곧 금의 두 번째 공격을 받았다. 결국 송의 수도인 開封은 함락되고 휘종과 흠종 등 3000여명은 포로로 금에 끌려갔다.
9) 洪州는 江西省 南昌縣 바로 남쪽에 위치했다.
10) 弭節은 수레를 멈추는 것을 말한다.
11) 蓋棺이란 관 뚜껑을 덮는 것 즉 사람이 죽는 것을 의미한다.
12) 徵江은 澂江이 맞는 표현이다. 雲南省 澂江縣을 가리킨다.
13) 郡齋는 郡守가 머무는 곳이나 郡의 役所를 말하는데, 군재에서는 서적을 출판하기도 하였다.

| 찾아보기 |

ㄱ

가공(歌工) 304
가마니〔草苫〕 **390**
가한(可汗) 47
감문위(監門衛) 210
감옥〔囹圄〕 **216**
개성부(開成府) 75, 210
개소문(蓋蘇文) 53
개주(開州) 75
객주(客舟) **412**
건덕전(乾德殿) **103**, 107, 208, 209, 278, 356, 369
걸곤우(乞昆羽) 53
걸중상(乞仲象) 53
검모잠(劍牟岑) 54

검은 꽃 장식 물동이〔烏花洗〕 **373**
검은 칠 소반〔黑漆俎〕 **360**
경과 감의 복식〔卿監服〕 **128**
경시사(京市司) 80, 210, 342, 482
경원정(慶源亭) 454
경종〔王伷〕 60
경주(慶州) 91
계림궁(雞林宮) 119
계림지(雞林志) 44
고공(考功) 209
고기잡이〔漁〕 **290**
고당유(高唐愈) 134
고려 개경 관부 및 궁궐문 **207**
고려 개경 사찰 **230**
고려 개경 궁전 **98**
고려 동경(銅鏡)의 항해하는 배와 고려

찾아보기 • 513

배〔高麗船〕 **394**
고사(篙師) 414
고섬섬(苦苫苫) **438**, 462
고안(高安, 廣開土王) 53
고장(高藏, 寶藏王) 53
곡(斛) **412**
곡개(曲蓋) **150**
곤면(袞冕) **122**
공기(工技) 289, **482**
공부(工部) 209
공사(貢士) 477
공학군(控鶴軍) 159, **167**, 198, 304, 305
과녁(貫革) **180**
관노비 284
관복(冠服) **121**
관부(官府) **205**
관선(官船) **397**
관현방(管絃坊) 482
광덕(廣德) 83
광덕문(光德門) 79, 91
광명대(光明臺) **359**
광종〔王昭〕 60
광주(廣州) 91, 295, 319
광주도(廣州道) 72
광진사(廣眞寺) 231
광통보제사(廣通普濟寺) **225**
광화문(廣化門) 76, 80, 83, **92**, 100, 172, 209, 214, 227, 316, 342
교룡(蛟龍) **148**
교역〔貿易〕 **84**

교정(西郊亭) 337
구두산(九頭山) **448**, 461
구루(溝漊) 51
구사(驅使) 267, **273**, 284, 289
구산사(龜山寺) 231, 233
구장(毬杖) **155**
국사(國師) **244**
국생(局生) 215
국성(國城) **78**
국자〔杓〕 **293**
국자감(國子監) **210**, 251, 476
국청사(國淸寺) **228**
군기감(軍器監) 209
군산도(群山島) 156, 182, 185, 194, 232, 235, 338, 399, **440**, 447, 461, 462
군산정(群山亭) 440, 447
군읍(郡邑) **85**
군장 161
군졸〔卒伍〕 306
굴사(屈使) 270, 309, 316
궁궐문〔門闕〕 **87**
궁왕(宮, 太祖王) 52
궁전(宮殿) **97**, **107**
궐(闕) **89**
궤(簋) **369**
궤(几) **369**
궤섬(跪苫) **434**
귀녀(貴女) **261**
귀법사(歸法寺) 231
귀부인〔貴婦〕 **258**

514 • 고려도경

창〔戟〕 **95**
근시의 복식〔近侍服〕 **127**
금관 119
금선사(金善寺) 231
금오군(金吾軍) 159
금오위(金吾衛) 210, **303**
금오장위군(金吾仗衛軍) 153, **166**
금요(金鐃) **179**
금월(金鉞) **154**
급사(給使) **284**
급수문(急水門) **455**
기(旗) **187**
기두(旗頭) 160, 301
기록〔刻記〕 **291**
기름 동이〔油盎〕 **376**
기병이 타는 말〔騎兵馬〕 **202**
기자(箕子) **47**, 50, 70, 121, 146, 178, 369, 474, 481
기치(旗幟) **185**
기패(旂旆) **156**
김경용〔景庸〕 112
김경융(金景融) 140
김단(金端) 136, 251, 476
김보신(金輔臣) 134
김부식(金富軾) **139**, 440
김부일(金富佾) 134
김부철〔富轍〕 139
김서(金瑞) 134
김세안(金世安) 134
김순정(金純正) 134
김약온(金若溫) 133

김연(金緣) 111, 112
김유간(金惟揀) 133
김의원(金義元) 134
김인규(金仁揆) **140**
김준〔畯〕 112
김지화〔至和〕 112
김택(金澤) 134
꽃병〔花壺〕 **378**

ㄴ

나주(羅州) 72, 91
나주도(羅州道) 295, 296
낙랑 119
낙빈정(樂賓亭) 334, 344, 346, 342
난산도(蘭山島) **433**
난조(鸞鳥) **155**
남줄(藍茁) 215
낭항산(浪港山) 463
내원성(來遠城) 73
냉천정(冷泉亭) 224
노(櫓)와 키(舵) **394**
노영거(盧令琚) 134
노윤적(路允迪) 43, 318, 321, 324, 416, 499
농민과 상인(農商) **252**
농업〔種蓺〕 **288**
누각〔樓觀〕 **80**, **81**
능인전(能仁殿) 224

ㄷ

담두(潭頭) 463
담라(聃羅) 72
당인도(唐人島) 461, **449**
대불사(大佛寺) 231
대성아악(大晟雅樂) **482**
대시사(大市司) 210
대악국(大樂局) 209
대악사(大樂司) 482
대영창(大盈倉) 209
대의창(大義倉) 212
대조영〔祚榮〕 54
대청서(大靑㠘) **450**, 461
덕종〔德王 欽〕 62
도교(道敎) 237
도기 술병〔陶尊〕 387
도기 향로〔陶爐〕 387
도량형〔度量權衡〕 465, **484**, **485**
도사(道士) 239
도일사(道日寺) 231
도축〔屠宰〕 292
동덕문(同德門) **94**, 154
동락정(同樂亭) 93
동맹(東盟) 219
동무(東廡) 210
동문(東門) 79
동문관(同文館) 416
동신사(東神祠) 234
등나무 광주리〔藤篚〕 388
등나무 술독〔藤尊〕 386

등장(鐙杖) **180**
땔감〔樵〕 **290**

ㄹ

랑(廊) **79**
리(螭) **148**

ㅁ

마구(馬具) **201**
마도(馬島) **446**, 461
막선(幕船) **398**
만령전(萬齡殿) **105**
말이 끄는 수레〔車馬〕 **196**
매잠(梅岑) **420**
맹군(猛軍) 159
맹주산(猛州産) **296**
머리두건〔巾幢〕 276
면약호(面藥壺) **374**
명가군(鳴笳軍) **302**
명주(明州) 461, 463
모시상의〔紵衣〕 **364**
모시치마〔紵裳〕 **364**
목욕과 세탁〔澣濯〕 **287**
목종〔王誦〕 61
몽수(蒙首) **258**
무늬 있는 돗자리〔文席〕 **361**
문 위에 씌우는 휘장〔門帷〕 **362**
문공미(文公美) 137
문종〔王徽〕 62, 65, 141, 215, 343

문하성(門下省) 208
물항아리〔水瓮〕 **390**
물병〔水甁〕 **371**
물솥〔水釜〕 **378**
물항아리〔水甖〕 **379**
미륵사(彌勒寺) 231
미타사(彌陁寺) 231
미타전(彌陁殿) 224
민가〔民居〕 **82**
민병(民兵) 288
민장(民長) **254**, 266
민중형(閔仲衡) 134

ㅂ

박산로(博山爐) **372**
박승(朴承) 134
박승중(朴昇中) 133
박제루〔博濟〕 81
반관(伴官) 270
반리선(盤螭扇) **147**
반양초(半洋焦) **424**
반잔 **371**
반직(班直) 268
방어군(防禦郡) 85
방자(房子) 271, 391
배의 구조 **394**
배도(排島) **430**
배표연(拜表宴) **336**
백고왕(伯固, 新大王) 52
백동 물동이〔白銅洗〕 **380**

백산(白山) **431**, 462
백성〔民庶〕 **250**
백수양(白水洋) **425**
백의도(白衣島) **433**
백저포(白紵袍) **248**
백접선(白摺扇) **366**
백희소아대〔百戲小兒〕 303, 304
법왕사(法王寺) 231
벽란정(碧蘭亭) 90, 300, **351**, 459
변발〔辮髮〕 276
변한 119
별궁(別宮) **119**
병기(兵器) **178**
병리(兵吏) 289
병부(兵部) 233
보(簠) 369
보리(補吏) 268
보문각(寶文閣) 111, 112, 113
보살섬(菩薩苫) **437**
보온병〔湯壺〕 **379**
보운사(普雲寺) 231
보제사(普濟寺) 215, 231, 241, 381
복두소(幞頭所) 253
복원관(福源觀) **221**, 233, 238
봉(鳳) **190**
봉기(鳳旗) **191**
봉래산(蓬萊山) **423**
봉록(俸祿) 271
봉선고(奉先庫) 80, 175, 214, 352
봉선사(奉先寺) 231
봉필(捧珌) **183**

부묵경(傅墨卿) 43, 318, 321, 324, 416
부여궁(夫餘宮) 119
부용산 444
부용준(芙蓉尊) **374**
부인(婦人) **256**
북창문(北昌門) 79, 90, 91, 233
분수령(分水嶺) **457**
불교〔釋氏〕 **240**
불진회(拂塵會) **334**
붉은 칠 소반〔丹漆俎〕 **359**
비(篚) **389**
비첩(婢妾) **259**
빈랑초(檳榔蕉) **436**

ㅅ

사미(沙尾) 462
사미비구(沙彌比丘) **247**
사부(四府) 85
사신단 접견〔私覿〕 **327**
사우(祠宇) **219**
사전(私田) 288
사절이 타는 말〔使節馬〕 **201**
사점관(四店館) 352
산예(狻猊) 79
산원 **268**
삼(衫) **245**
삼경(三京) 85
삼선 **365**
삼주(三州) 295, **399**
삼중화상대사(三重和尙大師) **245**

상기(象旗) **188**
상서성(尙書省) 100, 208
상서호부(尙書戶部) 209
상승국(尙乘局) 209
상육군위(上六軍衛) **164**
상육군좌우위(上六軍左右衛) **163**
상평창(常平倉) 212
서경(西京) 85
서관의 복식〔庶官服〕 **129**
서교(西郊) 90
서교정(西郊亭) 301, **350**
서긍(徐兢) 39, 310, 321, 455
서긍의 여정 **402**
서무(西廡) 210
서문(西門) 80
석관음(石觀音) 228
선기문(宣祺門) 79, 91
선랑(仙郎) **273**
선명례(宣命禮) **335**
선무하군(宣武下軍) **308**
선법당(善法堂) 224
선법문(善法門) 224
선빈관(仙賓) 352
선성전(宣聖殿) 210
선우(單于) **47**, 382
선의문(宣義門) 79, 81, **89**, 90, 92, 117, 172, 212, 342, 350
선인문(宣仁門) 79, 91, 234
선정전〔宣政〕 108
선종〔王運〕 136
선화(宣華) 79

섭공서(聶公嶼) **452**
성(城) **70**
성읍(城邑) **70**
성종[王治] 61, **476**
소가 끄는 수레[牛車] **199**
소기(小旗) **195**
소주양(蘇州洋) 463
소천시 **272**
소청서(小靑嶼) **453**, 461
속대(束帶) **122**
송방(松房) **295**
송방(松舫) **398**
송선(松扇) **366**
송연묵(松煙墨) **296**
송첩(訟牒) 282
수레와 말[車馬] **196**
수 놓은 베개 **363**, 357
수놓은 천막[繡幕] **356**
수수(水手) 414
수신(祿神) 219
수주산(秀州山) 462
수창궁(壽昌宮) 119
수패(獸牌) **182**
수화선(繡花扇) **148**
수휼(須恤) 79
숙종[王顯] 66, 117, 136, 141, 229
숙종[王熙] 65
순라선[巡船] **396**
순천관(順天館) 80, 176, 214, 232, 233, 337, **342**, 352, 356, 461
순천사(順天寺) 232, 352

술통[酒榼] **373**
숭교원(崇敎院) 231
숭산묘(崧山廟) **233**
숭산행궁(崇山行宮) 441
숭인문(崇仁門) 79, 91, 231
숭정전(崇政殿) 416
숭화사(崇化寺) 231
승천문(承天門) 93, 94
승평문(昇平門) **93**, 94, 118, 154, 209, 316
승휴문(承休門) 94, 208
시간을 알려주는 관리[挈壺] 279
시부론(詩賦論) 478
시장[坊市] **83**
식사 접대[饋食] **399**
식수 제공[供水] **400**
식탁보[食罩] **388**
신기(神旗) 185
신기군(神旗軍) **170**
신기군[神騎] 146
신기대[神旗隊] **300**, **301**
신봉문(神鳳門) 93, 100, 316, 336, 337
신위군(神威軍) 163
신주(神舟) **410**
신한문(神翰門) 224
신호군(神虎軍) 159
신호문(神護門) 224
신호좌우친위군(神虎左右親衛軍) **161**
심가문(沈家門) **418**
심기(沈起) 134, 440
심방문(尋芳門) 224

심안지(沈安之) 134
쌍녀초(雙女焦) **450**, 461
쌍리선(雙螭扇) **148**

ㅇ

아사리대덕(阿闍梨大德) **246**
아자섬 445
악색(樂色) 304
안동부(安東府) 91
안정문(安定門) 91, 231
안화문(安和門) 223
안화사(安和寺) 220, 223, 227, 231
안화천(安和泉) 224
안흥정(安興亭) 447
알자섬(軋子苫) 461
압록강〔鴨綠水〕 73
약국(藥局) **215**
양린(梁鱗) 133
양문구(梁文矩) 134
양온국(良醞局) 209
양잠〔蠶桑〕 296
양주(楊州) 91, 295
양화각(陽和閣) 224
어깨로 메는 가마〔肩輿〕 **198**
어사대(御史臺) 209
여기(女伎) 482
여자(女子) **262**
역법제도〔正朔〕 **468**
연(璉, 長壽王) 53
연악(燕樂) **482**

연영서전(延英書殿) 112
연영전각(延英殿閣) **111**
연음(燕飮)의 예 **329**
연의정(漣漪亭) 223
연회상〔燕臺〕 **358**
염색비단 천막〔纚幕〕 **355**
영관의 복식〔令官服〕 **124**
영군 175
영녕사(永寧寺) 416
영선관(迎仙館) 352
영은관(靈隱館) 352
영은관(迎恩館) 352, 477
영주(永州) 295
영토〔封境〕 **72**
영통(永通) 83
영통사(靈通寺) 231
예모전(睿謨殿) 416
예빈성(禮賓省) 208, 209
예성항(禮成港) 300, **459**
예성항구 351
예종 제례(祭奠) **321**
예종〔王俁〕 43, 57, 66, 67, 108, 117,
　　　136, 138, 238, 300, 304, 305, 321,
　　　342, 358, 416, 482
예현방(禮賢坊) 210
오룡묘(五龍廟) **235**, 441
오방기(五方旗) **193**
오서(五嶼) **430**, 462
오자여(吳子璵) 134
오준화(吳俊和) 133, 440
옥륜사(玉輪寺) 231

왕건(王建) 55, 59
왕교〔僑〕 112
왕무(王武, 惠宗) 59
왕보〔俌〕 112, 136, 137
왕부(王府) **100**
왕빈(王彬) 475
왕사(王師) 244
왕서〔偦〕 142
왕성 안팎의 여러 사찰〔王城內外諸寺〕 **229**
왕수(王洙) 134
왕승(王承) 134
왕운(王雲) 44
왕운(王運, 宣宗) 63, 64
왕위〔偉〕 112
왕융(王隆) 61
왕의 복식〔王服〕 **122**
왕의(王儀) 134
왕이 타는 말〔王馬〕 **200**
왕자지〔字之〕 112
왕해(王楷, 仁宗) 318, 323
왕효〔俲〕 112
왕훈(王勳, 順宗) 63
외문(外門) **90**
요고군(鐃鼓軍) 302
요고군〔夫鐃鼓〕 **302**
용골(龍骨) 457
용문창(龍門倉) 212
용호군(龍虎軍) 159, 162, 195, 301, 342
용호맹군 185

용호상초군(龍虎上超軍) **170**
용호좌우친위(龍虎左右親衛) **160**, 161
용호중맹군(龍虎中猛軍) **165**
용호초군 174
용호친위군장(龍虎親衛軍將) 155
용호하해군(龍虎下海軍) **171**
용화사(龍華寺) 231
우선(羽扇) **149**
우심서(牛心嶼) **451**
우위(右衛) 159
우창(右倉) 209, 212
우춘궁(右春宮) 118
원(元, 嬰陽王) 53
원덕전(元德殿) **104**
원인문〔元仁〕 118
월서(月嶼) **432**, 462
위궁(位宮, 山上王) 52
위만(衛滿) 50
유(劉, 故國原王) 52
유급(劉及) 134
유문지(劉文志) 134
유소(流蘇) 150
유신(柳伸) 261
유품(流品) 268, 278
유학(儒學) 465, **474**
6군(六軍) 158, **159**, 160
6위군(六衛軍) 146, 158, **159**, 160
육군 173
육덕문(育德門) 118
윤관(尹瓘) 138
윤언식(尹彦植) **138**, 454

윤인용(尹仁勇) 134
은병(銀甁) 84
음악[樂律] 465, **479**
응상문(凝祥門) 224
응준기(鷹隼旗) **188**
의극(儀戟) **181**
의자[坐榻] **357**
의학(醫學) 215
이궤[軌] 112
이는 것[戴] **263**
이덕승(李德升) 134
이도(李璹) 134
이빈관(利賓館) 352
이숙(李淑) 134
이영(李永) 137
이영지(李穎之) 134
이예재(李銳材) 134
이이모(伊夷模, 故國川王) 52
이자겸(李資謙) 67, 112, 135, **136**, 138, 141, 142
이자덕(李資德) 133
이자량[資諒] 113
이자의[資義] 136
이점(李漸) 134
이졸(吏卒) 283
이준기(李俊琦) 134
이준이(李俊異) 134
이지미(李之美) **142**
이지보(李之甫) 134
이직(吏職) 267, 268
익평루[益平] 81

인경사(印經寺) 231
인리 **269**
인리[吏] 270
인삼 **295**
인수전(仁壽殿) 224
인은관(仁恩館) 352
인종[王楷] 57, **67**, 103, 136, 138, 141, 321, 323, 358
임경청(林景淸) 133
임문우(林文友) 133
임존(林存) 137
임천각(臨川閣) **116**, 476
임총신(林寵臣) 134

ㅈ

자복사(資福寺) 232, 441
자씨사(慈氏寺) 231
자양(資養) 83
자연도(紫燕島) 173, 195, 232, 243, **454**, 461
자연주(紫燕洲) 399
자운섬 444
자취문(紫翠門) 224
자화전(慈和殿) 111
잠옷[寢衣] **364**
잡재(雜載) **203**
장경궁(長慶宮) **116**, 117, 231, 352
장경전(長慶殿) **108**
장령전(長齡殿) **107**, 111
장안 119

장위군(仗衛軍) 185
장인〔工技〕 **253**, 296
장작감(將作監) 210, 231, 253
장정〔丁壯〕 270
장패문(長覇門) 79, 90, 91, 212, 229
장화전(長和殿) **104**
재가화상(在家和尙) **248**
재상의 복식〔國相服〕 **126**
저포(紵布) 84
적경궁(積慶宮) 119
전각복두(展脚幞頭) **172**
전문(殿門) **95**
전시(殿侍) 268
전주(全州) 91, 319
정관(貞觀) 79
정국안화사(靖國安和寺) **223**
정극영(鄭克永) 137
정담(鄭覃) 134
정로(鼎爐) **380**
정리〔丁吏〕 **270**, 284
정삭(正朔) 465
정안(安定) 79
정전제〔丘井〕 288
정종(正宗) 62
정종(靖宗, 穆王 亨) 62
정주(正州) 79, 91
정준(鄭俊) 134
정택(鄭擇) 134
정해현(定海縣) 416, 461, 463
제례용 창고〔府庫〕 **214**
제물사(濟物寺) 232, 243

제운각(齊雲閣) 224
조관의 복식〔朝官服〕 **128**
조기(曹祺) 134
조문〔弔慰〕 **323**
조서 받을 때의 의례〔拜詔〕 **317**
조서의 영접〔迎詔〕 **315**
조서의 인도〔導詔〕 **316**
조서전(詔書殿) 346
조선 119
조중장(仲璋) 112
존신(存信) 83
종관의 복식〔從官服〕 **127**
좌동덕문(左同德門) 209, 316
좌수(鬟首) 276
좌우위 견룡군(左右衛牽攏軍) **174**
좌우친위장군(左右親衛將軍) 172
좌위(左衛) 159
좌춘궁(左春宮) 117
주몽(朱蒙) 50, 234
주산(籌算) 291
주요 관부〔臺省〕 **208**
주인(舟人) **254**
주전감(鑄錢監) 209
죽도(竹島) **437**, 462
죽솥〔鬻釜〕 **389**
중검랑장 164
중광전〔重光〕 108
중서성(中書省) 208
중화각(重華閣) 224
지광주(知廣州) 454
지는 것〔負〕 **263**

지응(祗應) **391**
지전주(知全州) 440
지청주(知淸州) 447
진사(進士) **251**, 289, 477
진사시(進士試) 111
진숙(陳淑) 133, 454
진언경(陳彦卿) 134
진적(陳迪) 134
진칭(陳偁) 134
진한 119
질그릇 술독[瓦尊] **385**
짐승 모양의 향로[獸爐] **370**
짚신[草履] **367**

ㅊ

차(次) **355**
착수삼(窄袖衫) **169**
찻상[茶俎] **384**
창[戟] **95**
창덕(昌德) 94
창합문(閶闔門) 93, 102, 153, 166, 316
천사(賤使) **260**
채색 가마[采輿] **198**, **305**
척준경(拓俊京) 133
천우군(千牛軍) 159
천우위(千牛衛) 210, **302**
천우위군(千牛衛軍) 154, 180
천우좌우장위군(千牛左右仗衛軍) **168**, 180
청개(靑蓋) **151**

청량법안종[淸涼法眼] 240
청연각(淸燕閣) 100, 111, 112, 476
청자과형병(靑磁瓜形瓶) **387**
청자국형완(靑磁菊形碗) **385**
청주(淸州) 91, 446
청주관(淸州館) 352
청풍각(淸風閣) 343, **345**
청헌정(淸軒亭) 223
초군(超軍) 159
초보산(招寶山) **416**, 463
최한(崔罕) 475
최홍재(崔洪宰) 133
추밀원(樞密院) 208
춘궁(春宮) 94
춘덕문(春德門) 93, 117
춘천[春州] 295
춘초섬(春草苫) **435**
충주관(忠州館) 352
친시(親侍) 391
침상[臥榻] **360**

ㅌ

탁안(卓安) 134
탕목전(湯沐田) 119, 288
태백기(太白旗) **191**
태안문(泰安門) 79, 225
태안문(太安門) 231
태의(太醫) 215
태초문[太初] 93
태화문(太和門) 117, 221

토공(土貢) 251
통상(通商) 83

ㅍ

팔관사(八關司) 209
팔관재(八關齋) 200, 220
팔목(八牧) 85
패검(佩劍) **183**
팽경(彭京) 134
평상〔榻〕 280, **281**
평양 78
평양성(平壤城) 73, 78
표미(豹尾) **154**
필기구〔刀筆〕 **391**

ㅎ

하경(何景) 134
하절(下節) **306**
한교여(韓繳如) 137, 141
한림원(翰林院) 209
한면(漢冕) **122**
한안인〔安仁〕 112
함녕절(咸寧節) 108
합굴(蛤窟) **456**, 461
합굴(蛤堀) 470
합굴룡사(蛤窟龍祠) **235**
합문(閤門) 94, 209
해군(海軍) 159
해려초(海驢焦) **422**

해마(海馬) **189**
해마기(海馬旗) **189**
해염창(海鹽倉) 212
행고(行鼓) **178**
행손(行遜) 83
향공(鄕貢) 251
향림정(香林亭) 343, **346**, 348
향복문(嚮福門) 224
향안(香案) 323
향적당(香積堂) 224
허시(虛市) 84
허의(許宜) 134
헌종〔堯〕 64
현도군(玄菟郡) 51
현종〔王詢〕 61, 469, 470, 476
현진(縣鎭) 85
협계산(夾界山) **429**, 462
호가(胡笳) **181**
호두산(虎頭山) **417**, 417
호인영(胡仁穎) 134
홍관(洪灌) 112
홍약이(洪若伊) 133, 447
홍원사(洪圓寺) 231
홍주(洪州) 444
홍주산(洪州山) 445, 461
홍호사(洪護寺) 231
화개(華蓋) **152**
화로〔溫爐〕 **381**
화상도(和尙島) **451**, 461
화탑선 365
활과 화살〔弓矢〕 **179**

활집〔虎韔〕 **176**
황관(黃觀) 134
황군상(黃君裳) 134
황번(黃幡) **153**
황수양(黃水洋) **426**, 460
황호필(黃毫筆) **296**
회경문(會慶門) 172, 181
회경전(會慶殿) 93, 95, 100, **102**, 103,
    116, 155, 163, 278, 316, 317, 327,
    336, 356, 369
회동문(會同門) 116
회빈문(會賓門) 79, 90, 94, 210
회빈문(會嬪門) 231
횡서 442

효사문(孝思門) 224
효의(孝義) 83
훈(塤) **113**
휴대용 병〔提瓶〕 **375**
흑산(黑山) **432**, 462
흑수양(黑水洋) **427**
흘승골성(紇升骨城) **51**
흥국사(興國寺) 80, 81, **227**, 352
흥선(興善) 83
흥왕사(興王寺) 229
흥위관(興威舘) 352
흥위군(興威軍) 159
흥위좌우친위군(興威左右親衛軍) **162**

| 역자소개 |

조동원(趙東元)
1940년 경북 영양에서 태어났다. 성균관대학교 사학과 및 동 대학원을 졸업했다. 원광대학교 교수와 성균관대학교 사학과 교수, 사범대학장, 박물관장, 부총장 등을 역임했다. 현재 성균관대학교 명예교수로 있다. 전근대 한국 금석학을 전공하고 있으며, 주요 논저로는 『韓國金石文大系』1~7권, 「麗代 科擧의 豫試와 本試에 대한 考察」, 「韓國 石碑의 樣式變遷」, 「韓國學과 金石文」 등이 있다.

김대식(金大植)
1965년에 부산에서 태어났다. 성균관대학교 사학과 및 동 대학원을 졸업했다. 현재 성균관대학교 박물관장, 사학과 겸임교수로 있다. 고려시대 정치사를 전공하고 있으며, 주요 논저로는 「高麗前期 中央官制의 成立과 六典制의 形成」, 「高麗 成宗代 三省六府制의 導入過程」 등이 있다.

이경록(李京錄)
1968년 전남 진도에서 태어났다. 연세대학교 사학과에서 학부와 석사를 마치고, 성균관대학교 사학과에서 고려 의료사로 박사학위를 취득했다. 지곡서당(한림대학교 부설 태동고전연구소)에서 한문을 공부했고, 한독의약박물관 관장을 역임했다. 현재 연세대학교 의과대학 의사학과 연구교수로 있으며, 주요 논저로는 『고려시대 의료의 형성과 발전』, 『조선전기의 의료제도와 의술』, 『향약구급방』, 『향약제생집성방』, 『의림촬요』(공역), 『의방유취』(공역) 등이 있다.

이상국(李相國)
1969년 충남 예산에서 태어났다. 성균관대학교 사학과 및 동 대학원을 졸업했다. 현재 아주대학교 사학과 교수, 인문과학연구소장, 디지털역사연구센터장으로 있다. 한국 중세 사회경제사, 가족사 및 역사인구학, 디지털역사학 관련 연구를 『대동문화연구』, 『역사와현실』, 『조선시대사학보』, History of the Family, Journal of Family History, Journal of Interdisciplinary History, Social Science History, Expert Systems With Applications 등에 게재했다.

홍기표(洪琦杓)
1962년 제주에서 태어났다. 고려대학교 사학과를 졸업하고, 성균관대학교 대학원에서 석사, 박사를 마쳤다. 고려시대 정치사상사를 전공했으며, 현재 (사) 제주역사문화진흥원 원장으로 있다. 주요 논저로는 「고려 문종의 국정 운영」, 「한국 고문헌 소재 서복 기록 연구」, 「문헌을 통해 본 탐라의 불교 수용」, 「고려전기 조서 연구」, 『역주 남사록(상, 하)』, 『조선 시대 제주 금석문(상, 하)』 등이 있다.

조동원(趙東元)

1940년 경북 영양에서 태어났다. 성균관대학교 사학과 및 동 대학원을 졸업했다. 원광대학교 교수와 성균관대학교 사학과 교수, 사범대학장, 박물관장, 부총장 등을 역임했다. 현재 성균관대학교 명예교수로 있다. 전근대 한국 금석학을 전공하고 있으며, 주요 논저로는 『韓國金石文大系』 1~7권, 「麗代 科擧의 豫試와 本試에 대한 考察」, 「韓國 石碑의 樣式變遷」, 「韓國學과 金石文」 등이 있다.

고려도경

첫판 1쇄 펴낸날 2005년 3월 25일
첫판 3쇄 펴낸날 2024년 11월 25일

지은이 | 서긍
옮긴이 | 조동원
펴낸이 | 지평님
본문 조판 | 성인기획 (010)2569-9616
종이 공급 | 화인페이퍼 (02)338-2074
인쇄 | 중앙P&L (031)904-3600
제본 | 명지북프린팅 (031)942-6006

펴낸곳 | 황소자리 출판사
출판등록 | 2003년 7월 4일 제2003-123호
대표전화 | (02)720-7542 팩시밀리 | (02)723-5467
E-mail | candide1968@hanmail.net

ⓒ 황소자리, 2005

ISBN 89-91508-02-2 03910

* 잘못된 책은 구입처에서 바꾸어드립니다.